POLYGLOTT

Bella Italia

50 legendäre Touren gestern & heute

POLYGLOTT · SEIT 1902 · GUTE REISE · UND DIE WELT GEHÖRT MIR

Inhalt

Alle Wege führen nach Rom – aber nur wenige von Norden nach Italien. Lange Zeit war der Brennerpass ein echtes Nadelöhr, wie auf diesem Foto von 1968 gut zu erkennen ist. Und doch hat es sich jedes Mal gelohnt, das Warten in der Autokolonne.

Vorwort

Amore …

Meine erste Reise nach Italien fand 1964 statt. Allein die kurvige Fahrt über die alte Brennerstraße auf dem Rücksitz eines DKW war für mich sechsjährigen Jungen ein unvergessliches Abenteuer. Und dann die Ankunft in Riccione, einem relativ gesichtslosen Strandort bei Rimini – die Wärme, das Meer, die lautstarke Herzlichkeit der Italiener, die Spielzeugläden. Alles fühlte sich so fremd und doch so vertraut an. Damals nahm sie ihren Anfang, *l'amore*, meine Liebe zu diesem Land.

In den folgenden 50 Jahren kehrte ich immer wieder nach Italien zurück. Es gibt so unendlich viel zu entdecken, und obwohl ich heute sage, dass ich Italien gut kenne, sehe ich doch auf jeder Reise wieder etwas Neues. Von den Sextener Dolomiten bis zu den Mumien der Kapuziner in Palermo, von den Trulli und der Burg Friedrichs II. in Apulien bis nach Cinque Terre – für mich gibt es kein anderes Land, das schon in der Provinz solche staunenswerten und exquisiten Schönheiten bietet. Und dann erst die Metropolen: Rom, Florenz, Neapel. Aber am schönsten sind für mich die kleinen Orte wie Lecce in Apulien oder Bolgheri in der Toskana, wo trotz aller Annehmlichkeiten und touristischen Trubels immer noch kleine Plätze und Cafes locken, die mich wieder wie in den 1960ern fühlen lassen.

Die nächste Reise führt übrigens wieder nach Italien, nach Turin, der einzigen italienischen Stadt, die ich noch nicht gesehen habe. Und jetzt wünsche ich Ihnen erst einmal viel Vergnügen beim Entdecken Italiens – erst beim Lesen, und dann beim Erfahren!

Ihr Stefan Rieß

Alpinist, Schauspieler, Filmemacher, Buch- und Drehbuchautor und Herzensbrecher: Luis Trenker aus dem Grödnertal (1892–1990) hat es meisterhaft verstanden, Millionen Menschen mit seiner Berg-Leidenschaft anzustecken.

Tour 01 | **Südtirol**

Der Berg ruft

▶ GESTERN: Luis Trenker hat mit seinen Filmen, seinen Büchern und seinem Charisma den Grundstein für den Tourismus gelegt

▶ HEUTE: Aus den Bergbauerndörfern in Trenkers Heimat, dem Grödnertal, wurden Weltklasse-Skigebiete in spektakulärer Kulisse

▶ GESTERN

In den 1920er- und 1930er-Jahren war die Welt alles andere als in Ordnung. Trotzdem – oder gerade deshalb – wuchs die Sehnsucht der Menschen nach der Unberührtheit, dem Frieden und der majestätischen Schönheit der Berge. Geschürt hat diese Begehrlichkeit ein Mann aus St. Ulrich im Grödnertal, der 1892 geborene Luis Trenker. Mit seinen Bergbüchern und -filmen, darunter der wohl bekannteste »Der Berg ruft«, brachte er die Schönheit und Faszination der Gipfel und Täler einem breiten Publikum nahe – die immer mehr Menschen live erleben wollten. Die passionierten Schilderungen und fantastischen Bilder von Trenkers Dolomiten-Heimat lösten die erste Reisewelle nach Südtirol aus und ließen den Wunsch »gestandener Männer« aufkeimen, diese ebenso anziehenden wie Furcht einflößenden Gipfel zu bezwingen. Und Tausendsassa Luis Trenker, der sich durch die Zeit des Nationalsozialismus lavierte und schnell auch in Hollywood Fuß fasste, legte unermüdlich nach, produzierte einen Film nach dem anderen. Bis ins hohe Alter sorgte er mit Dokumentationsfilmen für Aufsehen und peppte jede Veranstaltung mit seinen schwungvollen Erzählungen auf – ein großartiger Tourismus-Promoter für Südtirol.

▶ HEUTE

Viele der einst abgelegenen Dolomitendörfer haben sich zu weltbekannten Urlaubsorten entwickelt. Seit Ausrichtung der Ski-WM in Gröden ist die Region unter Skisportlern in aller Munde. Und die Legende Luis Trenker lebt weiter und ist auch bei den Jungen Trend: Unter anderem trägt ein angesagtes Mode-Label seinen Namen.

Südtirol ist aber nicht nur im Winter eine Reise wert. Die Obstbaumblüte bezaubert im Frühling, wandern kann man bis in den Herbst, und das ganze Jahr über locken die vielen Schätze der uralten Kulturlandschaft. Los geht unsere Tour im Eisacktal in Klausen, biegt dann aber gleich ab ins Grödner- und weiter ins Hochabteital.

Landkarte: Seite 10, Adressen: Seite 11

1 Klausen

Auf einem mächtigen Felsen über dem Künstlerstädtchen Klausen (Chiusa, 5000 Einw.) thront das **Kloster Säben**. Albrecht Dürer war auf seiner Italienreise von dieser Ansicht so beeindruckt, dass er Ort und Kloster auf seinem Kupferstich »Das große Glück« verewigte. Steil hinauf führt der halbstündige Aufstieg, vorbei an der Burg Branzoll (Privatbesitz). In den Akten des Konzils zu Grado (572–577) ist Säben bereits als Bischofssitz verzeichnet und blieb es bis ins 10. Jh. Nach dem Umzug Bischof Albuins nach Brixen wurde das Kloster zur Festung ausgebaut. 1535 legte ein Blitzschlag Teile davon in Schutt und Asche. Im 17. Jh. entstand aus der verfallenden Anlage das noch bestehende Benediktinerinnenkloster.

»Das große Glück«
... empfand Albrecht Dürer beim Anblick von Kloster Säben. Es inspirierte ihn zu einem Kupferstich.

Aus der Zeit der Säbener Bischöfe stammen die Fundamente (um das Jahr 600) der Heilig-Kreuz-Kirche (15./17. Jh.). Vor allem die virtuose Scheinarchitektur (1679) im Inneren verblüfft. Die Klosterkirche (tgl. 8–17 Uhr) im ehemaligen Palas ist ein schlichter Barockbau (1691–1707); die barockisierte Marienkapelle birgt in der Sakristei ein Taufbecken aus dem 4. Jh. Den achteckigen Zentralbau der Liebfrauenkirche (1652–1658), errichtet nach einem Pestgelübde der Klausener Bürger, schmücken Stuckaturen von Franco Carlone (Juli/Aug. Di, Mi, Fr, Sa 15–18, Sept. 14–17 Uhr, Gruppenführungen auf Anfrage unter Tel. 04 72/ 84 74 24).

Die Benediktinerinnen im Kloster Säben kümmern sich auch um Pilger und das Gästehaus.

Klausen mit seiner engen Hauptgasse, der spätgotischen Architektur, den zahlreichen Erkern und geschmiedeten Wirtshausschildern bietet abwechslungsreiche Fotomotive. Neben der Eisackbrücke steht die spätgotische **Pfarrkirche** (1480–1494, Piazza san Andrea), die bedeutende gotische Skulpturen besitzt.

Im Süden von Klausen, jenseits des wilden Tinnebachs, liegt das im Jahr 1972 aufgelöste Kapuzinerkloster (Kirche von 1701). In den alten Mauern hat das **Stadtmuseum** (Auf der Frag 1, Ende März–Anf. Nov. Di–Sa 9.30–12, 15.30–18 Uhr) eine Bleibe gefunden. Zu besichtigen sind hier der berühmte Loretoschatz und viele Werke der in der Vergangenheit hier lebenden Künstler.

2 St. Ulrich

Der alte Hauptort des Grödner Tals St. Ulrich (ital.: Ortisei, ladin.: Urtischej, 1236 m) liegt in Sichtweite des markanten **Langkofels** (3181 m). Bekannt geworden ist er als Heimat von Luis Trenker, aber St. Ulrich ist auch wegen seiner Holzschnitzer berühmt. Werke einheimischer Künstler zeigt das **Grödner Heimatmuseum** in der Cësa di Ladins (Reziastr. 83, Sommer Mo–Fr 10–12, 14–18, Juli/Aug. auch Sa, Winter Di–Fr 10–12, 14–17 Uhr, www.museumgherdeina.it).

Dass die Gegend schon in vorgeschichtlicher Zeit besiedelt war, bezeugt eine Fundstätte nur wenig oberhalb von St. Ulrich am **Col de Flam** (1438 m, 40 Min.). Von der Anhöhe wandert man bequem in ca. 30 Min. hinauf zum Kirchlein **St. Jakob** (1565 m), das Fresken eines Meisters der Brixner Schule (um 1470) birgt. Das **große Dolomitenpanorama** kann man am Steilabfall der **Seceda** nordöstlich über dem Tal (Seilbahn) genießen.

Messner Mountain Museum: In der Begegnungsstätte MMM Ripa im Schloss Bruneck wird das »Erbe der Berge« beleuchtet. Bergvölker aller Erdteile, Kultur, Religion und Tourismus werden vorgestellt.

3 Grödner Joch

Noch stärker als St. Ulrich haben sich **St. Christina** (Santa Cristina, 1428 m) und **Wolkenstein** (Selva, 1563 m) auf den Tourismus eingestellt. Chalets und Hotels bestimmen das Bild; Seilbahnen und Lifte erschließen die Höhen, ermöglichen den direkten Einstieg in die berühmte **Sella Ronda** rund um die Sella-Gruppe und machen das Grödner Tal zu einem der Top-Wintersportorte der Alpen. Die harmonische Renaissanceanlage der **Fischburg** oberhalb von St. Christina ließ Dietrich von Wolkenstein im 17. Jh. erbauen (Privatbesitz, Besichtigung nicht möglich). Hinter Wolkenstein beginnt die Steigung zum **Grödner Joch** (2121 m).

4 Corvara

Die Straße verläuft vom Grödner Joch hinunter nach Corvara (Kurfar, 1555 m); im Hauptort des Hochabtei (ladin.: Alta Badia) kann man in zahlreichen Gasthöfen einkehren. Über dem lebhaften Ferienort ragt der Sassongher (2665 m) in den Himmel. Besonders eindrucksvoll wirkt er von der in vielen Kurven zum **Passo di Campolongo** (1874 m) ansteigenden Straße nach Arabba aus.

5 Abstecher nach St. Kassian

Am Eingang ins St.-Kassian-Tal liegt **Stern** (ital.: La Villa, ladin.: La Ila, 1483 m). Von St. Kassian aus erreicht man in etwa 2 Std. zu Fuß die **Große Fanesalpe** (2102 m). Dabei umwandert man den **Piz Cunturines** (3064 m). An seiner Südflanke wurden in einer Höhle die Knochen mehrerer etwa 20 000 Jahre alter Bären entdeckt. Sie können neben volkskundlichen Ausstellungsstücken im **Museo Ladin** in St. Kassian besichtigt werden (Strada Micurà de Rü 26, Öffnungszeiten wie Museum Ladin – siehe Seite 10 –, zusätzlich Mi 20.30–22.30 Uhr, www.museumladin.it).

6 Naturpark Fanes-Sennes-Prags

Weiter geht es ins **Hochabteital**. In **Pedratsches** (Pedraces, 1324 m) sollte man den Sessellift zur Wallfahrtskapelle Heiligkreuz nehmen. Bei **Pederoa** (1152 m) mündet das noch weitgehend unberührte **Wengental**. Grandios ist auch der **Naturpark Fanes-Sennes-Prags**. Eine Straße führt von Zwischenwasser (1005 m) durch das Rautal bis Pederü (1540 m, Parkplatz). Zur **Faneshütte** (2042 m) gelangt man dann nur zu Fuß oder per Jeep (Zubringerdienst).

Einen guten Einblick in die ladinische Kultur gewährt das **Museum Ladin** im mittelalterlichen Schloss Ciastel de Tor oberhalb von **St. Martin in Thurn** (Torstr. 65, Ostern–Okt. Di–Sa 10–18, So 14–18, Juli/Aug. auch Mo 10–18, 8. Jan.–Ostern Mi–Sa 15–19 Uhr, www.museumladin.it).

7 Bruneck

Der Hauptort des Pustertals (Brunico, 835 m, 14 500 Einw.) wurde 1251 vom Brixner Bischof gegründet. Die ehemalige Bischofsburg, **Schloss Bruneck**, wurde im selben Jahr erbaut und thront noch heute über dem mittelalterlichen Stadtkern. 2011 eröffnete auf Schloss Bruneck mit dem **MMM Ripa** das fünfte Messner Mountain Museum (2. So im Mai–1. Nov. Mi–Mo 10–18, 26. Dez.–25. April 12–18 Uhr, www.messner-mountain-museum.it). Wer heute durch die **Stadtgasse**, die Via Centrale, spaziert, kann sich vorstellen, dass es hier zu Zeiten des Künstlers Michael Pacher im 15. Jh. auch nicht viel anders ausgesehen hat; zu bewundern ist etwa das Ragenhaus (Paul-von-Sternbach-Str. 3), eines der ältesten Häuser der Stadt, und auch das Apothekerhaus (Stadtgasse 45) mit seinem freskenverzierten Tonnengewölbe. Die Fußgängerzone ist eine beliebte Bummelmeile mit Läden, Cafés und Restaurants. Im Ortsteil Oberragen, der heutigen Oberstadt, fallen repräsentative Gebäude und alte Landsitze ins Auge. Die neuromanische **Pfarrkirche** (1850) birgt ein Holzkruzifix aus der Pacher-Schule.

Neben den Aufführungen im Stadttheater wird Anfang September ein Straßentheater-Festival veranstaltet, und im Sommer finden Konzerte und Kino im Jugend- und Kulturzentrum UFO statt. Der Schwerpunkt des **Stadtmuseums** liegt auf der grafischen Kunst des 20. Jhs. (Bruder-Willram-Str. 1, Di–Fr 15–18, Sa, So 10–12, Juli/Aug. Di–So 10–12.30, 15.30 bis 18.30 Uhr, Aug. auch Mo, www.stadtmuseum-bruneck.it).

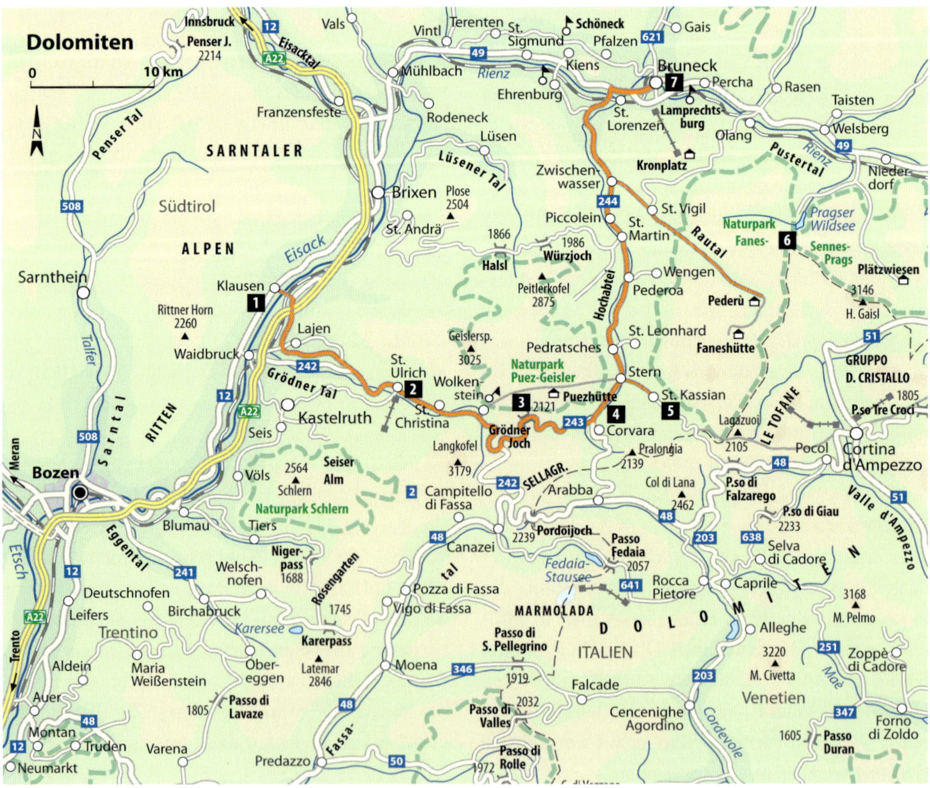

Informationen

Tour 01: Durch das Grödner- und das Hochabteital

Autotour, ein Tag (mit Wanderungen länger), knapp 100 km

Stationen

1 Klausen
2 St. Ulrich
3 Grödner Joch
4 Corvara
5 St. Kassian
6 Naturpark Fanes-Sennes-Prags
7 Bruneck

Klausen

Info

Tourismusverein Klausen
Marktplatz 1, Klausen • Tel. 04 72/84 74 24 • www.klausen.it

Hotel & Restaurant

Walter von der Vogelweide
Traditionsreicher Gasthof mit Räumen aus dem 14. Jh. Gute Küche mit Pizza, Pasta- und Grillspezialitäten. Mo geschl.
Oberstadt 66, Klausen • Tel. 04 72/84 73 69 • www.vogelweide.it

Restaurants

Ansitz Fonteklaus
In diesem Gasthof kann man nobel speisen – mit Aussicht. April–Anf. Nov. 8–24 Uhr.
Lajen-Freins, Klausen • Tel. 04 71/ 65 56 54 • www.fonteklaus.it

Röckhof
Im Buschenschank der Familie Augschöll (1 km oberhalb Klausen) gibt's Eisacktaler Müller-Thurgau, Mohnkrapfen und Kartoffelblattln (Teig aus geriebenen Kartoffeln, Mehl und Quark, in Fett ausgebacken) mit Kraut. Ende Sept.–Mitte Dez.
St. Valentin 9, Villanders • Tel. 04 72/84 71 30

Hienghof
Von dem beliebten Buschenschank in einem Bauernhof aus dem 18. Jh. genießt man einen tollen Ausblick auf Klausen. Ende Sept.–Mitte Dez. und Ende Jan.–Ende April Sa, So.
Laitach 60, Klausen • Tel. 04 72/84 73 54

St. Ulrich

Info

Tourismusverein
Reziastr. 1, St. Ulrich • Tel. 04 71/ 77 76 00 • www.valgardena.it

Restaurant

Anna Stuben
Die Küche wurde mit einem Michelin-Stern ausgezeichnet. Im Hotel Gardena Grödnerhof. Mo–Sa 19–24 Uhr
Vidalongstr. 3, St. Ulrich • Tel. 04 71/79 63 15 • www.anna stuben.com

Wolkenstein

Info

Tourismusverein
Str. Mëisules 213, Wolkenstein • Tel. 04 71/77 79 00 • www.valgardena.it

St. Kassian

Info

Tourismusverband Alta Badia
Col Alt 36, Corvara • Tel. 04 71/ 83 61 76 • www.altabadia.org

Hotel

Rosa Alpina
Das zu Relais & Chateaux zählende Hotel ist eines der schönsten im gesamten Alpenraum. Im Restaurant St. Hubertus steht Zwei-Sterne-Koch Norbert Niederkofler am Herd.
Strada Micura de Rü, 20, St. Kassian • Tel. 04 71 84 95 00 • www.rosaalpina.it

Bruneck

Info

Tourismusverein
Rathausplatz 7, Bruneck • Tel. 04 74/55 57 22 • www.bruneck.com

Restaurant

Oberraut
In dem kleinen Gasthof über dem Brunecker Talkessel wird typisch Südtiroler Küche aufgetischt. Küche Fr–Mi 12–14.15, 18.30–21.30 Uhr
Amaten 1, Bruneck • Tel. 04 74/55 99 77

Ortler-Erstbesteiger Josef Pichler aus dem Passeiertal wählte für sein Vorhaben die äußerst schwierige Nordwestflanke von Trafoi aus. Im Laufe der Jahre wurden mehrere Alternativrouten begangen. Sie führen durch eine atemberaubend schöne Gletscherwelt. Hier eine Aufnahme aus den 1940er-Jahren – ob diese beiden den Gipfel erreichten, ist nicht überliefert.

Tour 02 | **Vinschgau & Ortlergebiet**

Pioniere und Helden

▶ Gestern: Die Ortlerregion gilt als Geburtsstätte des Bergführerberufs. 1804 bezwang Josef Pichler den Gipfel ohne Seil und Pickel

▶ Heute: Zum Skifahren kommen viele hierher, ganz hinauf trauen sich nur gute Bergsteiger. Eine Tour vom Reschenpass nach Sulden

▶ Gestern

Mit der Erstbesteigung des Ortlers im Jahr 1804 sollte alles anders werden. Bis dahin waren das Suldental und die Ortlerregion weitgehend isoliert und unbekannt. Man hielt die Region für das »Sibirien Tirols«, wo wilden Gerüchten zufolge die Bauern mit den Bären aus einer Schüssel aßen. Doch nachdem Josef Pichler den 3905 m hohen Bergriesen, den höchsten der Donau-Monarchie, bezwungen hatte, waren die Begehrlichkeiten geweckt. Von Trafoi aus war der Gämsjäger aus dem Passeiertal mit seinen beiden Begleitern aufgebrochen. Ohne Seil und Pickel, nur mit Holzstangen, erreichten sie den Gipfel.

Als schließlich im Jahr 1825 die Stilfserjochstraße eröffnet und das gesamte Vinschgau aus dem Dornröschenschlaf geweckt wurde, war der Ansturm von Alpinisten aus ganz Europa nicht zu bremsen. Das Suldener Pfarrhaus war die erste Unterkunft für Bergsteiger, und bald schossen Pensionen, Gasthöfe und Berghütten wie Pilze aus dem Boden. Der weiße Gigant wurde zum Objekt der Begierde, doch ihn zu bezwingen, forderte fundierte alpinistische Erfahrung und technisches Können. Voller Demut und Respekt heuerten immer mehr Touristen einheimische Begleiter an. Der Bedarf war bald so groß, dass zahlreiche Bewohner diese Dienste zu ihrer Hauptbeschäftigung machten und damit den Beruf des Bergführers ins Leben riefen. Mit dem Bau von Seilbahnen wurde in der Ortlerregion der Grundstein für einen florierenden Skitourismus gelegt.

▶ Heute

Sulden und Trafoi in der Ortlerregion sind urige Bergdörfer geblieben. Zu ihren Fans gehören viele Promis, darunter Kanzlerin Angela Merkel.

Auf dieser Tour entdecken Sie neben dem Bergkönig den oberen Teil des Vinschgaus: Das fruchtbare Tal zwischen Reschenpass und Bozen lockt Naturliebhaber und Bergwanderer, Skifahrer und Schneeschuhwanderer, Genießer und Kulturinteressierte gleichermaßen an.

Adressen und Landkarte: Seite 17

Guck in die Luft: Der Reschensee hat das Dorf Graun verschluckt, nur der Kirchturm ragt noch aus den grünen Fluten.

1 Reschenpass

Der erste Teil dieser Tour bis Schluderns vereint Kultur und Naturgenuss aufs Schönste. Nahe der Etschquelle, am **Reschenpass** (Passo di Résia, 1504 m), beginnt die Fahrt durch den Obervinschgau. Die alpine Landschaft wirkt auf den ersten Blick abweisend, besitzt aber ihren besonderen Reiz: z. B. den Blick nach Süden, wo sich die vergletscherten Dreitausender des **Ortlermassivs** am Horizont abzeichnen. Der fast 7 km lange **Reschensee** bildet einen schönen Kontrast zu den umgebenden Gebirgsriesen. Der Aufstauung des Reschensees zum Zweck der Energiegewinnung fiel das alte **Dörfchen Graun** zum Opfer: Heute ragt nur mehr der Kirchturm aus dem Wasser.

2 St. Valentin auf der Haide

Der kleine Ort **St. Valentin auf der Haide** (San Valentino alla Muta, 1470 m) diente bereits 1140 als Hospiz und verzeichnete schon zu kaiserlichen und königlichen Zeiten regen Besuch. Der im Jahre 1905 hier gegründete Skiclub war einer der ersten in ganz Tirol. Heute ist das **Skigebiet** Haider Alm mit Liften und 20 km Pisten zeitgemäß erschlossen (Infos unter www.haideralm.it). Im Sommer führen von der Alm aus sehr schöne **Höhenwanderungen** u. a. nach Rojen (1973 m), einer der höchstgelegenen Ortschaften im ganzen Alpenraum.

3 Kloster Marienberg

Die Straße führt abwärts über die Malser Haide. Rechts am Hang kommt bald das weiße **Kloster Marienberg** ins Blickfeld. Mit seinen weit herabreichenden Stützmauern wirkt das 1344 m hoch gelegene Benediktinerkloster oberhalb von Burgeis (Burgusio, 1216 m) wie eine Festung. Doch auch die mächtigen Mauern konnten nicht verhindern, dass die Abtei durch die Landvögte von Matsch wiederholt geplündert wurde. Im 17. Jh. erfolgte die barocke Umgestaltung. Von besonderer Bedeutung sind die farbenfrohen romanischen **Fresken** in der Krypta (entstanden um 1160): Christus thront in der Mandorla, links Petrus, rechts Paulus, und eine Engelschar schwebt vor kräftig blauem Hintergrund im Gewölbe. 2007 wurden neue **Schauräume** eröffnet, die Einblicke in das klösterliche Leben zeigen (im Sommer Mo–Sa 10–17, im Winter 13–16 Uhr, auch Führungen; www.marienberg.it).

> ***Oben ohne***
>
> St. Benedikt in Mals, im 8. Jahrhundert errichtet, erhielt erst vier Jahrhunderte später einen Kirchturm im romanischen Stil.

4 Mals

Mit seinen typischen Gasthöfen ist das Zentrum des Obervinschgaus ein guter Platz für eine Rast. Fünf alte Türme zeigt die Silhouette von **Mals** (Malles Venosta, 1050 m, 5000 Einw.). Gotisch ist der Turm der Pfarrkirche mit seinem achteckigen Helm, die anderen vier stammen aus romanischer Zeit, darunter der 33,5 m hohe Fröhlichsturm aus dem 12./13. Jh., ein Überrest der Fröhlichsburg. Kunstkenner erwartet nahe der Ortsumfahrung das Kleinod **St. Benedikt**. Das Kirchlein aus karolingischer Zeit bekam zu Beginn des 9. Jhs. eine Freskenausschmückung, erhalten sind vor allem die Malereien in den Nischen der Ostwand. Urlaubern bietet der Ort vielfältige Ausflugsmöglichkeiten – von der Fahrt mit der wieder aktivierten **Vinschger Bahn** über Radtouren bis zur Waalwanderung auf die Malser Heide.

5 Schluderns

An der Mündung des Matscher Tals, einem stillen, weitgehend unberührten Wandergebiet mit stolzen Dreitausendern, liegt **Schluderns** (Sluderno, 921 m), überragt von der **Churburg**. Das wohl schönste Schloss des Vinschgaus wurde ab 1253 vom Churer Bischof erbaut, geriet dann in die Hand der Vögte von Matsch und später an seine heutigen Besitzer, die Grafen von Trapp, die aus der Burg mit dem 26 m hohen Bergfried ein prächtiges Renaissanceschloss machten und es noch heute bewohnen. Bedeutendste Sehenswürdigkeit ist die gut erhaltene **Waffenkammer**, wo man u. a. die 45 kg schwere und 2,10 m hohe Rüstung des vorletzten Matschers Ulrich IX. bewundern kann (Führungen 20. März–Ende Okt. Di–So 10–12, 14–16.30 Uhr alle 15 Min., www.churburg.com).

Ein lebendiges Bild der Talschaft vermittelt das hier ansässige **Vintschger Museum**, das auch über die Bewässerungssysteme der Waale informiert (Meraner Str. 1, Ostern–Okt. Di–So 10–12, 15–18, Juli/Aug. auch Mi 20.30 bis 22 Uhr, www.vintschgermuseum.com).

6 Stilfserjoch

Anstatt Richtung Schlanders weiterzufahren, geht es nach Südwesten weiter. Wer einen Blick auf den Ortler, den »höchsten Spitz in Tyrol«, genießen will, unternimmt einen Ausflug über die 1825 eröffnete Passstraße zum **Stilfserjoch** (Passo dello Stelvio, 2757 m, www.stilfser joch.it). Die Strecke beträgt von Spondinig 27,5 km, wobei 1870 Höhenmeter überwunden werden. Das Joch hat auch dem ältesten und größten Naturpark Südtirols seinen Namen gegeben: Der 134 000 ha große **Nationalpark Stilfserjoch** erstreckt sich über weite Teile des Ortlermassivs bis hin zum schweizerischen Engadiner Nationalpark.

Auf jeden Fall besuchen sollte man das **Nationalpark-Haus Aquaprad** in Prad am Stilfserjoch. Zu sehen sind dort u.a. die Ausstellung »Natur formt Natur – Natur formt Mensch – Mensch formt Natur« und 14 Aquarien mit heimischen Fischarten, außerdem kann man an geführten Wanderungen teilnehmen (Kreuzweg 4c, Di–Fr 9–12, 14.30–18, Sa, So 14.30–18 Uhr, Juli/Aug. durchgehend, www.aquaprad.com).

Der mehrfache Ski-Weltmeister und Olympiasieger Gustav Thöni machte seine ersten Pflugbögen in Sulden am Ortler, wo sein Vater eine Skischule leitete. Nach Ende seiner Karriere verhalf er als Trainer einem anderen Skirennläufer zu Ruhm und Medaillen: Alberto Tomba.

Das Besucherzentrum »**naturatrafoi**« in Trafoi ist dem Thema Leben an der Grenze gewidmet. Die Dauerausstellung bietet sowohl interessante Einblicke in die Geologie des Ortlermassivs als auch in Überlebensstrategien von Pflanzen und Tieren unter den oftmals extremen Bedingungen des Hochgebirges (Di–Fr 9–12, 14.30–18, Sa, So, Fei 14.30–18 Uhr; www.naturatrafoi.com).

7 Sulden

Vom Stilfserjoch aus gesehen liegt **Sulden** (Solda, 1906 m) hinter dem Ortler. Einen Besuch wert ist Reinhold Messners winziges **Alpine Curiosa Museum** (ganzjährig frei zugänglich) mit Kuriositäten aus der Geschichte des Bergsteigens. Das ebenfalls sehenswerte Museum **MMM Ortles** ist Teil des Projekts Messner Mountain Museum, das (ab Sommer 2014) sechs Museen an verschiedenen Standorten in ganz Südtirol umfasst (Ende Mai–Mitte Okt. und Mitte Dez. bis 1. Mai Mi–Mo 14–18, Juli/Aug. 13–19 Uhr, www.messner-mountain-museum.it). Die unterirdisch angelegte Ausstellung in Sulden ist den Themen Eis und Ortler gewidmet.

Das **Museum für das Ortlergebiet von Konrad Knoll** führt durch die Geschichte und Kultur der Region, insbesondere durch die 100-jährige Tourismusgeschichte (Informationen beim Tourismusbüro). Letzterer widmet sich u.a. auch die **Sparkassen Kulturpromenade**: Der Panoramaweg rund um den Ort schlägt mit zwölf Stationen eine Brücke von den Anfängen Suldens als abgelegenes Bergdorf bis zur Gegenwart als bekannter Tourismusort.

8 Skigebiete

Zwischen 1900 und 3250 m Höhe breitet sich das **Skigebiet Sulden** unterhalb des Ortlers mit insgesamt 40 Pistenkilometern aus. Skifahrer, Snowboarder und Langläufer können sich in der schneesicheren Gletscherregion von Ende Oktober bis Mai Wintersportfreuden hingeben. Die 14 Dreitausender in unmittelbarer Nähe geben eine unvergleichliche Kulisse ab.

Während das Pisten-Angebot in Sulden eher Fortgeschrittene und Könner anspricht, eignet sich das nahe gelegene **Skigebiet von Trafoi** vor allem für Anfänger und Familien.

Einblicke: Das Nationalparkhaus naturatrafoi lockt mit der Dauerausstellung »Leben an der Grenze«, mit Führungen, Wanderungen, Wildtierbeobachtungen, einer Naturwerkstatt für Kinder u. v. m.

Informationen

Tour 02: Vom Obervinschgau zum Stilfserjoch und ins Ortlergebiet

Autotour, einTag (ohne Skifahren), ca. 90 km

Stationen

1 Reschenpass
2 St. Valentin auf der Haide
3 Kloster Marienberg
4 Mals
5 Schluderns
6 Stilfserjoch
7 Sulden
8 Skigebiete

Praktischer Hinweis

Die Fahrt auf einer Bergstraße wie derjenigen auf der Stilfserjoch erfordert besondere Vorsicht, dauert länger und ist anstrengender als auf normalen Routen. Ungünstige Wetterverhältnisse können die Fahrbedingungen nicht nur im Winter verschlechtern.

Vinschgau

Info

Tourismusverband

Kapuzinerstr. 10, Schlanders • Tel. 04 73/62 04 80 • www.vinschgau.net

Hotel und Restaurant

Gasthof & Restaurant Kuppelrain

Restaurant mit Michelin-Stern, gut kalkulierten Weinen und herzlichem Service, schöne Zimmer. So und Mo Mittag geschl. Bahnhofstr. 16, Kastelbell • Tel. 04 73 62 41 03 • www. kuppelrain.com

Vinschger Bahn

Ein Muss ist die Fahrt mit der Vinschger Bahn. Der Dieselzug im farbenfrohen Südtirol-Design verkehrt auf einer 60 km langen Bahnstrecke mit historischem Flair zwischen Mals und Meran. Vor der imposanten Bergkulisse geht es an malerischen Ortschaften, saftigen Weiden und blühenden Obstwiesen vorbei. Die Bikemobilcard (1 Tag 24 €, 3 Tage 30 €, 7 Tage 34 €) gilt für das ganze Bus- und Schienennetz in Südtirol, ermöglicht die Fahrradmitnahme bzw. die -ausleihe an den Bahnhöfen.

Reschenpass

Info

Ferienregion Reschenpass

Graun • Tel. 04 73/63 46 03 • www.reschenpass.it

Sulden

Info

Tourismusverein Ortlergebiet

Sulden • Tel. 04 73/61 30 15 • www.ortlergebiet.it

Restaurant

Yak & Yeti

Hier wird eine besondere Spezialität serviert: das Fleisch von Yak-Rindern, die Reinhold Messner aus Tibet eingeführt hat. Geöffnet Pfingsten–2. So im Oktober u. Dez.–1. Mai, Di geschl.
Sulden, beim Alpine Curiosa Museum • Tel. 04 73/61 32 66

Trafoi

Hotel

Hotel Bella Vista

Die Familie von Skilegende Gustav Thöni besitzt das Familienhotel »Schöne Aussicht«. Der Hausherr lässt es sich nicht nehmen, im Winter mit seinen Gästen zum Skifahren zu gehen.
Trafoi • Tel. 04 73 61 17 16 • www.bella-vista.it

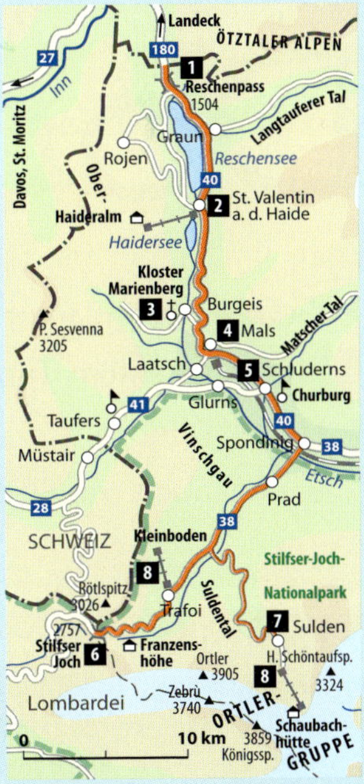

Tour 03 | **Meran**

Prima, Donna!

▶ GESTERN: Mondäne Hotels und großzügige Promenaden machten Meran zu einem Tummelplatz der feinen Leute aus ganz Europa

▶ HEUTE: Rundgang durch die elegante Kurstadt an der Passer, die immer noch mit ihrem mediterran angehauchten Alpenflair lockt

▶ GESTERN

Das Burggrafenamt, so wird die Gegend um die Kurstadt Meran (Merano, 35 000 Einw.) seit alters genannt, war bereits lange vor Beginn unserer Zeitrechnung besiedelt. Die Römer errichteten in Obermais eine Militärstation. Zu Bedeutung gelangte Meran aber erst durch die Grafen von Tirol aus dem Vinschgau: Nach langem Kampf mit den

Die Grand Hotels von Meran wussten, wie man verwöhnten Gästen jeden Wunsch von den Augen abliest. Die Kurstadt an der Passer bestach ab Anfang des 20. Jahrhunderts durch Eleganz und Leichtigkeit, war der ideale Platz zum Sehen-und-Gesehen-Werden. Selbst Golfspieler – hier eine Aufnahme aus den 1920er-Jahren – brauchten auf ihr exklusives Hobby nicht zu verzichten.

Eppanern um die Vorherrschaft im Land gelang es ihnen im 13. Jh. schließlich, Meran zur Hauptstadt von Tirol zu erheben. Doch die Herrlichkeit dauerte nur ein Jahrhundert – nach der Abdankung der Fürstin Margarethe ging das »Fürstentum der Grafschaft Tyrol« an die Habsburger und die Zeit Merans als mächtige Hauptstadt Tirols endete. Um 1420 verlegte Herzog Friedrich IV. die Residenz nach Innsbruck; Meran fiel zurück in die Provinzialität und stand im Schatten von Bozen.

Als Erzherzog Franz Joseph, der spätere Kaiser, im Jahr 1843 mit seinem Bruder Ferdinand hier zu Gast war, erlebte die Kleinstadt einen erneuten Aufschwung: Der Hof folgte Seiner Majestät, der Geldadel zog nach, und so wurde Meran wieder berühmt, diesmal in der halben Welt. Damals kam die Hautevolee zu Trauben-, Milch- und Molkekuren hierher.

Nachdem auch Kaiserin Sisi (1837–1898) wiederholt nach Meran zum Kuren gekommen war, ging es mit dem frisch erblühten Tourismus steil bergauf. In der Belle Époque um die Jahrhundertwende erlebte Meran seine Glanzzeit. Grand Hotels entstanden, die ihren verwöhnten Gästen allen Luxus und Komfort boten. Stadttheater, Kurhaus mit Musikpavillon, Konzert- und Ballsäle, Golfplatz und Rennbahn, aber auch das Krankenhaus und die Schwebebahn aufs Vigiljoch wurden aus dem Boden gestampft . In Windeseile entwickelte sich Meran zu einem mondänen Tummelplatz der europäischen Eliten. Die neu angelegten Parkanlagen, Promenaden und Spazierwege eigneten sich vorzüglich für das

St. Nikolaus gilt mit seinem über die Stadt hinausragenden Turm als Wahrzeichen von Meran.

Schaulaufen der feinen Leute. Außerdem betonten sie den reizvollen Kontrast aus alpiner Landschaft und südländischer Vegetation, der zum heutigen Erscheinungsbild und zum Zauber der Stadt gehört – Palmen vor weißen Berggipfeln, ein unwiderstehliches Doppel.

▶ Heute

Die intakte Landschaft, das wintermilde Klima, die Kur- und speziellen Erholungsmöglichkeiten sowie ein vielfältiges kulturelles Angebot waren und sind das Zugpferd für den Meran-Tourismus.

Stadtplan: Seite 22, Adressen: Seite 23

Schlüpfrig

... im Wortsinn präsentiert sich die »Kulturgeschichte der Unterwäsche« im Frauenmuseum. Wer will, kann sich die Exponate der Ausstellung ausleihen.

Altstadt

Ältester Stadtteil ist Steinach mit eng verwinkelten Gassen, die vom **Passeirer Tor** – einem der drei noch erhaltenen Stadttore – zum Pfarrplatz führen. An seiner Nordseite steht die mächtige Pfarrkirche **St. Nikolaus** A, deren Turm mit seinem achteckigen Helm von 1617 das Stadtbild dominiert. An dem Gotteshaus haben viele Generationen gearbeitet; 1367 ist als Weihejahr des Chors bezeugt, das Langhaus erhielt sein Gewölbe aber erst im 15. Jh. Reichen plastischen Schmuck weist die Südfront auf; neben den beiden spätgotischen Portalen fällt eine lebensgroße Steinfigur des hl. Nikolaus (um 1350) auf. Die ersten beiden der schönen Glasfenster stammen noch aus dem 15. Jh. Gleich hinter der Pfarrkirche bewahrt die gotische Barbarakapelle, ein doppelgeschossiger achteckiger Zentralbau aus dem 15. Jh., im Obergeschoss einen Flügelaltar aus dem Rheinland.

Reizvoll: Für die Meraner Laubengasse sollte man Zeit einplanen – zum Einkaufen und Erkunden der wunderschönen Gebäude.

Vom Pfarrplatz führt die lange **Laubengasse** B westlich zum Kornplatz. Mit ihren Bogengängen – links (zur Passer hin) den »Wasserlauben«, rechts den »Berglauben« – ist sie Mittelpunkt und Hauptgeschäftsstraße des alten Meran. Ihre Anlage geht auf Graf Meinhard II. zurück; die Häuser besitzen z. T. noch alte Innenhöfe und Treppenhäuser.

Von den Lauben ist es nicht weit zur **Landesfürstlichen Burg** C. Wie eine Festung schaut das Schlösschen aus dem 15. Jh. nicht gerade aus; es hatte auch keine Verteidigungsfunktion, sondern diente den Tiroler Landesfürsten als Stadtresidenz. Die Räumlichkeiten, teilweise noch mit der originalen Einrichtung und einer Musikinstrumentensammlung, können besichtigt werden (Ende März–Anfang Jan. Di–Sa 11–17, So/Fei 11–13 Uhr, Eintritt).

In den beiden obersten Stockwerken des 1309 erbauten Klarissenklosters dokumentiert das **Frauenmuseum** Kultur- und Alltagsgeschichte aus weiblicher Sicht. Alltagsgegenstände, Mode und Accessoires spiegeln das Frauenbild der letzten 200 Jahre (Meinhardstr. 2, Mo–Fr 10–17, Sa 10–12.30 Uhr, www.museia.it).

Zurück in die Geschichte des Burggrafenamts führt auch ein Besuch des **Städtischen Museums** D im Roten Adler. Neben prähistorischen und römerzeitlichen Funden präsentiert es eine geologische Sammlung, eine Gemäldegalerie, spätmittelalterliche Sakralkunst und Volkskundliches (zzt. wegen Umbau geschlossen, Neueröffnung im Palais Mamming am Steinachplatz).

Qual der Wahl: In der Therme Meran kann der Besucher unter 25 Pools und Anwendungsbecken wählen – vom Sauna-Tauchbecken bis zum Strömungs-, Sole- und dem Hauptbecken.

Im Nordwesten der Altstadt steht das wappengeschmückte **Vinschgauer Tor**, daneben die im 18. Jh. barock umgestaltete Kapuzinerkirche.

Kurzentrum, Therme und Spitalkirche

Im **Kurhaus** E spielt sich Merans gesellschaftliches Leben ab. Der 1914 eröffnete und vorbildlich restaurierte Kursaal ist ein Jugendstiljuwel. Dem Wiener Sezessionsstil zuzuordnen ist das hübsche Meraner Stadttheater.

Ein moderner Kontrast dazu ist die **Therme Meran** F. Der architektonisch gelungene Kubus aus Stahl und Glas beherbergt auf über 7000 m^2 eine Wellness-Landschaft mit Pools, Saunen, Spa und Fitnessbereich (Thermenplatz 9, tgl. 9–22 Uhr, Tel. 04 73/25 20 00, www.thermemeran.it).

An der Postbrücke, ein paar Hundert Meter die Passer aufwärts, trifft man auf das reich skulptierte Hauptportal der **Spitalkirche zum Heiligen Geist** G. Der dreischiffige Innenraum des 1431 geweihten Gotteshauses ist eine Oase der Stille.

Stadtviertel Untermais

Auf der Romstraße kommt man direkt zur **Maria-Trost-Kirche** H. Im Kern romanisch, später mehrfach umgebaut, bewahrt sie das byzantinisch beeinflusste Fresko »Der Tod Mariens« (12. Jh.). In Untermais liegt auch die berühmte **Pferderennbahn** von Meran, auf der hoch dotierte Rennen, aber auch Folklore-Veranstaltungen stattfinden.

Promenaden

Was wäre Meran ohne seine berühmten Promenaden, die sich beiderseits der Passer und an den Hängen des Küchelbergs (Seilbahn) entlangziehen: **Kur-, Sommer- und Winterpromenade**. Von der Kurpromenade führt der sogenannte **Sissi-Weg** vorbei am Kurhaus, an Jugendstilbauten und Schlössern zu den Gärten von Trauttmansdorff. Vom Steinernen Steg zieht sich die sonnige **Gilfpromenade** hinauf zur Zenoburg. Schönste Promenade Merans ist der **Tappeiner Weg**, der die sonnige Südflanke des Küchelbergs (514 m) quert; von subtropischer Flora gesäumt, bietet er stimmungsvolle Ausblicke auf die Stadt und den Meraner Talkessel.

Die **Zenoburg** I krönt einen abrupt zur Passer abfallenden Felssporn, der das römische Castrum Maiense trug. Von der wehrhaften Anlage, die um 1288 zur zweiten Residenz der Tiro-

Kuren mit Stil: 1870 residierte Kaiserin Elisabeth von Österreich auf Schloss Trauttmansdorff.

ler Fürsen ausgebaut wurde, blieb neben dem Bergfried und ein paar Mauerfragmenten die zweigeschossige Kapelle mit skulptiertem Portal erhalten.

Villenviertel Obermais

Das idyllische, durch die vielen Weinpergolen und Obstgärten aufgelockerte Siedlungsbild wird von Villen, Schlössern und Ansitzen geprägt, von denen viele heute Hotellerie und Gastronomie beherbergen. Mittelpunkt dieses alten Meraner Adelsparadieses ist der Brunnenplatz, zu Fuß vom Stadtzentrum über die Cavourstraße in 15 Min. zu erreichen. In seiner Nachbarschaft liegt der malerische Ansitz Knillenberg.

Schloss Trauttmansdorff J

Die Attraktion der Schlossanlage aus dem 15. Jh. ist der **Botanische Garten**: 80 Gartenlandschaften mit Südtiroler und mediterraner Flora, Wein-, Wasser- und Waldgärten, Reisterrassen und japanischen Magnolien, Sukkulenten- und Kakteenhügeln u. v. m. Das **Touriseum** im Schloss dokumentiert die Geschichte des Tiroler und Südtiroler Tourismus (April–Okt. tgl. 9–19, Anf.–Mitte Nov. 9–17, Juni–Aug. Fr bis 23 Uhr, www.trauttmansdorff.it, www.touriseum.it).

Segenbühel K

Die Südkuppe des Küchelbergs, Merans Hausberg (514 m), ist zu Fuß auf dem Tiroler Steig (45 Min.) und mit dem Sessellift (Talstation gegenüber der Landesfürstlichen Burg) in wenigen Minuten zu erreichen.

Informationen

Tour 03: Stadtbesichtigung Meran

Spaziergang, 1–2 Tage

Stationen

- A Pfarrkirche St. Nikolaus
- B Laubengasse
- C Landesfürstliche Burg
- D Städtisches Museum
- E Kurhaus
- F Therme Meran
- G Spitalkirche zum Heiligen Geist
- H Maria-Trost-Kirche
- I Zenoburg
- J Schloss Trauttmansdorff
- K Segenbühel

Anreisetipp

Übers Timmelsjoch

Die kurvige Bergstrecke über das Timmelsjoch (Passo di Rombo, 2491 m, Grenzübergang, Wintersperre) ist eine reizvolle Alternative zu den oft verstopften Routen über Brenner und Reschen. Das Timmelsjoch bildet die Grenze zwischen Nord- und Südtirol, zwischen Ötz- und Passeiertal. Die Straße führt am Rand des Naturparks Texelgruppe entlang, vom Hochgebirge hinunter zu Rebhängen und Obstkulturen. Bei der eindrucksvollen Talfahrt erkennt man über dem Timmelstal einige Dreitausender der Stubaier Alpen. Über das Dorf Moos in Passeier und den Hauptort des Passeiertals, St. Leonhard in Passeier, geht es bis Riffian. Hier öffnet sich das Tal der Passer zum weiten Meraner Talkessel.

Info

Kurverwaltung Meran

Freiheitsstr. 45, Meran • Tel. 04 73/27 20 00 • www.meran.eu

Verkehrsmittel

Parken

Großes Parkhaus unter der Therme Meran, 2 Min. zur Altstadt. Parkhäuser beim Marconipark und an der Galileistraße.

Bahnverbindung

Nach Bozen mit Anschluss an die Brennerlinie. Vinschger Bahn (s. Seite 17) ins Vinschgau.

Busverbindungen

Linienbusse in alle Orte der Umgebung. Während der Saison tgl. Rundfahrten (Dolomiten, Gardasee usw.).

Seilschwebebahnen

Hochmuter (Dorf Tirol), Küchelberg, Obertaser (Schenna), Meran 2000 (Skigebiet); mehrere Gondelbahnen und Sessellifte.

Hotel und Restaurant

Aurora

Mitten im Herzen Merans liegt das coole Lifestyle-Hotel. Das stylishe Restaurant Fino und die Cocktailbar Sketch sind beliebte Treffs in Meran. Café 7–24, Bistro Lunch 12–15, Restaurant Dinner 19–21.30 Uhr.
Passeierpromenade 38, Meran • Tel. 04 73/21 18 00 • www.aurora-meran.com

Restaurants

Bistro 7

Szenige Ganztages-Location mit Bistro-Küche und Cocktails.
Laubengasse 232, Meran • Tel. 04 73/21 06 36 • www.bistro-sieben.it

Sissi

Einfallsreiche moderne (Sterne-) Küche, regional und mediterran inspiriert. Mo geschl.
Galileistr. 44, Meran • Tel. 04 73/23 10 62 • www.andreafenoglio.com

Nightlife

Theater in der Altstadt

Im Keller des Kurhauses E: Eigenproduktionen, Gastspiele, Musik und Kabarett.
Tel. 04 73/21 16 23 • www.tida.it

Shopping

Südtiroler Kunsthandwerk und Mode sind beliebte Mitbringsel. Zu empfehlen sind Wein und Speck vom **Vinschgauer Tor** (Rennweg 126). Für Wein ist die **Enoteca** von Claudia Catlacin (Piazza del Duomo 13) Merans beste Adresse. Besondere Weine wie den Chardonnay Goldegg gibt es in der Önothek der **Meraner Kellerei** (St. Markus Str. 11).

Die Laubengasse in Bozen (Foto aus den 1910er-Jahren) erwies sich als erfolgreiches Geschäftsmodell, das den Kaufleuten beachtlichen Wohlstand bescherte. Kein Wunder, dass die Häuserfassaden immer prächtiger gediehen und die 300 Meter lange Ladenstraße zu einer eleganten Flaniermeile wurde.

Tour 04 | **Bozen**

Klein, aber fein

▶ Gestern: Schon im 12. Jahrhundert ließen die Bischöfe von Trient eine Ladenstraße errichten, um den Handel in der Region anzukurbeln

▶ Heute: Laubengasse und Obstmarkt sind nach wie vor das Herzstück Bozens und stehen für höchstes Flanier- und Einkaufsvergnügen

▶ Gestern

Gerade einmal 3,60 m wies der Bischof von Trient im 12. Jh. den Händlern zu, die sich unter den Laubengängen in Bozen niederlassen wollten – Konkurrenz belebte eben schon immer das Geschäft. Das knappe Platzangebot glichen die Besitzer aus, indem sie ihre Häuser umso höher und in die Tiefe bauten. Die Geschäfte florierten und bescherten den Kaufleuten großen Wohlstand. So gerieten die Häuserfassaden im Laufe der Zeit immer prunkvoller, mit Stuckdekors, prächtig verzierten Portalen und verspielten Erkern.

Als Kaiser Franz 1765 auf dem Weg zur Hochzeit seines Sohnes in Bozen haltmachte, vertraute er den Laubenkaufleuten an, dass er in Geldnot sei und 200 000 Gulden bräuchte, am besten in Dukaten – ein damals ungeheurer Betrag. Der Kaufmann Johann Gumer fackelte nicht lange und übergab noch am selben Tag dem Regenten den Betrag. Von da an hießen die Kaufleute »Laubenkönige« und galten als ungekrönte Herrscher der Stadt. Allerdings sind die alteingesessenen Bozener Familien heute unter den Geschäftsinhabern unter den Lauben in der Minderzahl.

▶ Heute

Trotz ihrer seit Jahrhunderten gepflegten geschäftstüchtigen Ader galt die Landeshauptstadt Bozen (Bolzano, 266 m, 105 200 Einw.) lange als verschlafene Alpenmetropole. Sie ist längst aufgewacht und hat sich mittlerweile von Innsbruck, der »Hauptstadt der Alpen«, emanzipiert. Durch die noch junge Uni blüht das studentische Nachtleben, und die Stadt ist stolz auf ihre Edelboutiquen und die multikulturelle Szene.

Stadtplan und Adressen: Seite 28/29

In der Altstadt

Den Stadtrundgang beginnt man am besten auf dem **Walther-Platz** A, unweit des Bahnhofs. Auf der Piazza thront die Marmorstatue des Dichters und Minnesängers Walther von der Vogelweide (Heinrich Natter, 1889).

Zur Gasse blickt die »schöne« Seite der Lauben, die rückwärtige war für Personalräume gedacht.

An diesem Platz steht die Stadtpfarrkirche, seit 1964 auch **Dom** B. Ihr spätgotischer Turm erinnert an süddeutsche Münsterbauten – nicht ohne Grund, war es doch der Schwabe Hans von Schussenried, der 1501–1519 den Turmaufsatz errichtete. Der Bau begann bereits im 13. Jh.; ab 1380 entstand der lichte Umgangschor. Das Hauptportal wurde 1499 von lombardischen Steinmetzen mit einer Vorhalle mit zwei Säulen tragenden Löwen erneuert.

Ein schöner Spaziergang führt vom Walther-Platz über den Kornplatz (Waaghaus mit freskengeschmückter Fassade), auf den die Silbergasse mündet, in die berühmten **Lauben** C, das merkantile Herz des alten Bozen. Die Enge der Laubengasse und die schmalen Fassaden verraten den mittelalterlichen Ursprung der Häuser aus dem 17. oder 18. Jh.

In den neu restaurierten Sälen des **Merkantilpalastes** erfahren Besucher mehr über die erfolgreiche Handelstätigkeit der bekannten Bozner Familie Menz im 18. und 19. Jh. (Laubengasse 39, Mo bis Sa 10–12.30 Uhr).

Für Gaumenfreuden sorgt am anderen, westlichen Ende der Lauben der **Obstmarkt** D, der bereits Goethe beeindruckte. Mit seinem mediterranen Flair und reichen Angebot ist er ein Muss für jeden Bozenbesucher.

Nach Osten mündet die Laubengasse in den Rathausplatz. Das **Naturmuseum** im ehemaligen Amtshaus von Kaiser Maximilian I. informiert über die Geologie Südtirols (Bindergasse 1, Di–So 10–18 Uhr, www.naturmuseum.it).

Von der Bindergasse mit den hübschen Wirtshausschildern geht links die von alten Häusern gesäumte Dr.-Streiter-Gasse ab.

Die Kirche **St. Georg** E, ein zierlicher Bau (um 1400), steht ganz in der Nähe. Romanischen Kernbestand hat das um 1300 veränderte Kirchlein **St. Johann im Dorf** F, eine typische Bozner Chorturmkirche. Den Innenraum schmückt ein Freskenzyklus aus dem 14. Jh.

Über die Vintlerstraße sind es nur ein paar Schritte zum **Franziskanerkloster** G. Im Kreuzgang, um 1350 entstanden und im 15. Jh. eingewölbt, plätschert ein Brunnen und man kann die herrlichen Fresken in Ruhe genießen. Im lichten, hohen Chor (Mitte 14. Jh.) im Stil der Bettelordensarchitektur steht eine besondere Kostbarkeit: der spätgotische Weihnachtsaltar, ein Werk des Brixner Meisters Hans Klocker (um 1500).

Laktose-Intoleranz, erhöhter Cholesterinspiegel, Bandscheibenverschleiß – Gletschermann Ötzi hatte vor 5300 Jahren schon mit diesen Zipperlein zu kämpfen.

Auch der Dominikanerorden hatte in Bozen seit dem 13. Jh. eine Niederlassung. Die **Dominikanerkirche** H und der Kreuzgang sind gotisch, herausragend sind die von Giotto beeinflussten Fresken in der Johanneskapelle (1330–1340).

Wie stark Südtirol von der Gotik geprägt wurde, belegen viele Exponate des sehenswerten **Stadtmuseums** I (Sparkassenstr. 14, derzeit partielle Öffnung mit Sonderausstellung im

1. Stock, Di–So 10–18 Uhr). Schräg gegenüber fand der berühmte jungsteinzeitliche Gletschermann »Ötzi« im **Südtiroler Archäologiemuseum** seine endgültige Ruhestätte, andere Originalfunde und Rekonstruktionen dokumentieren seine Lebenswelt (Museumstr. 43, Di–So 10–18 Uhr, Juli, Aug., Dez. auch Mo, www.iceman.it).

Wechselausstellungen im **Museion – Museum für Moderne und Zeitgenössische Kunst** J widmen sich, in einem architektonisch interessanten Gebäude, dem 20. und 21. Jh. (Dantestr. 6, Di–So 10–18, Do 10–22 Uhr, www.museion.it).

Vom Städtischen Museum ist es nicht weit zur Talfer. Auf den Dammkronen, der Grieser und der Bozner Wassermauer, lässt es sich gut zum **Schloss Maretsch** K flanieren. Die Anlage mit vier Ecktürmen und dem massigen Bergfried inmitten von Weingärten ist malerisch. Die Burg stammt im Wesentlichen aus dem 16. Jh.; heute verbirgt sich hinter den dicken Mauern ein modernes Kongress- und Tagungszentrum.

Westlich der Talferbrücke

Das umstrittenste Bauwerk Bozens steht gleich jenseits der Talferbrücke: das **Siegesdenkmal**, ein unter Mussolini aufgestellter Triumphbogen. Hinter dem Monumento della Vittoria beginnt das andere Bozen, von den Faschisten als neues Zentrum der Stadt geplant.

Die Fortsetzung der Freiheitsstraße (Corso Libertà) führt schnurgerade nach Gries. Nicht nur Kunstfreunde steuern hier den mächtigen Gebäudekomplex des **Benediktinerstifts Muri-Gries** L an. In der Kirche verdienen vor allem die Deckengemälde, ein Hauptwerk (1771–1773) von Martin Knoller, Beachtung. Berühmt sind die **Weine** des Benediktinerstifts, ganz besonders der Lagrein Kretzer und der Dunkle Lagrein (Grieser Platz 21, Tel. 04 71/28 22 87, www.muri-gries.com).

Etwas höher zum Hang hin steht die **Alte Pfarrkirche** M von Gries, urkundlich erstmals 1141 erwähnt, später gotisch umgebaut. Gotik gibt es auch innen zu bewundern: den Flügelaltar der Marienkrönung (1471–1475) von Michael Pacher – wohl das bedeutendste, leider nicht vollständig erhaltene Werk seiner Art in Südtirol. In den ausdrucksstarken Schreinfiguren und dem reichen Faltenwurf stellt Pacher seine Meisterschaft unter Beweis. Die 15 Gemälde auf der Rückseite des Schreins mit Szenen aus dem Leben Jesu stammen von einem unbekannten Künstler und werden um 1480 datiert (Mo–Fr 10.30–12, 14.30–16 Uhr, Anfang Nov.–Ende März geschl.).

Kleintransport: Ob der junge Mann seine Fracht wohl zum Markt transportiert oder dort erstanden hat? Auf dem Bozener Obstmarkt gibt es jedenfalls seit Jahrhunderten regionale Köstlichkeiten zu kaufen.

Informationen

Tour 04: Stadtbesichtigung Bozen

Spaziergang, 1–2 Tage

Stationen

- **A** Walther-Platz
- **B** Dom
- **C** Lauben
- **D** Obstmarkt
- **E** St. Georg
- **F** St. Johann im Dorf
- **G** Franziskanerkloster
- **H** Dominikanerkirche
- **I** Stadtmuseum
- **J** Museion
- **K** Schloss Maretsch
- **L** Benediktinerstift Muri-Gries
- **M** Alte Pfarrkirche von Gries

Info

Verkehrsamt Bozen

Ab drei Übernachtungen bekommt man einen Gästepass mit vielen Vergünstigungen. Das Verkehrsamt veranstaltet Stadtführungen und Wanderungen. Waltherplatz 8, Bozen • Tel. 04 71 30 70 00 • www.bolzano-bozen.it

Verkehrsmittel

Parken

Parkgarage unter dem Walther-Platz; Parkplatz beim Schloss Maretsch, 5 Min. zur Altstadt.

Flughafen

Bolzano-Dolomiti • Tel. 04 71 25 52 55 • www.abd-airport.it

Busverbindungen

Zu allen Orten der Umgebung. Während der Saison tgl. Rundfahrten (Dolomiten, Überetsch, Gardasee usw.).

Bahnverbindungen

An der Brennerlinie, direkt nach Innsbruck – München sowie Meran, Brixen und Trient. Stazione FS, Bozen • Tel. 04 71 31 33 11

Seilschwebebahnen

Jenesien (1087 m), Ritten (1220 m) und Kohlerer Berg (1136 m)

Hotel

Hotel Greif

Direkt am Walther-Platz gelegenes Designhotel mit 33 von zeitgenössischen Künstlern eingerichteten Zimmern.

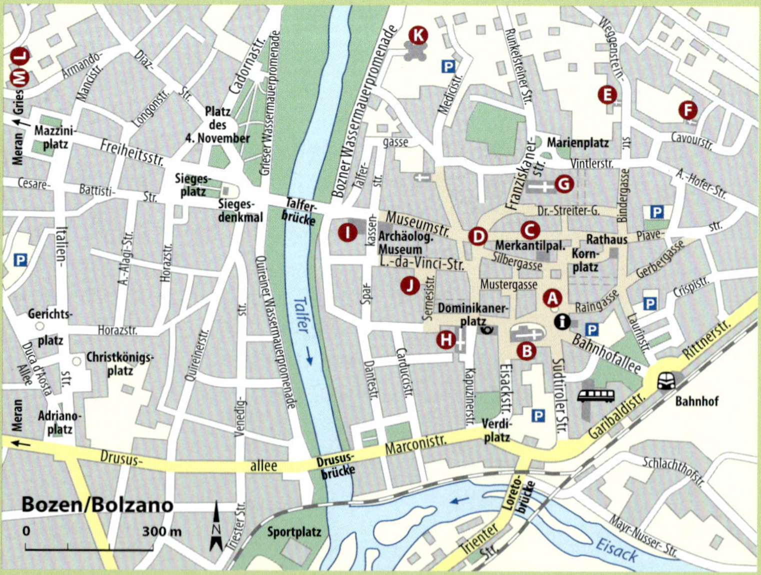

Waltherplatz, Bozen • Tel. 04 71 31 80 00 • www.greif.it

Restaurants

Zur Kaiserkron

Hervorragende mediterrane Küche mit regionalen Einflüssen in einem herrlichen Barockpalais. Mo–Sa 12–14.30, 19–21.30 Uhr. Musterplatz 2, Bozen • Tel. 04 71 98 02 14 • www.kaiserkron.bz

Fink

In der gemütlichen Gaststube kommen schmackhafte regionale Gerichte auf den Tisch. Mi Abend und Do geschl. Mustergasse 9, Bozen • Tel. 04 71 97 50 47 • www.fink-restaurant.it

Wirtshaus Vögele

Eine der renommierten Adressen für typische Tiroler Spezialitäten – dazu urgemütlich. So geschl. Goethestr. 3, Bozen • Tel. 04 71 97 39 38 • www.voegele.it

Hopfen & Co.

Angesagter Gasthof mit eigener Brauerei, solider deftiger Kost und Kulturprogramm. Mo–Sa 9.30–1, So 9.30–24 Uhr. Obstplatz 17, Bozen • Tel. 04 71 30 07 88 • www.boznerbier.it

Nightlife

Die Diskos **Okay** (Gilmstr. 7 • www.disco-okay.com) und **Miró** (Dominikanerplatz 3b) sind zwei der angesagtesten Party-Adressen.

Kleinkunsttheater Carambolage

Eine gute Adresse für Theater, Musik und Kabarett. Silbergasse 19, Bozen • Tel. 04 71 98 17 90 • www.carambolage.org

Vereinigte Bühnen Bozen

In dem schimmernd weißen Musentempel werden Schauspiel, Opern, Operetten und Musicals aufgeführt. Verdiplatz 40, Bozen • Tel. 04 71 06 53 20 • www.theater-bozen.it

Shopping

Südtiroler Werkstätten

Hochwertige Glasmalerei, Handarbeiten, Keramik und Schnitzereien. Lauben 39, Bozen • Tel. 04 71 97 85 90 • www.werkstaetten.it

Palais Moirée

Ausgewählte Mode unterschiedlicher Designer in elegantem Lüster- und Goldspiegel-Ambiente. Obstplatz 9, Bozen • Tel. 04 71 32 45 80 • www.moirefashion.com

Seibstock

Zweistöckiger Schlemmer-Tempel von Südtirols bestem Delikatessenhändler. Lauben 50, Bozen • Tel. 04 71 32 40 72

Thuniversum

Keramik, Kachelöfen und kitschfreies Kunsthandwerk. Galvani-Str. 29, Bozen • Tel. 04 71 24 52 55 • www.thun.com

Extra-Tipp

Mit dem Rad nach Trient

Auf verkehrsfreien, asphaltierten Wegen kann man an der Etsch entlang bis nach Trient radeln. Es sind kaum Steigungen, aber doch 70 km zu bewältigen. In **Neumarkt** lohnt ein Bummel durch den mittelalterlichen Stadtkern; an der **Salurner Klause** sind die stattlichen Häuser aus Renaissance und Barock sehenswert. Der Radweg folgt der Etsch bis nach **Trient (Trento)**. **Räder** kann man beim Verleih der Stadt Bozen in der Bahnhofsallee oder bei Passepartour (nahe Walther-Platz, www.passepartour.com, auch geführte Radtouren) mieten. Für die Rückfahrt nach Bozen empfiehlt sich der Zug.

Einst waren nur Fischerboote auf dem Lago Maggiore unterwegs, die Postkarte von etwa 1910 (oben) zeigt die typischen Kähne vor der Isola Bella. Der barocke Palast mit seinen prächtigen Gartenanlagen – unten eine Aufnahme von 1972 – aus dem 17. Jahrhundert war und ist Wohnsitz der mächtigen Adelsfamilie Borromeo.

Tour 05 | **Lago Maggiore**

Perlen im Lago

▶ GESTERN: Aus kargen Steinhaufen im Lago Maggiore formten Adlige ab dem 17. Jahrhundert die kunstvollen Borromäischen Inseln

▶ HEUTE: Inselhüpfen ist die Hauptattraktion am Lago. Lassen Sie sich aber auch die anderen Perlen am Südufer des Sees nicht entgehen

▶ GESTERN

Schade, dass es keine Vorher-Nachher-Fotos gibt, sonst ließe sich eindrucksvoll dokumentieren, was die Familie Borromeo aus den Inseln im Lago Maggiore gemacht hat: Wunderwerke der Natur und der Gestaltung. Den Anfang machte Fürst Carlo Borromeo III., der im 17. Jh. einen Architekten mit der Umgestaltung der unscheinbaren Isola Inferiore beauftragte. In den Jahren 1632 bis 1672 entstand ein Palast für Carlos Gattin Isabella d'Adda – die ganze Insel wurde zu einem Kleinod, das bald als barockes Wunderwerk galt und zum Schauplatz pompöser Feste von europäischen Aristokraten wurde. In deren Fahrwasser folgten Schriftsteller wie Stendhal, Flaubert, Dumas und Lord Byron sowie Künstler der Belle Époque.

Das gelungene Insel-Makeover inspirierte die Verwandtschaft zu weiteren gestalterischen Würfen. So ließ Vitaliano IX Borromeo 1823–1825 die Isola Madre, die größte der Borromäischen Inseln, in einen Landschaftsgarten im englischen Stil verwandeln.

Die bezaubernde, 3,4 Hektar kleine Isola dei Pescatori war, wie der Name sagt, eine Fischerinsel und ist seit dem 14. Jh. durchgehend bewohnt. Eine betende Madonna aus Stein sollte guten Fang bescheren und die Hafeneinfahrt schützen.

▶ HEUTE

Ein Besuch der Borromäischen Inseln ist zweifellos ein Muss am Lago Maggiore. Eine Fahrt von Verbania über Arona, Angera und Laveno führt aber auch an viel älteren Besiedelungsspuren, Burgen, Museen und einer Höhle vorbei.

Adressen und Landkarte: Seite 36/37

1 Verbania

Im Ortsnamen von Verbania (31 000 Einw.) ist die antike Bezeichnung des Lago Maggiore, *Lacus Verbanus*, noch lebendig. Die Stadt entstand erst 1939 durch den Zusammenschluss der Orte Intra, Pallanza sowie weiterer kleiner Gemeinden. Der Stadtteil **Intra** verdankt seinen Namen wohl der Lage zwischen (*intra*) den Gebirgsflüssen San

Bernardino und San Giovanni, die hier in den See münden. Handel und Industrie prägen hier das Bild, während das mondäne **Pallanza** zu den renommiertesten Ferienorten am Lago zählt. Es ist reizvoll an den Fuß des **Monte Rosso** gebettet und durch die Punta della Castagnola bzw. die **Gärten der Villa Taranto** (siehe Seite 36) vom geschäftigen Intra getrennt.

Kunstliebhaber kommen im barocken Palazzo Viani-Dugnani auf ihre Kosten: Das lokale **Museo del Paesaggio** präsentiert neben einer archäologischen Sammlung eine Gemäldegalerie (vor allem Bilder des 19./20. Jhs.) und Arbeiten des Bildhauers Paolo Troubezkoj (1866–1938) aus Intra (Via Ruga 44, Di–So 10–12, 15.30–18.30 Uhr, www.museodelpaesaggio.it).

Am Viale G. A. Azari wurde die Kirche **Madonna di Campagna** erbaut. Heute ist ihr Ambiente durch die Nachbarschaft von Industriebauten beeinträchtigt. Im Kern romanisch, wurde das Gotteshaus zwischen 1519 und 1527 im Stil der Renaissance umgestaltet. Originell ist die achteckige Kuppel mit ihrer Säulengalerie. Von der reichen Ausstattung sind das geschnitzte Chorgestühl (1582) und die Wandmalereien aus dem 16. Jh. hervorzuheben. Der Kirche zur Seite steht der schlanke romanische Campanile (9–12, 16–18 Uhr).

An einem Sonntag Anfang September verwandelt sich Verbania in ein einziges Blumenmeer. Beim **Corso Fiorito** ziehen üppig geschmückte Wagen, auf denen alle erdenklichen Figuren aus Blumen stehen, durch die Straßen und entlang des Sees.

2 Borromäische Bucht

Von Verbania um die Borromäische Bucht herum nach Stresa und weiter bis zum Abfluss des Ticino aus dem See erstreckt sich die berühmte »Riviera« des Lago Maggiore, subtropisch-üppig die Vegetation, überstrahlt von einer südlichen Sonne, die das Alltagsgrau rasch vergessen lässt. Die Riviera hält für ihre Gäste nicht nur gepflegte Hotels, Straßencafés und viel Unterhaltung bereit, son-

»Ein schöner Garten muss nicht groß sein, er soll vielmehr die Verwirklichung eines Traumes darstellen (...).« Leitmotiv von Captain Neil Mc Eacharn, Gründer der Gärten der Villa Taranto.

dern unterstreicht auch gern, dass sie das kunst- und kulturreichere Ufer des Lago Maggiore ist. Nicht ganz ohne Stolz wird gern auf bedeutende Besucher verwiesen, darunter Iwan Turgenjew, Königin Victoria und Richard Wagner.

Mehr an Alltag erinnert dagegen das Verkehrsgewühl auf der Uferstraße. Wer im Hochsommer die Borromäischen Inseln besucht, der muss sich auf Touristenmassen gefasst machen. Ruhiger ist es im Frühjahr oder Spätherbst, wenn bei klarer Sicht der Horizont bis zu den Firngipfeln der Schweizer Alpen reicht.

In Ernest Hemingways Roman »In einem anderen Land« spielt das Grand Hotel auf den Borromäischen Inseln oder genauer der Barkeeper des Hauses als Fluchthelfer eine entscheidende Rolle.

Die Fahrt von Verbania um die Borromäische Bucht bietet reizvolle Ausblicke auf den See. Nicht zu übersehen sind die Steinbrüche, die man in die Berghänge geschlagen hat. Der rosafarbene Granit, der bis heute gebrochen wird, fand u. a. als Baumaterial für die Basilika San Paolo in Rom und die Galleria Vittorio Emanuele II in Mailand (siehe Seite 129) Verwendung. Auf dem Weg Richtung Baveno lohnt ein Abstecher nach **Suna** zur Osteria Boccon di Vino (Via Troubetzkoj 86, Tel. 03 23 50 40 39, Di u. Mi mittags geschl.).

3 Stresa

Dank seiner Vorzugslage am Borromäischen Golf stieg der Ort im 19. Jh. vom einfachen Fischernest zum Villenparadies und einem der vornehmsten Kurorte Italiens auf. Dicht drängen sich die Palazzi am Wasser und geben einen Eindruck von der Blütezeit, die Stresa im Gefolge des europäischen Hochadels erlebte. Bereits in der zweiten Hälfte des 18. Jhs. entstand der **Palazzo Ducale**, die Residenz der Herzöge von Savoyen am See. Die prachtvolle Inneneinrichtung ist teilweise erhalten und bildet heute das erlesene Ambiente einer Studienstiftung (Strada Sud Sempione, Mo–Fr 9–11.45, 15–17.45 Uhr).

Die stattliche **Villa Pallavicino** umgibt ein 16 000 m² großer Garten. Der Hausherr hat ihn im 19. Jh. im Stil englischer Parks in eine romantisch inspirierte Landschaft verwandelt (Strada Sud Sempione, Außenbesichtigung Mitte März–Okt. 9–18 Uhr).

Heute gilt Stresa zwar immer noch als das touristische Zentrum am Lago, macht jedoch eher den Eindruck einer in die Jahre gekommenen Grande Dame. Noch strahlen die Hotelpaläste etwas vom Flair der Belle Époque aus, als das Westufer gekrönte Häupter, Geldadel und berühmte Künstler anzog. Zeitlos schön ist aber der Blick über den See vom Lungolago, der Uferpromenade. Im Blickfeld erscheinen die Isole Borromee und am gegenüberliegenden Ufer der Monte Tamaro (1962 m).

4 Borromäische Inseln

Am nächsten Tag stehen die **Borromäischen Inseln (Isole Borromee)** auf dem Programm. Sie gehören zu den beliebtesten Zielen am Lago. Für den Besuch der drei öffentlich zugänglichen Inseln sollte man sich mindestens einen halben Tag Zeit nehmen (www.borromeoturismo.it). Die vierte im Bunde, die Isola San Giovanni, befindet sich in Privatbesitz.

Isola Bella

Die Isola Bella galt bereits zur Barockzeit als sogenanntes Weltwunder. Die Idee, dem felsigen Eiland die Form eines Schiffs zu geben, stammt vermutlich von Antonio Crivelli aus Ponte Tresa, der 1632 mit der Umgestaltung der damaligen Isola Inferiore zum »Gesamtkunstwerk« begann. An der Planung des Palastes war auch der berühmte Carlo Fontana beteiligt. Der **Palazzo Borromeo** ist üppig ausgestattet; man kann u. a. den Napoleon-Saal (hier schlief der gebürtige Korse 1797), den Gobelin-Saal und den Luca-Giordano-Saal (mit drei Gemälden des großen Neapolitaners) besichtigen, ferner die sog. Grotten, sechs mit Marmorbüsten und archäologischen Fundstücken dekorierte Räume (Mitte März–Mitte Okt. tgl. 9–17.30 Uhr). Doch den weit stärkeren Eindruck hinterlässt der Park. Seine terrassenförmige Anlage ist ein **Wunder baro-**

cker **Gestaltungsfreude**: terrassierte Grünflächen, begrenzt von Blumenrabatten, Bäumen und Ziersträuchern, hier und da kleine Wasserspiele, die im Sommer Erfrischung versprechen, dazwischen stolzierende Pfauen, barocke Prachtarchitektur – die Welt auf der Isola Bella ist jeder profanen Wirklichkeit enthoben und stimmt auch heute noch heiter.

Isola dei Pescatori

Aufdringlich wird das »Geschäft mit der Schönheit« auf der benachbarten Fischerinsel, der Isola dei Pescatori, betrieben. Deren Kulisse ist überaus malerisch, das Gedränge in den engen Gässchen entsprechend groß, die Preise in den zahlreichen Fischlokalen oft höher als die Qualität. Die Casabella ist allerdings durchaus für das Mittagessen zu empfehlen (siehe Seite 37).

Isola Madre

Eine paradiesische Flora kann man auf der Isola Madre, der größten der vier Inseln, bewundern. Sie gehört dem Grafengeschlecht der Borromeo. Umgeben von einem grünen Paradies liegt der **Palazzo Borromeo**, ein stilvoller Bau des 16. Jhs., in dem eine Sammlung historischer Puppen und Puppentheater der Gräfin Borromeo fasziniert (Mitte März–Mitte Okt. tgl. 9–17.30 Uhr).

Nun geht es zurück nach Stresa. Wer möchte, kann hier noch eine Seilbahnfahrt auf den **Monte Mottarone** (1491 m), ein lohnendes Wanderrevier, unternehmen. Die berühmte Aussichtsterrasse am Gipfel ist alternativ über eine gut ausgebaute Mautstraße (21 km) zu erreichen. Im Winter sind hier die Skifahrer unterwegs, im Sommer preschen Radfahrer mit dem Downhill-Bike zur Talstation hinab.

5 Arona

Tags darauf folgen Sie der Küstenstraße bis Arona (14 200 Einw.) und stärken sich nach dem Stadtbummel in der Osteria Campagna (siehe Seite 37). Der Ort ist uralter Kulturboden. Bedeutende prähistorische Funde, u. a. aus der Golasecca-Kultur, deren Anfänge ins 12. Jh. v. Chr. datiert werden, belegen eine weit zurückreichende Siedlungsgeschichte. Exponate von der Bronzezeit bis zur Renaissance aus Arona und Umgebung präsentiert das **Museo Archeologico di Arona** beim Rathaus (Piazza San Graziano 36, Di 10–12 und Sa/So 15.30–18.30 Uhr; Do 9–12 Uhr für Gruppen und nur nach Voranmeldung, www.archeomuseo.it).

Wohl seit dem 10. Jh. dürfte der Burgfelsen über der Stadt befestigt gewesen sein. Im ausgehenden Mittelalter wurde die Anlage ausgebaut, doch Napoleon ließ die Feste schließlich schleifen. Die grandiose Aussicht auf den See lässt sich auch sehr schön am Abend genießen (Mitte März–April Di–Do 10–19, Fr/Sa bis 21 Uhr, Mai–Mitte Okt. bis 20 bzw. 22 Uhr, Mitte Okt.–Mitte März Sa/So 10–17 Uhr).

> ***Ein Koloss***
> Stattliche 23 Meter Höhe misst San Carlo Borromeo in Arona und war damit bis zum Bau der Freiheitsstatue in New York die größte innen begehbare Statue.

Für Kunstfreunde lohnen auch die Kirchen einen Besuch: Die Pfarrkirche **Santa Maria Nascente** (15./17. Jh.) im unteren Stadtteil wurde im 19. Jh. umgestaltet. **Santi Martiri** an der Piazza San Graziano vereinigt im Kern romanische Bauformen, in der Fassade gibt sie sich barock und im Innenraum klassizistisch (Madonna von Bergognone, 15. Jh.). Die **Madonna di Piazza** an der Piazza del Popolo wird Pellegrino Tibaldi (1592) zugeschrieben.

Sehenswert ist die **Villa Ponti**, die als Kunstgalerie dient (Via San Carlo 63). Der flämische Händler Bartolomeo Pertossi gab die Villa Ende des 18. Jhs. in Auftrag. Später lebte dort der Assistent des amerikanischen Erfinders Thomas Edison, Giangiacomo Ponti, dessen Familie die Villa im neoklassizistischen Stil umbauen ließ.

Auf einer Anhöhe über dem Ort thront die riesige **Kolossalstatue** des berühmten Sohnes der Stadt, **San Carlo Borromeo**, gleichsam als dessen Wahrzeichen. Innen führen eine Wendeltreppe und eine steile lange Leiter bis in den Kopf, durch dessen Augen man über den See bis ins Varesotto blickt. (April–Sept. tgl. 9–12.30, 14–18.30, Okt. nur Sa/So, Nov. und März Sa/So bis 16.30, Dez. nur So, Jan., Feb. geschl.).

6 Angera

Nachmittags bleibt noch Zeit für die Burg von Angera. Das lebhafte Städtchen liegt in der Bucht gegenüber von Arona. Hauptsehenswürdigkeit ist die Feste **Rocca di Angera**, deren markante Silhouette den Hügel hinter dem Ort krönt (Mitte März–Mitte Okt. 9–17.30 Uhr). Unter den teilweise kostbar ausgemalten Räumen ist die gotische Sala della Giustizia hervorzuheben, deren Wandmalereien (1314) den Sieg der Visconti über die Torriani feiern. Die Sala delle Cerimonie ist mit Fresken (15. Jh.) aus dem Mailänder Palazzo Borromeo ausgeschmückt, die 1946 hierher kamen. Vom Turm bieten sich neben einer weiten Aussicht, u. a. auf den Sacro Monte bei Varese und die Insel Partegora, auch stimmungsvolle Einblicke in den Burghof und auf den zinnenbekrönten Mauerring.

Nicht nur Kinder begeistern sich für das **Puppenmuseum** in der Burg. Zur ursprünglichen Sammlung der Prinzessin Bona Borromeo kamen später Schenkungen wie eine Sammlung japanischer Puppen der Edo-Periode dazu. So wuchs der Bestand auf mehr als 1000 Ausstellungsstücke aus drei Jahrhunderten an, das Museum zählt heute zu den besten seiner Art in Europa. Besonders beeindruckend sind die Puppenautomaten, deren Funktion in einem Film vorgeführt wird.

Die Burg steht auf uraltem Kulturboden. In der nahe gelegenen Höhle **Antro di Mitra** stieß man auf steinzeitliche Reste und Spuren des Mithraskultes (1./2. Jh.), eines östlichen Mysterienkultes um den persischen Lichtgott Mithras.

Im kleinen **Archäologischen Museum** von Angera sind die prähistorischen und römischen Funde aus der Region ausgestellt. Die Sammlung ist in einem Palast im historischen Zentrum untergebracht, der ins späte 15. Jh. datiert (Via Marconi 2, Mo und Do 14.30–18.30, Di nur bis 17, Do auch 10–12, Sa 9–12 Uhr, www.simarch.org).

»Tor zum Lago Maggiore«: Arona liegt an den Ausläufern des Vergante, sanft zum Wasser hin abfallend.

7 Laveno

Von dem an einer kleinen Bucht gelegenen Ort bietet sich ein schöner Blick über das Tal des Toce (Ossola) bis zu den Viertausendern der Mischabel-Gruppe in den Walliser Alpen.

Laveno ist stark von der Industrie geprägt. Auf eine lange Tradition kann dabei die Keramikindustrie zurückblicken. Das **Museo Internazionale Design Ceramico** dokumentiert die Entwicklung des Handwerks (Via Lungolago Perabò 5, Laveno Mombello, Mi–So 10–12.30, 14.30–17.30, Juni–Sept. Sa/So 15–18, Di 10–12.30 Uhr, www.midec.org).

Der **Sasso del Ferro** (1062 m) ist bequem mit einer Seilbahn erreichbar (April–Okt. Mo–Sa ab 11, So ab 10 Uhr, letzte Abfahrt Mo–Fr 18.30, Sa/So 22.30, Nov.–März Sa 11–17, So 10–17.30 Uhr, www.funiviedellagomaggiore.it). Von der Bergstation am Poggio Santa Elsa (974 m) ist es zu Fuß nur noch ein Spaziergang zum höchsten Punkt (20 Min.). Von dort eröffnet sich ein weites Panorama auf die Alpen, aus denen der schneebedeckte Monte Rosa (4634 m) herausragt. Ein markierter Weg führt über die **Sella delle Casere** (749 m) hinab nach Laveno, eine lohnende Talwanderung von eineinhalb Stunden. Von Laveno gibt es eine Autofähre nach Verbania.

Informationen

Tour 05: Im Süden des Lago Maggiore

Autotour, 3–4 Tage, ca. 75 km

Stationen

1 Verbania
2 Borromäische Bucht
3 Stresa
4 Borromäische Inseln
Isola Bella, Isola dei Pescatori, Isola Madre
5 Arona
6 Angera
7 Laveno

Praktische Hinweise:

Die Autofährverbindung Laveno–Intra/Verbania macht die Autoroute zu einer Rundtour. Zu den Borromäischen Inseln gibt es ab Stresa Bootsverbindungen.

Verbania

Info

Ufficio Informazioni Turistica

Corso Zanitello 6/8, Verbania • Tel. 03 23 50 32 49 • www.verbania-turismo.it

Sehenswertes

Gärten der Villa Taranto

Der weitläufig angelegte Park (16 ha) umfasst eine der reichsten Sammlungen exotischer Gewächse in ganz Italien. Berühmt sind die großartigen Buchenbestände, die den sonnenempfindlichen Pflanzen Schatten spenden. Mehr als 500 verschiedene Rhododendronarten blühen hier im Mai, dazu rund 80 000 Tulpen und Magnolien; 300 verschiedene Dahlienarten zeigen ihre Farbenpracht im September, Lotos, Kamelien, ein Meer von Azaleen sowie viele tropische Gewächse, von denen einige einmalig in Europa sind, lassen den Betrachter von einem Begeisterungstaumel in den anderen fallen. Mitte März–Anfang Sept. tgl. 8.30–18.30 Uhr.
Via Vittorio Veneto 111, Verbania-Pallanza • www.villataranto.it

Restaurants

Osteria dell'Angolo

Regionale Küche in schlichter, netter Atmosphäre. Nur abends geöffnet, Mo geschl.
Piazza Garibaldi 35, Verbania • Tel. 03 23 55 63 62

Trattoria Le Volte

Neben Piemonteser Küche kann man hier auch Gerichte anderer Regionen probieren. Mi geschl.
Via San Vittore 149, Verbania • Tel. 03 23 40 40 51

Osteria del Castello

Beliebte Osteria mit langer Tradition. Die Atmosphäre ist familiär, die Gerichte – Fleisch aus dem Piemont, Fisch aus dem See – sind regional geprägt. Im Sommer speist man draußen an Steintischen. So geschl.
Piazza Castello 9, Verbania-Intra • Tel. 03 23 51 65 79 • www.osteriacastello.com

Shopping

La Casera di Eros Buratti

Großes Sortiment an regionalen Spezialitäten wie luftgetrocknetem Schinken *(bresaola)* aus dem Val Formazza und Ziegenkäse aus dem Val d'Ossola.
Piazza Ranzoni 19, Verbania-Intra • www.formaggidieros.it

Stresa

Info

Ufficio Turistico Città di Stresa

Piazza Marconi 16, Stresa • Tel. 0 32 33 01 50 und 0 32 33 13 08 • www.stresaturismo.it

Museum

Museo dell'Ombrello e del Parasole

Sollte es einmal regnen, wartet im 8 km von Stresa entfernten Gignese gleich am Ortseingang das Schirmmuseum mit teils sehr originellen Exponaten auf Besucher. April–Sept. Di–So 10–12, 15–18 Uhr.
Via Golf Panorama 2, Gignese

Hotel

Hotel Residence La Luna Nel Porto

Modernes Hotel in perfekter Lage. Die geräumigen Studios und Appartements mit separatem Wohnraum und Kitchenette sind ideal für Familien geeignet, im Winter geschl.

Corso Italia 60, Stresa • Tel. 03 23 93 44 66 • www.lalunanelporto.it

Restaurants

Piemontese

Beste piemontesische Küche. Zu empfehlen sind die Spaghetti mit Schafskäse, Zwiebeln, Basilikum und Chili. Mo, Dez., Jan. geschl.
Via Mazzini 25, Stresa • Tel. 0 32 33 02 35 • www.ristorante piemontese.com

Gigi Bar Pasticceria

Hier bekommt man die feinsten Margheritine – erlesenes Buttergebäck, eine Spezialität aus Stresa.
Corso Italia 30, Stresa

Golfplatz

Golfclub Des Iles Borromées

18-Loch-Platz 3 km südlich von Stresa mit anspruchsvollem Kurs und einzigartigem Panoramablick. Mo, Nov.–März geschl.
Brovello-Carpugnino • Tel. 03 23 92 92 85 • www.golfdes ilesborromees.it

Fahrradtouren

Bicicò

Piazzale Lido 8, Stresa • Tel. 34 03 57 21 89 • www.bicico.it

Borromäische Inseln

Restaurant

Casabella

Modernes Restaurant mit exklusivem Ambiente und monatlich wechselnder Karte, mittags und abends geöffnet.
Via del Marinaio 1, Isola dei Pescatori • Tel. 0 32 33 34 71 www.isola-pescatori.it

Schiffsfahrten

Die Borromäischen Inseln erreicht man mit Schiffen und Tragflächenbooten von Stresa, Baveno und Verbania-Pallanza (keine Autos). Infos unter www.navigazionelaghi.it

Arona

Info

Ufficio Turistico

Largo Duca d'Aosta, Arona • Tel. 03 22 24 36 01 • www.comune.arona.no.it

Restaurants

Enoteca Il Grappolo

Ab 16 Uhr gibt es in dieser Enoteca mit Ausschank einen köstlichen Imbiss mit piemontesischen Wurst- und Käsespezialitäten, dazu eine hervorragende Weinauswahl und ausgezeichnete hausgemachte *dolci*. Sa/So ab 12 Uhr, Di geschl.
Via Pertossi 7, Arona • Tel. 0 32 24 77 35 • www.ilgrappoloarona.it

Campagna

In einem Haus im Grünen in der Nähe der Kolossalstatue serviert Familie Zanetta eine Mischung aus traditionellen und kreativen Gerichten. Dazu zählen Taglioni mit Kaninchenragout und Spiegelei mit schwarzem Trüffel. 12–14, 19.30–21.30 Uhr, Mo abends (außer Juli/Aug.) und Di geschl.
Via Vergante 12, Arona • Tel. 0 32 25 72 94 • www.trattoriacampagna.it

Angera

Restaurant

Ristorante La Vecchia Angera

Das Restaurant im Hotel Pavone in der historischen Altstadt bietet eine gepflegte, authentische Regionalküche, Do geschl.
Via F. Borromeo 14, Angera • Tel. 03 31 93 02 24 • www. hotelpavone.it

Laveno

Restaurant

Il Porticciolo

Einen Schritt vom See entfernt speist man hier delikat in einem schmucken kleinen Hotel. 12.30–13.45 (außer Di/Mi), 19.30–21.45 Uhr.
Via Fortino 40, Laveno-Mombello • Tel. 03 32 66 72 57 • www.ilporticciolo.com

Tour 06 | **Comer See**

Boccia & Weltpolitik

▶ Gestern: Im Frühjahr 1957 kam Konrad Adenauer zum ersten Mal an den Comer See. Die Gegend faszinierte ihn immer wieder

▶ Heute: Begeben Sie sich auf die Spuren des Staats- und Privatmanns Adenauer und entdecken Sie den südwestlichen Teil des Sees

▶ Gestern

Als Konrad Adenauer im Februar/März 1957 zum ersten Mal am Comer See Urlaub machte, war dies ein Medienereignis. Zum einen stand der Bundeskanzler im Zenit seines Ansehens und zahllose Journalisten besuchten ihn, um seine manchmal recht bissigen Bemerkungen über Parteifreunde und Kabinettskollegen zu notieren. Zum anderen

Konrad Adenauer kam insgesamt 18 Mal an den Comer See, oft begleitet von seinen Töchtern Libeth, Lotta und Ria. Die heitere Karikatur von Hans-Joachim Gerboth illustriert Adenauers Arbeitsethos, das er auch im Urlaub nicht ablegte.

stießen seine Reisen auch deshalb auf großes Echo, weil Italien im beginnenden Massentourismus für viele deutsche Urlauber das Ferienziel schlechthin war. »Caprifischer« und »O sole mio« waren große Hits.

Adenauers Urlaubsdomizile im Ort Cadenabbia waren zunächst die Villa Rosa und die Villa Arminio, bevor er ab August 1959 die Villa La Collina als Residenz bezog. Von »Residenz« konnte allerdings kaum die Rede sein. Zwar von stattlichen Ausmaßen, war die Villa unbeheizt und kaum ausgestattet, sogar das Geschirr musste von einem Hotel ausgeliehen werden. Im kühlen Frühjahr wurde das Frühstück teilweise in Mäntel und Decken gehüllt eingenommen.

Trotz dieser spartanischen Umstände fühlte sich Adenauer wohl. Der große Park mit seinen vielen Spazierwegen, mit alten Zedern, Zypressen und Magnolien, im Frühjahr üppig blühenden Azaleen und Rhododendronbüschen und die ganze Umgebung des Comer Sees entschädigten für die wenig komfortable Unterkunft. Häufig begleiteten ihn seine Töchter Libeth, Lotta und Ria an den See. Wenn es der straffe Terminplan zuließ, wanderte die Gesellschaft zur Kapelle San Martino (siehe Seite 43) oder unternahm Schifffahrten über den Comer See. Wichtiger Bestandteil der italienischen Urlaube waren die nachmittäglichen Boccia-Runden. Der alte Herr war unglaublich geschickt, und dass er selten verlor, war der Stimmung allgemein sehr zuträglich. Deshalb bemühten sich seine Mitspieler, ihr Geschick nicht unbedingt unter Beweis zu stellen. Nach dem Abendessen wurden gemeinsam Kriminalromane gelesen oder Monopoly gespielt, wobei Adenauer gern gemogelt haben soll.

Gearbeitet hat der »Alte« auch in den Ferien, die Politik ließ ihn nie los. Die Villa wurde mit Telefonen und Fernschreibgeräten ausgestattet, die die ständige Verbindung mit Bonn erlaubten. In- und ausländische Gesprächspartner gaben sich gewissermaßen die Klinke in die Hand, darunter der italienische Ministerpräsident Amintore Fanfani, der stellvertretende französische Ministerpräsident Antoine Pinay, der erste Präsident der Europäischen Kommission Walter Hallstein, Willy Brandt, der amerikanische Außenminister Dean Rusk, der frühere japanische Premierminister Shigeru Yoshida – die Liste ließe sich noch lang fortsetzen. *(Günter Buchstab)*

▶ Heute

Die Villa La Collina gehört heute der Konrad-Adenauer-Stiftung und dient als Konferenzzentrum, Seminarhotel und Gästeresort.

Adressen und Landkarte: Seite 44/45

Wer hat's gegründet? Ob Como auf Gallier oder einen anderen Volksstamm zurückgeht, weiß man nicht. Die Römer haben sich den Standort durch Ansiedelung zahlreicher Kolonisten gesichert.

I Como

Como (83 400 Einw.) hat zwei Gesichter: ein nobles, dem See zugewandtes, und ein hässliches, in die Brianza hinauswucherndes. Am besten nähert man sich der Stadt von Norden her, übers Wasser oder auf einer der Uferstraßen. Dann entfaltet sie ihren ganzen Zauber: Grün und Grau, dazu gedämpftes Ocker, mediterranes Licht, lombardisch nüchtern die Mauern der Altstadt. Verborgen bleibt dem Anreisenden so das industrielle Herz des Orts, Vorort und Hinterhof zugleich.

Wer mit dem Schiff nach Como kommt, legt vor malerischer Kulisse am Lungolario an und betritt nahe der Piazza Cavour wieder festen Boden, dem besten Ausgangspunkt, um die Altstadt zu erkunden. Von dort folgt man der Via Vittorio Emanuele zum zentralen Platz mit dem **Dom**, dem **Rathaus** (*Broletto*) und dem **Stadtturm** (*Torre del Comune*). Die Fassade des Gotteshauses gilt als Meisterleistung der lombardischen Frührenaissance.

In Como gibt es so viele Museen, Kirchen und Baudenkmäler zu sehen, dass man hier Tage verbringen kann. Eins der Highlights ist das interessante **Museo Didattico della Seta di Como**: Es schlüsselt anhand von zahlreichen Exponaten die Geschichte der hiesigen Seidenherstellung auf und bewahrt schöne Objekte der Webkunst aus dem 13. Jh. (Via Castelnuovo 9, Di–Fr 9–12, 15–18 Uhr, www.museosetacomo.com).

Ein letzter Blick, bevor es weitergeht? Von der Piazza Cavour folgt man dem Lungolario nach Osten bis zur Talstation der Standseilbahn. Diese fährt hinauf zum **Villenvorort Brunate**. Von hier genießt man einen herrlichen Blick über Como und die Bucht.

Mister Volt

Alessandro Volta (1745–1827) ist der berühmteste Sohn von Como. Er gilt als Erfinder der Batterie. Nach ihm wurde die Einheit der elektrischen Spannung benannt.

2 Cernobbio

In dem eleganten Ferienort reiht sich die **Villa d'Este** in den Reigen berühmter Wohnsitze am Westufer. Das repräsentative Anwesen mit 10 ha großem Privatpark wurde im 16. Jh. von Pellegrino Tibaldi errichtet. Im Lauf der Jahrhunderte residierten hier ein Kardinal, eine Ballerina, ein napoleonischer General, eine russische Zarin und andere Aristokraten. Zu Beginn des 19. Jhs. ließ Karoline von Braunschweig es dem Zeitgeschmack entsprechend umbauen. Heute ist die Villa d'Este ein Luxushotel.

3 Laglio

Hollywoodflair sagt man dem Ort nach, seit der Schauspieler George Clooney für angeblich 10 Mio. Dollar die Villa Oleandra (17. Jh.) kaufte. Doch Hobby-Paparazzi seien gewarnt: Der Aufenthalt in der Nähe des Eingangs der 25-Zimmer-Villa ist untersagt. Die prachtvolle Villa Regina hat Clooney seinem Kollegen Tom Cruise verkauft.

4 Abstecher ins Val d'Intelvi

Argegno ist Ausgangspunkt für einen Ausflug in das **Val d'Intelvi** (bis Lanzo 15 km). Das Tal ist landschaftlich besonders reizvoll und berühmt als Heimat vieler Baumeister, Steinmetze, Stuckateure und Maler. Die *Maestri Antelami* (so genannt nach dem alten Namen der Talgemeinde) prägten nicht nur über Jahrhunderte hinweg den lombardischen Baustil, sie waren zudem auch in ganz Europa, ja sogar im Nahen Osten tätig.

Natürlich haben die Maestri auch in ihrer Heimat Spuren hinterlassen. So entdeckt man in der **Pfarrkirche von Scaria** prächtige Stuckaturen von Diego Carlone und Fresken seines Bruders Carlo Carlone. Ein früher Intelveser unbekannten Namens schuf die Saalkirche **Sant'Antonio** (12. Jh.) von San Fedele Intelvi mit herrlichem romanischem Portal, in der **Pfarrkirche von Castiglione d'Intelvi** (17. Jh.) arbeiteten u. a. Giulio Quaglio und Carlo Carlone. Bedingt durch die günstige Lage zwischen Comer und Luganer See bieten Wanderungen in diesem Gebiet prächtige Panoramen. Lohnendes Gipfelziel ist der **Sasso Gordona** (1410 m). Von S. Fedele Intelvi aus führt eine aussichtsreiche Wanderung über Pigra zu den Schutzhütten Rifugio Boffalora (1200 m) und Rifugio Venini (1576 m).

5 Isola Comacina

Unmittelbar vor Sala Comacina liegt die einzige Insel des Comer Sees, die **Isola Comacina**. Älteste Siedlungsspuren reichen bis in die Römerzeit zurück; im Mittelalter muss hier ein blühendes Gemeinwesen existiert haben. Die Insel war stark befestigt, und man zählte fünf Kirchen. Im Jahr 1169 kam dann das schreckliche Ende für *Crisopoli*, die Goldene Stadt, wie der Volksmund die Insel wegen ihres Reichtums nannte: Es war Comos Rache für den Pakt zwischen der Isola und Mailand im zehnjährigen Krieg (1118–1127). Nur noch Mauerreste von der romanischen Basilika Sant'Eufemia haben die Jahrhunderte überdauert. Jeweils zur Johannisnacht (24. Juni) findet zum Gedenken an den Untergang von *Crisopoli* eine Bootsprozession mit Festessen statt (direkte Schiffsverbindungen ab Sala Comacina, Argegno, Lenno, Tremezzo und Lezzeno).

6 Ossuccio

Der Ort am Eingang ins Val Perlana umfasst mehrere Ortsteile. Wahrzeichen der stattlichen Gemeinde ist die Kirche **Santa Maria Maddalena**,

Zur Isola Comacina, der einzigen Insel des Sees, fahren Schiffe unter anderem von Argegno.

ein schlichter romanischer Bau im Ortsteil Ospedaletto. Ungewöhnlich ist der Campanile, der im 14. Jh. ein reich gegliedertes Glockengeschoss aus Backstein aufgesetzt bekam. Auch der Glockenturm von **San Giacomo** (11. Jh.) im Ortsteil Spurano wurde später aufgesetzt.

Kunst- und Naturgenuss verbinden sich bei einem **Aufstieg auf den Sacro Monte** (Unesco-Weltkulturerbe) über die Via Crucis zur Wallfahrtskirche Madonna del Soccorso (419 m) aus dem 16./18. Jh. Die 20 Kapellen (1591–1788) thematisieren Szenen aus dem Leben des hl. Franz von Assisi und den Leidensweg Christi. Wundervoll ist von oben der Blick über den See, auf Bellagio und zu den Grigne und auf den Dosso di Lavedo (332 m), jene bewaldete Halbinsel, die zwischen Ossuccio und Lenno in den See hinausragt. Hinauf zur Wallfahrtskirche führt auch eine Straße (2 km). Der weitere Weg ins **Val Perlana** ist dann Wanderern vorbehalten. Kunstliebhaber werden zumindest bis **San Benedetto** (701 m, 1 Std.) gehen, um einen Blick auf die dreischiffige romanische Kirche zu werfen (11. Jh.).

7 Lenno

Lenno, das sich an die kleine Bucht nördlich des Dosso di Lavedo schmiegt, besitzt eine sehenswerte Kirche: **Santo Stefano**, im 16./17. Jh. stark umgebaut, ist in den Ursprüngen vermutlich langobardisch. Die Hallenkrypta gehört zu einer romanischen Basilika des 11. Jhs. Unter der Kirche wurden Reste römischer Thermen entdeckt. Ob sie allerdings mit der *Comoedia*, einer der beiden berühmten Villen von Plinius dem Jüngeren, in Verbindung stehen, erscheint fraglich. Das achteckige Baptisterium wird auf das 11. Jh. datiert.

Nicht in Besitz eines Hollywoodstars, sondern öffentlich zugänglich: die Villa del Balbianello.

Am Südende der Uferpromenade führt ein Fußweg (1 km) zur **Villa del Balbianello**. Ende des 18. Jhs. von Kardinal Durini erweitert, war sie häufig Schauplatz rauschender Feste. Zu besichtigen sind die meisterhaft gestaltete Gartenanlage sowie die Villa mit der Sammlung außereuropäischer Kunst des Bergsteigers, Forschungsreisenden und letzten Besitzers Guido Monzino (1928 bis 1988). Ergänzend sind Artefakte seiner mehr als 20 Expeditionen (u. a. zum Nordpol und zum Mount Everest) zu sehen. Außerdem wurde das Gebäude zum Drehort der Hollywood-Produktionen »Ocean's Twelve« und »Casino Royale« (Via Comoedia 5, Mitte März–Mitte Nov. 10–18 Uhr, tgl. außer Mo, Mi, Führung obligatorisch, Reservierung empfohlen, Tel. 0 34 45 61 10; auch per Schiff erreichbar.)

8 Tremezzo

In dem noblen Ferienort herrscht fast immer Hochbetrieb, vor allem um die **Villa Carlotta**. Das liegt an dem herrlichen Garten, der den Ruhm der Villa in alle Welt getragen hat. Auf mehreren, zum See hin abfallenden Terrassen öffnet sich eine exotische Parklandschaft mit Lotosteichen, Buchs- und Lorbeerhecken, Zitrushainen, Rosenspalieren sowie Jasminbüschen und Zypressen, vor deren dunklem Grün sich weiße Statuen und Säulen effektvoll abheben. Die Villa, im Kern eine barocke Anlage (1747), erhielt ihr klassizistisches Äußeres zu Beginn des 19. Jhs. Im Jahr 1856 wurde sie an Prinzessin Marianne von Preußen verkauft, die sie ihrer Tochter Charlotte als Hochzeitsgeschenk vermachte. Nach wie vor beeindrucken die kostbar ausgestatteten Räume, darunter der Große Marmorsaal, und die Kunstsammlung mit Werken von Canova und Thorvaldsen (Via Regina 2, Kasse Mitte März–Anf. Nov. tgl. 10–17 Uhr, Apr.–Mitte Okt. 9–18 Uhr, im Frühling und Sommer Konzerte, www.villa carlotta.it).

9 Cadenabbia

Der hübsche Ort an den Hängen des Monte Crocione gehört zur Gemeinde Griante. Lange Zeit war er Hotspot für Reisende aus England, die für den Bau der anglikanischen Kirche **Del'Ascensione** sorgten, der ersten in Italien; 1891 wurde sie geweiht. Oberhalb des Ortes klebt die kleine Wallfahrtskirche **San Martino** wie ein Vogelnest am Felsen. Der Weg hinauf ist zwar steil, lohnt sich aber nicht zuletzt wegen des fantastischen Ausblicks.

2007 wurde dem berühmten Urlauber Konrad Adenauer an der Seepromenade ein **Denkmal** gesetzt: Es zeigt den ersten Bundeskanzler nicht feierlich-streng, sondern in Bewegung, im Begriff, eine Boccia-Kugel zu werfen.

10 Bellagio

Mit der Autofähre kann man ans andere Ufer übersetzen und landet in **Bellagio**, dem Logenplatz an der Gabelung zwischen Comer See und Lago di Lecco. Hier haben Mensch und Natur wahre Meisterwerke geschaffen – grandios das Panorama, die Villen und die Gärten. *Bilacus* nannten die Römer ihre Siedlung, zwischen den Seen. Die Einheimischen halten es eher mit dem klingenden Namen *bellolago*. Die Villen und Gärten von Bellagio strahlen noch die Grandezza und Noblesse des 19. Jhs. aus: ein Ort, an dem allein die Schönheit regiert – und die Besucher, die zum Genießen kommen. Stilgerecht per Schiff nähert man sich der Punta Spartivento genannten Landzunge.

Der winzige *Borgo*, der Altstadtkern, liegt auf der Westseite der Halbinsel. Über enge Treppengässchen steigt man von der Seepromenade hinauf zur **Pfarrkirche San Giacomo**. Der dreischiffige romanische Bau mit seinem im 17. Jh. umgestalteten Turm bewahrt eine ausdrucksstarke »Grablegung«, die Perugino zugeschrieben wird und um 1500 entstanden sein soll.

Doch was wäre Bellagio ohne seine Villen und Parks? Manche blicken auf eine wechselvolle Geschichte zurück, wie etwa die Villa Giulia auf der Ostseite der Landzunge, einstige Residenz des belgischen Königs Leopold I. (in Privatbesitz). Auf dem Hügel über dem Ort liegt das heutige Grand Hotel **Villa Serbelloni**, ein stattlicher Bau, der im Kern noch aus der Renaissancezeit stammt. Ende des 18. Jhs. ließ Alessandro Serbelloni das Gebäude klassizistisch umgestalten und

Bellagio gilt als Logenplatz des Comer Sees. Etwas angestaubt, atmet der Ort immer noch Grandezza.

einen riesigen Park anlegen. Er ist heute im Besitz der Rockefeller Foundation und kann besichtigt werden (Führungen Ostern–Mitte Nov. Di–So 11, 15.30 Uhr ab Infobüro).

Den Eingang zum zweiten großen Park von Bellagio, dem der **Villa Melzi**, findet man im Ortsteil Loppia an der Straße nach Como. Der kühl-klassizistische Bau aus dem Jahr 1815 wurde von Giacomo Albertolli für Francesco Melzi d'Eril erbaut, der damals Vizepräsident der Cisalpinischen Republik unter Napoleon war. Die ausgedehnte Parkanlage (Lungolario Manzoni, April–Okt. tgl. 9.30–18.30 Uhr, www.giardinidi villamelzi.it) bezaubert durch ihren überbordenden Reichtum an exotischen Pflanzen. Dem Zeitgeist der Romantik entsprechen die zahlreichen Statuen und Skulpturen im Park; ein »Nymphensee« fehlt ebenso wenig wie eine künstliche Grotte und ein maurischer Tempel.

Informationen

Tour 06: Von Como über Cadenabbia bis nach Bellagio

Autotour, 3–4 Tage, ca. 70 km

Stationen

1 Como
2 Cernobbio
3 Laglio
4 Abstecher ins Val d'Intelvi
5 Isola Comacina
6 Ossuccio
7 Lenno
8 Tremezzo
9 Cadenabbia
10 Bellagio

Schiffsverkehr

Auf dem See fahren Schnellboote *(Servizio rapido)* und *Motonavi. Traghetti* (Autofähren) pendeln zwischen Cadenabbia, Menaggio, Varenna und Bellagio. Aktueller Fahrplan: www.navigazionelaghi.it

Como

Info

I.A.T. (Informazioni e Accoglienza Turistica)
Piazza Cavour 17, Como • Tel. 0 31 26 97 12 • www.lakecomo.com

Restaurants

Raimondi
Restaurant im Hotel Villa Flori. Deftige lombardische Spezialitäten; unbedingt die Bandnudeln mit Hummerkrabben probieren! Mo geschl., Di mittags geschl.
Via Cernobbio 12, Como • Tel. 0 31 33 82 33

La Colombetta
Hier isst man Meeresfrüchte in den mit moderner Kunst dekorierten Räumen einer ehemaligen Kirche. So geschl.
Via Diaz 40, Como • Tel. 0 31 26 27 03 • www.colombetta.it

Museum

Textilmuseum (Museo Studio del Tessuto)
1600 Jahre Textilgeschichte in Form von Mustern, Zeichnungen und Entwürfen, präsentiert in der Villa Sucota. Mo–Fr 10–13, 14–17.30 Uhr, Eintritt frei.
Via Cernobbio 19, Como • Tel. 03 13 38 49 76 • www.fondazioneratti.com

Shopping

Die Haupteinkaufsstraße **Via Vittorio Emanuele** heißt auch kurz *la vasca*, die Wanne, weil man dort im Überfluss baden kann. Hier reihen sich Geschäfte für exklusive Mode und Schuhe aneinander, dazwischen gibt es Köstlichkeiten für Gourmets.

Cernobbio

Restaurant

Il Gatto Nero
Schickes Restaurant oberhalb von Cernobbio mit prominenten Gästen und herrlicher Aussicht. Mo und Di mittags geschl.
Loc. Rovenna, Via Montesanto 69 • Tel. 0 31 51 20 42 • www.gattonerocernobbio.com

Nightlife

Harry's Bar
Nicht nur George Clooney hat es erkannt: Dies ist ein idealer Ort, um sich mit Freunden zum *aperitivo* zu treffen. Reservierung empfohlen! Di geschl.
Piazza Risorgimento 2, Cernobbio • Tel. 03 13 34 70 57 • www.harrysbarcernobbio.it

Isola Comacina

Restaurant

Locanda dell'Isola
Dieses legendäre Inselrestaurant ist für seine Fischspezialitäten und illustres Publikum bekannt. Seit 1947 wird ein inhaltlich unverändertes 6-Gänge-Menü aufgetischt. 12–14, 19–21.30 Uhr, März–Okt., Di geschl.
Isola Comacina • Tel. 0 34 45 50 83 • www.comacina.it

Lenno

Hotel

Hotel San Giorgio
Geschmackvolle Villa mit altem Mobiliar, großem Garten und kleiner Badebucht am See.
Via Regina 81, Lenno • Tel. 0 34 44 04 15 • www.sangiorgiolenno.com

Restaurant

Trattoria Santo Stefano

Gegenüber des achteckigen Baptisteriums kann man in dieser urigen Trattoria in familiärem Ambiente exzellent zubereiteten Fisch, Pasta und hausgemachtes Tiramisu genießen. Im Winter steht zusätzlich Wild auf der Karte. Überdachte Sitzplätze vor dem Lokal. Mo u. So mittags im Winter geschl. Piazza 11 Febbraio 3, Lenno • Tel. 0 34 45 54 34

Nightlife

Lido di Lenno Beach Bar

Genau der richtige Ort, um nach einem guten Abendessen eine laue Sommernacht mit einem Hauch Exotik ausklingen zu lassen. Sehr schön sitzt man am Sandstrand auf bequemen Kissen unter weißen Stoffbaldachinen oder im Freien. Im Sommer tgl. 10–1.30 Uhr. Via Comoedia 1, Lenno • Tel. 0 34 45 70 93 • www.lidodilenno.com

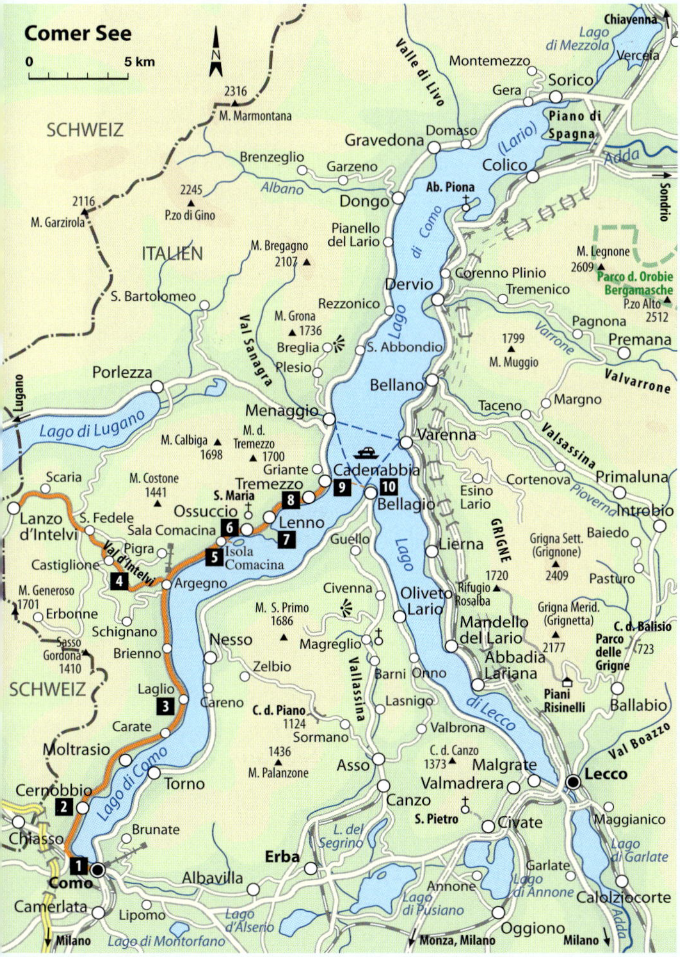

Tremezzo

Info

I.A.T.

Via Regina 3, Tremezzo • Tel. 0 34 44 04 93 • April–Okt. • www.tremezzo.it

Cadenabbia

Sehenswürdigkeit

Villa La Collina

Via Roma 11, Cadenabbia • Tel. 0 34 44 41-11 • www.villa lacollina.com

Bellagio

Info

I.A.T.

Piazza Mazzini (am Hafen), Bellagio • Tel. 0 31 95 02 04 • www.bellagiolakecomo.com

Restaurants

Ristorante Mistral

Ettore Bocchias Küche gilt als Versuchslabor italienischer Molekularküche, und das Degustationsmenü verrät die Vielfalt der Möglichkeiten. Wer nicht so mutig ist, bekommt auch feine traditionelle Gerichte. Im Grandhotel Villa Serbelloni. März–Nov., Juni–Aug. nur abends, Mi geschl. Via Roma 1, Bellagio • Tel. 0 31 95 64 35 • www.ristorante-mistral.com

Ristorante Silvio

Modern mit herrlichem Seeblick und hervorragenden Fischgerichten, sehr zu empfehlen auch die Missoltine-Polenta. März bis Nov. geöffnet. Via Carcano 12, Bellagio • Tel. 0 31 95 03 22 • www.bellagiosilvio.com

Nicht täuschen lassen! Diese Aufnahme von Rivas Hafen entstand vor über 100 Jahren. Bis zur Erfindung von Farbfilmen war das Kolorieren von Schwarz-Weiß-Bildern in Mode. In dem einstigen Hotel »Bayrischer Hof« sind heute Privatwohnungen untergebracht sowie ein äußerst gut frequentiertes Café-Pub.

Tour 07 | **Gardasee Ost- und Nordufer**

Große Seensucht

▶ GESTERN: Badefreuden inmitten hoher Berge – diese Mischung zog schon vor über 100 Jahren Gäste ans Nordufer des Gardasees

▶ HEUTE: Früher kam man zur Erholung, heute tummeln sich Sportler und Sonnenanbeter zwischen Lazise, Malcesine, Arco und Riva

▶ GESTERN

Im 19. Jh. entwickelte sich das charmante Riva del Garda zu einem gefragten Kurort. Um die Jahrhundertwende war das Städtchen in den besseren Kreisen Mitteleuropas ein Begriff und wurde von bedeutenden Vertretern des kulturellen Lebens wie Franz Kafka, Max Brod, Friedrich Nietzsche und Thomas Mann besucht. Bis zum Jahr 1919 gehörte Riva als »Reiff am Gardasee« zu Österreich, was dem Ort einen Mix aus italienischer Leichtigkeit und Tiroler Bodenständigkeit verlieh. Noch heute kann man diese Prägung in der Küche der Region schmecken.

▶ HEUTE

Das milde Klima, ein aktiver Kulturbetrieb, viele Sehenswürdigkeiten und eine Vielfalt an Ausflugszielen machen das Nord- und Ostufer des Gardasees interessant. Unsere Tour beginnt in Lazise und endet in Riva. Lazise, Bardolino und Garda warten mit sehenswerten Kirchen und Kunstdenkmälern auf. Vor der Kulisse des Monte Baldo reihen sich »italienischere« Orte aneinander, von Punta San Vigilio bis nach Malcesine. Für Surfer und Segler ist der See aufgrund der zuverlässigen Winde ein Mekka, Sonnenanbeter und Wasserratten finden hier die schönsten Badestrände. Die Berge, die die Orte des Nordufers umgeben, ziehen Mountainbiker und Kletterer an.

Landkarte: Seite 51, Adressen: Seite 52/53

1 Lazise

Gut erhaltene Stadtmauern mit drei Toren und eine sechstürmige **Scaligerburg** (12./13. Jh., heute in Privatbesitz) prägen das romantische Städtchen, das zur Zeit der Venezianer wichtigster Handelsstützpunkt und erste freie Kommune am See war. Ein venezianisches **Zollhaus** am Hafen (16. Jh.) zeugt von dieser Zeit. Sehenswert ist auch die nahe romanische **Kirche San Nicolò** (12. Jh.) mit ihrem hoch aufragenden Glockenturm. Noch am Vormittag geht es weiter in Richtung Norden über die Gardesana orientale, die Uferstraße des Gardasees.

2 Bardolino

Der beliebte Ferienort (6200 Einw.) hat einem weit über die Grenzen Italiens hinaus bekannten Weinanbaugebiet seinen Namen gegeben. Der Bardolino, ein süffiger Roter, kann sich durchaus mit seinen bekannten Vettern Chianti oder Valpolicella messen. Im Ortskern sollte man, beginnend am Stadttor an der **Piazza Porta S. Giovanni**, durch die schöne Fußgängerzone bummeln. Als kunsthistorisches Kleinod präsentiert sich direkt an der Gardesana die romanische **Kirche San Severo** (12. Jh.) mit mächtigem Glockenturm und kostbaren Fresken. Hinter dem Hochaltar weist die Krypta auf einen Vorgängerbau (9. Jh.) hin. Die **Kapelle San Zeno** (Via San Zeno 13–15), einer der ältesten karolingischen Bauten Italiens (Anfang 9. Jh.), verbirgt sich in einem Innenhof. Nach einer Stärkung geht es am Nachmittag weiter.

3 Garda

Mittelalterliche, verwinkelte Gässchen und eine elegante Seepromenade, die zum Flanieren und zur Einkehr in ein Café einlädt – das ist es, was Touristen am Städtchen Garda (3600 Einw.), Namensgeber des Sees, so schätzen. Edle Boutiquen und sündhaft teure Schlemmerlokale machen Garda nicht eben zu einem billigen Pflaster.

Die **Rocca di Garda**, ein 294 m hohes Felsplateau, überragt den Ort wie ein überdimensionaler Turm. Der Gotenkönig Theoderich ließ darauf im 5. Jh. ein Kastell errichten, von dem noch Mauerreste zeugen. In der Geschichte Italiens spielte die Burg eine dramatische Rolle. Adelheid, Witwe des ermordeten Königs Lothar, wurde hier festgehalten, ehe ihr die Flucht über den See gelang und sie dann 951 Kaiser Otto den Großen heiratete.

Der Ort ist reich an repräsentativen Villen und stattlichen Palästen, die allerdings allesamt in Privatbesitz und deshalb nur von außen zu besichtigen sind. Der schönste, der **Palazzo dei Capitani** mit seinen gotischen Spitzbogenfenstern, schmückt die Seepromenade an der Piazza Catullo, dem besten Platz zum Leute beobachten. Durch die Architektur der Palazzi, etwa des **Palazzo Fregoso**, fühlt man sich nach Venedig versetzt. Die **Pfarrkirche Santa Maria Maggiore** auf

Hotspot: Der kleine Ort Torri del Benaco an der Olivenriviera zog schon so bekannte Gäste wie Winston Churchill, Vivien Leigh oder König Juan Carlos von Spanien an.

dem Piazzale Roma außerhalb der Altstadt kann mit einem Kreuzgang aus dem 15. Jh. aufwarten.

4 Punta San Vigilio

Nach der Übernachtung in Garda geht die Fahrt am nächsten Tag auf der Gardesana weiter zur **Punta San Vigilio**. Die schmale Landzunge, ein Ausläufer des Monte Baldo zwischen der **Baia delle Sirene**, der Sirenenbucht, im Norden und der **Bucht von Garda** im Süden gelegen, zählt mit Sicherheit zu den bezauberndsten Flecken am Gardasee. Bereits im 16. Jh. bezeichnete der Philosoph und Rechtsgelehrte Agostino di Brenzone San Vigilio als »schönsten Ort der Welt«. Der Renaissance-Patrizier ließ sich auf dem von der Natur so reich beschenkten Halbinselchen von dem berühmten Architekten Michele Sanmicheli inmitten einer prächtigen Parklandschaft die vornehme **Villa San Vigilio** erbauen, die sich noch heute in Privatbesitz befindet und daher nicht besichtigt werden kann. Vom Park aus, den man über eine Zypressenallee betritt, kann man jedoch einen Blick auf diesen wahr gewordenen Renaissance-Traum werfen.

5 Torri del Benaco

Der Name dieses schönen Orts (2600 Einw.) weist auf den alten Namen des Gardasees *(Lacus Benacus)* hin. Dominiert wird das Hafenstädtchen **Torri del Benaco** von der **Scaligerburg** aus dem 14. Jh., die auf den Grundmauern eines Kastells des 10. Jhs. errichtet wurde. Die vorbildlich restaurierte Burg beherbergt das interessante **Museo del Castello Scaligero**. Anschaulich dokumentiert es die Binnenfischerei, die Olivenverarbeitung in früher Zeit und in der Gegenwart sowie die prähistorischen Felszeichnungen vom nahen Monte Luppia (April–15. Juni und 15. Sept–Okt. 9.30–12.30, 14.30–18, 16. Juni–15. Sept. 9.30–13, 16.30–19.30 Uhr, www.museodelcastelloditorridelbenaco.it). An der Südmauer der Burg ist eines der ältesten **Gewächshäuser für Zitrusfrüchte** *(limonaie)* am See auch heute noch in Betrieb.

Mittelalterliche Fassaden umgeben die reizvolle **Piazza Calderini** am kleinen Hafen. Hier liegt heute das **Hotel Gardesana**, einst der Palast der »Gardesana dell'Acqua«, einer Vereinigung von zehn Gemeinden des Ostufers. Der ehemalige Ratssaal dient heute als Speisesaal des Hotels. Am Nordrand der Altstadt liegt die **Barockkirche SS. Pietro e Paolo**, die zu Beginn des 18. Jhs. errichtet wurde.

> ***Leicht nach oben***
>
> Von Malcesine aus führt eine Seilbahn zu der auf 1760 m gelegenen Ortschaft Tratto Spino im Monte-Baldo-Massiv. Wanderer, Radfahrer und Gleitschirmflieger finden hier ihr Pläsier.

6 Castelletto und Assenza

Castelletto gehört wie **Assenza** zur Streugemeinde Brenzone. An seinem malerischen Hafen wird jeden Dienstag der Wochenmarkt abgehalten. Am Friedhof der Gemeinde wurde im 11./12. Jh. die kleine **Kirche San Zeno de l'Oselet** errichtet. Der Beiname »zum Vögelchen« leitet sich von dem Wetterhahn auf der Kirche her. Die Architektur dieses Sakralbaus ist ein Sonderfall: Das Langhaus wird durch eine Reihe aus Säulen und Pfeilern in zwei Schiffe geteilt, der Kirchenchor weist ungewöhnlicherweise drei Apsiden auf. Die hier erhaltenen Reste von Freskenmalereien mit Apostelfiguren und anderen Heiligen vereinen romanische, frühgotische und byzantinische Stilelemente, ein typisches Merkmal für die Kunst Veronas zu Beginn des 14. Jhs.

In Assenza erhebt sich am baumbestandenen Hauptplatz die **Kirche San Nicola di Bari**. Der Kirchenbau geht auf das 14. Jh. zurück und beherbergt ein Abendmahlsfresko, das bei genauer Betrachtung große Ähnlichkeiten mit den Fresken in San Zeno de l'Oselet in Castelletto erkennen lässt, sodass man von demselben Künstler ausgehen kann.

7 Malcesine

In **Malcesine** wartet dann am frühen Nachmittag die mächtige Scaligerburg. Die 3500 Einwohner

Bella vista: Wie in einen Fjord blickt man von Riva aus den Gardasee hinunter.

des Orts leben heute fast ausschließlich vom Fremdenverkehr, der hier behutsamer gewachsen ist als an anderen Orten am See.

Malcesine hat einiges vom Charme der Vergangenheit in unsere geschäftige Zeit hinübergerettet. Die Scaliger, die ebenso wie die Mailänder Visconti und die Venezianer das Städtchen in ihrem Besitz hatten, hinterließen mit der mächtigen, auf einem Vorgebirge errichteten **Scaligerburg** (13. und 14. Jh.) ein Wahrzeichen, das schon Goethe faszinierte – und ihn fast den Kopf gekostet hätte. Hingerissen vom Anblick der gewaltigen Zinnen, zückte er seinen Zeichenstift. Prompt hielt man ihn unter dem Verdacht fest, ein Spion der feindlichen Österreicher zu sein. Zum Glück aber war einem der Einheimischen sein Name ein Begriff, und so wurde er wieder freigelassen.

Heute lässt sich das Panorama vom 33 m hohen Turm des Kastells ungestört genießen. Die Burganlage, die man durch malerische Gässchen vom Ortskern in wenigen Minuten erreicht, umfasst einen unteren und einen oberen Palast sowie drei Innenhöfe. In der ehemaligen Pulverkammer wurde ein kleines **Goethe-Museum** eingerichtet; ausgestellt sind u. a. jene Skizzen, die den Dichter der Spionage verdächtig gemacht hatten. Die Burg beherbergt ferner das Doppelmuseum **Museo del Garda e del Baldo** mit einer Dokumentation von Flora und Fauna der Umgebung sowie eines kühnen Schiffstransports der Venezianer über Land 1439 (April–Okt. 9.30–19, im Winter nur Sa, So, Fei 11–16 Uhr).

Der am Hafen gelegene **Palazzo dei Capitani del Lago** (16. Jh.) mit reizendem Palmengarten war einst Sitz der venezianischen Gouverneure. Die Eingangshalle schmückt ein Fresko (1672) mit der Burg von Malcesine. Den Ratssaal (leider häufig geschl.) zieren die Wappen der Statthalter und eine kostbare alte Holzdecke. In der **Pfarrkirche Santo Stefano** (18. Jh.) ist eine Pietà (16. Jh.) zu bewundern, die der Veroneser Künstler Girolamo dai Libri (um 1474–1555) schuf.

8 Arco

Das Städtchen mit knapp 14000 Einw., 5 km nördlich des Sees im Tal des Flusses Sarca gelegen, wird von einem hohen Felsen dominiert, auf dem die Reste einer mittelalterlichen Burg der Grafen von Arco, der **Rocca**, erhalten sind. Der Aufstieg dorthin lohnt sich auf jeden Fall, denn man hat von hier nicht nur einen tollen Blick auf den See, sondern auch auf die 300 m hohe **Colodri-Wand**, an der Freeclimber ihrem waghalsigen Sport frönen.

Die wichtigsten Bauten an der Piazza 3 Novembre sind die **Pfarrkirche Santa Maria Assunta**, ein Bauwerk der Spätrenaissance, reich ausgestattet mit Gemälden aus dem 16.–18. Jh., sowie der mit Fresken geschmückte **Palazzo Marchetti** aus dem 16. Jh. Von hier ist es ein Katzensprung zur neu eröffneten Gemäldegalerie, die dem bedeutenden Maler Giovanni Segantini gewidmet ist, der 1858 in Arco geboren wurde (Via Segantini 9, Jan.–Juni und Sept.–Dez. Di–So 10–18, Juli/Aug. 15.30–22 Uhr, www.museoaltogarda.it). Inmitten eines Gartens liegt die ehemalige Villa des Erzherzogs Albert von Österreich, zu besichtigen ist allerdings nur der **Parco Arciducale**, der durch seine Vielzahl an verschiedenen Baumarten fasziniert (April–Sept. 9–19, Okt.–März 9–16 Uhr).

9 Riva del Garda

Tradition und Eleganz prägen das 14000-Einwohner-Städtchen am Nordende des Sees, wo sich im türkis schimmernden Wasser die steilen Ausläufer der Alpen spiegeln. Die Gegend, die schon Johann Wolfgang von Goethe als ein »Wunderwerk der Natur« beschrieb, lockte seit je Dichter und Denker, unter ihnen Stendhal, Friedrich Nietzsche, Franz Kafka und Thomas Mann, in die Stadt.

Aber auch an Riva sind die Jahrhunderte nicht spurlos vorbeigegangen. Der mittelalterliche Kern wurde durch Umbauten und Erweiterungen verändert, glücklicherweise haben sich jedoch sehenswerte Zeugen der Vergangenheit erhalten. Ausgangspunkt ist die **Piazza 3 Novembre**, die sich gegen den See und den Hafen mit seinen bunten Segelbooten öffnet. Auf der anderen Seite wird der Platz von Bauten im venezianisch-lombardischen Stil (14. Jh.) und dem **Uhrturm Torre Apponale** begrenzt. Zu diesem Ensemble gehört auch der **Palazzo Municipale** (Rathaus, 15. Jh.), der durch die Porta Bruciata mit dem **Palazzo Pretorio** (14. Jh.) verbunden ist. Die Piazza mit ihren hübschen Cafés und Geschäften hat sich zum Freiluftsalon der Stadt entwickelt; hier beginnt die Flaniermeile entlang des Sees und durch die schmalen Gässchen.

Durch die Via Andrea Maffei gelangt man zur **Piazza delle Erbe** mit der hübschen Marktloggia und zur Piazza Garibaldi, wo man die Stadtburg Rocca erblickt. Das an drei Seiten von einem Kanal und an der vierten vom See umschlossene Kastell stammt von 1124 und hat zahlreiche Umbauten durch die Scaliger, Venezianer und Tridentiner Bischöfe hinter sich. Heute beherbergt der restaurierte Bau das **MAG (Museo del Alto Garda)**, in dem man u. a. die prähistorischen Funde aus den Pfahlbausiedlungen am Ledro-See besichtigen kann sowie Werke der italienischen Malerei des 16. bis 20. Jhs. (Piazza C. Battisti 3/A, März/Apr. und Okt./Nov. Di–So 10–18, Juni–Sept. tgl. 10–18 Uhr, www.museoaltogarda.it).

Der Barockbau der **Pfarrkirche Santa Maria Assunta** (Piazza Cavour) stammt aus dem 18. Jh. Beeindruckend ist die achteckige Cappella del Suffragio mit ihrem überbordenden Stuck (3. Kapelle rechts). Die **Chiesa dell'Inviolata**, zu der man durch das zinnengekrönte Stadttor San Michele am Ende der Viale Roma gelangt, wurde 1603 von einem portugiesischen Architekten errichtet. Der von außen fast schmucklos wirkende Bau überrascht im Inneren mit einem überwältigenden barocken Formenreichtum.

Informationen

Tour 07: Am Gardasee von Lazise bis Riva

Autotour, 2 Tage, ca. 65 km

Stationen

1 Lazise
2 Bardolino
3 Garda
4 Punta San Vigilio
5 Torri del Benaco
6 Castelletto und Assenza
7 Malcesine
8 Arco
9 Riva del Garda

Info im Internet

Wenn nicht anders angegeben: www.gardaweb.com

Lazise

Info

APT

Via Francesco Fontana 14, Lazise • Tel. 04 57 58 01 14

Restaurant

Il Porticciolo

Man sollte hier unbedingt Risotto mit Fisch probieren. Di Ruhetag.
Lungolago Marconi 22, Lazise • Tel. 04 57 58 02 54

Bardolino

Info

IAT

Piazzale Aldo Moro, Bardolino • Tel. 04 57 21 00 78

Restaurants

Il Giardino delle Esperidi

Spitzenrestaurant mit angeschlossener netter Weinbar mitten in der Altstadt. Di geschl.
Via G. Mameli 1, Bardolino • Tel. 04 56 21 04 77

Al Commercio

Bodenständig, regional, gut und vor allem keine Pizza, so lautet das Motto von Renato Prete. Di geschl.
Via Solferino 1, Bardolino • Tel. 04 57 21 11 83

Eiscafé

Caffè Italia

Direkt an der Seepromenade gibt es hier neben Kaffee und Wein auch Designobjekte zu kaufen. Piazza Principe Amadeo 2, Bardolino

Shopping

Im **Museo dell'Olio** (Via Peschiera 54) kann man alte Pressen bestaunen und Olivenöl kaufen (Mo–So 9–12.30, Mo–Sa auch 14.30–19 Uhr, www.museum.it). Im **Museo del Vino** (Via Costabella 9, bei der Cantina Zeni, Mitte Jan.–Mitte März Mo–Sa 8.30–12.30, 14.30–18.30, Mitte März–Okt. Mo–So und Fei 9–13, 14.30–19 Uhr, www.zeni.it) erfahren Sie alles über die Weinerzeugung, können aber auch gute Tropfen erstehen.

Events

Weinfeste: **Festa del Chiaretto** (2. Maihälfte), die **Festa dell'Uva** (Anf. Okt.) und die **Festa del Novello** (Anf. Nov.).

Garda

Info

IAT

Piazza Donatori di Sangue 1, Garda • Tel. 04 56 27 03 84

Restaurants

Ai Beati

In der stilvoll restaurierten Ölmühle aus dem 14. Jh. genießt man den herrlichen Blick auf den See und eine Küche, die nur frische saisonale Produkte verwendet. Di. ganztägig, Mi mittags geschl.
Via Val Mora 57–59 (Ortsteil Beati), Garda • Tel. 04 57 25 57 80 • www.ristoranteaibeati.com

Nightlife

Can e Gatto

Auch bei jungen Leuten beliebte Bar. 18–2 Uhr, Di geschl.
Corso Vittorio Emanuele, Garda

Punta San Vigilio

Restaurant

Locanda San Vigilio

Top-Adresse für Feinschmecker und zugleich ein Vier-Sterne-Hotel, in dem schon Otto Hahn, Winston Churchill und Prince Charles wohnten.
Tel. 04 57 25 66 88 • www.locanda-sanvigilio.it

Torri del Benaco

Info

IAT

Via Gardesana 5, Torri del Benaco

Hotel

Gardesana

Traditionsreiches Haus direkt am Hafen mit exzellentem Restaurant, das als Spezialitat Crêpes mit Fischfarce *(girella)* anbietet. Piazza Calderini 20, Torri del Benaco • Tel. 04 57 22 54 11 • www.gardesana.eu

Shopping

Mitte Juni–Mitte Sept. jeden Mi Antiquitätenmarkt auf der Viale Marconi, 20–24 Uhr

Malcesine

Info

APT

Via Capitanato del Porto 6–8, Malcesine • Tel. 04 57 40 00 44 • www.malcesinepiu.org

Eiscafé

Gelateria Dolce Vita

Kurz gesagt: ein Eiskünstler. Corso Giuseppe Garibaldi 13, Malcesine

Shopping

Die **Enoteca Malcesine** (Viale Roma 15, www.enotecamalcesine.it) bietet eine riesige Auswahl an Gardasee-Weinen, feinste Olivenöle bekommt man im **Consorzio Olivicultori** (Via Navene Vecchia 21, www.oliomalcesine.it). Schöne Ledergürtel nach Maß fertigt **Enea** an (Via Porta Orientale 15).

Aktivitäten

Stickl Sportcamps

Für Mountainbike-Fans veranstaltet Stickl-Sport Bike-Camps mit Techniktraining. Zugleich die älteste Surfschule Italiens. Via Gardesana 32, Malcesine • Tel./Fax 04 57 40 16 97 • www.stickl.com

Arco

Info

APT

Viale delle Palme 1, Arco • Tel. 04 64 53 22 55 • www.gardatrentino.it

Shopping

Der Platz um die Kirche S. Maria Assunta verwandelt sich an jedem 3. Sa des Monats in einen Antiquitätenmarkt.

Riva del Garda

Info

APT

Largo Medaglie d'Oro al V. M. 5, Riva • Tel. 04 64 55 44 44 • www.gardatrentino.it

Restaurants

Restel de Fer

Küchenchef Alfred Lageder und sein Team verwenden saisonale, biologisch hergestellte Zutaten, aus denen sie nach traditionellen Rezepten wahre Gaumenfreuden zaubern. Di geschl. Via Restel de Fer 10, Riva • Tel. 04 64 55 34 81 • www.resteldefer.com

Al Volt

Im Keller eines Palazzo aus dem 17. Jh. findet sich das elegante Restaurant, in dem neben Fischspezialitäten auch Wild serviert wird. Mo geschl. Via Fiume 73, Riva • Tel. 04 64 55 25 70 • www.ristorantealvolt.com

Cafés

Caffè Italia

Beliebter Treffpunkt bei jungen Leuten, die hier bei einem Aperitivo zusammenkommen. Viale Roma 2, Riva

Gelateria Flora

Neben dem wohl besten Eis Rivas gibt es tolle Snacks. Viale Rovereto 54, Riva

Nightlife

Pub all'Oca

In-Lokal der Stadt, das nicht nur von den Schönen und Betuchten gerne besucht wird, um beispielsweise auf den gemütlichen Ledersofas den Tag ausklingen zu lassen. 18–2 Uhr, Mo geschl. Via S. Maria 9, Riva

Sky Pool & Cocktail Bar

Am Pool liegen, ein Drink in der Hand, das Ganze auf dem Dach eines Hotels mit genialem Blick – das Leben kann so schön sein! Via Confalonieri 8 (Hotel Kristal Palace), Riva

Shopping

Cantina Frantoio Agraria

Hervorragende Einkaufsmöglichkeit für Wein, Olivenöl u.v.m. Die »Weintankstellen« sind einfach klasse. Tipp: Probieren Sie das hausgebraute Bier! Loc. S. Nazzaro, an der Hauptstraße von Riva nach Arco • Tel. 04 64 55 21 33 • www.agririva.it

Die mächtige Scaligerburg (Castello Scaligero) mit ihren unverwechselbaren Türmen bewacht das Städtchen Sirmione am Südufer des Gardasees seit dem 13. Jahrhundert. Den Obststand mit frischen Kokosschiffchen, Melonen- und Ananasschnitzen gibt es heute noch.

Tour 08 | **Gardasee Südufer**

Natur-Schönheit

▶ GESTERN: In der Antike musste man sich durch dichte Wälder zum Gardasee kämpfen und stand dann auf einer lieblichen Halbsinsel ...

▶ HEUTE: Die Lage ist aber auch ein Hit – das Städtchen Sirmione hat sich seinen Status als Besuchermagnet bis heute bewahrt

▶ GESTERN

»Salve, o venusta Sirmio ...« (»Sei gegrüßt, du liebliches Sirmione«) – schon in der Antike inspirierte Sirmione den aus Verona stammenden Dichter Catull (1. Jh v. Chr.) zu kraftvollen Gedichten, er besang den Ort als »Perle der Inseln und Halbinseln«. Seine Oden erwiesen sich als hervorragendes Marketinginstrument, um den

Tourismus in Sirmione anzukurbeln. Höher gestellte Römer ließen hier am südlichen Gardasee prächtige Villen bauen, selbst Julius Caesar soll zu Gast gewesen sein. Norditalien war lange ein Gebiet, um das sich der Papst und der Kaiser des Heiligen Römischen Reichs stritten. Im 13. und 14. Jh. verschaffte die Herrschaft der kaisertreuen Scaliger der Region wirtschaftlichen Aufschwung. Nach der Herrschaft der Scaliger kämpften Mailand und Venedig um die Macht. Die Venezier siegten 1440, nachdem sie in einem gigantischen, komplizierten Transfer eine Flotte aus 25 Lastkähnen und sechs Galeeren samt Soldaten über die Berge geschleppt hatten.

▶ Heute

Sirmione ist ein beliebter Urlaubermagnet geblieben. Die Tour beginnt etwas weiter westlich in Desenzano del Garda, führt über Sirmione nach Peschiera und nach Süden bis zum Parco Giardino Sigurtà, eine der schönsten Gartenanlagen der Welt. Adressen und Landkarte: Seite 58/59

1 Desenzano del Garda

Mit ihren mehr als 23 000 Einw. ist die am Südwestende liegende Stadt der größte und lebendigste Ort des Gardasees. Schon unter den Römern wurde in dem seit prähistorischer Zeit besiedelten Hafen Handel betrieben, eine Tradition, die sich seit dem Mittelalter fortgesetzt hat.

Der riesige **Wochenmarkt** jeden Dienstag an der Seepromenade lockt ebenso wie die Eisdielen und Straßencafés an der von Arkaden umgebenen Piazza Malvezzi. Wenige Schritte vom Hauptplatz entfernt verbirgt sich am Ende der Via Crocefisso (Beginn li. vom Dom) die **Villa Romana** (3. Jh. n. Chr.). Sie besteht aus mehreren Gebäudekomplexen; man vermutet eine Thermenanlage des 1. Jhs. und eine frühchristliche Basilika (um 400). Hauptattraktion ist die Prunkvilla mit den Überresten von 240 m² Mosaikfußboden. Die einzelnen Mosaikfelder zeigen Putten bei der Jagd, beim Fischen oder bei der Weinlese und spiegeln ironisch die Vorliebe des Hausherrn für das Wohlleben. Ein Museum (»L'Antiquarium«) zeigt in drei Sälen bei den Ausgrabungen entdeckte Fundstücke (März–Okt. Di–So 8.30–19, Nov.–Febr. 8.30–17 Uhr, www.archeologica.lombardia.beniculturali.it).

Im Dom **Santa Maria Maddalena** (um 1600) beeindruckt in der zweiten Kapelle links Tiepolos Frühwerk »Letztes Abendmahl« durch die raffinierte Lichtführung. Auch die Monumentalgemälde des Venezianers Andrea Celesti (1637–1712) an der Innenfassade und in der Apsis sind sehenswert. Der Aufstieg zu den Ruinen des mittelalterlichen **Castello** über der Stadt lohnt vor allem wegen der grandiosen Aussicht.

2 Sirmione

Das hübsche Städtchen (7500 Einw.) liegt an der Spitze einer 4 km weit in den See hineinragenden schmalen Halbinsel, die an ihrem Ende mit drei Felsenhügeln aus dem leuchtenden Blau des Wassers emporsteigt. Besonders stimmungsvoll ist es, sich der Stadt auf dem Wasserweg zu nähern.

Blickfang am Ortseingang ist die **Wasserburg der Scaliger**, die besterhaltene Festungsanlage Norditaliens. Mastino I. della Scala ließ diesen Wehrbau mit zinnengekrönten Ringmauern, Torbögen, Zugbrücken, Fallgittern und Schießscharten 1250 auf dem einstigen römischen Osthafen errichten. Ein 30 m hoher Turm, *Mastio*, überragt das Kastell. Von hier überblickt man den südl. Gardasee (März–Mitte Okt. 8.30–19, Mitte Okt.–Feb. 8.30–17 Uhr).

Blickfang: Von der Burg in Sirmione öffnet sich die Aussicht über den südlichen Gardasee.

Ein einziges Tor führt in Sirmiones Altstadt mit ihrem Gassengewirr und pittoresken Häusern. Das geschäftige Treiben nimmt beim **Thermalbad**, einem hässlichen Zweckbau, wieder ab. Jetzt beginnt auf dem Weg zu den Grotten des Catull eine Gartenlandschaft in Richtung Inselspitze. Inmitten der üppigen Vegetation steht auf dem Mavino-Hügel das **Kirchlein San Pietro in Mavino**, im 8. Jh. von langobardischen Mönchen erbaut und im Laufe der Jh. auf vier übereinander liegenden Putzschichten mit Fresken ausgestattet (tgl. von 8 Uhr bis Sonnenuntergang).

Der römische Dichter Gaius Valerius Catullus (87–45 v. Chr.) hat zwar nie in der nach ihm benannten Grotte bzw. Villa am Nordende der Halbinsel von Sirmione gewohnt, seine Verse besangen aber bereits vor zwei Jahrtausenden die Landschaft an diesem Uferabschnitt des Gardasees. An der Spitze der Halbinsel erstrecken sich die Reste einer über 17 000 m² großen römischen Anlage, die sog. **Grotten des Catull**. Der zu seiner Zeit wegen seiner deftigen Liebesverse wenig geschätzte Dichter konnte die Anlage nicht gekannt haben, da er rund 200 Jahre vor ihrer Errichtung starb. Welche Funktion dieser gewaltige Gebäudekomplex einst innehatte, lässt sich nur vermuten. Wahrscheinlich handelte es sich um ein kaiserliches Gästehaus oder gar einen kaiserlichen Palast mit angeschlossenem Thermalbad. Ein Schwimmbecken wurde über Bleirohre von den Boiola-Quellen am Seeufer gespeist. Die schwefelhaltigen, 69 °C heißen Quellen wurden im 16. Jh. wiederentdeckt und 300 Jahre später gefasst.

Etikettenschwindel: Die Grotten des Catull stehen nicht mit dem Dichter in Zusammenhang.

Die Fundstücke im **Museum** in der erst teilweise freigelegten archäologischen Zone lassen die einstige Prachtentfaltung des römischen Bauwerks erahnen (März–Okt. Di–So 8.30–19, Nov.–März Di–Sa 8.30–17, So 8.30–14 Uhr). Man sollte die Gelegenheit nutzen, im See an den berühmten **Kalkterrassen** direkt vor der Anlage zu baden.

3 Peschiera del Garda

Seit der Römerzeit eine strategisch wichtige Festung, die auch Dante in seiner »Göttlichen Komödie« verewigte (20. Gesang der Hölle), hat das einstige Fischerstädtchen viel von seinem Charme eingebüßt. Der gut 2 km lange Bastionsgürtel, der den Ortskern umschließt, stammt aus venezianischer Zeit und wurde von Napoleon und danach von den Österreichern verstärkt. Seine gewaltigen Ausmaße sind am besten zu erfassen, wenn man mit einem Boot durch die Mauergräben fährt. Sehenswert ist die malerische **Altstadt** mit dem Hafen, die auf einer Insel am Austritt des Mincio aus dem See errichtet wurde.

4 Borghetto di Valeggio sul Mincio

Der bezaubernde Vorort im Schatten von Valeggios Scaligerburg wurde vor über 600 Jahren zum Schauplatz einer Machtdemonstration, wie sie das Abendland nur selten erlebt hat. Giangaleazzo Visconti, unermesslich reicher Herr über Mailand, legte 1393 Mantua und Verona buchstäblich trocken und machte sie so wehrlos. Ein Vermögen war ihm der Bau einer gigantischen Dammanlage wert, um das Wasser des Mincio um- und von Mantuas drei Seen abzuleiten. Die Dimensionen zum Staunen: 600 m lang ist die Aufschüttung durch das Flusstal, 26 m breit und 10 m hoch. Der mit Mauern befestigte Damm der **Visconti-Brücke** wurde in nur acht Monaten Bauzeit fertiggestellt.

1438 wagten es nicht einmal die bis an die Zähne bewaffneten Venezianer, die Brücke anzugreifen, um dem von den Visconti belagerten Bre-

Tulipanomania: Im März verwandeln Millionen von Tulpen den Parco Giardino Sigurtà in ein Farbenmeer. Auch eine besondere Art ist hier vorzufinden: die dunkelviolette »Queen of the night«.

scia zu Hilfe zu eilen. Dafür besaß Venedig die Kühnheit, seine Kriegsschiffe (sechs Galeeren, zwei Galeonen, 26 Barken) mithilfe von 2000 Ochsen durch das Gebirge zu transportieren und bei Torbole wieder zu Wasser zu lassen. In der Burg von Malcesine (siehe Seite 49) ist dieses unglaubliche Unternehmen dokumentiert. Eine Tafel erinnert daran, dass auf dieser Brücke in späteren Tagen die Staatsgrenze zwischen Österreich und Italien verlief (heute Provinzgrenze Verona/Mantua).

Über 4000 Pasta-Fans nehmen jedes Jahr am dritten Di im Juni an der langen Tafel auf der Visconti-Brücke Platz, um die »Liebesknoten«, die berühmten Tortellini von Valeggio, bei der **Festa del Nodo d'Amore** zu feiern, mit anschließendem großen Feuerwerk (Eintrittskarten bei Proloco, Tel. 04 57 95 18 80, weitere Infos unter www.ristorantivaleggio.it).

Pasta der Liebe

Dem Hauptmann Malco und seiner geliebten Nymphe Silvia gelingt die Flucht in den Fluss. Nur das geknotete Tuch, ein Zeichen ihrer Liebe, bleibt am Ufer zurück. Jahr für Jahr gedenkt man dieser Legende mit einem Pastateig, so dünn wie die Seide eines Tuches, und mit einer feinen Füllung.

5 Parco Giardino Sigurtà

Nur 1 km von Valeggio sul Mincio entfernt liegt der **Parco Giardino Sigurtà**. Ausgangspunkt für eine 1- bis 3-stündige Erkundung des 60 Hektar großen Garten-Parks ist die aus dem 17. Jh. stammende **Villa Maffei**. Hier wohnte Graf Carlo Sigurta, der das Gelände 1941 erwarb und fast 40 Jahre später für das Publikum eröffnete (1978).

Umgeben von üppiger Vegetation mit einer einmaligen Blumenpracht finden sich in der Anlage kleine Seen, Aussichtsterrassen, eine Eremitenkirche und die Ruinen einer Scaligerburg. Das blühende Paradies lässt sich über kilometerlange Spazierwege mit Muße zu Fuß erkunden oder auch mit einem Bähnchen; Fahrräder kann man ebenfalls mieten (Anf. März–Anf. Nov. tgl., März, Okt., Nov. 9–18, Einlass bis 17, sonst 9–19, Einlass bis 18 Uhr, www.sigurta.it).

Informationen

Tour 08: Am Südufer des Gardasees – von Desenzano über Sirmione bis Valeggio

Autotour, 1 Tag, ca. 40 km

Stationen

1 Desenzano del Garda
2 Sirmione
3 Peschiera del Garda
4 Borghetto di Valeggio sul Mincio
5 Parco Giardino Sigurtà

Desenzano del Garda

Info

IAT
Via Porto Vecchio 34, Desenzano del Garda • Tel. 03 09 14 15 10 • www.bresciaholiday.com

Restaurants

Antica Hostaria Cavallino
Sehr elegante Topadresse mit Tischen auch im Freien. So abends und Mo ganztägig geschl.
Via Murachette 29, Desenzano del Garda • Tel. 03 09 12 02 17 • www.ristorantecavallino.it

Esplanade
Herrliche Seeterrasse, exzellente Fischterrinen und Dolci, ein Michelin-Stern. Mi geschl.
Via Lario 3, Desenzano del Garda • Tel.03 09 14 33 61 • www.ristorante-esplande.com

La Cantina dè Corte Pozzi
Enothek mit leckeren Aufschnittplatten.
Via Castello 15, Desenzano del Garda • Tel. 03 09 14 19 80 • www.hotelalessidesenzano.com

Eiscafés

Vivaldi
Der Eismacher ist auf Halbgefrorenes und Sorbets spezialisiert. Köstlich: die Eistramezzini!
Via Matteotti 9, Desenzano del Garda

Nightlife

Mazoom-Le Plaisir Club
Neben Liveacts wird hier Musik aller Richtungen aufgelegt. Do–Sa 22–5 Uhr.
Via dei Colli Storichi 179, an der Straße nach S. Martino della Battaglia • www.facebook.com/mazoom

Shopping

Visconti
Kellerei mit erstklassigen Weinen.
Via C. Battisti 139, Desenzano del Garda • Tel. 03 09 12 06 81

Jeden 1. So im Monat (außer Jan./Aug.) **Antiquitätenmarkt** auf der Piazza Malvezzi.

Sirmione

Info

IAT
Viale Marconi 2, Sirmione • Tel. 030 91 61 14 • www.bresciaholiday.com

Hotel

Palace Hotel Villa Cortine
Residieren wie ein Fürst, umgeben von einem wunderschönen Park: Das ist ein Traum von einem Hotel.
Viale C. Gennari 2, Sirmione • Tel. 03 09 90 58 90 • www.palacehotelvillacortine.com

Restaurants

Risorgimento
Spitzenrestaurant, bekannt für feine Gardaseeküche mit mediterranem Touch. Terrasse direkt an der Piazza. Di geschl. (nicht im Juli/Aug.).
Piazza Carducci 5/6, Sirmione • Tel. 030 91 63 25 • www.risorgimento-sirmione.com

La Rucola
Hier sind Haubenköche am Werk: anspruchsvolle und leichte mediterrane Küche.
Do ganztätig, Fr mittags geschl.
Vicolo Strentelle 3, Sirmione • Tel. 030 91 63 26 • www.ristorantelarucola.it

Osteria al Torcol
Ein idyllischer Garten lädt mitten in der Altstadt zum Genuss lokaler Spezialitäten ein. Außerhalb der Hauptsaison Mi geschl.
Via San Salvatore 30, Sirmione • Tel. 03 09 90 46 05

Signori

Modern und elegant eingerichtet mit schöner Terrasse am See, saisonal geprägte Kreativküche. Gute Weinkarte. Mo geschl.
Via Romagnoli 17, Sirmione • Tel. 030 91 60 17 • www.ristorantesignori.it

Osteria del Pescatore

Preiswertes Lokal in der Altstadt; neben Fischgerichten auch leckere Pizze. Mi geschl.
Via Piana 20, Sirmione • Tel. 030 91 62 16

Eiscafé

Gelateria Gino

Eine Institution seit 1965. Sirmiones führender Eissalon wurde schon 1987 auf der internationalen Eis-Expo preisgekrönt. Favoriten: Erdbeer- und Himbeer-Sorbetti, Haselnuss- und Schokoladeneis aus geschmolzener Edelschokolade.
Piazza Flaminia 2, Sirmione

Aktivitäten

Die **Thermalanlagen** Sirmiones gehören zu den renommiertesten in Europa. Info und Kuranmeldungen für beide:
Tel. 03 09 90 49 23 • www.termedisirmione.com

Stabilimento Termale Catullo

Piazza Don A. Piatti 1, Sirmione • Ende März–Okt., tgl. 7–13 Uhr

Stabilimento Termale Virgilio

Piazza Virgilio 2 (Loc. Colombare) an der Hauptstraße Peschiera–Desenzano • März–Okt. Mo–So 7–18.30, sonst nur bis 12.30 Uhr

Peschiera del Garda

Info

IAT

Piazzale Betteloni 15, Peschiera del Garda • Tel. 04 57 55 16 73 • www.tourism.verona.it

Valeggio sul Mincio

Restaurants

Locanda Belvedere

Hotelrestaurant mit traditioneller Küche, Fleisch vom Grill und wunderbarer Aussicht. Mi und Do geschl.
Loc. Santa Lucia dei Monti 12, Valeggio sul Mincio • Tel. 04 56 30 10 19 • www.ristorantebelvedere.eu

Antica Locanda Mincio

Spezialitäten des Hauses sind Pasta – z. B. mit Kürbis gefüllte Tortellini – und Fischgerichte, die im Sommer bei Kerzenschein im Freien serviert werden. Mi und Do geschl.
Loc. Borghetto, Via Buonarroti 12, Valeggio sul Mincio • Tel. 04 57 95 00 59 • www.anticalocandamincio.it

Aktivitäten

Im **Cavour Aquapark** im Ortsteil Ariano von Valeggio kann man einen tollen Tag mit der Familie verbringen. Ende Mai–Anf. September tgl. 9.30–19 Uhr
Loc. Ariano, Valeggio sul Mincio • www.parcoacquatico cavour.it/de

Tour 09 | **Gardasee Westufer**

Tutti frutti

▶ GESTERN: Zitronenplantagen überzogen einst das Gardasee-Westufer. Von Mönchen initiiert, wurden sie zu einem lukrativen Geschäft

▶ HEUTE: Der Tourismus beendete den Zitronen-Boom, doch einige *limonaie* sind noch erhalten. Wo? In Limone natürlich ...

▶ GESTERN

Bereits im 13. Jh. brachten Mönche die ersten Zitrusfrüchte von der ligurischen Riviera an das Westufer des Gardasees und begannen, vor allem um den Doppelort Toscolano-Maderno, sie auf Plantagen zu kultivieren. 1464 notierte ein Gelehrter aus Verona: »Ein Ort, der sich nicht nur des Duftes von Rosengärten und purpurfarbener Blüten erfreut, sondern zudem überall beschattet wird von den dicht belaubten Zweigen der Zitronen- und Zitronatbäume«. Und der Schriftsteller Marin Sanudo berichtete 1483 von *zardini de zedri, naranzari et pomi damo* (Gärten mit Zitronen, Apfelsinen und Granatäpfeln), die er überall am Ufer sah. *Limonaie* nannte man die Zitronengärten, die rasch einen ordentlichen Gewinn abwarfen und der Region jahrhundertelang zu einem unverwechselbaren Gesicht verhalfen. Bei der Ernte wurden die Früchte nach ihrer Größe in fünf Klassen geordnet. Nur die besten, *fini* und *sopraffini*, kamen für den Export infrage – nach Ungarn, Polen, Russland und Österreich.

▶ HEUTE

Der Zitronenanbau wurde ein zunehmend mühsames Geschäft, und mit der Entdeckung des Tourismus als Einnahmequelle stellten immer mehr Bauern die strapaziöse Arbeit ein. In den 1980er-Jahren besann man sich der einstigen Wahrzeichen und bewirtschaftete einige Zitronengärten wieder, etwa an der Uferstraße vor Porto di Tignale. Eine besonders schöne Pflanzung findet man in der Via Castello. Diese Tour führt von Toscolano-Maderno bis nach Limone.

Landkarte: Seite 64, Adressen: Seite 65

1 Toscolano-Maderno

Trotz der z. T. nicht einfachen Erreichbarkeit der Ortschaften war das Westufer des Gardasees immer eine wirtschaftlich rege Gegend. Eine kleine Flussmündung trennt den auf einer Halbinsel gelegenen Doppelort **Toscolano-Maderno** in das von malerischen Gassen durchzogene Maderno und das seit dem Mittelalter europaweit bekannte Zentrum der Papierherstellung Toscolano. Dank

Man musste nur zum Gardasee fahren, um live zu erleben, was Dichterfürst Goethe und Walzerkönig Strauß mit ihren lyrischen bzw. musikalischen Werken über das »Land, wo die Zitronen blühen« meinten. Hier eine Aufnahme aus dem Jahr 1939 – da war die Konkurrenz aus Süditalien schon so stark geworden, dass die Zitronen an der Straße angeboten wurden. In der Blütezeit des Zitronenhandels verkauften die Produzenten Kisten mit 500 bis 1000 Früchten anstatt solcher Kleinmengen.

Meisterwerk des Straßenbaus: Für die ersten 28 Kilometer der Gardesana Occidentale von Riva nach Gargnano mussten 74 Tunnel in die Steilhänge gesprengt werden.

ihrer exzellenten touristischen Infrastruktur sind beide Städte als Ferienziele gleichermaßen beliebt.

Madernos Hauptattraktion ist die Pfarrkirche Sant'Andrea aus dem 12. Jh. am Ortseingang, von Gardone Riviera aus kommend (8–11.30, 14.30–18 Uhr). Fragmente eines vorchristl. Tempels sowie Skulpturenreste des langobardischen Vorgängerbaus aus dem 8. Jh. sind an Fassade, Apsis und Westwand zu sehen. Das Eingangsportal zeigt Tierskulpturen, Arabeskenschmuck, Menschenköpfe und langobardische Flechtbandornamentik.

Toscolano wiederum rühmt sich der Patenschaft für den gesamten Gardasee, der in der Antike »Lacus Benacus« hieß: Ein gallischer Seher namens Acus soll an der Stelle des heutigen Toscolano den Ort Benacus gegründet haben. Dass sowohl Torbole, Garda, Salò und einige andere Dörfer diese Legende für sich in Anspruch nehmen, stört die selbstbewussten Toscolaner wenig.

Wichtige Papiere

... wurden hier erstellt. Die erste Auflage des Neuen Testaments, auch Lutherbibel genannt, erschien 1522 auf Papier aus dem Tal der hiesigen Mühlen.

Bei einem Spaziergang im **Tal des Toscolano-Flusses** entlang der alten Papiermühlen, die letzte war bis in die 1960er-Jahre in Betrieb, trifft man nach ca. einer halben Stunde auf das kleine **Museo della Carta**; dieses Papiermuseum dokumentiert anschaulich das alte Handwerk (30. März–12. Mai und Okt. Sa/So 10–18, 13. Mai–Sept. tgl. 10–18 Uhr, Tel. 03 65 64 27 27, www.valledellecartiere.it). Noch heute ist man stolz darauf, dass Luthers Übersetzung des Neuen Testaments auf hier hergestelltem Papier gedruckt wurde.

2 Gargnano

Von hier folgt man der Gardesana bis nach **Gargnano** (3200 Einw.). Bisher von den Folgen eines ausufernden Fremdenverkehrs weitgehend verschont, zeigt sich der malerische Gardaseeort Besuchern von seiner heiteren Seite. Der kleine, südlich vom Zentrum Gargnanos gelegene Ortsteil **Bogliaco** ist stolzer Besitzer eines »Mini-Schönbrunn«: Die kaiserliche Sommerresidenz der Habsburger in Wien diente offensichtlich der nur von außen zu besichtigenden prächtigen **Villa Bettoni-Cazzago** (18. Jh.) als Vorbild. Die schönste Aussicht auf die seewärts gerichtete Fassade hat man vom kleinen Hafen aus, dahinter findet sich an der Straße eine elegante, mit Statuen geschmückte Freitreppe am Ende einer barocken Parkanlage.

Niemand stößt sich heute noch daran, dass die Ministerien der faschistischen »Republik von Salò« von 1943 bis 1945 tatsächlich im neoklassizistischen **Palazzo Feltrinelli** von Gargnano untergebracht waren. Mittlerweile dient der Palast als Sommersitz der Universität Mailand, die hier Sprachkurse für Ausländer veranstaltet. Nur wenige Schritte entfernt residierte einst Mussolini in der **Villa Feltrinelli**, heute ein Luxushotel (Via Rimembranza 38–40, www.villafeltrinelli.com). Sehenswert ist der »steinerne Zitronengarten« am Ortseingang, der sich im romanisch-gotischen Kreuzgang des **Klosters San Francesco** (spätes 13. Jh.) verbirgt. Hier zieren Orangen und Zitronen sogar die steinernen Kapitelle.

Am Hafen, mit seiner hübschen Promenade ein Anziehungspunkt, erinnern die eingemauerten, aus den Fassaden ragenden Kanonenkugeln an den Beschuss des friedlichen Fischerdorfes 1866 durch die Österreicher während des italienischen Risorgimento.

In Gargnano ist Gelegenheit für eine Mittagspause in einem der Lokale am Hafen.

3 Campione del Garda

Weiter geht es auf der Gardesana über das etwa 10 km weiter nördlich gelegene, winzige **Campione del Garda**, das bis vor rund 80 Jahren nur mit dem Boot erreichbar war. Einmalig ist seine Lage auf einer kleinen Halbinsel vor den fast senkrecht aufragenden Felsen. Der gleichnamige Fluss, der sich hier in einer Schlucht in den See ergießt, hat in den Jahrtausenden so viel Schwemmland mitgeführt, dass der Ort mit seinen ca. 180 Einwohnern Platz fand. Einst war das Dorf eines der größten am See.

Der Unternehmer Vittorio Olcese nutzte hier im 19. Jh. einen Wildbach für die Errichtung einer Baumwollspinnerei. Im 19. Jh. arbeiteten hier etwa 700 Menschen. Der **Palazzo Archetti**, ehemals Verwaltungsgebäude der Fabrik, und das Denkmal des Firmengründers Vittorio Olcese neben der Kirche künden von dieser Vergangenheit. Dieses einmalige Industriedenkmal ist dank

Unglaublich, was man damals auf und in seinen VW Käfer brachte, um die heiß ersehnte Reise nach Italien anzutreten. Der Gardasee mit seinen vielen Wassersportmöglichkeiten war eine tolle Alternative zum viel weiter entfernten Meer.

seiner Umgestaltung in eine Ferienanlage erhalten geblieben, die Strände versprechen unbeschwertes Badevergnügen.

4 Auf die Hochebene des Tremosine

Von Campione fährt man über die Gardesana in das herrlich gelegene Limone sul Garda – oder man baut einen kleinen Abstecher ein, der zwar anspruchsvoll zu fahren, aber absolut lohnend ist. Knapp 2 km nördl. von Campione del Garda zweigt die Straße Richtung **Pieve** ab. Der Weg ins Dorf führt in Serpentinen hinauf zur wildromantischen **Brasa-Schlucht** mit ihrem Wasserfall.

Fast 400 m über dem Seeniveau befindet man sich, wenn man **Pieve** erreicht hat. Der Hauptort der Hochebene des Tremosine lädt mit seinen romantisch verwinkelten Gassen zu einem Spaziergang ein. Das Panorama und eine Stärkung genießt man am besten im Restaurant des **Hotels Paradiso,** etwas außerhalb in Richtung Arias gelegen. Seine legendäre *Terrazza del brivido* (Schauderterrasse) schwebt praktisch über dem See und bietet einen fantastischen Ausblick (Viale Europa, 19, Pieve, Tremosine sul Garda, www.terrazzadelbrivido.it).

Am Ende der Ebene, direkt am Fuß der Berge, liegt das malerische Dörfchen **Vesio.** Von hier aus kann man eine etwa 1-stündige Wanderung zum **Lago di Bondo** in das gleichnamige Naturschutzgebiet unternehmen (eine gute Übersicht, auch zu weiteren Touren, bietet die Seite www.hotelsolelimone.com/gardasee-sports-wandern.htm und www.infotremosine.org). Der See, ein Überbleibsel der Würm-Eiszeit, liegt während der Sommermonate trocken.

Zur Rückkehr ans Ufer nimmt man von Vesio aus am besten die Straße nach Voltino, die an Olivenhainen vorbei nach Limone sul Garda führt.

5 Limone sul Garda

Wie kein anderer Ort am Westufer wird der einstige »Zitronengarten« des Sees von Touristen bestürmt. Der Ortsname kündet bereits davon, für welches Erzeugnis die Gegend einst berühmt war: Zitronen. Ob der Ortsname **Limone** nur die wörtliche Übersetzung von »Zitrone« bedeutet oder nicht vielleicht doch das lateinische *limes* (Grenze) dahintersteckt, wird vermutlich nie mehr zu klären sein.

Im alten Zentrum lohnt sich ein Blick in die barocke **Pfarrkirche San Benedetto** aus dem 17. Jh. Ihr Inneres birgt Gemälde von Andrea Celesti (1637–1711), darunter eine Darstellung der »Hl. Drei Könige« (rechts neben dem Altar). Nicht entgehen lassen sollte man sich den Genuss eines der berühmten Limone-Karpfen.

Informationen

Tour 09: Am Westufer des Gardasees

Autotour, 1 Tag, ca. 40 km

Stationen

1 Toscolano-Maderno
2 Gargnano
3 Campione del Garda
4 Auf die Hochebene des Tremosine
5 Limone sul Garda

Praktische Hinweise

Kostenpflichtige Parkplätze gibt es in allen Orten. Besonders schön ist die Tour im Frühjahr und Herbst, wenn die Straßen nicht von Autokolonnen verstopft sind. Die **Gardesana occidentale** von Riva nach Gargnano ist mit ihren 74 Tunnels, die sich zum Teil zum See hin öffnen, selbst eine Sehenswürdigkeit. Immerhin wurde hier der James-Bond-Film »Ein Quantum Trost« gedreht.

Toscolano-Maderno

Info

IAT

Via Sacerdoti 1, Toscolano-Maderno • Tel. 03 65 64 13 30 • www.lagodigarda.it (auch dt.)

Restaurants

Trattoria La Sosta

Hier gibt's Gegrilltes vom Feinsten. Die Trattoria ist besonders bei den Einheimischen beliebt. Mi geschl.
Via Cecina 79, OT Cecina, Toscolano-Maderno • Tel. 03 65 64 42 95

Nightlife

L'Angolo Del Caffè Bar

Sehr beliebter Treff am Abend.
Piazzetta San Marco 45, Toscolano-Maderno

Gargnano

Info

Consorzio Turistico Gargnano

Piazzale Boldini 2, Gargano • Tel. 03 65 79 12 43 • www.prolocogargnano.org

Hotel

Villa Giulia

Elegante Zimmer in einer Villa aus dem 19. Jh.
Viale Rimembranza 20, Gargnano • Tel. 036 57 10 22 • www.villagiulia.it

Restaurants

La Tortuga

Mit die teuerste Feinschmeckeradresse der Region mit einem Michelin-Stern. Heißer Tipp: Terrine mit Fisch aus dem See. Reservierung obligatorisch. Di geschl.
Via 24 Maggio 5, Gargano • Tel. 036 57 12 51

Osteria del Restauro

Romantisch am Hafen des Ortsteils Villa gelegen, beliebt v. a. bei jungen Gästen. Mo geschl.
Piazza Villa 19, Gargano • Tel. 036 57 26 43

Allo Scoglio

Einrichtung wie Küche sind schlicht, aber gut. Unbedingt die *tagliatelle al ragù di lago* probieren! Mo geschl.
Via Barbacane 2, Bogliaco • Tel. 036 57 10 30 • www.alloscoglio.it

Limone

Info

Touristeninfo

Infokiosk am Parkplatz Seepromenade, Via IV Novembre 3c, Limone • Tel. 03 65 91 89 87 • www.limone.com

Restaurant

La Cantina del Gato Borracho

»Der betrunkene Kater« bietet erstklassige Küche im Restaurant und – nomen est omen – eine ausgezeichnete Weinbar.
Via Caldogno 1/1, Limone • Tel. 03 65 198 64 41 • www.gatoborracho.com

Shopping

In der **Cooperativa Agricola Possidenti Oliveti**, Via Campaldo 10, gibt es Führungen durch die Ölmühle (10–16, im Sommer bis 18 Uhr, www.oleificiolimonesulgarda.it), ganzjährig sind in der Verkaufsstelle Olivenöl und andere Spezialitäten der Region wie Honig und Käse erhältlich.

Die Mille Miglia wurde zwar von Italienern und italienischen Autos dominiert, doch es gab Ausnahmen. So rasten der Deutsche Huschke von Hanstein und sein Beifahrer Werner Bäumer 1940 in ihrem BMW 328 zum Sieg (oben). Zwölf Jahre später belegten Rudolf Caracciola und Paul Kurrle in ihrem Mercedes-Benz Typ 300 SL den vierten Platz (unten). 1931 hatte Caracciola gewonnen.

Tour 10 | **Brescia**

Start der 1000 Meilen

▶ GESTERN: Benzin haben sie hier im Blut, sagt man. Kein Wunder, dass in Brescia die halsbrecherische Mille Miglia ausgeheckt wurde

▶ HEUTE: Das Autorennen ist mittlerweile eine Oldtimer-Genusstour, der Stadtrundgang in Brescia eher per pedes ein Vergnügen

▶ GESTERN

Im Dezember 1925 saßen vier junge Männer aus Brescia zusammen und brüteten über einer kühnen Idee: Sie wollten ein spektakuläres Autorennen veranstalten und damit ihre Heimatstadt zum Nabel des Motorsports machen. Ein Straßenrennen sollte es werden, über unbefestigte Landstraßen, das in Brescia starten und enden würde. Auch über die Streckenlänge war man sich rasch einig: 1600 km sollten es sein, was 1000 englischen Meilen (*mille* = tausend, *miglia* = Meile) entsprach. Umkehrpunkt sollte Rom sein. Zwei Jahre später war es dann tatsächlich so weit: Die Premiere gewann das Team des einheimischen Autobauers OM (Officine Meccaniche) mit einer Zeit von 21:44 Stunden und einer Durchschnittsgeschwindigkeit von 77 km/h. Seither gewannen fast immer Italiener auf italienischen Fabrikaten. Aber auch Mercedes konnte zweimal triumphieren; 1931 mit Rudolf Caracciola und 1955 mit dem Briten Stirling Moss, der die schnellste Durchschnittsgeschwindigkeit in der Geschichte des Rennens fuhr. Nach einem schweren Unfall im Jahr 1957 wurde das Rennen eingestellt und erst 20 Jahre später wiederbelebt.

▶ HEUTE

Seit 1977 findet die »Mille Miglia Storica« jedes Jahr im Mai statt. Es dürfen nur Fahrzeuge teilnehmen, deren Typ in der Geschichte des Rennens bis 1957 an den Start gegangen ist. Heute geht es nicht um Geschwindigkeit, sondern um Gleichmäßigkeit und Zuverlässigkeit.

Bei einem Besuch in Brescia sollte das Mille Miglia Museum (siehe Seite 71) natürlich auf dem Programm stehen, doch die Stadt hat auch ganz »bleifreie« Attraktionen zu bieten.

Stadtplan: Seite 70, Adressen: Seite 71

A Burgberg

Die den Cidneo-Hügel umgürtenden Bastionen schließen die römische Festung aus dem 1. Jh. n. Chr. ein; in den folgenden Jh. entstanden weitere Wehranlagen wie der mächtige Rundturm **Torre**

Mirabella (13. Jh.) und die Viscontifestung, das **Castello** aus dem 14. Jh. Beim Aufstieg zur Burg über die Via del Castello lässt man die Epochen der Stadtentwicklung Brescias von den Römern bis zur Renaissance Revue passieren. Die ab dem 12. Jh. angelegte Burg mit Türmen, Wehrmauern und Lagerhäusern (meist 15./16. Jh.) liegt in einem schönen Park. Sie beherbergt das Specola Cidnea-Observatorium, das Museo delle Armi (Waffenmuseum) sowie das sehenswerte **Museo del Risorgimento**, das Italiens Freiheitskampf im 19. Jh. dokumentiert (Via Castello 9, Okt.–März Fr–So 14–17.30, Apr.–Sept. Di–So 15.30–19 Uhr, www.bresciamusei.com).

Partnerstädte …

von Brescia sind unter anderen Belén im West-Jordanland, Shénzhen in China und Darmstadt in Deutschland.

B San Pietro in Oliveto

Zurück in die Stadt kann man den Stufenweg des Südhangs, die **Via delle Barricate**, nehmen, von wo man zur **Piazza Tito Speri** gelangt; ostwärts wiederum führt eine Straße bis zur Terrasse der **Kirche San Pietro in Oliveto**. Das Gotteshaus aus dem 12. Jh., 1510 im Stil der Renaissance umgestaltet, liegt reizvoll über den Dächern der Stadt. Sehenswert sind die beiden Kreuzgänge aus dem 16. Jh. (falls die Kirche geschlossen ist, einfach läuten). Durch die Via Piamarta geht es weiter zur nächsten Station.

C Monastero di Santa Giulia

Das ehem. **Nonnenkloster Santa Giulia** mit Museum gehört zum Unesco-Weltkulturerbe. Mitte des 8. Jhs. gründeten die Langobarden hier über den Resten einer römischen Prachtvilla (heute freigelegt) einen Konvent für die Benediktinerinnen. Drei Kirchen und zwei Kreuzgänge bilden den Kern der Klosteranlage. Eine ältere Kirche wurde Anfang des 9. Jhs. durch die Säulenbasilika **San Salvatore** mit wunderschönen Freskenresten aus karolingischer Zeit ersetzt, Architekturreste des Vorgängerbaus sind sichtbar in der Krypta. Die Renaissance-Kirche **Santa Giulia** und das romanische Gotteshaus **Santa Maria in Solario** mit Freskenschmuck von Brescianer Malern (16. Jh.) vervollständigen die Pracht (Di–So 10–18 Uhr).

Das **Stadtmuseum** beherbergt eine reiche Sammlung römischer Fundstücke, die zum Großteil vom Tempio Capitolino stammen, darunter Mosaiken und die einst vergoldete Bronzestatue der geflügelten Siegesgöttin Victoria (1. Jh. n. Chr.). Weitere kostbare Exponate der Städtischen Kunstsammlungen sind die Lipsanothek, ein mit christlichen Szenen verziertes Elfenbeinkästlein aus dem 4. Jh., sowie das mit Edelsteinen, Gemmen und Ornamenten dekorierte Desideriuskreuz aus dem 8. Jh. (Via dei Musei 81/b, Okt.–15. Juni Di–So 9.30–17.30, 16. Juni–Sept. 10.30–19 Uhr, www.bresciamusei.com).

D Tempio Capitolino

In der Via dei Musei befand sich einst das Zentrum des römischen *Brixia*. Der ehemals reich ausgestattete **Tempio Capitolino**, 73 n. Chr. von Kaiser Vespasian errichtet und erst im Mittelalter zerstört, wurde im 20. Jh. wieder ausgegraben und rekonstruiert. Der Tempel bildete die Schmalseite des einstigen **Forums**, des römischen Marktplatzes (Besichtigung nur nach Voranmeldung: www.bresciamusei.com). An der heutigen, südlich des Tempio gelegenen **Piazza del Foro** legte man Teile der begrenzenden Wandelhallen des antiken Platzes frei. In der Fassade der **Kirche San Zeno** wurde eine röm. Säule mit mächtigem Architrav verbaut, die man hier fand. Imposant sind die ebenfalls entdeckten Ruinen des **Teatro Romano** mit einer gewaltigen Tribüne, auf der bis ins Mittelalter Volksversammlungen abgehalten wurden, die Reste eines Bühnenraumes und eine original erhaltene Treppe zu den höheren Sitzreihen.

E Duomo Vecchio

Auf der großzügig angelegten Piazza del Duomo (oder Piazza Paolo VI.) ragt der **Duomo Vecchio** (»Alter Dom«, auch *Rotonda* – Rotunde) aus dem 12. Jh. auf. Der dominierende Zentralkuppelbau wurde an der Stelle der Basilica di Santa Maria Maggiore aus dem 6. Jh. errichtet, von der Fußbodenreste erhalten sind. Die klare Geometrie des Gotteshauses wird nur durch das höher aufragende Presbyterium unterbrochen. Zu den kostbarsten Schätzen im Inneren zählen der Sarkophag des Bischofs Bernardo Maggi von 1308 sowie Gemälde von den Hauptmeistern der Brescianer Malerschule, Moretto da Brescia und Girolamo Romanino (Di–So 9–12, 15–18 Uhr).

F Duomo Nuovo

Bis zum 16. Jh. stand neben dem Alten Dom die frühchristliche Kathedrale San Pietro de Dom, doch dann hatte man mit der Errichtung des **Duomo Nuovo** ehrgeizigere Pläne. Den Spätrenaissancebau aus weißem Marmor krönt die mit 82 m dritthöchste Kuppel Italiens (nach St. Peter in Rom und dem Dom von Florenz).

G Palazzo del Broletto

Wie die kirchliche, so setzte auch die weltliche Macht am zentralen Platz der Stadt herausragende Architekturakzente, was der heutige Sitz der Provinzialverwaltung bekundet, der **Palazzo del Broletto**. Das Stadthaus, errichtet im 12./13. Jh., wurde als Sitz der Gemeinde Sinnbild urbanen Selbstbewusstseins. Noch heute ertönt zur Einberufung des Stadtrats, der allerdings andernorts tagt, hoch oben auf der Torre del Pegol (11. Jh.) die große Glocke. Früher läutete sie, bevor man von der Loggia delle Gride, ältester Teil des Broletto, Verordnungen erließ.

H Biblioteca Queriniana

Die Stadtbibliothek **Biblioteca Queriniana** hat ihren Sitz hinter der Apsis des Duomo Nuovo (Via Mazzini 3). Sie beherbergt als Hinterlassenschaft ihres Namensgebers, Kardinal Angelo Maria Querini, über 300 000 kostbare Inkunabeln und Handschriften, u. a. von Dante und Petrarca, sowie wertvolle Evangeliare (Di–Fr 8.45–18, Sa 8.30–12.30 Uhr).

I Piazza della Loggia

Im 15. Jh. erhoben die Bürger von Brescia die Forderung nach einem neuen Gemeindesitz, und ein großes Stadthaus entstand, heute **Loggia** genannt, das einem der schönsten Plätze der Lombardei den Namen gab: der **Piazza della Loggia**. Venezianischer kann die Atmosphäre außerhalb der Lagunenstadt kaum sein, sobald die Morgensonne über die Fassaden des Häuserensembles streicht und die steinernen Gesimse, Büsten und Verzierungen der auch **Palazzo del Comune** genannten Loggia zum Leuchten bringt. Die dekorativen Fensterumrahmungen im Stil der Hochrenaissance entwarf der Baumeister Andrea Palladio, die Putti des Frieses stammen von Jacopo Sansovino.

Prachtbau: Der Hauptsaal der Biblioteca Queriniana ist mit Fresken ausgeschmückt.

Venedig ist auch mit dem alten Pfandhaus **Monte di Pietà** aus dem 15./16. Jh. an der Südseite der Piazza präsent. Einen Blick verdient an der Schmalseite des Platzes der berühmte Uhrturm **Torre dell’Orologio** (16. Jh.).

J Chiesa Sant'Agata

Die Kirche gab der Gasse hinter der Loggia, bis heute eine der vornehmsten Adressen Brescias, ihren Namen. An der **Piazza della Vittoria** zeigt sich die Architektur des Faschismus von ihrer düsteren Seite. Versöhnlich dagegen wirken die schönen Geschäfte unter den Arkaden des südlich der Piazza verlaufenden **Corso Zanardelli**.

K Santa Maria dei Miracoli

Ein Schmuckstück der oberitalienischen Renaissance: Die Fassade des an der Wende vom 15. zum 16. Jh. errichteten Gotteshauses zieht mit ihrem überbordenden skulpturalen Schmuck die Blicke auf sich (Mo–Sa 8–12, 15–16.30 Uhr).

L Santi Nazaro e Celso

Gleich um die Ecke befindet sich der klassizistische Bau der Kirche Santi Nazaro e Celso, die im Innern ein Meisterwerk des jungen Tizian beherbert, den **Averoldi-Altar** (1522), an dem die unirdische Farbigkeit der Gestalt des auferstehenden Christus auf der Mitteltafel beeindruckt.

M Piazza Mercato

Wo alltäglich der pittoreske Obst- und Gemüsemarkt abgehalten wird, beginnt das echte Brescia. Ein Gewirr von Gassen führt zu den kleinen Läden und Handwerksbetrieben des Volksviertels.

N Pinacoteca Tosio-Martinengo

Etwas außerhalb des Zentrums wird hinter imposanten Zedern die Silhouette der Gemäldegalerie sichtbar. In den 22 Sälen sieht man u. a. Werke von Raffael und Paolo Veneziano sowie ausgezeichnete Arbeiten der Brescianer Malerschule des 15./16. Jhs. (zzt. wegen Renovierung geschl., Info unter www.bresciamusei.com).

Informationen

Tour 10: Stadtrundgang in Brescia

Spaziergang, 1–2 Tage

Stationen

- **A** Burgberg
- **B** San Pietro in Oliveto
- **C** Monastero di Santa Giulia
- **D** Tempio Capitolino
- **E** Duomo Vecchio
- **F** Duomo Nuovo
- **G** Palazzo del Broletto
- **H** Biblioteca Queriniana
- **I** Piazza della Loggia
- **J** Chiesa Sant'Agata
- **K** Santa Maria dei Miracoli
- **L** Santi Nazaro e Celso
- **M** Piazza Mercato
- **N** Pinacoteca Tosio-Martinengo

Info

Infopoints

Piazza del Duomo, Via Trieste 1, Brescia • Tel. 03 02 40 03 57

Bahnhof

Piazzale Stazione, Brescia • Tel. 03 08 37 85 59 • www.bresciatourism.it

Für den Besuch der **Museen** ist die Karte »Brescia Musei Desiderio« (4 Preiskategorien) erhältlich, auch mit Vergünstigung für andere Events. Infos: www.bresciamusei.com

Stadtverkehr

Buslinien

Ein städtisches Busnetz verbindet alle Stadtviertel und Vororte. Die Abfahrtsstelle für die Linienbusse in die Umgebung liegt in der Nähe des Bahnhofs.

Seit März 2013 verfügt Brescia auch über eine **U-Bahn**, die die Vororte S. Eufemia mit Prealpino verbindet. Für den Besuch der Innenstadt steige man an der Piazza Vittoria aus.

Parkplätze

Preisgünstigste Parkgelegenheit ist der »Autosilouno« auf der Via Vittorio Emanuele II (Hinweisschilder; geöffnet Mo–Sa 7–24 Uhr). Ganz zentral liegt die Parkgarage unterhalb der Piazza Vittoria und der Piazza Mercato (tgl. 0–24 Uhr). Auch neben dem Bahnhof gibt es einen größeren Parkplatz.

Museum

Museo Mille Miglia

Sammlung von Fahrzeugen, Informationen, Plakaten, Filmen des legendären Straßenrennens im ehemaligen Monastero di Sant'Eufemia (tgl. 10–18 Uhr). Viale della Bornata 123, Brescia • www.museomille miglia.it

Hotel

Vittoria

Nobles Stadthotel in ruhiger Altstadtlage. Während der Mille Miglia finden dort oft Empfänge statt.

Via X Giornate 20, Brescia • Tel. 030 28 00 61 • www.hotelvittoria.com

Restaurants

Piazzetta

Etwa 5 km südöstlich vom Zentrum gelegenes Spitzenlokal mit nur zwölf Tischen. Unbedingt reservieren! Sa mittags, So und Mitte Aug. geschl.

Via Indipendenza 87/c, Fraz. Sant'Euphemia della Fonte • Tel. 030 36 26 68 • www.allapiazzetta.com

Seconda Classe

In einem alten Industrieloft genießt man tolle Steaks bei Livemusik. Mo geschl.

Via Zima 9/a, Brescia • Tel. 030 375 38 21 • www.secondaclasse.it

Osteria Al Bianchi

Traditionslokal mit freundlicher Atmosphäre und authentischer lokaler Küche. Sa mittags, Di und Mi ganztägig geschl.

Via Gasparo da Salò 32, Brescia • Tel. 030 29 23 28 • www.osteriaalbianchi.it

Shopping

Eine Reihe hübscher Geschäfte gibt es in der Gegend um die **Porta Bruciata** (Verbranntes Tor), deren Name an den verheerenden Brand im Jahr 1184 erinnert. Im Durchgang unter dem Tor befindet sich auch der Zugang zur kleinen romanischen Kirche San Faustino in Riposo.

Tour 11 | **Verona**

Hier geht's rund

▶ GESTERN: Panem et circenses – in der Arena di Verona kämpften einst Gladiatoren, im 20. Jahrhundert allerdings nur noch im Film

▶ HEUTE: Wenn in der Arena Tränen fließen, dann solche der Verzückung. Ein Rundgang in Verona, beginnend am berühmten Amphitheater

▶ GESTERN

Panem et circenses, Brot und Spiele, genossen schon die Römer zur Kaiserzeit vor rund 2000 Jahren in der Arena. Seither hat das große Rund mit 20 000 Sitzplätzen Gerichtsverfahren erlebt, mittelalterliche Turniere und Duelle, diente als Stierkampfarena und als Theater, immer aber dem Vergnügen der Besucher – in der Rokokozeit warteten Liebesdienerinnen unter den Bogenreihen des Umgangs auf Kavaliere.

Die Arena als Filmkulisse: 1961 drehte Richard Fleischer hier »Barabbas«, mit Anthony Quinn in der Hauptrolle. Nicht nur starke Männer trafen in dem Streifen als Gladiatoren aufeinander und kämpften um ihr Leben, auch Amazonen und Zwerge (rechtes Foto) bevölkerten das Amphitheater.

Dass sich innerhalb der drei konzentrisch angelegten Mauerringe einmal Elefanten tummelten, wurde mittlerweile als Gerücht enttarnt. Dennoch hat es seinen Reiz, sich die riesigen Tiere hier vorzustellen: Ob anstelle der marmorverkleideten Fassade dann nicht nur ein rosa schimmernder Steinhaufen zu betrachten wäre?

Veronas Arena ist *der* Ort, um Giuseppe Verdis Oper »Aida« mitzuerleben. Die Idee, dieses römische Bauwerk ausgerechnet als Open-Air-Konzertsaal zu nutzen, entstand 1913 in einem Bierlokal (!) an der Piazza Brà: Ein paar Freunde unterhielten sich über das Ereignis des Jahres, Verdis 100. Geburtstag. Unter ihnen befand sich Giovanni Zenatello, den man heute einen »Star-Tenor« nennen würde. Beim Anblick der Arena kam ihm der zündende Gedanke: Genau das war der Ort, um Verdi gebührend zu feiern. Um die Akustik der Arena zu prüfen, stimmte Zenatello sogleich »Celeste Aida« aus dem ersten Akt der Oper an, die er frisch im Repertoire hatte. Die Freunde waren begeistert, die Wandlung der ehemaligen Kampfstätte zum Zentrum der Verdi-Verehrung nahm ihren Anfang.

▶ Heute

Als »Aida« 1913 zum ersten Mal aufgeführt wurde, gab es noch keinen Strom in der Arena. Um das Libretto im Dunkeln verfolgen zu können, behalf sich das Publikum mit Kerzen: Rings um das Oval leuchteten Tausende von Lichtern. Das schöne Ritual ist bis heute erhalten geblieben und trägt zur schlichtweg magischen Stimmung während der Aufführungen bei.

Adressen und Stadtplan: Seite 78/79

A Arena di Verona

Noch größer als das um 50 n. Chr. errichtete Amphitheater an der **Piazza Brà** (im Mittelalter Holz- und Getreidemarkt) sind nur noch das Kolosseum in Rom und das Amphitheater von Capua in Kampanien: Ursprünglich 152 m lang, 123 m breit und für 30 000 Zuschauer gebaut, weist die **Arena di Verona** nach diversen Erdbeben immer noch eine Länge von 138 m und eine Breite von 109 m auf (Di–So 8.30–19.30, Mo 8.30–16.30 (Sommer), 13.30–19.30 (Winter), bei Aufführung 8.30–16.30 Uhr).

Seit 1913 werden hier die Opernfestspiele veranstaltet, die zu den kulturellen Highlights Italiens gehören. Zu den über 40 Opern- und Ballettabenden kommen jeden Sommer an die 600 000 Besucher. Am bequemsten – und teuersten – sitzt man in der *poltronissima* in Lehnsesseln im Parkett (Information und Tickets siehe Seite 78). Unter kundigen Einheimischen befindet man sich in der preiswerten *gradinata*, wo schon mal während der Aufführung mitgesungen und zwischen-

Im Originalzustand war die Arena von Verona von einer Außenmauer aus rosafarbenem Marmor aus Valpolicella umgeben – vermisst heute kein Mensch, die Arena wird geliebt, wie sie ist.

drin gejubelt oder auch gebuht wird. Tipp: Die *Liston* genannte Flaniermeile auf der Piazza Brà ist Veronas schönster Salon. Insider lauschen hier quasi kostenlos den Opernklängen.

Gegenüber der Arena markieren zwei venezianische Torbögen aus dem 15. Jh., die **Portoni della Brà**, den Beginn des breiten Corso Porta Nuova. In dem lang gestreckten, mit großen Rundbogenarkaden versehenen Barockpalast **Palazzo della Gran Guardia** (frühes 17. Jh.) war einst die venezianische Hauptwache untergebracht. Wenige Schritte weiter wurde im 19. Jh. das säulengeschmückte klassizistische **Municipio** (Rathaus) für die Hauptwache der österreichischen Truppen errichtet. Von hier geht es entlang der **Via Mazzini**, der belebtesten Einkaufsstraße, hinauf zur Piazza delle Erbe.

B Tomba di Giulietta

In der Via del Pontiere führt eine kleine Allee mit hohen griechischen Säulen zu dem angeblichen **Grab der Julia** im ehemaligen Franziskanerkloster **San Francesco al Corso**. Hier sollen Romeo und Julia heimlich getraut worden sein.

In der stimmungsvollen Krypta wird ein leerer (!) Steinsarkophag als Grab der Julia ausgegeben, das Liebende aus aller Welt mit Bittschriften versehen. Das hier untergebrachte kleine **Museo degli Affreschi** zeigt eine Freskensammlung, Altarbilder und römische Amphoren (Via del Pontiere 9, Di–So 8.30–19.30, Mo 14–19.30 Uhr).

C Casa di Giulietta

Zurück an der Piazza delle Erbe folgt man nur dem Touristenstrom, um alsbald unter dem berühmtesten Balkon der Welt zu stehen: Im **Palazzo Capuleti** soll Shakespeares Julia gewohnt haben. Vorbei an Tausenden Liebesschwüren an den Wänden gelangt man in den Hof mit ihrer Statue (Di–So 9–19, Mo 13.30–19.30 Uhr).

D San Fermo Maggiore

Weiter die Via Cappello hinauf, kommt man zur Kirche **San Fermo Maggiore**, die Benediktinermönche an der Stelle errichteten, wo Veronas Märtyrer Fermo und Rustico 361 n. Chr. den Tod fanden. Die Unterkirche (11. Jh.) ist das älteste romanische Gotteshaus Veronas.

E Piazza delle Erbe

Einst römisches Forum, heute Ort des pittoresken Obstmarktes, ist der Platz von historischen Bauten umrahmt. Die gotische **Colonna del Mercato** wurde 1401 unter den Visconti errichtet. Mittelpunkt der Piazza ist der **Capitello**, auch *Berlina* genannt. Der Marmorbaldachin (spätes 15. Jh.) diente erst als Ort der Amtseinführung der *podestà* (Stadtvögte) und in späterer Zeit als Pranger.

Hinter der Marmorsäule mit dem geflügelten venezianischen Löwen findet sich der **Palazzo Maffei** (Mitte 17. Jh.), rechts davon liegt die **Casa dei Mazzanti**, ein im 14. Jh. von den Scaligern errichteter Prunkbau mit Resten mythologischer Fresken aus dem 16. Jh. Beachtung verdient der Marktbrunnen (14. Jh.): Ihn ziert die als Seele der Stadt geltende **Madonnenfigur**, die auf einem Spruchband das Veroneser Motto verkündet: *Est iusti latrix urbs et laudis amatrix* (»Die Stadt ist des Rechtes Dienerin und des Lobes Liebhaberin«).

F Piazza dei Signori

Der Arco della Costa – der Name leitet sich von der im Bogen aufgehängten Walrippe ab –, verbindet die Piazza delle Erbe mit der Piazza dei Signori. Gleich links stehen die **Casa dei Giudici** (17. Jh., einst Wohnsitz der venezianischen Richter) und rechts der **Palazzo della Ragione** (Rathaus) aus dem 12. Jh. mit der **Torre Lamberti**; der Turm bietet einen wunderbaren Blick über die Stadt (Juni–Sept. tgl. 9.30–20.30, Fr bis 23, Okt.–Mai 9.30–19.30 Uhr).

Im Renaissancebau des **Palazzo del Tribunale**, auch *Palazzo del Capitano*, 1530 nach dem Umbau eines Scaligerturms entstanden, residierten einst die Statthalter Venedigs. Der zinnengekrönte, 1532 in seiner jetzigen Form gestaltete **Palazzo del Governo**, einst Scaliger-Residenz, ist heute Sitz der Präfektur. 1303 lebte Dante in dem Palast. Ein Denkmal auf der Platzmitte erinnert an den großen Dichter. Am angrenzenden Piazzaletto delle **Arche degli Scaligeri** bewachen schmiedeeiserne Gitter die gotischen Scaligergräber, von denen sich einige an die Fassade der romanischen Kirche Santa Maria Antica (12. Jh.) schmiegen. Nur einen Steinwurf entfernt verbirgt sich in der schräg gegenüber liegenden Via Arche Scaligere bei Nr. 2–4 das **angebliche Wohnhaus von Romeo** (12. Jh.).

G Basilica Sant'Anastasia

Am Ende der Via Sant'Anastasia birgt die im 15. Jh. fertiggestellte Dominikanerkirche rechts vom Hauptchor Antonio Pisanellos berühmtes »Georgs-Fresko« aus dem 15. Jh. Einen Blick sollte man auch den beiden von buckligen Zwergen *(i due gobbi)* getragenen Weihwasserbecken gönnen sowie der Kapelle links vom Chor: Die Fresken (16. Jh.) zeigen Jesus predigend – nicht am See Genezareth, sondern am Gardasee.

H Ponte Pietra

Der Etsch-Übergang, der als Steinbrücke bereits im Altertum existierte, wurde erstmals im Mittelalter und dann nochmals nach dem Zweiten Weltkrieg in der einstigen Form rekonstruiert. Von der Brücke bietet sich ein bezaubernder Blick auf das linke Etsch-Ufer und die pittoreske Kulisse des Colle di San Pietro.

I Teatro Romano

Nahe des Ponte Pietra liegen am Fuß des Colle San Pietro die Ruinen des **Teatro Romano**. Um 10 n. Chr. entstanden, wurde das römische Thea-

Gute Stube: Im Volksmund wird die Piazza dei Signori auch »Salon von Verona« genannt.

ter im Mittelalter als Steinbruch missbraucht und erst im 19. Jh. systematisch freigelegt. Heute dient die teilweise überbaute Ruine als Schauplatz sommerlicher Shakespeare-Aufführungen.

Ein Aufzug führt vom Theater zu dem direkt darüber liegenden **Archäologischen Museum** in dem einstigen Kloster San Girolamo, das einen prachtvollen Blick über die Stadt erlaubt. Die wunderbaren Mosaike des Museums wirken nicht minder anziehend (Museum zzt. wegen Restaurierungen geschl., das Theater ist aber zugänglich). Wer möchte, erklimmt den Hügel von San Pietro, wo sich einst die Residenz des Gotenkönigs Theoderich befand, und wird oben – besonders abends – mit dem schönsten Blick über Verona belohnt, den es gibt.

J San Giorgio Maggiore

Flussaufwärts gehört **Santo Stefano** zu den ältesten Kirchenbauten Veronas (Gründung 5.–6. Jh., Umbauten im 12. Jh.). Ein Stück weiter steht **San Giorgio Maggiore**. Das im 15. und 16. Jh. errichtete Gotteshaus mit einer Kuppel von Sanmicheli ist die sicher schönste Renaissancekirche von Verona. Glanzstücke des mächtigen, einschiffigen Innenraums sind die »Taufe Christi« von Jacopo Tintoretto über dem Portal und das Altarbild »Die Marter des hl. Georg« von Paolo Veronese, das durch seine Lichtführung besticht.

Wiedererrichtet: Ein Großteil der Ponte Pietra wurde 1945 von deutschen Truppen zerstört.

K Dom

Auf den Fundamenten einer frühchristlichen Kirche (5. Jh.) ruht der Dom **Santa Maria Assunta**. Das ursprünglich romanische Gotteshaus wurde im 15. Jh. im gotischen Stil umgebaut. Am reich geschmückten Portal halten linker Hand Roland, rechts Olivier, die Paladine Karls des Großen, Wache. Das Portal schuf Meister Nicoló in der ersten Hälfte des 12. Jhs., der auch an San Zeno arbeitete (N). Im Inneren fasziniert die **»Himmelfahrt Mariens«** von Tizian durch die geniale Farbkomposition (erster Seitenaltar links). Auf dieser Seite versteckt sich unter der Orgel eine unscheinbare Holztür, die den Weg zur Taufkapelle San Giovanni in Fonte (12. Jh.) freigibt. Meisterhafte Reliefs am Taufbecken erzählen aus dem Leben Jesu. Links neben dem Dom führt der Weg zu der winzigen **Kirche Sant'Elena** (12. Jh.) sowie zum Kreuzgang des Domes.

»Himmelfahrt Mariens« wurde 1518 vollendet. Es hat eine Höhe von 6,90 Meter sowie eine Breite von 3,60 Meter und ist damit das größte Werk, das Tizian je geschaffen hat.

Eine weitere Kostbarkeit ersten Ranges an der Piazza del Duomo ist die **Biblioteca Capitolare**. In der angeblich ältesten, noch bestehenden Bibliothek der Welt sind Handschriften aus dem 4. und 5. Jh. zu bewundern (tgl. außer Do 9.30–12.30, Di, Fr auch 16–18 Uhr, Juli geschl.).

L Porta Borsari

Nur noch die Frontwand des um 100 n. Chr. errichteten römischen Stadttores hat sich erhalten. Zwei Bögen ließen die Besucher der antiken Stadt ein- und hinaustreten. Der Name »Borsari« leitet sich übrigens von den Wechslern her, die hier im Mittelalter das Geld fremder Besucher in die heimische Währung tauschten. Vorbei an den Palästen des Veroneser Adels aus dem 16. bis 18. Jh. führt der Corso Cavour zum Castelvecchio.

Als romanische Kirche gebaut, wurde der Dom von Verona im 15. Jahrhundert zu einem gotischen Gotteshaus umgestaltet. Im reich verzierten Innenraum gibt es etliche Kunstwerke zu entdecken.

M Castelvecchio

Unmittelbar am Fluss errichtete der verhasste Cangrande II. della Scala in der Mitte des 14. Jhs. das Castelvecchio zum Schutz vor Volksaufständen. Das größte Bauwerk der Scaligerzeit beherbergt heute das **Museo di Castelvecchio**, Veronas bedeutendes Kunstmuseum, das u. a. Meister der Veroneser und der Venezianischen Malerschule vom 13. bis 18. Jh. (darunter Gemälde von Pisanello, Veronese, Mantegna und Tintoretto) präsentiert. Ein Vorzeigestück der Veroneser Steinmetzkunst ist die **Reiterstatue des Cangrande** (www.comune.verona.it/Castelvecchio; Di–So 8.30–19.30, Mo 13.30–19.30 Uhr). Durch das Castello gelangt man auch auf den **Ponte Scaligero**, von Cangrande II. als Fluchtweg ans andere Ufer erbaut. Direkt neben der Burg wurde ein römischer Ehrenbogen, der **Arco dei Gavi**, aus dem 1. Jh. mit Orginalteilen rekonstruiert.

Nun geht es ein Stück an der Etsch entlang durch die Via Barbarani vorbei an der romanischen **Kirche San Procolo** nach San Zeno.

N San Zeno Maggiore

Etwas abseits des prächtigen Altstadtkerns liegt die grandiose Basilika, die als schönster romanischer Sakralbau in ganz Oberitalien gilt. Nach der Zerstörung der Vorgängerkirche aus dem 9. Jh. wurde die neue, vergrößerte Basilika 1138 vollendet und Veronas erstem Bischof und Patron, dem hl. Zeno, geweiht. Die Fassade mit der Vorhalle ist eine eingehende Betrachtung wert. Neben dem großartigen **Bronzetor** mit den 48 Reliefplatten faszinieren v. a. die **Steinreliefs** des Meisters Nicolò (12. Jh.) zu beiden Seiten des stattlichen Portals. Auf der rechten Seite ist der Höllenritt des Gotenkönigs Theoderich dargestellt (als Arianer war er in den Augen der katholischen Kirche ein Ketzer). Im Inneren wird die farbige Holzstatue des heiter lächelnden Heiligen (14. Jh.) von den Veronesern als Symbol ihrer Stadt besonders verehrt. Neben den kostbaren Fresken (12.–14. Jh.) verdient das Altar-Triptychon »Madonna und Heilige« (15. Jh.) von Andrea Mantegna Beachtung.

Informationen

Tour 11: Stadtrundgang in Verona

Stadtbesichtigung, ca. 3–4 Std. reine Gehzeit

Stationen

- **A** Arena di Verona
- **B** Tomba di Giulietta
- **C** Casa di Giulietta
- **D** San Fermo Maggiore
- **E** Piazza delle Erbe
- **F** Piazza dei Signori
- **G** Basilica Sant'Anastasia
- **H** Ponte Pietra
- **I** Teatro Romano
- **J** San Giorgio Maggiore
- **K** Dom
- **L** Porta Borsari
- **M** Castelvecchio
- **N** San Zeno Maggiore

Info

IAT

Via degli Alpini 9 (Piazza Brà), Verona • Tel. 04 58 06 86 80 • www.tourism.verona.it

Infobüro (im Hbf)

Piazza XXV Aprile, Verona • Tel. 04 58 00 08 61

Die Arena

Karten sind knapp! Besonders für die teuren Plätze und bei Premieren. Wer also auf Nummer sicher gehen will, sollte sich rechtzeitig um seine Karte kümmern. Dies geht am besten über das Internet. Auf der offiziellen Website der Festspiele www.arena.it (auch dt.), die auch viele Infos zum Event, den Aufführungen und die Künstler bereithält, kann man ab Okt. bereits die Karten für kommendes Jahr ordern. Dies ist auch telefonisch möglich (Tel. 04 58 00 51 51). Wer es eher klassisch mag, kann auch die Theaterkasse (Via Dietro Anfiteatro 6/B) aufsuchen. Fällt die Veranstaltung wegen Regens aus, gibt es am nächsten Morgen Ersatzkarten oder der Eintrittspreis wird an den Kassen zurückerstattet. Das gilt aber nur, wenn das Orchester gar nicht erst begonnen hat zu spielen!

Hotel

Hotel Aurora

Renoviertes, freundliches Hotel im historischen Zentrum mit schöner Dachterrasse.
Piazzetta XIV Novembre 2 (Piazza Erbe), Verona • Tel. 045 59 47 17 • www.hotelaurora.biz

Restaurants

Tre Marchetti

Gute Aussichten, einmal den Stars der Oper zu begegnen, hat man in der winzigen Edeltrattoria gleich hinter der Ala. Unbedingt vorbestellen!
Vicolo Tre Marchetti 19/B, Verona • Tel. 04 58 03 04 63 • www.tremarchetti.it.

Le Vecete

Stets volle, traditionsreiche Enoteca nahe der Piazza delle Erbe; Wein und leckere Kleinigkeiten. So geschl.
Via Pellicciai 32, Verona • Tel. 0 45 59 46 81 • www.grupporialto.it

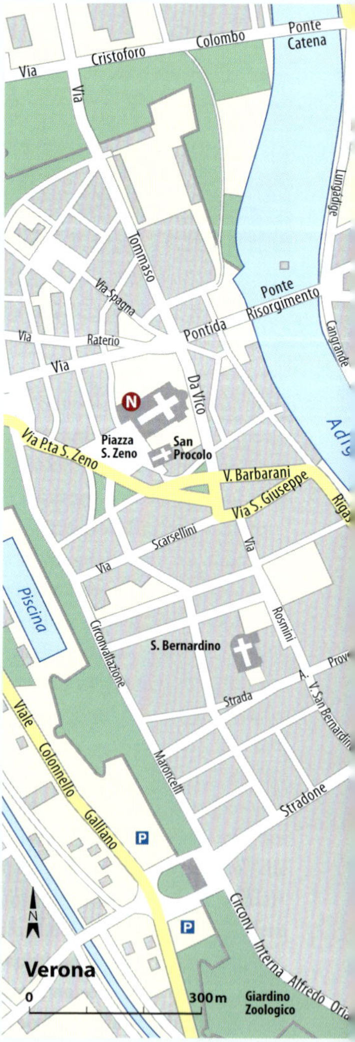

Le Arche
Hier gibt's z. B. Ravioli mit Stockfisch in Meeresspinnen-Pinienkern-Sauce. So, Mo mittags sowie im Januar geschl.
Via Arche Scaligere 6, Verona • Tel. 04 58 00 74 15 • www.ristorantearche.com

Il Desco
Kreative venetische Küche auf höchstem Niveau, serviert in einem historischen Palazzo. So, Fei, Mo mittags geschl.
Via Dietro San Sebastiano 7, Verona • Tel. 0 45 59 53 58 • www.ildesco.com

La Bottega del Vino
Der schönste Weinkeller Veronas (mit Restaurant) hat rund 1000 Flaschen im Angebot; für den kleinen Hunger gibt's *cicheti* (Imbisse).
Via Scudo di Francia 3, Verona • Tel. 04 58 00 45 35 • www.bottegavini.it

Maffei
Scampi mit Spargelcreme sind die Spezialität, typische Küche des Veneto in einem der schönsten Paläste an der Piazza. So. geschl. (nur im Winter)
Piazza delle Erbe 32, Verona • www.ristorantemaffei.it

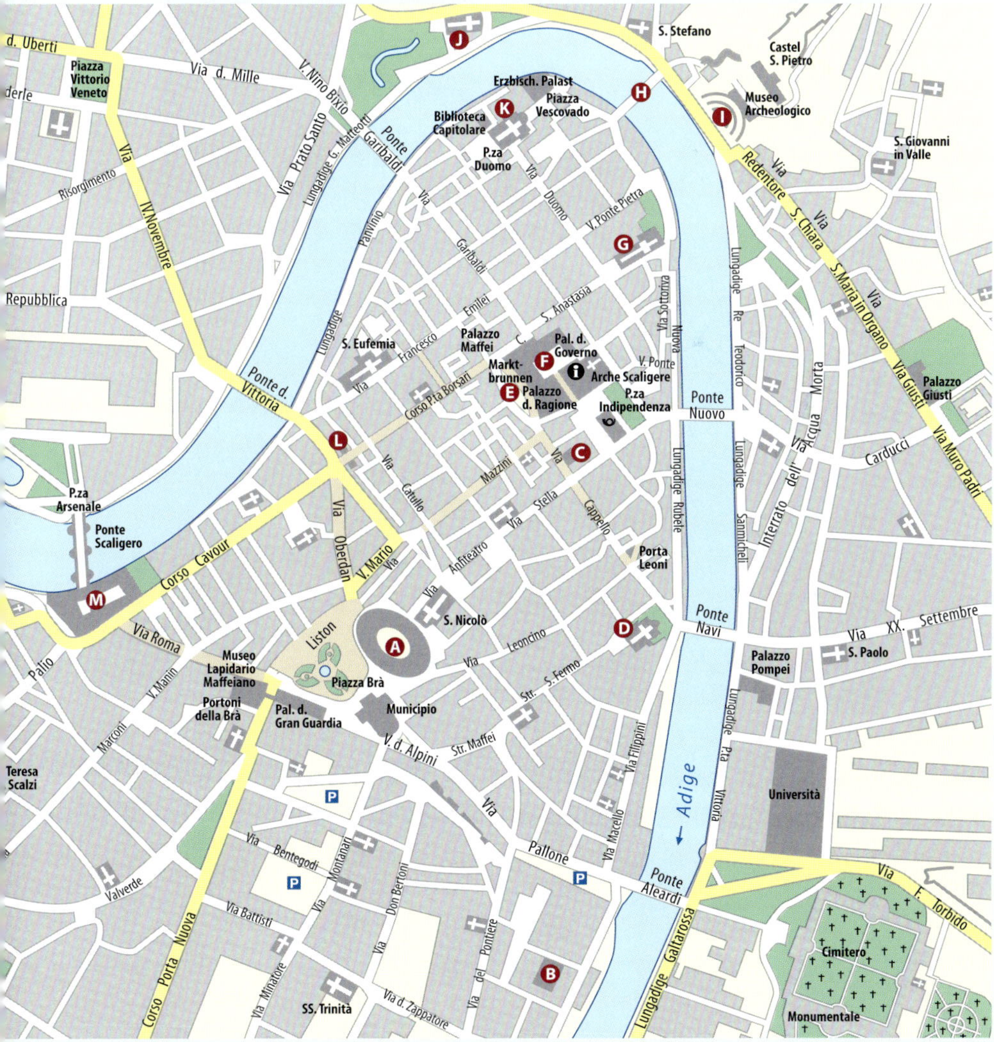

»Grappa herzustellen, ist einfach«, sagt Jacopo Poli. »Alles, was man braucht, ist frischer Trester und 100 Jahre Erfahrung.« Der heutige Inhaber der Poli-Destillerie führt das Unternehmen gemeinsam mit seinen Geschwistern. Auf diesem Foto von 1940 ist Urgroßvater GioBatta Poli zu sehen, dessen Enkel ihm ein »Schlückchen« bringen.

Tour 12 | **Nördliches Veneto**

Schöngeister

▶ GESTERN: Auch wenn der Ort nicht nach der Spirituose benannt ist – in Bassano del Grappa hat der Tresterbrand eine lange Tradition

▶ HEUTE: Ein Ausflug von Vicenza über Bassano del Grappa nach Asolo verbindet Kunstgenuss und Gaumenfreuden

▶ GESTERN

Vicenza und seine Umgebung sind für zwei Dinge bekannt: die wunderschönen Villen und den berühmten Tresterbrand, die Grappa. Die Villen hat Andrea Palladio (1508–1580), erster großer Berufsarchitekt und bedeutender Baumeister der Renaissance, für reiche Venezianer errichtet. Die Grappa ist schon deutlich länger in Italien heimisch. Im 15. Jh. wird das Getränk unter diesem Namen erstmals erwähnt; da war das Destillieren von Wein schon seit Jahrhunderten bekannt.

Im nahe Bassano del Grappa gelegenen Örtchen Schiavon sind die Wurzeln der Destillerie Poli zu finden. Ihre Anfänge gehen auf das Jahr 1898 zurück, auf den Urgroßvater der heutigen Firmeninhaber – GioBatta Poli –, der gemeinsam mit seinen Brüdern einen Handel mit Wein, Obst, Strohhüten und »sonstigen Waren« betrieb. Seine Leidenschaft galt der Grappa, und als Partner von Weinherstellern war es ihm ein Leichtes, an den Grundstoff, den Trester, zu kommen. Sein Sohn Giovanni erbte diese Passion und trieb das Geschäft voran. Sein Erfindungsgeist und Engagement brachten der Familie großen Wohlstand: Sie war die erste in der Gegend, die ein Automobil und einen Telefonapparat besaß.

Technische Verbesserungen haben die Polis immer wieder vorgenommen, einen radikalen Schritt gingen sie aber in den 1980er-Jahren: weg von der Produktion großer Mengen und hin zur Kreation feiner Destillate. Heute stellt man nur ein Fünftel der einst erzielten Menge her, folgt aber (wieder) dem Motto von Giovanni Poli: *Vendi caro ma pesa giusto* – »verkaufe teuer, aber wiege richtig«; der Preis darf hoch sein, wenn die Ware von entsprechender Qualität, also richtig »gewogen« ist.

▶ HEUTE

Dem »italienischsten aller Destillate« hat die Familie ein kleines Museum gewidmet, das aus zwei Teilen besteht: einem in Bassano del Grappa nahe des Ponte Vecchio (Via Gamba 6, tgl. 9–19.30 Uhr, beide Museen: www.grappa.com) und einem in Schiavon (Via Marconi 36, Mo–Sa 8.30–13, 14–19 Uhr). Nun aber zuerst zum Ausgangspunkt der Tour, nach Vicenza.

Landkarte: Seite 86, Adressen: Seite 87

1 Vicenza

Die Provinzhauptstadt (115 000 Einw.) mit Stil ist durch die klassischen Bauten Andrea Palladios weltberühmt. Sogar die Industrie beschäftigt sich mit Edlem: Vicenza ist eines der weltgrößten Zentren der Gold- und Juwelenverarbeitung und Sitz Hunderter von Firmen.

Seit der Römerzeit kennzeichnet eine verblüffende Kontinuität die Entwicklung. Der Hauptplatz liegt auf dem Forum des römischen *Vicetia* (49 v. Chr. zum Municipium erhoben). Anfang des 12. Jhs. wurde der alte römische Stadtkern um *Cardo* und *Decumanus* in vier Viertel aufgeteilt. Unter den Scaligern wurden die Stadtmauern um die Vorstädte im Osten und Westen erweitert, unter der Herrschaft Venedigs, der sich Vicenza 1404 freiwillig unterstellte, auch im Süden und Norden. Im 15. und 16. Jh. versuchte die aristokratische Elite, sich gegenseitig mit repräsentativen Palästen zu übertrumpfen, die noch heute das Straßenbild prägen.

Die **Piazza dei Signori** ist der Salon der Stadt. Dort sollte man sich erst einmal einen Logenplatz auf der Terrasse des **Gran Caffè Garibaldi** suchen und die großartige Fassadenwand von Palladios sogenannter **Basilika** betrachten. Mit seinem Entwurf, einem Meisterstück architektonischer Verkleidungskunst, gewann der bis dahin unbekannte Architekt 1546 den Wettbewerb zur Restaurierung des Palazzo della Ragione, dessen doppelstöckige Loggien eingestürzt waren. Die Aufgabe war eine zweifache: ein statisches Stützkorsett für das alte Bauwerk und ein dekoratives Fassadenbild für die Piazza. In künstlerischer Weise variierte er das Vorbild des Kolosseums in Rom und ummantelte den gotischen Kern mit zweigeschossigen Pfeilerarkaden, gegliedert durch Halbsäulen. Um die Unregelmäßigkeiten des Altbaus zu kaschieren, fügte er neben den Bögen Rechtecköffnungen ein. Ihre Ausmaße wechseln unauffällig; so werden die verschiedenen Achsenbreiten ausgeglichen, ohne die Bogengröße zu verändern. Dadurch erhielt die Fassade eine reiche rhythmische Gliederung durch große und kleine Säulen und schattenreiche Öffnungen verschiedener Form und Größe. Diese Arkadenform fand so viele Nachahmer, dass sie als »Palladio-Motiv« in die Architekturgeschichte einging. Neben der Basilika ragt der gotische Stadtturm 82 m in die Höhe, die **Torre di Piazza**. Den Schlussakkord des Platzensembles bilden zwei **Säulen**; eine trägt den geflügelten Löwen als Machtsymbol Venedigs, die andere eine Statue des Erlösers.

> ***Palladianismus***
> wird der klassizistische Baustil von Andrea Palladio (1508–1580) genannt. Durch ihn erfuhr die Architektur Anerkennung als eigenständige Kunstform. Und Vicenza verdankt nicht zuletzt seinen Palazzi die Aufnahme in die Liste des Unesco-Weltkulturerbes im Jahr 1994.

Die zierliche Bogenreihe an der Fassade des um 1500 entstandenen **Palazzo Monte di Pietà** gegenüber der Basilika zeigt, wie nachdrücklich Palladios Architektur neue Akzente setzte. Besonders markant ist der Kontrast zur **Loggia del Capitaniato** daneben, ein Spätwerk Palladios (1570) mit kolossalen Säulen auf hohen Sockeln bis zum Dachgesims.

Auf dem **Corso Palladio**, der Hauptachse der Altstadt, und in den Nebenstraßen reihen sich elegante Geschäfte, Buchhandlungen, Delikatessenläden und Paläste. An der Ecke zur Contrà Cavour – die Altstadtstraßen heißen in Vicenza »Contrà«, nicht »Via« – befindet sich das **Rathaus** in einem Palast des Palladio-Mitarbeiters und Nachfolgers Vincenzo Scamozzi von 1592. Im Haus Nr. 163, der **Casa del Palladio**, soll der Baumeister gewohnt haben.

Die Piazza Matteotti beherrscht der **Palazzo Chiericati** mit einer luftigen Fassade, die sich mit zwei Kolonnadenreihen zum Platz hin öffnet. Wie bei den meisten Bauten verwendet Palladio auch hier Ziegel und nicht kostbaren Marmor.

Seine Architektur sollte in erster Linie durch gute Form und ausgewogene Proportionen überzeugen. Der Palazzo ist Sitz der **Pinacoteca** mit einer bedeutenden Sammlung vicentinischer und venezianischer Malerei (Di–So 10–18 Uhr).

Den hölzernen Bau des **Teatro Olimpico** (13. Jh.) entwarf Palladio für die Gesellschaft der Accademia Olympica (ab 1580). 1585 mit einer Aufführung des »Oedipus Rex« von Sophokles eingeweiht und danach nie mehr benutzt, hat es als Rekonstruktion des antiken Theaters aus dem Geist des Humanismus die Zeiten überdauert (Di–So 10–18 Uhr).

In der **Contrà Porti**, der nobelsten Straße der Stadt, reihen sich die Paläste dicht aneinander: zwei von Palladio, **Iseppo da Porto** (Nr. 21) und **Barbaran da Porto** (Nr. 11, Di–So 10–18 Uhr, www.palladiomuseum.org), andere aus der Spätgotik (Nr. 14, 17, 19). Die Hauptfront des 1542 bis 1546 von Palladio erbauten **Palazzo Thiene** blickt auf die parallel verlaufende Contrà S. Gaetano da Thiene. Ein Bummel führt über die Contrà Riale zum Corso Fogazzaro. Auf Nr. 16 des Corso zeigt Palladios **Palazzo Valmarana-Braga** das stolze Motiv hoher, durchlaufender Pilasterbänder, das zu einem typischen Gestaltungsmerkmal des Barock werden sollte. Der **Dom Santa Maria Maggiore**, im 13. Jh. auf älteren Vorgängerbauten errichtet, im 15. Jh. umgebaut und nach schweren Kriegszerstörungen wiederhergestellt, enthält im Inneren sehenswerte Altargemälde, u. a. ein Polyptychon (1366) von Lorenzo Veneziano (5. Kapelle rechts). Vom Domplatz geht es weiter über die Contrà Pigafetta zur **Casa Pigafetta** mit einer dekorationsfreudigen Mixtur aus spätgotischen und Renaissancemotiven und zur Piazza delle Erbe, dem Marktplatz an der Rückseite der Basilika.

Verlassen Sie Vicenza nach Norden in Richtung Thiene. Nach wenigen Kilometern können Sie in Caldogno Palladios **Villa Caldogno** (1542–1567) mit Fresken von Gian Battista Zelotti besichtigen (Sa 10–12, 16–18, So 11–13 Uhr).

Palladio, wohin man schaut, auf der Piazza dei Signori in Vicenza: in der Mitte ein Spätwerk, die Loggia del Capitaniato mit wuchtigen Säulen, rechts der deutlich zierlichere Palazzo Monte di Pietà.

Vom Meister der Villen geplant: die überdachte Holzbrücke Ponte Vecchio in Bassano del Grappa.

2 Lugo di Vicenza

Über Thiene erreicht man Zugliano und schließlich **Lugo di Vicenza**, in dessen Umgebung zwei unbekanntere Palladio-Villen (Godi und Piovene) stehen. Die **Villa Godi-Malinverni** ist die älteste Villa Palladios, ab 1537 geplant, noch ohne antike Zitate. Maßvolle Schlichtheit und Harmonie der Proportionen zeigen aber bereits die typische Handschrift des Meisters. Der Freskenzyklus mit mythologischen Szenen (1552–1557 von G. B. Zelotti u. a.) ist die älteste von vielen ähnlichen Villendekorationen des 16. Jhs. Zu sehen ist auch eine Sammlung italienischer Malerei des 19. Jhs. und ein Museum fossiler Funde (April–Sept. Di 15–19, Sa 9–14, So 10–19, März, Okt., Nov. Di, Sa, So 14–18 Uhr, www.villagodi.com).

Die **Villa Piovene Porto Godi** auf dem Nachbarhügel ist vermutlich ebenfalls ein Jugendwerk Palladios, wurde aber im 18. Jh. durch einen feierlichen Säulenportikus und die große Freitreppe bereichert; sie ist nur von außen zu besichtigen.

3 Marostica

Danach geht es weiter Richtung Osten nach **Marostica** (12 000 Einw.). Dessen Altstadtkern am Fuß eines burgbekrönten Hügels liegt zwischen Wehrmauern des 14. Jhs., die sich bis zum **Castello Superiore** hinaufziehen. Auf dem weiten Geviert der Piazza vor dem **Castello Inferiore** findet alle zwei Jahre im September in geraden Jahren die große Schachpartie mit lebenden Figuren in historischen Kostümen statt. Sie erinnert an die Sage von der schönen Lionora, um die sich zwei junge Herren duellieren wollten. Ihr weiser Vater überzeugte die beiden jedoch, ihren Wettbewerb auf unblutige Weise am Schachbrett auszutragen. Dem Sieger wurde Lionora zugesprochen, dem Verlierer ihre Schwester. Zum Mittagessen genießen Sie bei herrlichem Panoramablick die fantasievollen Menüs des Restaurants Al Castello Superiore (Via Cansignorio della Scala, Tel. 0 42 47 33 15, www.castellosuperiore.it).

4 Bassano del Grappa

Nächster Tourpunkt ist **Bassano del Grappa** (40 000 Einw.), wo sich zumindest die Beifahrer eine Verkostung des Trester-Schnapses nicht entgehen lassen sollten. Neben Poli ist hier auch die Destillerie Nardini zu Hause (Grapperia, Ponte Vecchio 2, www.nardini.it).

Die größte unter den kleinen Städten der Provinz Vicenza hat neben edlen Getränken noch mehr zu bieten. Wunderschön ist das Panorama an der Brenta mit der überdachten Holzbrücke, dem Wahrzeichen der Stadt. Von Palladio geplant, wurde der **Ponte Vecchio** nach mehrfacher Zerstörung durch Hochwasser und Krieg immer wieder aufgebaut, zuletzt 1948, als er von deutschen Truppen beim Rückzug gesprengt wurde. Zusammen mit dem Monte Grappa ist die Brücke ein patriotisches Wallfahrtsziel; zu Ehren des italienischen Alpenkorps, das Bassano am Monte Grappa verteidigte, wird sie auch Ponte degli Alpini genannt. Ein Volkslied weist ihr eine besondere Bedeutung für Liebespaare zu: *Sul Ponte di Bassano, là ci darem la mano ed un bacin d'amore* (»Auf der Brücke von Bassano werden wir uns die Hand und ein Küsschen der Liebe geben«), heißt es. Und bis heute ist die Brücke ein Treffpunkt von Liebespaaren.

Zwischen Brücke und zentraler **Piazza della Libertà** findet man in den Altstadtstraßen malerische Fassaden und verlockende Schaufenster. Delikatessen verkauft u. a. die Casa del Porcino (Via Menarola 21). Die Piazza dominiert die Kirche San Giovanni Battista (18. Jh., in palladianischer Tradition) und die **Loggia del Comune**, Ecke Via Matteotti, ein graziler Bau des 15. Jhs. mit einer Uhr aus dem 16. Jh. und den Wappen der venezianischen Statthalter *(Podestà)*.

An der Piazza Garibaldi steht die schlichte Franziskanerkirche San Franceso (1287–1331). Im ehemaligen Kloster zeigt die **Pinakothek** des Museo Civico u. a. 17 Werke von Mitgliedern der Künstlerfamilie dal Ponte aus Bassano, die eine eigenwillige manieristische Variante der venezianischen Malerei repräsentieren. Hauptmeister ist Jacopo dal Ponte, genannt Jacopo Bassano (Di–Sa 9–19, So 10.30–13, 15–18 Uhr).

5 Cittadella

Mit einem vollständig erhaltenen elliptischen **Mauerring** aus dem 13. Jh. von 1461 m Länge, mit 28 Türmen, vier Toren, Wehrgang und Wassergraben, ist der Ort ein einzigartiges Relikt des mittelalterlichen Festungsbaus. Ein Spaziergang auf der Stadtmauer zeigt Ort und Landschaft aus allen Perspektiven. Die Torre di Malta an der Porta Padova im Süden ließ 1251 der schreckliche Ezzelino da Romano als Kerker errichten, in dem als politische Gefangene eine Reihe von Paduaner Adeligen zu Tode gefoltert wurden.

6 Castelfranco

Das schmucke mittelalterliche Städtchen ist umgeben von mächtigen Stadtmauern. Die weiten, von Arkadenhäusern gerahmten Flächen vor dem Stadtgraben dienten seit alters her als Markt für die Agrarprodukte der Region. Die **Loggia Paveion** an der Piazza Giorgione war früher der Stapelplatz für die Kornhändler. Auf einer Felsinsel im Wassergraben steht das Denkmal für den berühmten Sohn der Stadt, Giorgione (um 1478–1510), Begründer der venezianischen Malerei der Hochrenaissance. Eines der wenigen gesicherten Werke des Künstlers bewahrt der klassizistische **Dom** (18. Jh.): die Pala di Castelfranco, eine thronende Madonna mit den Heiligen Franziskus und Liberale. Neben dem Dom befindet sich das Geburtshaus des Meisters, die **Casa di Giorgione** (Di–Sa 10–13, 15–18.30, So 10–13, 15–19 Uhr). Beziehen Sie in Castelfranco Quartier und probieren Sie die feine regionale Küche des Landgasthauses Pironetomosca (Via Priuli 17, Treville, Tel. 04 23 47 27 51).

7 Villa Emo

Auf der Weiterfahrt nach Norden lohnt ein Abstecher zur **Villa Emo** bei Fanzolo (um 1564) – sie ist noch immer im Besitz der Familie des Bauherrn, der Grafen Emo. Die Emos widmeten sich im 16. Jh. intensiv der Landwirtschaft und

Gute Stimmung: Vor der Destillerie Poli wird Grappa ausgeschenkt. Auch wenn es ihn sicher nicht umsonst gab, feierten die Menschen ausgelassen. Das Foto wurde bei der *Festa del lavoro* am 1. Mai 1950 aufgenommen.

führten den Maisanbau im Veneto ein, Basis für die künftige Volksspeise der Region: die Polenta. An diese Pioniertat erinnern die Maisbündel auf den Festons der Fresken (1565 vom Veronese-Mitarbeiter G. B. Zelotti), auf denen die Familie in mythologischen Kostümen gefeiert wird. Der rampenartige Aufgang zum Hauptportal hatte auch einen praktischen Zweck: Er diente als Dreschplatz (Mai–Okt. tgl. 15–19, So auch 9.30–12.30, Winter Mo–Sa 10–12.30, 14.30–17.30, So 9–12.30, 14–18 Uhr, www.villaemo.org, Eintritt).

8 Asolo

Die Hügel von **Asolo** (6650 Einw.) mit ihrem mediterranen Klima, wo aus üppigem Grün dunkle Zypressen ragen, wurden im 19. Jh. von englischen Romantikern wie dem Dichter Robert Browning entdeckt. Eleonora Duse, die große Theater-Heroine, lebte hier und ist auf dem Friedhof von Sant'Anna begraben.

Der anmutige Ort war schon in der Renaissance berühmt: Hier unterhielt die Venezianerin Catarina Cornaro (1454–1510), Ex-Königin von Zypern, einen humanistischen Musenhof, in dem sie Künstler und Literaten um sich scharte. Ihre Residenz im Castello della Regina ist nicht erhalten geblieben. Ansonsten jedoch hat Asolo mit seinen verschlungenen Wegen am Hang, den prachtvollen Villen, schönen Palazzi und engen Gassen seinen historischen Charme bewahren können. Zahlreiche Winzerbetriebe sind hier ansässig, die zur Weinverkostung einladen.

9 Villa Barbaro

Von den 19 Villen, die Andrea Palladio gebaut hat, ist die **Villa Barbaro** in Maser (7,5 km östlich von Asolo) sicherlich die schönste (um 1558), auch wegen der prächtigen Innendekoration durch den großen Renaissancemaler Paolo Veronese. Auftraggeber waren die Brüder Daniele und Marcantonio Barbaro, zwei venezianische Aristokraten. Bauherren und Baumeister huldigten denselben, an der Antike orientierten Idealen. Anmutig öffnet sich die Villa am Hügelfuß mit breiter Front auf die Ebene, ein vornehmer Giebelbau mit ionischen Frontsäulen, seitlich gerahmt von den niedrigen, arkadengesäumten Wirtschaftsgebäuden, den *barchesse*. Die stilvolle Kulisse für heitere Feste bilden Veroneses Fresken mit illusionistischen Effekten und gemalter Säulenarchitektur in perfekter Harmonie mit Palladios Baukunst (Juli/Aug, Di, Do, Sa 10.30–18, April–Juni und Sept./Okt. Di–Sa 10–18, So 11–18, Nov.–März Sa, So 11–17 Uhr, www.villadimaser.it, Eintritt).

Informationen

Tour 12: Von Vicenza nach Asolo

Autotour, 2 Tage (reine Fahrzeit 3 Std.), ca. 110 km

Stationen

1 Vicenza
2 Lugo di Vicenza
3 Marostica
4 Bassano del Grappa
5 Cittadella
6 Castelfranco
7 Villa Emo
8 Asolo
9 Villa Barbaro

Vicenza

Info

IAT

Piazza Matteotti 12, Vicenza • Tel. 04 44 32 08 54 • www.vicenzae.org • tgl. 9–13, 14–18 Uhr

Hotel

Agriturismo San Michele

In der Nähe der La Rotonda und im palladianischen Stil, minimalistisch und klar eingerichtet – sehr elegant.
Strada della Pergoletta 118, Vicenza • Tel. 04 44 53 37 54 • www.agrismichele.it

Restaurants

Ponte delle Bele

Rustikale Trattoria mit Spezialitäten aus dem Trentino.
Contrà Ponte delle Bele 5, Vicenza • Tel. 04 44 32 06 47 • www.pontedellebele.it

Il Ceppo

Köstlichkeiten aus der Region, frisch und delikat zubereitet, zum Verspeisen an der Theke oder auch zum Mitnehmen.
Corso Palladio 196, Vicenza • Tel. 04 44 54 44 14 • www.gastronomiailceppo.com

Shopping

Olio & Olive

Hier können Sie lernen, wie man Öl verkostet, und die besten Olivenöle der Region kaufen.
Piazza delle Erbe 9b, Vicenza • Tel. 0 44 43 21 26 60 • www.olioeolive.net

Offelleria della Meneghina

Die traditionsreiche Konditorei lockt mit süßen Verführungen.
Contrà Cavour 18, Vicenza

Bassano del Grappa

Info

APT

Largo Corona d'Italia 35, Bassano del Grappa • Tel. 04 24 52 43 51 • www.comune.bassano.vi.it

Restaurant

Trattoria del Borgo

Feine, bodenständige Küche in ebensolchem Ambiente.
Via Margnan 7, Bassano del Grappa • Tel. 04 24 52 21 55

Shopping

Destilleria Poli

Grapperia mit kleinem, interessanten Grappa-Museum (tgl. 9–19.30 Uhr).
Ponte Vecchio (Via Gamba 6), Bassano del Grappa • www.poligrappa.com

Asolo

Restaurants

Ca' Derton

Eine Feinschmeckeradresse für den eleganten Abend. Mo geschl.
Piazza d'Annunzio 11, Asolo • Tel. 04 23 52 96 48 • http://caderton.it

La Trave

Hier gibt es z. B. Hopfensprossen im Blätterteig oder Suppe mit Taubenfleisch – nicht alltäglich, garantiert kreativ.
Via Bernardi 5, Asolo-Pagnano • Tel. 04 23 95 22 92

Shopping

Die zentrale Via Browning mit ihren schattigen Arkaden säumen schöne Geschäfte wie der Delikatessenladen **Sgarbossa** (Nr. 151) und die einladende **Enoteca Alle Ore** (Nr. 185). Hier findet man eine gute Auswahl an Weinen; Käsehäppchen sowie Fischgerichte sorgen für eine Grundlage (Tel. 04 23 95 10 22; Mo geschl.).
In der **Scuola Asolana di Antico Ricamo** (Via Canova 331) wird Wäsche wie anno dazumal bestickt.

Das Caffè Pedrocchi, hier auf einer Postkarte von 1920, ist Paduas ältestes Kaffeehaus und der Historie verpflichtet: Im Angebot finden sich Spezialitäten wie *Caffè del Michelangelo* oder *Zabaione Stendhal*. Während das Renaissance-Genie weit vor der Existenz des Lokals gelebt hat, war der Dichter aber tatsächlich hier – auf seiner Italienreise 1838 soll der Franzose von der schaumigen Crème so entzückt gewesen sein, dass man sie nach ihm benannte.

Tour 13 | **Padua**

Kaffee und Kugeln

▶ GESTERN: Nicht nur schwarze, auch blaue »Bohnen« prägten die Geschichte des Caffè Pedrocchi in Padua

▶ HEUTE: Nach einem Rundgang durch Padua geht's ins Pedrocchi – scharf geschossen wird hier schon lange nicht mehr

▶ GESTERN

Kaum ein anderes Getränk bringt man stärker mit Italien in Verbindung als *caffè*. Hier in Padua wird er im ältesten örtlichen Kaffeehaus, dem Caffè Pedrocchi, seit 1831 ausgeschenkt. Für ein Kaffeehaus eine lange Tradition, in der Geschichte des Kaffees eher eine kurze Etappe: Im nur knapp 40 km entfernten Venedig konnte man das schwarze Stimulans bereits seit dem Jahr 1645 genießen, 1673 kannte man es sogar in Bremen. Über Padua kam Johann Wolfgang von Goethe auf seiner 1786 begonnenen Italienreise nach Venedig, wo er die eine oder andere Tasse des dunklen Gebräus zu sich genommen haben mag. Jedenfalls regte er den Chemiker Friedlieb Ferdinand Runge dazu an, nach dem Wirkstoff in den Kaffeebohnen zu fahnden, und jener entdeckte 1820 tatsächlich das Koffein.

Sicherlich war dieser Stoff aber nicht die alleinige Ursache für den Aufstand, den die rebellischen Geister der Universität Padua im Jahr 1848 im Pedrocchi gegen die Österreicher anzettelten. Der Straßenname »Via VIII Febbraio« weist auf den Tag des Revolutionsversuchs hin, den österreichische Truppen sofort unterdrückten. Die Uni wurde bis 1850 geschlossen, das Caffè blieb geöffnet. Von den Österreichern beim Sturm auf das Pedrocchi verschossene Kugeln stecken übrigens noch heute in den Wänden des weißen Salons …

▶ HEUTE

Padua (213 000 Einw.) ist nach Venedig und neben Verona die größte und wichtigste Stadt des Veneto. Rund 60 000 Studenten zählt die 1222 gegründete traditionsreiche Universität. Fast ebenso alt ist die Basilika des heiligen Antonius, eine der bedeutendsten Wallfahrtsstätten Italiens. Von jeher wurde Paduas kommerzieller Reichtum auch in Kunst investiert. Wer die Museen, Kirchen und Villen besichtigen möchte, der sollte sich die **Padova Card** (15 € für 48 Std.) besorgen. Sie berechtigt zum kostenlosen oder ermäßigten Eintritt. **Stadtplan und Adressen: Seite 93**

Abendliche Ruhe: Tagsüber findet vor dem ebenso prächtigen wie ausladenden Palazzo della Ragione im Zentrum von Padua ein Gemüse- und Obstmarkt statt – seit Hunderten von Jahren.

A Palazzo della Ragione

Die Mitte der Bürgerstadt bildet der **Palazzo della Ragione**, der Rats- und Gerichtssaal von 1218 (Erweiterung 1309), ein mächtiger frei stehender Bau mit zweigeschossigen Loggien und einem gewaltigen Kielbogendach. *Salone* nennen ihn die Paduaner nach dem riesigen Versammlungsraum im Obergeschoss, der den Bau in ganzer Länge und Breite (80 m × 27 m) ausfüllt. Er ist über und über mit Fresken aus dem 14. Jh. bemalt, die u. a. den Einfluss der Sternzeichen zum Thema haben. Das überdimensionale Holzpferd im Saal stammt von einem Festumzug des 15. Jhs. (tgl. außer Mo 9–19, im Winter bis 18 Uhr, Eintritt).

Vor dem Palazzo della Ragione breitet sich auf der **Piazza delle Erbe** der farbige Gemüse- und Obstmarkt aus, der bereits auf die Frühzeit der Kommune im 12. Jh. zurückgeht.

B Loggia del Consiglio und C Palazzo del Capitanio

Nur ein paar Schritte trennen das Zentrum der Bürgerstadt von dem der Machthaber, wo einst an der **Piazza dei Signori** der Herrschersitz der Carrara stand. Nach ihrem Sturz richteten hier die Venezianer die Säule mit dem Markuslöwen als Siegeszeichen auf und säumten die Piazza mit eleganten neuen Verwaltungsbauten: der schön proportionierten **Loggia del Consiglio** (1496–1523) sowie den Flügeln des **Palazzo del Capitanio** (16./17. Jh.) mit einem Uhrturm in der Mitte, beide gestaltet von dem Paduaner Renaissancebaumeister Giovanni Falconetto.

D Liviano

Durch den Bogen des Uhrturms gelangt man auf die Corte Capitaniato. Hier liegt links das **Liviano**, Sitz der Philosophischen Fakultät der Universität. Die Caféstühle unter schattigen Bäumen sind ein beliebter Treff der Studenten.

E Dom und F Baptisterium

Durch die Via Accademia erreichen Sie die Piazza del Duomo. Neben dem **Dom**, gegründet im 9. Jh., dessen Architektur nach dem Neubau (1551–1754) keine mittelalterlichen Spuren mehr aufweist, liegt das romanische **Baptisterium**, die Taufkapelle (12./13. Jh.). Der schlichte Kubus ist innen bis in die Kuppel hinauf mit einem Freskenzyklus bemalt, in dem sich Einflüsse der Arena-

Kapelle Giottos (siehe Seite 92) und byzantinische Bildtraditionen mischen. Dieses Hauptwerk des Florentiners Giusto de'Menabuoi wurde um 1380 ausgeführt (tgl. 10–18 Uhr, Eintritt).

Vom Domplatz zweigt die Via Soncin ab, wo sich bei Nr. 13 ein besonders sympathischer Ort für eine Erholungspause bietet, die **Osteria L'Anfora** (Via Soncin 13, Tel. 0 49 65 66 29). Die Straße führt weiter zu einem kleinen Platz an der Mündung der Via Solferino und in ein noch ganz mittelalterliches Padua enger Gassen mit heimeligen Laubengängen.

Um die Via Soncin und Solferino lag zwischen 1603 und 1797 das jüdische **Ghetto**. Paduas Universität war damals die einzige, die Juden zum Medizinstudium zuließ. Die letzte der drei Synagogen, von den Nazis 1943 in Brand gesteckt, wurde 1998 restauriert.

Über die Via Roma und Via Umberto gelangt man in südlicher Richtung zur weiten Fläche des **Prato della Valle**, der im Jahr 1775 zu einem neuen Markt- und Messeplatz von barocker Pracht umgestaltet wurde. 78 Statuen berühmter Bürger flankieren einen elliptischen Ringkanal, über den zierliche Brücken zu einer zentralen Inselwiese *(prato)* führen. Hier treffen sich jeden dritten Sonntag im Monat beim großen Mercatino d'Antiquariato die Schnäppchenjäger.

G Santa Giustina

Die Benediktinerkirche **Santa Giustina** wurde im 16. Jh. über älteren Vorgängerbauten mit kolossalen Ausmaßen (122 m Länge) und acht Kuppeln nach dem Vorbild der Antoniusbasilika errichtet. Interessant sind die Teile älterer Bauten zwischen südlichem Querhaus und Chor, etwa der Sacello di San Prodoscimo aus dem 6. Jh. und die Sakristei aus dem Jahr 1462 (tgl. 8–12, 15–20 Uhr, im Winter Mo–Sa 8–12, 15–17, So 8–13, 15–20 Uhr).

H Orto Botanico

Auf dem Weg zur Basilika Sant'Antonio liegt der Eingang zum Unesco-Welterbe **Orto Botanico**, dem ältesten seiner Art, der 1545 von der Universität zum Studium der Heilpflanzen angelegt wurde; von hier aus verbreiteten sich »Exoten« wie Kartoffel und Sonnenblume in Europa. Der älteste Baum, die 1578 gepflanzte »Goethepalme«, hat bereits der Dichterfürst bewundert. Goethe hat angesichts der Pflanzenvielfalt über seine Theorie einer »Urpflanze« nachgedacht (April–Okt. 9–19, im Winter Mo–Sa 9–15 Uhr, www.ortobotanico.unipd.it).

I Sant'Antonio

Die berühmte **Basilika Sant'Antonio**, kurz auch *Il Santo* genannt, wurde 1232, ein Jahr nach dem Tod des Heiligen, über dessen Grab errichtet. Architekturgeschichtlich stellt der Bau ein Unikum dar in seiner Synthese von spitzen gotischen Giebelfassaden, Kuppeln nach dem Vorbild von San Marco in Venedig und minarettartigen Türmen (tgl. 6.30–19.45, im Winter bis 19 Uhr).

Die Basilika enthält Bronzewerke von Donatello am Hochaltar und großartige Fresken von Altichieri in der Cappella di San Felice im rechten Querhausarm. Im linken Querhaus befindet sich die Cappella dell'Arca del Santo, die Grabkapelle des hl. Antonius.

Spitze und runde Formen: Die Architektur von Sant'Antonio ist eine einzigartige Mischung.

Die Räume im Erdgeschoss des Caffè Pedrocchi sind in den drei Nationalfarben Italiens gehalten. Hier der Salon mit den roten Details.

J Scuola del Santo und K Oratorio San Giorgio

Rechts von der Basilika schließt sich die **Scuola del Santo** an mit Fresken des frühen 16. Jhs., an denen der junge Tizian mitwirkte und die das Leben des Heiligen abbilden, und das **Oratorio San Giorgio** mit sehr schönen Fresken von Altichieri von 1384 (tgl. 9–12.30 und 14.30–17, im Sommer bis 19 Uhr, Eintritt).

L Eremitani-Kirche und M Museo Civico Eremitani

Als ein Bombenangriff im Jahr 1944 die **Eremitani-Kirche** und das zugehörige Kloster in Schutt und Asche legte, ging mit den einstürzenden Mauern u. a. das Frühwerk von Andrea Mantegna in der Ovetari-Kapelle verloren, einer der bedeutendsten Freskenzyklen der Frührenaissance. Nur zwei Bildszenen sind z. T. erhalten, anhand derer man die Größe des Verlusts ermessen kann (Mo–Sa 8.15–12.15, 16–18, So 9–12.15, 16–18 Uhr). Im rekonstruierten Klosterkomplex präsentiert das **Museo Civico Eremitani** archäologische Funde und eine Pinakothek (tgl. 9–19 Uhr).

Erfindungen …

machte Galileo Galilei auch während seiner Professur in Padua (1592–1610) – etwa den Proportionszirkel, einen Vorgänger des Rechenschiebers.

N Arena-Kapelle

Über das Museum erhält man Zugang zur Arena-Kapelle, offiziell **Cappella degli Scrovegni**. Sie wurde vom Bankier Enrico Scrovegni kurz nach 1300 zusammen mit einem Palast (abgebrochen) auf dem Gelände des römischen Amphitheaters in Auftrag gegeben. Im Jahr 1305 holte er Giotto aus Florenz, der mit einzigartigen Fresken sein Meisterwerk schuf. Unter dem blauen Himmelsgrund der Wölbung wird das Leben Christi und Mariens in einer zukunftsweisenden Bildsprache illustriert. Die Besichtigung der Kapelle muss mindestens 24 Std., besser bereits drei Tage im Voraus, telefonisch oder über die Website angemeldet werden (tgl. 9–19 Uhr, Tel. 04 92 01 00 20, www.cappelladegliscrovegni.it).

O Caffè Pedrocchi und P Universität

An der Piazza Cavour lockt nun das geschichtsträchtige **Caffè Pedrocchi**, in dem ganz moderne Veranstaltungen wie z. B. Show-Cooking stattfinden (Di–So 9–20 Uhr, im Aug. tgl., www.caffepedrocchi.it). An der Via VIII Febbraio steht das Hauptgebäude der 1222 gegründeten **Universität**. Den größten Ruhm trägt ihr bis heute die medizinische Forschung ein. Bei einer Führung kann man u. a. das Katheder besichtigen, an dem Galilei 1592 bis 1610 lehrte, und das berühmte **Teatro Anatomico**, den Anatomiesaal von 1592, in dem trotz kirchlichen Verbots heimlich in der Nacht Leichen seziert und die Grundlagen für die moderne Anatomie geschaffen wurden (Führungen Sommer Mo, Mi, Fr 15.15, 16.15, 17.15, Di, Do, Sa 9.15, 10.15, 11.15, sonst Mo, Mi, Fr 15.15, 16.15 Uhr, Di, Do, Sa 10.15, 11.15 Uhr, Eintritt).

Informationen

Tour 13: Stadtrundgang durch Padua

Spaziergang, ein Tag

Stationen

- A Palazzo della Ragione
- B Loggia del Consiglio
- C Palazzo del Capitanio
- D Liviano
- E Dom
- F Baptisterium
- G Santa Giustina
- H Orto Botanico
- I Sant'Antonio
- J Scuola del Santo
- K Oratorio San Giorgio
- L Eremitani-Kirche
- M Museo Civico Eremitani
- N Arena-Kapelle
- O Caffè Pedrocchi
- P Universität

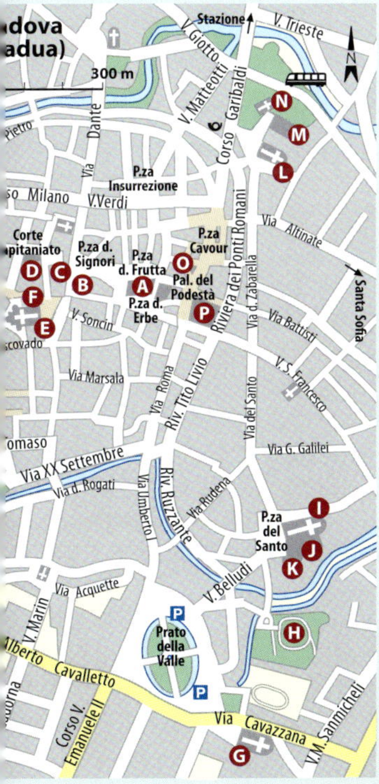

Info

APT

Riviera Mugnai 8, Padua • Tel. 04 98 76 79 27 • www.turismopadova.it

Hotels

Majestic Toscanelli

Mitten in der Altstadt gelegen; die stilvolle Gestaltung der Zimmer bezieht Teile der historischen Baustruktur aus dem 18. Jh. mit ein.
Via dell'Arco 2, Padua • Tel. 0 49 66 32 44 • www.toscanelli.com

Al Fagiano

Farbenfroh und modern empfängt das Mittelklassehotel seine Gäste; jede Etage hat ihr individuelles Design. Kleine, aber komfortable Zimmer.
Via A. Locatelli 45, Padua • Tel. 04 98 75 00 73 • www.alfagiano.com

Restaurants

La Corte dei Leoni

Nahe der Piazza delle Frutta gelegene Enoteca mit hübschem Innenhof. Leckere kleine Gerichte, an manchen Abenden Livemusik.
Via Pietro d'Abano 1, Padua • Tel. 04 98 75 00 83

Godenda

Kleine Köstlichkeiten wie marinierte Jakobsmuscheln und Fischtartar. So geschl.
Via Squarcione 4/6, Padua • Tel. 04 98 77 41 92

Antica Osteria Dal Capo

Das winzige Traditionslokal im ehemaligen Ghetto ist für seine bodenständige Küche berühmt und beliebt.
Via Degli Obizzi 2, Padua • Tel. 0 49 66 31 05

Aktivitäten

Eine **Schiffsfahrt** auf dem Brenta-Kanal bis Venedig, vorbei an den eleganten Villen aus dem 16. bis 19. Jh., ist ein unvergessliches Erlebnis. Das »Burchiello« genannte Schiff verkehrt vom 23. März bis Ende Okt. Abfahrt ist Mi, Fr und So um 8.15 Uhr in Padua an der Piazzale Boschetti in der Nähe des Bahnhofs (Bustransfer zum Hafen). Di, Do und Sa startet es um 9 Uhr am Pontile Pietà an der Riva degli Schiavoni in Venedig in umgekehrter Richtung. Die Bootspartie dauert einen ganzen Tag, die Rückfahrt erfolgt jeweils mit dem Bus. Die Tour kostet je nach Saison zwischen 80 und 100 €. Infos und Buchungen in Padua unter Tel. 04 98 76 02 33 oder über diese Website: www.ilburchiello.it

Tour 14 | **Südliches Veneto**

Fisch-flüsterer

▶ GESTERN: Der Fischmarkt von Chioggia ist schon sehr alt. Seit wann unter den Großhändlern geflüstert wird, ist leider nicht überliefert

▶ HEUTE: Chioggia ist das Ziel einer abwechslungsreichen Fahrt von Abano Terme ins Po-Delta und weiter nach Norden an die Lagune

▶ GESTERN

Gemüse und Fisch sind seit Langem die wichtigsten Wirtschaftsgüter von Chioggia. Die kleine Inselstadt besitzt den größten Fischereihafen Italiens und gleich zwei Fischmärkte: den nicht öffentlich zugänglichen, 1960 eingeweihten Großmarkt *(Mercato Ittico)* im Süden und den lebhaften historischen Markt *(Mercato del pesce al minuto)* zwischen Piazza und Canale Vena, auch *La Pescheria* genannt. Auf dem Großmarkt wird der frische Fang fühmorgens auf althergebrachte Weise versteigert: Wer den höchsten Preis ins Ohr

Wann dieses Foto in Chioggia geschossen wurde, ist leider nicht bekannt; es könnte 100 Jahre alt sein. Dass der Handel unter freiem Himmel stattfindet, deutet auf den öffentlichen Fischmarkt hin.

des Verkäufers flüstert, bekommt den Zuschlag; schreien ist während des Bietens verpönt. Die professionellen Händler und Restaurantinhaber, die hier einkaufen, wissen das natürlich. Danach gelangt die Ware zu den *mògnoli*, den Ständen der Einzelhändler auf der *Pescheria* hinter dem Palazzo Granaio. Dort kaufen Privatleute und Hobbyköche ein, Touristen freuen sich am lebhaften Marktgewusel unter den roten Markisen.

▶ Heute

Ab dem 19. Jh. bot der rote Palazzo Granaio, ein ehemaliger Kornspeicher von 1322, den Rahmen für Fischhandel. Den sog. Chioggia-Krieg (1378–1381) zwischen Genua und Venedig hat er jedenfalls gut überstanden und bietet heute eine pittoreske Kulisse für den werktäglichen Fischmarkt.

Diese Tour beginnt südwestlich von Padua in den **Colli Euganei**. Im Mikroklima der Hügel gedeihen Olivenbäume und Feigenkakteen, an den Hängen Wein und Obst.

Landkarte: diese Seite, Adressen: Seite 99

1 Abano Terme

In den Heilquellen der Stadt **Abano Terme** (19 000 Einw.) kann man allerlei Beschwerden lindern lassen oder ganz einfach entspannen. Zentrum des beliebten Kurorts ist der grüne **Vi-**

Nur nicht verlaufen: Rechts von der Hauptallee, die auf die Villa Barbarigo zuführt, befindet sich ein großes Buchsbaumlabyrinth aus dem 17. Jahrhundert.

ale delle Terme mit den alten Nobelhotels Orologio und Trieste e Victoria. Eine majestätische Säulenfront markiert den Eingang zur ältesten Heilquelle Montirone. Das mineralienreiche Wasser tritt mit einer Temperatur von 87 °C zutage. Genutzt wurde dessen Heilkraft bereits von den Venetern; nach ihnen suchten die römischen Bürger Paduas in einer wahren Thermenstadt Heilung, Entspannung und Unterhaltung. Erst das 19. Jh. knüpfte an die Thermentradition an und machte Abano und die anderen Kurorte zu mondänen Bädern. Jedes von Abanos rund 120 Hotels hat eine Kuranlage mit eigener Quelle. Längst ergänzen moderne Wellnesseinrichtungen und Golfplätze das Freizeitangebot.

2 Abbazia di Praglia

Durch die Colli Euganei geht es nun 6 km nach Westen zur ehrwürdigen **Abbazia di Praglia**. Im 11. Jh. gegründet, stellt sich die große Benediktinerabtei heute als einheitliche Renaissanceanlage um vier große Kreuzgänge dar. Die Kirche (1490–1560) entstand nach Plänen von Tullio Lombardo (Sommerzeit Führungen Di–Sa 14.30, 15.10, 15.50, 16.30, So 14.30–16.30 Uhr halbstdl.; Winterzeit jeweils 1 Std. später, www.praglia.it). Das Kloster ist heute ein internationales Zentrum der Buchrestaurierung.

3 Luvigliano und Monte Rua

Vorbei an Weingärten und Villen fährt man hinein in die Hügel nach **Luvigliano**, wo sich Falconettos Villa dei Vescovi (16. Jh.) beherrschend am Hang erhebt (Mi–So 10–18, Winter bis 17 Uhr, Sept. geschl., www.fondoambiente.it).

Vom **Monte Rua** (416 m) über Torreglia Vecchia, den ein Einsiedlerkloster *(Eremo)* der Camaldulenser krönt, eröffnet sich ein schöner Panoramablick über die Euganei.

4 Teolo

Nächstes Ziel ist **Teolo**, der Ort, aus dem der römische Geschichtsschreiber Titus Livius stammen soll. Teolo ist Ausgangpunkt für schöne Spaziergänge. Im Palazzo dei Vicari, wo die venezianischen Statthalter residierten, gibt es ein Museum zeitgenössischer Malerei (April–Okt. Fr 15.30–19.30, Sa/So 9.30–12.30, 15.30–19.30 Uhr).

5 Boccon

Auf der Weiterfahrt lohnt ein Halt in der **Ca' Sceriman in Boccon** (südöstl. von Vo), dem Spitzengut im Weinbauzentrum Vo Euganei. Mittelpunkt ist eine elegante Barockvilla mit Enoteca zum Verkosten (www.villasceriman.it, Mo geschl.).

6 Villa Barbarigo

Unweit von Valsanzibio schmückt sich die **Villa Barbarigo** mit einem berühmten Garten aus dem 17. Jh. (März–Nov. Garten tgl. 10–13, 14 Uhr bis Sonnenuntergang, www.valsanzibiogiardino.it). Die vom Haupteingang ansteigenden Terrassen mit Wasserbecken und Statuen werden malerisch vom Hügelpanorama gerahmt. Das große barocke **Buchsbaumlabyrinth** ist eine Besonderheit.

7 Arquà Petrarca

Die erste Etappe endet in **Arquà Petrarca**, das nicht nur ein hübsches Stadtbild besitzt, sondern auch letzte Ruhestätte eines der größten Dichter Italiens, Francesco Petrarca (1304–1374), sein soll. Der Ort hat viel von seiner mittelalterlichen Atmosphäre bewahren können. Hier verbrachte Petrarca in Zurückgezogenheit seine letzten Lebensjahre in der **Casa del Petrarca** (März–Okt. Di–So 9–12.30, 15–19, sonst 14.30–17.30 Uhr, Eintritt). Vor der Pfarrkirche steht die Tomba del Petrarca (14. Jh.). Seit man den Sarkophag 2004 geöffnet hat, rätselt die Wissenschaft: Darin fand man nicht Petrarcas Schädel, sondern den einer Frau.

8 Monselice

Der Ort (17 500 Einw.) liegt am Fuß der Euganeischen Hügel. Hübsch ist die zentrale **Piazza Mazzini** mit einer Loggia des 16. Jhs. und dem Stadtturm aus dem 13./16. Jh. Von der Piazza Mazzini hügelaufwärts erreicht man auf der gepflasterten Straße gleich das **Castello Cini-Ca'Marcello**, einen restaurierten Burgkomplex, der mit Möbeln aus Mittelalter und Renaissance ausgestattet wurde und zudem eine interessante Waffensammlung sowie eine Bibliothek beherbergt (letzter So im März bis letzter So im Nov. tgl. außer Mo Führungen um 9, 10, 11, 14, 15, 16 Uhr, im Winter eingeschränkt, www.castellodimonselice.it).

Hangaufwärts passiert man die **Villa Nani-Mocenigo** mit grotesken Gnomen auf der Mauer, die auf den Familiennamen anspielen (ital. *nani* – Zwerge), und kommt zum **Duomo Vecchio**, der ehemaligen Kathedrale mit einer streng-schönen spätromanischen Außengliederung und einem Glockenturm (13. Jh.).

Eine Reihe von sechs Kapellen und eine kleine Kirche vor dem Aufgang zur **Villa Duodo** bilden den Santuario delle Sette Chiese. Pietro Duodo, der Erbauer der Villa, bewahrte hier die Reliquien auf, die er vom Papst 1592 für seine Dienste als Gesandter Venedigs am Heiligen Stuhl erhalten hatte. Die Villa selbst kann man nicht besichtigen.

9 Este

Vor 3000 Jahren war der Ort (18 000 Einw.) das bedeutendste Zentrum der Veneter, die im Gebiet der Colli Euganei siedelten. Die mit Türmen bewehrten Mauern des **Castello** (14. Jh.), der Burgruine am Hang, bilden heute den monumentalen Rahmen für den **Stadtpark**, vor dessen Aufgang das reich mit archäologischen Funden bestückte **Museo Nazionale Atestino** steht (tgl. außer Mo 8.30–19.30 Uhr). Gegenüber liegt das Zentrum um die **Piazza Maggiore** mit dem Rathaus (16. Jh.) und der breiten **Via Matteotti**. Westlich der Piazza erreicht man über die Via Cavour den **Dom Santa Tecla** (um 1700) mit einem dramatischen Hochaltarbild von Tiepolo (1759), das die Befreiung der Stadt von der Pest durch Fürbitte der hl. Thekla darstellt. Wer Lust und Zeit hat, schlendert von hier aus noch zur Via Principe Umberto, die **Kirche San Martino** samt schiefem Glockenturm ist einen Blick wert.

10 Montagnana

Nun geht es ein Stück nach Westen; die Strecke fahren Sie anschließend wieder retour. Das mauerbewehrte Städtchen **Montagnana** besitzt eine bestens erhaltene **Stadtmauer** mit 24 Türmen, 1360–1362 unter den Carrara errichtet. Man kann sie außen im grünen Stadtgraben umwandern. In diesem Graben wird jedes Jahr am ersten Septembersamstag das berühmte **Palio dei 10 Comuni**, ein farbenprächtiges historisches Pferderennen, veranstaltet, zu dem viele Besucher aus nah und fern strömen. An den Schmalseiten stehen sich die Rocca degli Alberi und das Castello di San Zeno (Museum) gegenüber, die Burg Ezzelinos da Romano (1242). An der Hauptachse **Via Matteotti** liegt der Hauptplatz mit dem Dom (1431–1502), an dem ab 1431 70 Jahre lang gebaut wurde und der sich im Übergang von der Gotik zur Renaissance präsentiert.

11 Adria

Ein Kontrastprogramm zur Hügelwelt bildet das weitverzweigte, 400 km^2 große **Po-Delta**. Mehrfach hat der Hauptarm seinen Lauf nach Überschwemmungskatastrophen geändert. Seit der Römerzeit wird das Land durch Trockenlegung urbar gemacht und durch Dämme geschützt. Für die Fahrt nach **Adria** empfiehlt sich die Nebenstrecke über **Sant'Elena d'Este** (Villa Miari de'Cumani mit einem romantischen Park, tgl. außer Mo 9.30–12.30, 14.30–19.30 Uhr) und **Vescovana** (Villa Pisani mit Freskensälen und Park, Mo–Fr 9–12, 14–16.30/17 Uhr).

Rovigo, die Hauptstadt (53 000 Einw.) des Polesine, ist nicht übermäßig attraktiv. Wieder lohnt sich ein kleiner Abstecher nach Westen, diesmal zur **Villa Badoer** (Do, Sa, So 10–12, 15.30–18.30 Uhr), die zu den berühmtesten Palladio-Villen gehört. Der Entwurf aus dem Jahr 1566 ist von klassischer Schönheit.

Adria (22 000 Einw.) war einer der größten Häfen an dem Meer, das heute noch seinen Namen trägt. Heute liegt der Ort 25 km von der Küste entfernt, und noch immer schiebt sich die Po-Mündung jährlich 60 m weiter ins Meer vor. Im Museo Archeologico nazionale (Piazzale degli Etruschi, tgl. 8.30–19.30 Uhr) ist die große Vergangenheit der Stadt vom 6.–1. Jh. v. Chr. dokumentiert.

12 Po-Delta

Wenn Sie sich in die Landschaft verliebt haben, dann übernachten Sie doch in der eleganten **Tenuta Goro Veneto** kurz vor Gorino (Argine Po, Via Basilicata, Località Goro Veneto, Tel. 04 26 81 097, www.tenutagoroveneto.it), wo Sie Fahrräder leihen und das Delta intensiv erkunden können. Einen endlos weiten Strand, die **Spiagga di Barricata**, finden Sie bei Porto Tolle.

13 Chioggia

Nun geht es wieder ein Stück ins Landesinnere und nach Norden. Über **Porto Viro** und **Rosolina**, in dessen Nähe das Agriturismo San Gaetano köstliche Delta-Spezialitäten zubereitet (Via Moceniga 22, Tel. 04 26 66 45 89, www.sangaetanorosolina.it) führt die Tour nach **Chioggia** (54 000 Einw.). Venedigs kleine Schwester schließt die Lagune im Süden ab. Wie die Serenissima wurde sie teils auf Pfählen erbaut. Drei geradlinig verlaufende Kanäle unterteilen das Stadtgebiet. Seit dem Jahr 1380 war Chioggia Venedig untertan.

Von Süden kommend betreten Sie die Altstadt am Garibaldi-Tor. Die **Kathedrale** wurde um das Jahr 1110 errichtet und nach einem Brand im 17. Jh. von Baldassare Longhena barock wieder aufgebaut. Das **Oratorio di San Martino** nebenan birgt ein Tafelbild von Paolo Veneziano, ist aber leider meist verschlossen. Den Corso del Popolo nach Norden gehend, passiert man weitere Gotteshäuser und biegt nach der Piazza XX Settembre zum Fischmarkt am Kornspeicher **Granaio** ab. Lassen Sie das bunte Gewimmel auf sich wirken, tauchen Sie ein in die Atmosphäre. Hier stehen Sie an der mittleren der drei Wasserstraßen, dem **Canal Vena**, der sich mit seinen Brücken und den im Wasser dümpelnden Booten sehr idyllisch präsentiert. Am Ende des Corso nach rechts über den Ponte Vigo und weiter geradeaus geht's schließlich auf die Isola di San Domenico mit dem gleichnamigen Kloster, dessen **Kirche San Domenico** neben Werken von Tintoretto auch das letzte von Vittore Carpaccio signierte Gemälde, »San Paolo«, birgt.

Carlo Goldoni

Der Librettist und Komödiendichter (1707–1793) wurde durch Chioggia zu seinem Stück »Viel Lärm in Chiozza« inspiriert: Im Fischerdorf Goldonis leben 40 000 Menschen, davon 30 000 Frauen. Das führt zu »Kabale und Liebe« – hier heiter und unterhaltsam. Italienisch eben.

Informationen

Tour 14: Von Abano Terme bis nach Chioggia

Autotour, 2–3 Tage, ca. 190 km

Stationen

1 Abano Terme
2 Abbazia di Praglia
3 Luvigliano und Monte Rua
4 Teolo
5 Boccon
6 Villa Barbarigo
7 Arquà Petrarca
8 Monselice
9 Este
10 Montagnana
11 Adria
12 Po-Delta
13 Chioggia

Praktische Hinweise

Eine detaillierte Karte ist auf dieser Tour von Vorteil, weil man viel auf Nebenstraßen unterwegs ist.

Arquà Petrarca

Restaurant

La Montanella

Feines Lokal in einem blühenden Garten. Spezialität des Hauses ist ein altes Paduaner Rezept: Ente in Obst.

Via dei Carraresi 9, Arquà Petrarca • Tel. 04 29 71 82 00 • www.montanella.it

Shopping

Enoteca da Loris

Für Feinschmecker: Hier bekommt man den roten Moscato. Auch eigenes Olivenöl.

Via Valleselle 11, Arquà Petrarca • www.enotecadaloris.it

Frantoio Cardin

Hier gibt es sehr gutes Olivenöl.

Piazza Petrarca, Arquà Petrarca

Monselice

Restaurant

La Torre

Das Restaurant ist auf Gerichte mit Trüffeln und anderen Pilzen spezialisiert. So, Mo geschl.

Piazza Mazzini 14, Monselice • Tel. 0 42 97 37 52 • www.ristorantelatorremonselice.it

Este

Shopping

Este Ceramiche Porcellane

Este ist ein bekanntes Keramikzentrum. Hier werden schöne Töpferwaren verkauft.

Via S. Sabina 31, Este • www.esteceramiche.com

Montagnana

Info

IAT

Castel S. Zeno, Piazza Trieste 15, Montagnana • Tel. 0 42 98 13 20 • www.comune.montagnana.pd.it

Hotel & Restaurant

Albergo Aldo Moro

In dem sympathischen Hotel können Sie in komfortablen Zimmern übernachten und abends im Restaurant die Köstlichkeiten der Region goutieren.

Via Marconi 27, Montagnana • Tel. 0 42 98 13 51 • www.hotelaldomoro.com

Shopping

Prosciutteria Duomo

Der *Prosciutto Dolce* von Montagnana zählt zu den vorzüglichsten Schinken Italiens. In der Prosciutteria kann man ihn verkosten und auch für zu Hause einpacken lassen.

Piazza Vittorio Emanuele 50, Montagnana • www.prosciutteriadimontagnana.it

Chioggia

Info

IAT

Riva Vena 895, Chioggia • Tel. 04 15 29 87 11 • www.turismovenezia.it

Restaurants

Alle Baruffe Chiozzotte

Das Edelrestaurant steht für traditionsreiche Küche.

Im Hotel Grande Italia, Rione S. Andrea 597, Chioggia • Tel. 0 41 40 05 15 • www.hotelgrandeitalia.com

Al buon Pesce

Das Restaurant im Herzen der Altstadt überzeugt – der Name lässt es vermuten – mit hervorragenden Fischgerichten.

Stradale Ponte Caneva 625, Chioggia • Tel. 0 41 40 08 61

Tour 15 | **Venedig**

Wenn die Gondeln …

▶ GESTERN: … Promis tragen: Filmstars und Regisseure, Künstler und Musiker – sie alle kommen, um in der Serenissima zu glänzen

▶ HEUTE: Die Gondel ist eins der Wahrzeichen der Stadt und wird innig geliebt. Den Canal Grande entdeckt man aber schneller per Vaporetto

▶ GESTERN

Venezianische Gondeln haben in ihrer rund 1000-jährigen Geschichte schon viel gesehen: Dogen und andere Führer, die Pest, große Künstler, ungezählte Karnevalsteilnehmer und den einen oder anderen VIP. Ihr etwas düsteres Aussehen ist aber schon lange unverändert: Weil die venezianischen Adels- und Patrizierfamilien sich bei der Ausstattung ihrer Gondeln nicht zu beschränken wussten, wies der Senat in einem Gesetz von 1562 an, dass die Boote schwarz zu sein hätten – ausgenommen waren die auf beiden Seiten angebrachten Seepferde und der Bugbeschlag. Diese Anweisung gilt bis heute; mittlerweile bietet die Kleidung der Fahrgäste aber ausreichende Farbakzente. Eine weitere Ausnahme von dieser Regel bildete die Gondola d'Oro, der Hauptpreis der 1965 zum ersten Mal ausgetragenen »Mostra Internazionale di Musica Leggera«, eine Musikshow im Fernsehen. Ob die Rolling Stones mit ihrem im selben Jahr entstandenen Hit »Satisfaction« diese goldene Gondel gewonnen hätten?

▶ HEUTE

Bei einer Fahrt über den Canal Grande, der die Stadt in einer großen S-förmigen Schleife von 3800 m Länge in zwei Hälften teilt, gleitet man an einzigartigen Architekturdenkmälern vorbei. Die Venezianer legten die Schauseiten ihrer Wohn- und Handelshäuser an die Wasserfront. Venedig lag sehr geschützt und konnte sich daher einen offenen, repräsentativen Baustil erlauben.

Stadtplan: Seite 104/105, Adressen: Seite 107

1 Stazione Santa Lucia

Am Ausgangspunkt der Fahrt lohnt sich als Erstes ein Blick auf den **Ponte della Costituzione**. Die neue, moderne vierte Brücke über den Canal Grande, die den Bahnhof mit dem Piazzale Roma verbindet, wurde am 11. September 2008 eröffnet. 11,2 Mio. Euro hat das skandalträchtige Bauwerk gekostet, an dessen Architektur sich die Geister scheiden und das nach Meinung vieler Venezianer schlicht überflüssig ist. Denn der Ponte Scalzi liegt in Sichtweite.

(Wasser-)Straße der Promis und Schönen: Mick und Bianca Jagger genossen im Juni 1971 ein paar ruhige Tag in der Lagunenstadt; im Monat davor hatten sie im französischen St. Tropez eine turbulente Hochzeit gefeiert. Das Foto unten zeigt eine Gondel mit unbekannten Passagieren vor der Rialtobrücke.

2 San Simeone Piccolo

Gegenüber dem Bahnhof fällt die Säulenvorhalle der **Kirche San Simeone Piccolo** auf; das Pantheon in Rom war Vorbild für diesen Kuppelbau (1718–1738). Man sagt, dem Vedutenmaler Canaletto habe an dieser Stelle etwas für sein Bild gefehlt, und so habe er das kleine Pantheon »erfunden«. Die Venezianer sollen es dann nach seinem Bild erbaut haben.

3 Santa Maria degli Scalzi

Auf der Bahnhofsseite erhebt sich kurz vor der Brücke die aus bestem Carrara-Marmor bestehende Fassade der im Ersten Weltkrieg fast vollständig zerstörten **Kirche Santa Maria degli Scalzi**, in der Ludovico Manin, der letzte Doge Venedigs, begraben ist (tgl. 7–11.50, 16–18.50 Uhr).

4 San Geremia bis 7 Palazzo Vendramin-Calergi

Gegenüber der Anlegestelle Riva di Biasio erblickt man die **Kirche San Geremia** mit den Reliquien der Märtyrerin Lucia aus Syrakus. Da die Kirche an der Mündung des Cannaregio-Kanals in den Canal Grande liegt, erhielt sie auf beiden Seiten eine Fassade. Links der Station **San Marcuola** liegt die gleichnamige Kirche **5** aus dem 18. Jh., vis-à-vis ein Musterbeispiel der venezianischen Baukunst im byzantinischen Stil: der prunkvoll ausgestattete **Fondaco dei Turchi** **6**, in dem heute das Museum für Naturgeschichte untergebracht ist (Juni–Ende Okt. Di–So 10–18, Nov.–Mai Di–Fr 9–17, Sa/So 10–18 Uhr).

Gegenüber steht der **Palazzo Vendramin-Calergi**, eine wuchtige Schöpfung der Renaissance (um 1500) von Mauro Codussi. In diesem Palast starb am 13. Februar 1883 Richard Wagner. Heute sind in dem eleganten Palazzo das Spielkasino und ein kleines Wagner-Museum untergebracht.

Die nächste Anlegestelle heißt San Stae; auf diesem Ufer folgt die **Ca' Pesaro**, nach dem Dogenpalast der zweitgrößte Palast Venedigs, eine Schöpfung Baldassare Longhenas (1598–1682), der durch monumentale Fassaden das Gesicht Venedigs prägte. 1628 begonnen, wurde die Ca' Pesaro erst Anfang des 18. Jhs. vollendet; sie beherbergt heute die Galerie für moderne Kunst (April–Okt. Di–So 10–18, Nov.–März 10–17 Uhr, www.capesaro.visitmuve.it).

8 Ca' d'Oro

Die nächste Anlegestelle ist nach einem Juwel der gotischen Baukunst in Venedig **Ca' d'Oro** benannt. Der Palast, dessen Fassade einst vergoldet war, entstand 1422–1440 und beherbergt heute ein Kunstmuseum, die **Galleria Franchetti** (Mo 8.15–14, Di–Sa 8.15–19.15, So 10–18 Uhr).

9 Ca' da Mosto

Kurz vor der Rialtobrücke wird Venedigs schönster Markt abgehalten (Anlegestelle Rialto Mercato). In der Mitte der 25 Bogen zur Kanalfront wird der Blick aufs andere Ufer reich belohnt: Die **Ca' da Mosto** (13. Jh.) zeigt sich im veneto-byzantinischen Stil. Bis zum Ende der Republik 1797 stiegen hier, im damaligen Gasthof Leon Bianco, sogar gekrönte Häupter wie Kaiser Joseph II. ab.

Der Canal Grande setzt jetzt zu der scharfen Rechtskurve an, die zur Rialtobrücke führt; rechts vor der Brücke sieht man den **Palazzo dei Camerlenghi**, nach dem schweren Brand von 1513 errichtet, der das Rialto-Viertel in weiten Teilen zerstörte. Untergebracht war hier die gefürchtete Finanzverwaltung Venedigs. Steuersünder wanderten ins Gefängnis, dessen Zellen im Erdgeschoss für jeden Vorbeigehenden einsehbar waren. Direkt vis-à-vis erhebt sich die Wasserfront des 1508 fertiggestellten **Fondaco (Fontego) dei Tedeschi**. Der ehemalige Handelshof der deutschen Kaufleute soll zu einer Shopping Mall umgebaut werden.

Mit der **Rialtobrücke** folgt die weltberühmte Kanalbrücke, die bis vor etwa 150 Jahren den einzigen Übergang über den Canal Grande darstellte.

10 Palazzo Dolfin-Manin

Bedeutung für den heutigen Handel hat als Sitz der Banca d'Italia der **Palazzo Dolfin-Manin**. Die klassischen Renaissancelinien, die Sansovino im 16. Jh. entwarf, werden von den blauen Markisen vorteilhaft unterstützt. Der Kontrast folgt gleich nebenan mit dem **Palazzo Bembo**: Gotik aus dem

15. Jh. auf roter Fassade. Im Palast werden immer wieder Wechselausstellungen zeitgenössischer Kunst präsentiert.

11 Ca' Farsetti

Auf demselben Ufer folgt mit der **Ca' Farsetti** erneut einer der prunkvollen, byzantinisch geprägten Bauten. Die Bogen erscheinen nicht nur dort, wo sie statisch notwendig sind, sondern haben sich zum Dekorationsprinzip verwandelt, das die ganze Fassadenfläche zu gliedern hat. So entsteht eine harmonisch durchdachte Reihung wie im Wassergeschoss der Ca' Farsetti, in der heute Venedigs Rathaus *(municipio)* beheimatet ist.

12 Palazzo Barzizza

Gegenüber, neben der Anlegestelle San Silvestro, steht mit dem Ziegelbau des **Palazzo Barzizza** ein weiterer Prototyp eines veneto-byzantinischen Hauses (12./13. Jh.); die kunstvoll gestaltete Fensterpartie im Balkongeschoss stammt noch aus der Entstehungszeit.

13 Palazzo Grimani und 14 Palazzo Corner Contarini dei Cavalli

Auf der anderen Seite ragt die kolossale Fassade des **Palazzo Grimani** empor, den der Veroneser Michele Sanmicheli im 16. Jh. schuf und der heute den Appellationsgerichtshof beherbergt. Daneben steht die elegante spätgotische Loggia des **Palazzo Corner Contarini dei Cavalli** (15. Jh.).

15 Palazzo Barbarigo della Terrazza und 16 Palazzo Corner-Spinelli

Ein besonderes Schmuckstück der blühenden Spätgotik ist der um das Jahr 1568/69 fertiggestellte **Palazzo Barbarigo della Terrazza**, der an seiner Terrasse zu erkennen ist. Neben der Anlegestelle San Angelo errichtete Mauro Codussi Ende des 15. Jhs. den **Palazzo Corner-Spinelli**: unübertreffliche Eleganz der Frührenaissance.

17 Palazzi Mocenigo

Von der Anlegestelle San Tomà aus blickt man am anderen Ufer auf die Front der vier **Palazzi Mocenigo**. Beim ersten, einem Renaissancebau, setzen blaue Markisen Farbtupfen, die die helle Fassade betonen. Im zweiten, etwas breiteren und nicht so spektakulären, wohnte Lord Byron mit seiner Geliebten. Man erkennt das Haus an den Löwenköpfen, die sich über die gesamte Breite ziehen.

Fast wie Autoscooter: Die Gondeln scheinen sich bisweilen auf dem Canal Grande geradezu zu drängeln. Im Hintergrund: Santa Maria della Salute.

18 Ca' Foscari

An der Kanalbiegung mündet rechts der Rio di **Ca' Foscari** ein; nach der Mündung folgt der Komplex der Ca' Foscari, heute Hauptsitz der Universität. Der Palast gehört zu den letzten der Spätgotik. Der Doge Foscari (1423–1457) ersteigerte 1452 den Vorgängerbau, ließ ihn abreißen und in der jetzigen Gestalt neu aufbauen. Er selbst erlebte jedoch die Vollendung des prächtigen Palazzo nicht mehr; nach fast 35-jähriger Regierungszeit wurde er abgesetzt und starb aus Gram über die Wahl seines Nachfolgers.

19 Ca' Rezzonico

Die **Ca' Rezzonico** kurz vor der gleichnamigen Anlegestelle ist ein Werk von Baldassare Longhena aus dem 17. Jh. in monumentalem Klassizismus. Hier ist das **Museo del Settecento Veneziano** (Museum des 18. Jhs.) untergebracht. Es zeigt Stuck, Marmor, Teppiche, Keramiken, erlesenes Mobiliar, wertvolle Fresken, dazu eine Galerie mit Werken der Genremaler Longhi und Guardi, eine alte Apotheke und ein kleines Theater (Mi–Mo 10–18, Nov.–März 10–17 Uhr).

20 Palazzo Grassi

Direkt gegenüber liegt der monumentale **Palazzo Grassi**. Er gilt als Musterbeispiel der klassizistischen Architektur des 18. Jhs. und wurde von dem japanischen Stararchitekten Tadao Ando mit Fingerspitzengefühl umgebaut. Heute beherbergt er auf 5000 m^2 die Privatsammlung zeitgenössischer Kunst des französischen Industriellen François Pinault (Ausstellungstermine unter www.palazzograssi.it).

Rechts daneben reckt sich mit dem Campanile der ehemaligen **Kirche San Samuele** einer der ältesten Glockentürme von Venedig (12. Jh.) in den Himmel. Hier soll Giacomo Casanova kurzzeitig als Priester tätig gewesen und volltrunken von der Kanzel gefallen sein.

21 Palazzo Loredan dell'Ambasciatore

Auf dem rechten Ufer folgt mit dem **Palazzo Loredan dell'Ambasciatore** eine spätgotische Konstruktion (15. Jh.), in deren Nischen bereits Skulpturen im lombardischen Stil der Frührenaissance (Ende 15. Jh.) stehen. In diesem Bau residierten während des 18. Jhs. die kaiserlichen Botschafter; daher der Beiname »dell'Ambasciatore« .

22 Gallerie dell'Accademia und 23 Palazzo Cavalli-Franchetti

Wer zum Ponte dell'Accademia (Akademiebrücke) blickt, sieht rechter Hand die schlanke, aufstrebende Fassade der ehemaligen Kirche **Santa Maria della Carità**. Im rechten Winkel dazu erstreckt sich die Fassade der berühmten **Gallerie dell'Accademia**, der bedeutendsten venezianischen Gemäldesammlung mit Werken von Bellini bis Tintoretto und Tiepolo (Mo 8.15–14, Di–So 8.15–19.15 Uhr, www.gallerieaccademia.org). Gleich nach der Brücke erhebt sich auf dem linken Kanalufer der **Palazzo Cavalli-Franchetti** mit aufwendig gestalteter Fensterzone (15. Jh.).

24 Palazzo Contarini dal Zaffo und 25 Palazzo Barbarigo

Am anderen Ufer sieht man als zweites Gebäude nach der Brücke den **Palazzo Contarini dal Zaffo**, ein Musterbeispiel für die lombardische Ar-

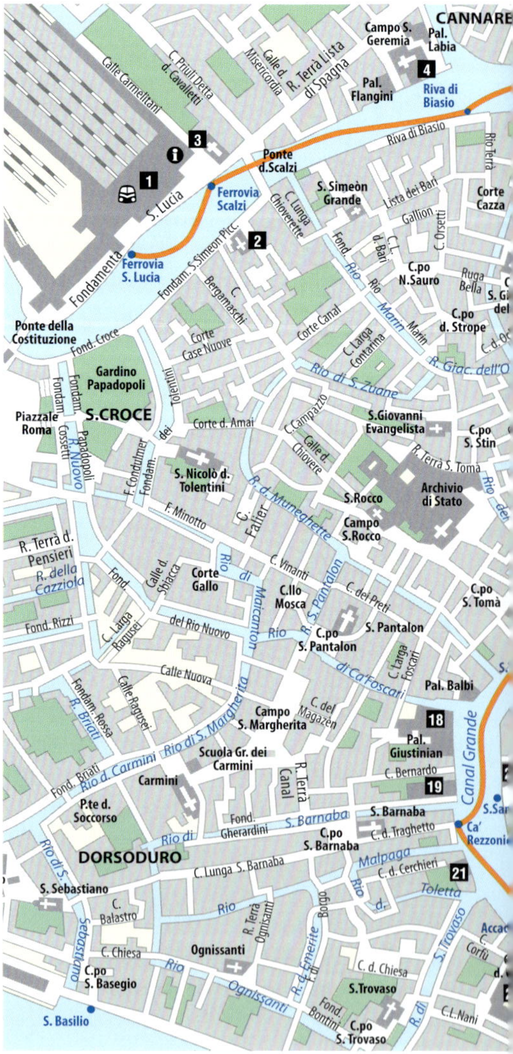

chitektur des späten 15. Jhs. Auf derselben Seite folgt nach der Einmündung des Rio San Vio ein Unglücksfall für den Canal Grande und die ganze Stadt: Die imitierten Mosaiken an der Fassade des **Palazzo Barbarigo** aus dem Jahr 1887 stören das ansonsten harmonische Gesamtbild.

26 Palazzo Corner Ca' Grande

Gegenüber erblickt man den **Palazzo Corner Ca' Grande**, das »große Haus«. Sansovino hat es (nach 1532, als der Vorgängerbau abbrannte) entworfen. Das Untergeschoss auf dem Wasser ist stilistisch von den oberen abgesetzt, die durch klassische Säulenordnungen hervorgehoben werden. Der ehemalige Besitz der Familie Corner dient heute der Verwaltung der Provinz und als Präfektur.

27 Palazzo Venier dei Leoni

Am rechten Ufer direkt gegenüber sieht man einen Flachbau mit einem Garten dahinter: den unvollendeten **Palazzo Venier dei Leoni** aus dem 18. Jh. Der ehemalige Wohnsitz der Kunstsammlerin und -mäzenin Peggy Guggenheim ist heute Ausstellungsgebäude und beherbergt seit 1980 die

hochkarätige **Sammlung** von Meisterwerken der Moderne, die sie bis 1979 zusammentrug, u. a. von Picasso und Kandinsky (tgl. außer Di 10–18 Uhr, www.guggenheim-venice.it).

28 Ca' Dario

Auf demselben Ufer kommt mit der **Ca' Dario** wieder eine Perle der Frührenaissance ins Blickfeld. Die farbigen Marmorintarsien verraten den lombardischen Stil des späten 15. Jhs. – vielleicht war Pietro Lombardo selbst Baumeister. Auf dem Palast soll angeblich ein Fluch liegen – alle seine bisherigen Inhaber und Bewohner waren vom Unglück verfolgt.

Der Klassiker »Wenn die Gondeln Trauer tragen« von Nicolas Roeg sorgte bei seiner Veröffentlichung 1973 für eine Kontroverse. War der Akt zwischen Julie Christie und Donald Sutherland gespielt oder wurde er tatsächlich vollzogen? Dabei ist die Schnitttechnik dieser Szene bis heute viel aufregender als die Frage: Haben sie oder haben sie nicht?

29 Palazzo Pisani-Gritti bis 31 Ca' Giustinian

Auf dem anderen Kanalufer erkennt man leicht den **Palazzo Pisani-Gritti**. Hinter ihm mündet ein Seitenkanal in den Canal Grande, das dritte Haus danach ist der zierliche **Palazzo Contarini-Fasan** 30. Seine Balkonbrüstungen sind mit radartigen Dekorationselementen verziert, mit denen sich der Übergang von der Spätgotik zur Renaissance ankündigt. Hier wohnte angeblich Desdemona, die mit Shakespeares Tragödie »Othello« in die Weltliteratur einging.

Die Bauten auf der anderen Seite laufen in den alten Zollgebäuden und der Punta della Dogana aus, wo 2009 das Museum für zeitgenössische Kunst eröffnet wurde (tgl. außer Di 10–19 Uhr, www.palazzograssi.it). Auf der Gegenseite sticht die **Ca' Giustinian** im Stil der Spätgotik heraus (15. Jh.).

32 Piazza San Marco

Es ist der schönste Platz, das Herzstück und touristische Zentrum der Stadt. Auf der L-förmig angelegten Piazza wurden zur Zeit der Serenissima rauschende Feste gefeiert, hier befanden sich rund 24 Kaffeehäuser, und hier bauten die Händler ihre Marktstände auf. Die Gebäudeflügel, die den **Markusplatz** rahmen, sind die Procuratie. Im linken Flügel waren vom 16. Jh. an die höchsten Verwaltungsbeamten der Republik untergebracht; den rechten begann Scamozzi im 16. Jh. nach dem Vorbild der Biblioteca Marciana. Erst Verwaltungssitz, dienten sie nach dem Ende der Republik als Kaiserresidenz.

Nehmen Sie sich auf dem lebhaften Markusplatz noch etwas Zeit für die **Basilica di San Marco** und den **Dogenpalast**. Das bedeutendste Sakralbauwerk Venedigs ist ein Gesamtkunstwerk von vollendeter Schönheit. Die **Markusbasilika** (Stiftung des Dogen Domenico Contarini, 11. Jh.) besitzt das größte zusammenhängende Mosaik der Welt und versinnbildlicht die Größe und Macht der venezianischen Republik. Im Jahr 828 war es venezianischen Kaufleuten gelungen, die Gebeine des hl. Markus aus Alexandria zu stehlen und, bedeckt mit Schweinefleisch, an muslimischen Zöllnern vorbeizuschmuggeln. Der Legende nach kam der Evangelist Markus als Schiffbrüchiger auf einer Laguneninsel wieder zu sich, nachdem ihm im Traum ein Engel mit den Worten »Pax tibi, Marce, evangelista meus« (Friede mit dir, Markus, mein Evangelist) erschienen war. Für ihren Schutzpatron baute die Stadt ihre erste große Kirche (Mo–Sa 9.45–17, So, Fei, Ostern–Nov. 14–17, Nov.–Ostern bis 16 Uhr, www.basilicasanmarco.it).

Der eindrucksvolle **Palazzo Ducale** (Dogenpalast) neben der Basilica di San Marco war der Regierungssitz des Dogen und Schaltzentrum der venezianischen Macht. Hier wurde Weltgeschichte geschrieben und ein Jahrtausend lang über Schicksale entschieden, hier befanden sich zugleich die Privatgemächer des Dogen, der Sitz der Geheimpolizei und die berüchtigten Gefängnisse (April–Okt. 8.30–19, Nov.–März 8.30–17.30 Uhr, www.palazzoducale.visitmuve.it).

Informationen

Tour 15: Fahrt auf dem Canal Grande

Fahrt mit dem Vaporetto, mind. ein halber Tag

Stationen

1 Stazione Santa Lucia
2 San Simeone Piccolo
3 Santa Maria degli Scalzi
4 San Geremia
5 San Marcuola
6 Fondaco dei Turchi
7 Palazzo Vendramin-Calergi
8 Ca' d'Oro
9 Ca' da Mosto
10 Palazzo Dolfin-Manin
11 Ca' Farsetti
12 Palazzo Barzizza
13 Palazzo Grimani
14 Palazzo Corner Contarini dei Cavalli
15 Palazzo Barbarigo della Terrazza
16 Palazzo Corner-Spinelli
17 Palazzi Mocenigo
18 Ca' Foscari
19 Ca' Rezzonico
20 Palazzo Grassi
21 Palazzo Loredan dell'Ambasciatore
22 Gallerie dell'Accademia
23 Palazzo Cavalli-Franchetti
24 Palazzo Contarini dal Zaffo
25 Palazzo Barbarigo
26 Palazzo Corner Ca' Grande
27 Palazzo Venier dei Leoni
28 Ca' Dario
29 Palazzo Pisani-Gritti
30 Palazzo Contarini-Fasan
31 Ca' Giustinian
32 Piazza San Marco

Praktische Hinweise

Ca. 30 Min. dauert die Tour mit dem Vaporetto, mindestens einen halben Tag sollte man aber einplanen, wenn man zwischendurch aussteigt und etwas besichtigen möchte. Man könnte natürlich alle Sehenswürdigkeiten an der Strecke besichtigen; dann bräuchte man mehrere Tage.
Die Vaporetti sind tagsüber sehr voll. Wer weder stehen noch drinnen sitzen, sondern die Palazzi in aller Ruhe betrachten oder fotografieren will, der sollte die Tour für den frühen Morgen einplanen. Lösen Sie am besten ein 12-Stunden-Ticket. Sie bekommen es bei Venice Connected. Über die Website kann man spätestens 7 Tage vor Reiseantritt auch Tickets für Museen etc. zu einem besonders günstigen Tarif bestellen: www.veniceconnected.com

Information

www.turismovenezia.it

Hotel

Hotel American Dinesen

Hübsches, ruhiges Hotel ganz nahe beim Guggenheim-Museum. Einige Zimmer mit Blick auf den Kanal.
Dorsoduro 628, Venedig • Tel. 04 15 20 47 33 • www.hotelamerican.com

Restaurant

Al Ponte

Authentisches, typisch venezianisches Lokal, das eine köstliche Auswahl an *cicchetti*, aber auch fangfrischen Fisch und diverse Fleischgerichte bietet. Urig!
Ponte del Cavallo, Cannaregio, Venedig • Tel. 04 15 28 61 57

Shopping

Bressanello Artstudio

Fotografien als Kunstwerke: Fassadendetails, die sich in einer Pfütze spiegeln, mystisch-dunstige Lagune… So geschl.
Ponte dei Pugni, Dorsoduro, Venedig • Tel. 04 17 24 10 80 • www.fabiobressanellophoto.com

Ca' del Sol

Eine der ältesten Masken- und Kostümwerkstätten Venedigs. Die aufwendig gearbeiteten, fantasievollen Masken sind handgemacht.
Fondamenta dell' Osmarin 4964, Venedig • Tel. 04 15 28 55 49 • www.cadelsolmaschere venezia.com

L'Isola

Die modernen Gläser und Vasen aus der Werkstatt Carlo Moretti zählen zu den schönsten in ganz Venedig.
Calle delle Botteghe, San Marco, Venedig • Tel. 04 15 23 19 73 • www.lisola.com

Das Archäologische Museum in Aquileia – oben: eine Aufnahme um 1910 – hat seinen Sitz seit der Gründung im Jahr 1882 in der Villa Cassis Faraone. Die überdachten Gänge wurden eigens gebaut, um Skulpturen und andere Gegenstände auszustellen. Nicht weit entfernt liegt das ehemalige Forum Romanum (unten), Teil der Ausgrabungsstätte in der Stadt.

Tour 16 | **Friaul-Julisch Venetien**

Schätze aus Stein

▶ GESTERN: Lange Zeit glaubte man nicht an die Aussagekraft von »alten Steinen«. In Aquileia änderte sich das im 19. Jahrhundert

▶ HEUTE: Antike und alpine »Steine« hat die Unesco im Friaul zu Welterbestätten erklärt – und nicht nur das

▶ GESTERN

Als das Archäologische Museum von Aquileia im Jahr 1882 eröffnet wurde, war die Stadt ein kleiner Ort am Rand der österreichisch-ungarischen Monarchie. Rund 2000 Jahre zuvor hatte das noch ganz anders ausgesehen: Aquileia lag zwar ebenfalls am Rand – des Römischen Reichs nämlich – war aber eines seiner größten und wichtigsten Zentren! Die Blütezeit der Stadt dauerte jedoch nur wenige Jahrhunderte: Im Jahr 452 zerstörten die Hunnen Aquileia, die Bevölkerung floh; auch als Bischofssitz verlor die Stadt immer weiter an Bedeutung. Im Laufe der Zeit wurden die Ruinen römischer Bauwerke überbaut und vergessen.

Im 15. und 16. Jh. begann man sich in Europa für das Geistesleben der Antike zu interessieren. Dass man sich dabei nicht auf schriftliche Quellen oder die Bibel, sondern auf tatsächliche Artefakte stützte, war eine Neuerung des 18. Jhs. und markiert die Geburtsstunde der Archäologie. In jener Zeit begann der Altertumsforscher Giandomenico Bertoli, Funde aus der römischen Zeit Aquileias zusammenzutragen. Nach seinem Tod 1763 kaufte der Adelige Antonio Cassis Faraone die Sammlung und stellte sie in seiner Villa aus. Anfang des 19. Jhs. gab es in Aquileia Bestrebungen, ein städtisches Museum mit diesen Funden zu eröffnen. Die Macher gerieten jedoch zwischen die politischen Fronten der Mailänder

Himmlische Hilfe: Das Bodenmosaik in der Basilika von Aquileia zeigt u. a. Engel beim Fischen.

Die Basilika Santa Maria Assunta in Aquileia ist ein Meisterwerk der Romanik. Eigentliche Sensation ist jedoch der mehrere Jahrhunderte ältere Mosaikfußboden,der erst vor rund 100 Jahren entdeckt wurde.

Zentralregierung auf der einen und den Österreichern auf der anderen Seite, und so wurde es bald wieder geschlossen. Der kaiserliche Beamte und Präsident der »k. k. Central-Commission zur Erforschung und Erhaltung der Baudenkmale« Karl von Czoernig eröffnetes es 1858 erneut. Weitere Anstrengungen unternahm ab 1875 der Archäologe Enrico Majonica, der mehrere private Sammlungen erwarb und 1882 der erste Direktor des Archäologischen Museums wurde. Man wählte die Villa Cassis Faraone als Standort, und dort befindet sich das – im Übrigen noch immer wachsende – Museo Archeologico Nazionale di Aquileia bis heute.

▶ Heute

Aquileia kommt in Sachen römischer Geschichte nicht zur Ruhe, noch immer werden antike Strukturen zutage gefördert. Die Unesco hat das Ausgrabungsgelände 1998 zum Weltkulturerbe erklärt, und seit 2008 liegt die Steuerung aller Aktivitäten – Forschung, Erschließung und touristische Nutzung – bei der Fondazione Aquileia.

Diese Tour durch das Friaul geht ebenso spannend wie genussreich weiter und streift mehrere von der Unesco gewürdigte Stationen: Nach Aquileia wartet die Stadt Cividale del Friuli mit ihrem langobardischen Erbe. Die Friaulischen Dolomiten gehören aufgrund ihrer landschaftlichen Schönheit und Artenvielfalt zum Weltnaturerbe und die Pfahlbausiedlung Palù di Livenza bietet Einblicke in noch länger vergangene Jahrtausende, nämlich bis in die Steinzeit.

Landkarte: Seite 114, Adressen: Seite 115

1 Aquileia

Doch zunächst zu Aquileia. Der von den Römern an strategisch wichtiger Stelle errichtete Stützpunkt entwickelte sich zu einer bedeutenden Handelsmetropole, zu einem Bischofssitz und zum »letzten Hort der Zivilisation«– alles, was nordöstlich lag, wurde als »barbarisch« betrachtet. Bernstein wurde von der Ostsee bis hierher transportiert, und auch für Glas war Aquileia bekannt. Die Eisenverhüttung war ein weiterer Industriezweig. In großen Werften wurden Schiffe gebaut, um die auf dem Landweg hierher gelangten Waren nach Süden zu transportieren. Bald war die Stadt eine der größten des Imperiums – bis zu 200 000 Menschen sollen hier gelebt haben.

Aus dem Bistum von Aquileia, das bereits im Jahr 313 gegründet wurde, erwuchs der mittelalterliche Feudalstaat der Patriarchen von Aquileia, der unter der Oberhoheit des Heiligen Römischen Reiches das Friaul beherrschte. Nach den Zerstörungen durch die Hunnen (452) und Langobarden (552) wurde Aquileia aufgegeben, die Bevölkerung flüchtete mit dem Bischof nach Grado. Der Lagunenbereich blieb als Seevenetien unter byzantinischer Hoheit.

Wer die Stadt besucht, sieht sich meist als Erstes die **Basilika Santa Maria Assunta** an, einen Höhepunkt romanischer Baukunst aus dem 11. Jh. Die wahre Attraktion ist jedoch noch viel älter: Der prachtvolle Mosaikfußboden wurde für einen Vorgängerbau des 4. Jhs. gestaltet und ist mit über 600 m² einer der größten der christlichen Spätantike. Die Bildsprache ist ungeheuer vielfältig und spannend: Neben einer Vielzahl von Tieren und Ornamenten sind zum Beispiel Engel zu sehen, die zusammen mit Fischern im Boot stehen und mit Netzen hantieren (Sommer tgl. 9–19, geschlossen: Sa 17.30–18.45, So 10–11.15 Uhr; Okt. Mo–Fr 9–18, Sa 9–17.30, So 9–10, 11.30–18, Nov. –8. Dez. Mo–Fr 9–16.30, Sa 9–17, So 9–10, 11.30–17 Uhr).

Der Glockenturm der Basilika, um das Jahr 1000 als Wachturm erbaut, bietet mit seinen 73 m eine atemberaubende Aussicht von oben (März–Sept. tgl. 9.30–13.30, 15.30–18.30, Okt. Sa/So 10–17 Uhr). Ehrfurchtsvoll stimmt auch die Krypta (9. Jh.) mit byzantinischen Fresken (um 1180).

An der Basilika beginnt die Via Sacra, auf der man eine Art archäologischen Spaziergang machen kann: zu Überresten des römischen Forums, zu einem Gräberfeld und Häuserfundamenten (Fondo Cal und Fondo ex Cossar); man sieht Statuen der Via Sacra, der Märkte, der Stadtmauer, des Flusshafens und eines großen Mausoleums (tgl. 8.15–18 Uhr).

Im **Museo Archeologico Nazionale di Aquileia** auf der anderen Seite der Hauptstraße kann man Büsten, Grabbeigaben, Statuen, Stelen, Schmuck und Gefäße, Bodenmosaike und Inschriften aus dem römischen Aquileia bestaunen. Alle Ausstellungsgegenstände wurden hier gefunden! In den Sommermonaten ist das Lager des Museums für das Publikum geöffnet. Dort kann man die Mosaiken bewundern, die Dekoration der Tempel aus der republikanischen Zeit, Skulpturen und Epigraphen (Di–So 8.30–19.30 Uhr, www.museoarcheologicoaquileia.beniculturali.it, Eintritt). Das frühchristliche Aquileia ist im **Museo Paleocristiano** dokumentiert (Di–So 8.30–14 Uhr).

2 Cividale del Friuli

Die interessante Langobardenstadt (11 000 Einw.), deren Panorama sich jenseits des 22 m hohen,

Detail aus dem Tempietto Longobardo in Cividale del Friuli, dessen genaues Alter unbekannt ist. Sämtliche Erdbeben hat er jedenfalls überstanden.

mittelalterlichen Ponte del Diavolo (Teufelsbrücke) über der Natisone-Schlucht aufbaut, hat heute etwas von einer geschlossenen Festung. Die Campanili ragen wie Wehrtürme über den Altstadthäusern auf, und die alten engen Gassen, die hier *strette* heißen (von *stretto* – eng), liegen in tiefen Mauerschatten.

Vom römischen Forum Julii, dem die Stadt ihre Gründung durch Julius Caesar verdankt, leitet sich der Name der Region, Friuli, ab, und von dem langobardischen Civitas Forum Julii der heutige Name der Stadt. Den Langobarden, die sie 568 zur ersten Hauptstadt ihres oberitalienischen Reiches machten, verdankt sie ihren Ruhm. 737 verlegten die Patriarchen des zerstörten Aquileia ihren Sitz nach Cividale und residierten bis 1238 hier.

Tempietto Longobardo nennt man das kleine Oratorium von Santa Maria della Valle über einem Felshang am Natisone, das alle Erdbeben überlebte (Sommer Mo–Fr 10–13, 15.30–18, Sa/So 10–18, Winter Mo–Fr 10–13, 14.30–17, Sa/So 10–18 Uhr). Das Innere des Tempelchens gehört zu den eindrucksvollsten Räumen des frühen Mittelalters. Über sein genaues Alter – 8. oder 9. Jh., langobardisch oder karolingisch – streiten die Gelehrten bis heute. Ungewöhnlich sind die original bemalten Stuckreliefs der Westwand. Mehr über die Langobarden erfährt man im **Museo Archeologico** am Domplatz mit reichen Gräberfunden (Mo 9–14, Di–So 8.30–19.30 Uhr).

Langobardenkunst enthält das **Museo Christiano** des Doms: das achteckige Taufbecken des Patriarchen Calixtus (737–756) mit Säulenbaldachin sowie den Altar des Ratchis mit Figurenreliefs (Mi und So 10–13, 15–18 Uhr). Die Unesco hat Cividale del Friuli im Jahr 2011 in die Liste des Weltkulturerbes aufgenommen.

3 Friaulische Dolomiten

Ein Highlight ganz anderer Art sind die reizvollen Wege, die zerklüfteten Grate und stillen Täler, die sonnigen Weiden, die Gipfel und Geröllwände in den Friaulischen Dolomiten. Die Unesco hat sie 2009 auf die Liste des Weltnaturerbes gesetzt, doch anders als etwa das Grödnertal

Mit seiner Eigenschaft als gut erhaltene langobardische Stadt hat es Cividale del Friuli auf die Liste des Weltkulturerbes geschafft. Von oben erkennt man die Geschlossenheit der Siedlung.

Die Friaulischen Dolomiten begeistern mit Landschaften wie dieser: Hier ragen die wild gezackten Felsen der Monfalconi-Gruppe in den Himmel.

oder die Sextener Dolomiten wird die Gegend, abgesehen von »Hotspots« wie dem Campanile di Val Montanaia, nicht von großen Touristenströmen besucht. Der Naturpark Friaulische Dolomiten ist mit 37 000 Hektar das größte Naturschutzgebiet der Region. Wer hier wandern geht, kann geschützte Tierarten wie Murmeltiere, Gämsen, Steinböcke oder den majestätischen Steinadler beobachten.

Das Dörfchen **Poffabro** (525 m) ist einer der vielen sehenswerten Orte. Mit seinen schlichten Häusern aus Naturstein und Holz gilt es als eines der schönsten Dörfer Italiens. Hübsche Mitbringsel sind handgemachte Samtpantoffeln *(scarpeti)* und Kunsthandwerk aus Holz und Flechtwerk. Im Besucherzentrum gibt es eine Ausstellung über Almwirtschaft und Käse. Und probieren sollte man ihn auch: Der *Frico* ist ein Käse in Salzlake, der in der Pfanne gebraten wird.

Ein guter Ausgangspunkt ist auch **Cimolais** (652 m), das Tor zum Val Cimoliana, das direkt ins Herz der Friaulischen Dolomiten führt. Hier befindet sich ebenfalls eines der Besucherzentren des Naturparks. Die hiesigen Berge sind besonders interessant geformt und laden zum Wandern, Schauen und Interpretieren ein. Und nicht weit von hier steht er nun, der berühmte **Campanile di Val Montanaia**, eine 300 m hohe Felsnadel.

Spezialität aus Poffabro

Muset e brovade ist eine Wurst mit sauren, in Trester eingelegten weißen Rüben. Probieren!

4 Palù di Livenza

Nun geht es wieder ein Stück nach Süden; man lässt die majestätischen Gipfel hinter sich und begibt sich in flacheres Land. In der Provinz Pordenone, in der feuchten und sumpfigen Gegend zwischen den Gemeinden Caneva und Polcenigo im Tal des Flusses Livenza, liegt ein archäologisches Juwel, das noch älter ist als die Stätten in Aquileia oder Cividale del Friuli: die Pfahlbausiedlung Palù di Livenza. Sie ist eine der ältesten ihrer Art in Norditalien und gehört zusammen mit 111 ähnlichen Stätten in den Alpen (von Frankreich bis Slowenien, einschließlich Deutschlands, der Schweiz, Österreichs und verschiedener italienischer Orte) zur Gruppe der

Unauffällige Sensation: Im Sumpfgebiet von Palù di Livenza hat man Besiedelungsspuren aus der Steinzeit gefunden.

»prähistorischen Pfahlbausiedlungen der Alpen«, mit der sie 2011 die Eintragung in die Unesco-Weltkulturerbeliste erhalten hat. Schon Ende des 19. Jhs. hatten Bauern auf den Feldern erste Überreste aus der späten Jungsteinzeit entdeckt, doch erst in den 1960er-Jahren begann man, den Sumpf trockenzulegen und die Gegend zu erkunden. Die Forschung hat gezeigt, dass Palù di Livenza seit der Steinzeit (ca. 4900 v. Chr.) besiedelt war. Ausgrabungen brachten drei verschiedene Arten von Pfahlbauten zutage, die von einer rund 3000-jährigen Besiedlungsgeschichte zeugen, von der Alt- bis zur späten Jungsteinzeit. Zahlreiche Artefakte wurden gefunden, von Gegenständen und Werkzeugen aus Stein bis zu solchen aus Keramik. Rekonstruierte Pfahlbauten, wie man sie etwa vom Bodensee kennt, finden sich hier allerdings nicht. Die archäologischen Funde aus der Siedlung sind im Archäologischen Museum des westlichen Friaul in Pordenone ausgestellt (Via Vittorio Veneto 19–21, Fr/Sa 15–18, So 10–12, 15–18, Juli/Aug. Fr/Sa 15–19, So 10–12, 15–19 Uhr).

Informationen

Tour 16: Von Aquileia nach Palù di Livenza

Autotour, 3 Tage, ca. 230 km

Stationen

1 Aquileia
2 Cividale del Friuli
3 Friaulische Dolomiten
4 Palù di Livenza

Aquileia

Info

Pro Loco
Piazza Capitolo 4, Aquileia • Tel. 0 43 19 10 87 • www.prolocoaquileia.it

Info point Aquileia
Via Iulia Augusta Parkplatz/ Busterminal, Aquileia • Tel. 04 31 91 94 91 • info.aquileia@turismo.fvg.it

FVG-Card
Mit der FVG-Card können Sie kostenlos an der Stadtführung teilnehmen, Audioguides ausleihen, die Krypten und die Südhalle besuchen. Erhältlich für 48, 72 Std. oder eine Woche beim Info point Aquileia, tgl. im Sommer 9–13 und 14–19, im Winter 8.30–12.30 und 14.30–17.30 Uhr.

Restaurant

Patriarchi
Das elegante Hotelrestaurant bietet exzellente Fischgerichte und friaulische Weine. Mi geschl. Via G. Augusta 12, Aquileia • Tel. 04 31 91 95 96 • www.hotelpatriarchi.it

Cividale del Friuli

Info

APT
Piazza Paolo Diacono 10, Cividale del Friuli • Tel. 04 32 71 04 60 • www.cividale.net

Hotel

Locanda al Castello
Romantisches Schlosshotel mit schönem Wellnessbereich. Via del Castello 12, Cividale del Friuli • Tel. 04 32 73 32 42 • www.alcastello.net

Restaurant

Al Monastero
Idyllisch dinieren in einem ehemaligen Kloster, z. B. *Cialcions del Monastero*, Kartoffelteigtaschen mit Spinat, Ricotta und Zimt! So abend, Mo geschl. Via Ristori 9, Cividale del Friuli • Tel. 04 32 70 08 08 • www.almonastero.com

Shopping

Bottega Longobarda
Schöner Schmuck nach langobardischen Vorbildern. Via Monastero Maggiore 22, Cividale del Friuli • Tel. 04 32 73 09 32 • www.bottegalongobarda.com

Events

Das **Mittelfest** (Juli) ist ein bedeutendes mitteleuropäisches Kunstfestival mit Theater, Musik. Beim **Palio di San Donato** (August) wird das Mittelalter wieder lebendig.

Friaulische Dolomiten

Info

Ente Parco Naturale Dolomiti Friulane
Via Vittorio Emanuele 1, Cimolais • Tel. 0 42 78 73 33 • www.parcodolomitifriulane.it

Besucherzentrum Cimolais
Mit der Ausstellung »La Fauna del Parco«. Info und Anfragen an: Besucherzentrum Dolomiti Natur Park, Tel. 0 42 78 73 33, Mo–So 10–12, 15.30–17 Uhr. Via Roma 6, Cimolais

Besucherzentrum Poffabro
Mit den Ausstellungen »Die Molkerei von Poffabro« und »In Mont – die Almhütten des Parks«. Info und Anfragen an: Besucherzentrum Dolomiti Natur Park, Tel. 0 42 78 73 33, Mo–So 10–12, 15.30–17 Uhr. Piazza XX Settembre 1, Poffabro

Palu di Livenza

Info

Gemeinde Polcenigo
Piazza Plebiscito 1, Polcenigo • Tel. 0 43 47 40 01 • www.comune.polcenigo.pn.it, www.altolivenza.eu

Triest, das Herz Europas – zumindest geografisch: Zieht man einen Kreis mit 2000 km Radius um die Stadt, umfasst er das Gebiet von Portugal bis Moskau und Ankara. Ob der Kellner auf diesem Etikett von Birra Dreher deshalb über eine Europakarte eilt?

Tour 17 | **Triest**

Una birra, per favore!

▶ GESTERN: Aber bitte gut gekühlt. In Triest wurden große Schritte in der Entwicklung der modernen Bierproduktion gemacht

▶ HEUTE: Zwischen weißen Karstklippen und dem blauen Meer erhebt sich eine bunte, vielfältige Stadt

▶ GESTERN

Von der imposanten Wasserfront am azurblauen Golf steigt die Stadt (205 000 Einw.) steil auf zu den weißen Felsen der Karstberge. Aufgrund seiner geografischen Lage seit Jahrhunderten Schmelztiegel verschiedener Völker und Kulturen bezaubert Triest mit einer faszinierenden, multikulturellen Atmosphäre.

Der alte Name der Stadt, *Tergeste*, stammt aus vorrömischer Zeit. Unter Kaiser Augustus wuchs der Ort den Hang hinunter bis zum Hafen. Nach wechselnder Herrschaft von Byzantinern, Goten, Langobarden, Franken und einer kurzen Epoche als freie Stadt unterstellte sich Triest 1382 der Herrschaft der Habsburger, um Venedigs Machtanspruch zu entgehen. Der kometengleiche Aufstieg begann 1719 mit der Ernennung zum Freihafen. Unternehmungslustige strömten aus allen Himmelsrichtungen in die Stadt, die zu einem typischen Produkt des Vielvölkerstaats der Donaumonarchie wurde und im 19. Jh. ihre größte Blütezeit als Handelszentrum erlebte.

Das war auch die große Zeit der Familie Dreher, ohne die die Bierwelt heute ärmer wäre. Aus der kleinen, im Jahr 1632 gegründeten Brauerei Klein-Schwechat in Wien, die 1796 von Franz

Una birra im Zentrum – oder doch erst mal einen *caffè* auf der Piazza dell'Unità?

Die Bühne der Stadt: An der Piazza dell'Unità stehen prunkvolle Gebäude, deren Beleuchtung in der blauen Stunde besonders schön zur Geltung kommt. Hier beginnt der Stadtrundgang.

Anton Dreher übernommen wurde, stammen Methoden und Produkte, die noch immer aktuell sind. Drehers Sohn Anton hatte erkannt, dass für die Produktion untergäriger Biere niedrige Temperaturen erforderlich waren. Aus diesem Grund legte er große, mit Natureis gefüllte Keller an, in denen das Bier gelagert und zur Reifung gebracht wurde. Sein 1841 entwickeltes Schwechater Lagerbier, das erste Lagerbier der Welt, erfreute sich bald so großer Beliebtheit, dass ab 1850 eine Dampfmaschine zur Bierherstellung eingesetzt wurde, um die enorme Nachfrage zu befriedigen.

Die Wiener kauften weitere Brauereien – darunter 1869 jene in Triest. Nach einem verhältnismäßig warmen Winter im Jahr 1872, in dem das Eis zur Bierkühlung per Eisenbahn von Polen nach Wien geschafft werden musste, sann Dreher auf eine einfachere Lösung und beauftragte den deutschen Erfinder Carl von Linde mit der Konstruktion einer Kühlmaschine. Im Jahr 1877 wurde sie in der Brauerei in Triest aufgestellt. Dreher führte damit die künstliche Kellerkühlung im Brauwesen ein.

Das florierende Unternehmen wurde nach einigen familiären Wirren im Jahr 1925 an ein Bankenkonsortium verkauft. Die unter dem Namen Birra Dreher in Triest bestehende Brauerei gehört heute zum Heineken-Konzern.

▶ Heute

Nach dem Zerfall Jugoslawiens und Sloweniens EU-Beitritt öffneten sich 2004 die Grenzen für Triest: Hafen und Wirtschaft erlebten einen Aufschwung. Die wirtschaftlichen und politischen Schwierigkeiten, in denen sich Italien seit einigen Jahren befindet, lassen viele Triestiner wieder von einem »Freien Territorium Triest« träumen – von einem Freistaat mit eigenem Freihandelshafen.

Stadtplan: Seite 120, Adressen: Seite 121

A Piazza dell'Unità

Die zum Meer hin geöffnete Piazza säumen das prunkvolle Rathaus, der **Palazzo Comunale** (1875), die **Casa Stratti** an der Nordseite mit dem legendären, 1839 eröffneten **Caffe degli Specchi**, der mit Mosaiken geschmückte **Palazzo del Go-**

verno an der Hafenseite (1905) und der Palazzo des **Lloyd Triestino** (entstanden 1880–1883), ein Gebäude des Wiener Ringstraßen-Architekten Heinrich Ferstel. Auf dem **Molo Audace** vor der Piazza gehen die Triester gerne spazieren. Die im Boden eingravierte Windrose benennt die hier vorherrschenden Winde.

B Santa Maria Maggiore

Ein Treppensteig führt von der Via del Teatro Romano zur barocken **Kirche Santa Maria Maggiore** und zur kleinen mittelalterlichen **Backsteinkirche San Silvestro** hinauf, seit Ende des 18. Jhs. Sitz der Waldenser-Gemeinde. Nahebei versteckt sich der römische Torbogen Arco di Riccardo (1. Jh.) im Altstadtwirrwarr. Auf der Kuppe des **Colle di San Giusto** steht als ältestes Denkmal der Stadtgeschichte die Ruine der römischen Forumsbasilika.

C Kathedrale San Giusto

Das Gotteshaus ist ein hochinteressantes Konglomerat von Bauelementen verschiedener Epochen. Römische Versatzstücke und eine byzantinische Madonna schmücken den Campanile, und römische Grabsteine rahmen das Portal der Westfassade mit dem schönen gotischen Radfenster. Der asymmetrische fünfschiffige Raum entstand im 14. Jh. durch die Verbindung der romanischen Basiliken Santa Maria Assunta und San Giusto zu einem Gebäude. Ebenfalls beachtenswert: die Kapitelle aus dem 11. Jh. und das Mosaik mit dem byzantinischen Madonnenbild in der linken Seitenapsis (um 1200).

Süße Verführung

In der berühmten Pasticceria La Bomboniera mit ihrem nostalgischen Interieur gibt es die für Triest typischen *dolci mitteleuropei: strudel, krapfen* und *chiffeletti* (Kipferl).

D Museo di Storia ed Arte

Die Via della Cattedrale führt hinunter zum **Museo di Storia ed Arte** mit dem romantischen Lapidarium *(Orto lapidario)*, das Grabinschriften und Architekturfragmente aus den Gebieten um Triest, Aquileia und Istrien ausstellt (Di–So 10–17 Uhr, www.museostoriaeartetrieste.it, Eintritt).

E Kastell

Der Hügel wird von dem wuchtigen **Kastell** gekrönt, das im 14. Jh. von den Venezianern erbaut wurde. Herrlich ist der Panoramablick über die Stadt (tgl. 8 Uhr bis Sonnenuntergang).

F Teatro Romano

Über den Parco della Rimembranza gelangt man hügelabwärts zum **Teatro Romano**. Das mit seinem Sitzrund in den Hang gebettete antike Theater (um 100 n. Chr.) bot 6000 Zuschauern Platz und freien Blick auf das Meer. Das Terrain von hier bis zum Hafen wurde erst in späterer Zeit aufgeschüttet.

G Sant'Antonio Nuovo und H Palazzo Carciotti

Das neue Stadtviertel des Handels und der Schifffahrt, Borgo Teresiano, entstand auf Anordnung Kaiserin Maria Theresias im 19. Jh. als Schachbrettanlage über trockengelegten Salinen um die Achse des kurzen Canal Grande. Heute ist das Borgo eines der angesagten Shopping-Viertel Triests. Eine nostalgische Institution ist hier die beliebte **Pasticceria La Bomboniera** (Via XXX Ottobre 3, Mo geschl.).

Der Canal Grande endete einst direkt vor der **Kirche Sant'Antonio Nuovo**, einem kühlen klassizistischen Pantheon (1825–1849). Der neo-byzantinische Kuppelbau an der Piazza Sant'Antonio mit glänzenden Mosaiken an der Fassade ist die **Kirche San Spiridone** (1869) der serbisch-orthodoxen Gemeinde.

An der Ecke zum Hafen liegt der riesige **Palazzo Carciotti**, in den Jahren 1798–1805 vom bedeutendsten Architekten des Triestiner Klassizismus, Matthäus Pertsch, erbaut.

I Piazza della Borsa

Die **Borsa Vecchia** (1806–1809), halb dorischer Tempel, halb römischer Triumphbogen, und das

Teatro Verdi (1801), die Oper, werden durch die **Galleria Tergesteo** (1804), eine überdachte Passage mit Läden und Café, miteinander verbunden. Hier war im 19. Jh. der Treffpunkt von »tout Triest«. Anfang des 21. Jhs. wurde der Bau umfassend modernisiert. Klassizistisch ist auch die Zweiturmfassade von **San Niccolo die Greci** (1782–1821), der Kirche der griechisch-orthodoxen Gemeinde. Für eine kurze Verschnaufpause bietet sich das elegante, stuckverzierte **Caffe Tommaseo** (seit 1830) an der Piazza Tommaseo an.

J Piazza Hortis

Das älteste Stadtviertel Triests, **Citta Vecchia**, erfuhr in den letzten Jahren eine Wiederbelebung und avancierte zum Szeneviertel. Am Rand der Altstadt verläuft die Via Cavana mit kleinen Läden, Kneipen und ein paar Antiquariaten. Sie endet an der **Piazza Hortis**, einem grünen Platz mit der **Biblioteca Civica**. Ganz in der Nähe liegt das kombinierte **Italo Svevo**- und **James Joyce-Museum**, auf das Svevos Bronzestatue am Platz aufmerksam macht. Die Schriftsteller lebten Anfang des 20. Jhs. in Triest; Joyce gab Svevo Englischunterricht. Dokumente beleuchten das Leben der beiden Autoren (Via Madonna del Mare 13, zweite Etage, Mo–Sa 9–13, Do auch 15–19 Uhr, www.museojoycetrieste.it).

K Palazzo Revoltella

Eine Ecke weiter wird es herrschaftlich. Zwei einstige Kaufmannspaläste bilden den **Palazzo Revoltella** (Via Diaz 27, Mi–Mo 10–19 Uhr, www.museorevoltella.it, Eintritt) mit einem der bedeutendsten italienischen Museen für zeitgenössische Kunst. Die Raumfluchten dokumentieren mit großbürgerlicher Möblierung das Leben Mitte des 19. Jhs. Gleich um die Ecke gibt es im Fischgeschäft und -Imbiss SaluMare (Via Cavana 13/a, www.salumare.com) köstliche *tartine*, *panini* oder ein preiswertes Fischmenü mit Weißwein.

Ein Ire in Triest: Die Bronzestatue erinnert an James Joyce und weist auf ein Museum hin, das ihm und seinem Kollegen Italo Svevo gewidmet ist.

Informationen

Tour 17: Stadtrundgang in Triest

Spaziergang, halber Tag

Stationen

- A Piazza dell'Unità
- B Santa Maria Maggiore
- C Kathedrale San Giusto
- D Museo di Storia ed Arte
- E Kastell
- F Teatro Romano
- G Sant'Antonio Nuovo
- H Palazzo Carciotti
- I Piazza della Borsa
- J Piazza Hortis
- K Palazzo Revoltella

Info

Info point Trieste

Via dell'Orologio 1, Ecke Piazza Unità, Triest • info@turismo.fvg.it • www.turismofvg.it

Hotel

Grand Hotel Duchi d'Aosta

Der aufwendig renovierte Stadtpalast des 19. Jhs. schmückt die Piazza Unità. Die Zimmer verbreiten aristokratisches Flair; ein feiner Wellnessbereich sorgt für Wohlbefinden. Die Dependance vis-à-vis kontrastiert mit stilsicherem, kühlem Minimalismus.
Piazza Unità 2/1, Triest • Tel. 04 07 60 00 11 • www.duchi.eu, www.hotelvisavis.net

Restaurants

Harry's Grill

Seit 2010 bereitet Massimo Sperli im Traditionsrestaurant des Hotels Duchi auf höchstem Niveau traditionelle Gerichte, international verfeinert, zu.
Piazza Unità 2/1, Triest • Tel. 04 07 60 00 11 • www.duchi.eu

Scabar

Feinschmecker haben die Qual der Wahl, denn die Geschwister Scabar sind Virtuosen der Kochkunst: Ami setzt auf fangfrischen Fisch aus heimischen Gewässern und Meeresfrüchte, und auf eine Küche, die kreativ-genial Slowenien und Italien vermählt. Unbedingt *Trilogia di Baccala* probieren und unbedingt reservieren. Mo geschl.
Erta di Sant'Anna 63, Triest • Tel. 0 40 81 03 68 • www.scabar.it

Vittorio Veneto

Früher als Mario's Bar bekannt, bietet das Lokal unprätentiöse, preiswerte gute Küche; im Sommer Tische auf der Piazza.
Piazza Vittorio Veneto 3, Triest • Tel. 04 03 48 02 16

Roba de Osmiza

In dem rustikal-urig eingerichteten Lokal gibt es Schinken, Würste, Terrano-Wein und ein bisschen die Atmosphäre einer echten *osmizza*.
Via della Torretta, Triest • Tel. 04 03 22 02 62

Buffets

Buffets heißen die typischen Triestiner Restaurants, in denen man preiswerte Speisen nach k. u. k.-Tradition auf der Basis von frischem Kesselfleisch, scharfem Kren (Meerrettich) und Kraut serviert. Eines der berühmtesten Buffets ist **Da Pepi** (Via Cassa di Risparmio 3, Tel. 0 40 36 68 58).
Das beliebte **Buffet da siora Rosa** (Piazza Hortis) können die Gäste bei schönem Wetter an den Tischen auf der Piazza genießen.

Shopping

Podrecca

Seit 1870 werden hier Haushaltswaren verkauft. Interessant ist das Sortiment an Keramik mit traditionellem Dekor.
Via Mazzini 42, Triest • Tel. 0 40 42 60 90

Nightlife

Bar Audace

Viele junge Leute, Drinks, Snacks und gelegentlich Musik auf der Piazza.
Piazza d'Unità 3, Triest • Tel. 04 03 48 10 78

Naima Jazz-Caffe

Montag bis Samstag wird hier Jazz gespielt, oft live.
Via Rossetti 6 c, Triest • Tel. 0 40 66 26 86

Tour 18 | **Piemont & Aosta-Tal**

Bella macchina

▶ GESTERN: Fahrzeugproduktion mit Blick auf Turin – im Fiat-Werk wurde bis 1982 jedes dort gefertigte Auto getestet. Auf dem Dach!

▶ HEUTE: Auf in den Nordwesten – mit dem Auto von der geschäftigen Hauptstadt des Piemont durch das Aosta-Tal bis fast zum Mont Blanc

▶ GESTERN

Im Jahr 1919, kurz nach Ende des Ersten Weltkriegs, brachte die Fabbrica Italiana Automobili Torino, kurz Fiat, ihr erstes ziviles Auto auf den Markt. Mit seinen 23 PS erreichte der Fiat 501 eine Höchstgeschwindigkeit von 70 km/h – für damalige Zeiten recht ordentliche Werte. Rekorde hat das Fahrzeug mit dieser Leistung allerdings

504 Meter lang und 24 Meter breit ist das ehemalige Fiat-Werk Lingotto in Turin. Auf dem Dach der Anlage wurden so legendäre Autos wie der Topolino (1936), der Multipla (1956) und der Fiat 500 (1957) auf ihre Verkehrstauglichkeit getestet – jedes einzelne Exemplar. »La Pista«, wie das Oval früher genannt wurde, steht heute für ein Gourmet-Restaurant, von dem aus man einen wunderbaren Blick über die Stadt und bis zu den Alpen hat.

nicht eingefahren, das behielt sich im Juli 1924 der Fiat Mefistofele vor: Basierend auf einem Fiat-Rennwagen und mit einem Flugzeugmotor von 21,7 Litern Hubraum bestückt, stellte das automobile Einzelstück den damaligen Landgeschwindigkeitsrekord von 234,98 km/h auf.

Ein Jahr zuvor hatte Fiat im Turiner Stadtteil Lingotto sein neues Werk eröffnet, damals die größte und fortschrittlichste Produktionsanlage Europas. Auf einer Fläche von 153 000 m², verteilt über fünf Stockwerke, fertigten hier bis zu 30 000 Arbeiter in Fließbandarbeit die Autos, wobei in jeder Etage ein Teilbereich der Produktion ablief: Im Erdgeschoss wurden Einzelteile und Rohmaterial mit dem Zug angeliefert, dann stockwerkweise zu einem vollständigen Fahrzeug zusammengebaut. Erst wenn ein Auto den 1,4 km langen Testparcours auf dem Dach des Werks problemlos absolviert hatte, durfte es auf die Straße.

1982 wurde die Produktion in Lingotto eingestellt, das Werksgelände begann zu verfallen. Die Turiner Bevölkerung bestand jedoch auf einer Wiederbelebung und erreichte durch zahlreiche Demonstrationen, dass ein Architekturwettbewerb zur Modernisierung des Geländes ausgeschrieben wurde. Die Umbauarbeiten nach den Plänen des Wettbewerbsgewinners Renzo Piano waren 1989 abgeschlossen; in dem früheren Automobilwerk fanden unter anderem ein Kultur- und Messezentrum, eine Konzerthalle, zwei Luxushotels und ein Einkaufszentrum ihren Platz.

Inmitten der ehemaligen Teststrecke, die heute Hotelgästen als Laufareal dient, platzierte der Architekt einen kubusförmigen Bau, die Pinacoteca Giovanni e Marella Agnelli. In dem vom früheren Fiat-Chef und seiner Ehefrau gestifteten Museum sind Bilder aus dem 18. bis zum 20. Jh. zu sehen.

▶ Heute

Nicht nur Autohersteller wie Fiat oder Lancia sind eng mit der piemontesischen Hauptstadt verbunden, auch weit über Italien hinaus bekannte Marken kommen von hier: Kaffeebohnen (Lavazza), Aperitifweine (Martini & Rossi) und zwei Fußballclubs (Juventus Turin und FC Turin). Außerdem besitzt Turin ein reiches Kulturleben und konnte sich trotz schwerer Beschädigungen im Zweiten Weltkrieg viele sehenswerte Baudenkmäler erhalten. Die Zeichen stehen nicht schlecht, denn schließlich heißt das Lateinische *fiat* übersetzt: »es werde«.

Landkarte: Seite 126, Adressen: Seite 127

Verkehrsberuhigt: Auf der Piazza San Carlo in Turin fuhren im 19. Jahrhundert von Pferden gezogene Straßenbahnen um das Reiterstandbild von Emanuele Filiberto. Die Pflastersteine erinnern daran.

1 Turin

Die Tour beginnt in **Turin**, dessen schachbrettartig angelegtes Zentrum zum Flanieren unter Arkaden, zu angenehmen Aufenthalten in Cafés und neben erhabener Barockarchitektur auch zu modernstem Design einlädt. Die viertgrößte Stadt Italiens (über 872 000 Einw.) ist Hauptstadt der Region Piemont. Im Süden liegen grüne Hügel, in weiter Ferne die Gipfel der Alpen. Die stark von zeitgenössischer Kunst und Architektur geprägte Stadt war im Jahr 2008 **Design-Welthauptstadt** (www.worlddesigncapital.com; Informationen zu entsprechenden Spaziergängen bei Turismo Torino, siehe Seite 127).

Breite Alleen, gesäumt von insgesamt 18 km langen Bogengängen mit gemäßigten Barockfassaden, prägen das homogene Stadtbild. Nirgends zeigt sich die prachtvolle Seite der Stadt mehr als auf der **Piazza Castello**, die 1584 als Komplex von einheitlichen, mit Bogengängen umgebenen Bauten angelegt wurde. Auf dem Platz präsentiert sich der von Juvarra 1721 errichtete **Palazzo Madama**, der römische Reste und ein mittelalterliches Kastell hinter der barocken Monumentalfassade zusammenfasst. In seinem prunkvollen Inneren residiert das **Museo Civico d'Arte Antica** (Di–Sa 10–18, So bis 19 Uhr). Die 1668 von Guarini erbaute **Theatinerkirche San Lorenzo** besticht durch einen grandiosen Innenraum – gleichsam eine Vergeistigung von Architektur. Weltlicher präsentiert sich hingegen der prächtige **Palazzo Reale** an der **Piazza Reale**, der wie alle königlichen Residenzen der Savoyer (auch der Palazzo Madama) zum Weltkulturerbe der Unesco gehört (Di–So 8.30–18 Uhr letzter Einlass).

Hinter der weißen Marmorfassade des **Renaissance-Doms** wartet innen die berühmte Chorkapelle mit dem **Turiner Grabtuch**: Die Cappella della Sacra Sindone verwandelte Guarini zu einem wahren Raumerlebnis.

Über die elegante **Via Roma** spaziert man zur noblen **Piazza San Carlo** (17. Jh.) mit dem **Traditions-Caffè San Carlo**. 1678 errichtete Guarini den **Palazzo dell'Accademia delle Scienze**, der zwei bedeutende Museen beherbergt: die nach Kairo weltgrößte **Sammlung Ägyptischer Kunst** (Museo Egizio, Di–So 8.30–19.30 Uhr) und die **Galleria Sabauda** (Di, Fr–So 8.30–14, Mi, Do 14–19.30 Uhr).

2 Villa Stupinigi und 3 Staffarda

Nach zwei Tagen setzen Sie Ihre Reise fort. Etwa 10 km südwestlich von Turin trifft man auf die herrliche Rokoko-Villa **Palazzina di Caccia di Stupinigi** inmitten einer großen Parkanlage, die Filippo Juvarra 1730 ursprünglich als Jagdschloss errichtete. Niemandem wird die Ähnlichkeit mit Versailles entgehen (die Sala di scudieri und der Vorraum der Kapelle werden noch restauriert, sonst geöffnet, Di–Fr 10–17, Sa/So 10–18 Uhr, www.ordinemauriziano.it). Knapp 50 km südlich liegt **Staffarda**, wo Zisterziensermönche 1135 die stille Abtei Santa Maria errichteten (Di–So 9–12.30, 13–17, im Sommer bis 18 Uhr).

4 Saluzzo

Am Nachmittag durchstreifen Sie in aller Ruhe die wunderschöne Altstadt von **Saluzzo**. Die einladende Kleinstadt liegt südlich des Flusses Po (16 800 Einw.) vor den Höhen des Monvisio. Weithin sichtbar ragen die **Kirchen- und Wohntürme** der mittelalterlichen Altstadt aus dem Umland. Enge Straßen und Treppengässchen prägen die Hauptstadt der ehemaligen Markgrafschaft.

5 Manta und 6 Alba

Der folgende Tag ist zunächst dem großartigen gotischen Freskenzyklus in der Burg von **Manta Cuneo** gewidmet (März bis Sept. 10–18, Okt.–Nov., 2. Hälfte Febr. Di–So 10–17 Uhr).

Danach geht es weiter nach **Alba**. Die Stadt (30 900 Einw.) in den Hügeln der Langhe verwöhnt Feinschmecker: Im Herbst gibt es hier weiße Trüffel, dazu den weltberühmten Barolo. Im Oktober dreht sich alles um die heiß begehrte Knolle bei der **Fiera Internazionale del Tartufo Bianco d'Alba** (www.fieradeltartufo.org). Schön ist ein Bummel durch die **mittelalterliche Altstadt** oder eine **Radtour** rund um Alba (Information siehe Seite 127).

7 Asti

Am Fluss Tanaro entlang geht es in das Hügelland des Monferrato. Weinberge stimmen auf **Asti** (74 300 Einw.) ein. Roter Barbera d'Asti und Asti Spumante sind nur zwei Namen aus einer großen Palette. Den Höhepunkt der Weinsaison bildet das zehntägige Fest **Douja d'Or** im September (www.doujador.it, nur Ital.).

Zentrum der mittelalterlichen Altstadt ist die **Piazza Vittorio Alfieri**, die sich wie die Flaniermeile Corso Alfieri nach dem in Asti geborenen Tragödiendichter (1749–1803) nennt. Mittelalterliche Wohntürme ragen aus dem Häusergewirr, ein Blick auf die **Kathedrale SS. Maria Assunta e Gottardo** (um 1300) und der Besuch des romanischen **Baptisteriums Rotonda di San Pietro** (Corso Alfieri 6, Eintritt) lohnen.

8 Vercelli

Am nächsten Tag fahren Sie in die Stadt **Vercelli** (46 400 Einw.) am Rande des Hügellands des

Enge Gassen, hohe Häuser: Die hübsche Altstadt von Alba atmet mittelalterliches Flair.

Monferrato. Der Außenbau der sonst frühgotischen **Kirche Sant'Andrea** zeigt noch romanische Tradition. Sehr empfehlenswert und gar nicht so anstrengend ist eine **Fahrradtour** um die Stadt, durch das ein wenig an Asien erinnernde Hauptanbaugebiet für Reis in Italien.

Wer möchte, baut hier einen eintägigen Abstecher zum **Lago Maggiore** ein und besucht Stresa, Pallanza und die Borromäischen Inseln (siehe Seite 33).

9 Aosta-Tal

Nach einer weiteren Übernachtung geht es dann hinein ins gebirgige **Aosta-Tal**. Zahllose Burgen säumen den Fluss Dora Baltea. Zu den schönsten zählen die **Burg Fénis** und das mit Fresken ausgestattete **Kastell in Issogne** (beide März–Juni/Sept. 9–18.30 letzter Einlass, Juli/Aug. 9–19.30 Uhr, Okt.–Febr. Issogne Mi, Fénis Di geschl., sonst 10–12, 13.30–16.30 Uhr, So, Fei bis 17.30 Uhr, www.lovevda.it).

> ***Noble Feder***
>
> Die legendären Schreibgeräte von Montblanc tragen als Markenzeichen einen Stern auf der Kappe – es ist der stilisierte Gipfel des Namen gebenden Berges mit seinen sechs Tälern.

Das Aosta-Tal mit seiner überwältigenden hochalpinen Bergwelt ist die kleinste Region Italiens. Den Eingang der Römerstadt **Aosta** (heute ca. 35 000 Einw.) markiert ein **Augustusbogen** (25 v. Chr.). Der romanische Campanile weist den Weg zur Kirche der **Klosteranlage Sant'Orso**, wo es Ende Januar einen schönen Kunsthandwerkermarkt gibt. Ein Bummel zum römischen Stadttor **Porta Pretoria** und zum **Parco Archeologico del Teatro Romano** mit Resten des Römischen Theaters sowie ein Spaziergang entlang der römischen **Stadtmauern** gehören im Hauptort des Aosta-Tals zum Pflichtprogramm.

Und wenn Sie am Ende der Reise noch ein wenig Hochgebirgsluft schnuppern wollen: Der **Mont Blanc**, mit 4807 m der höchste Berg Europas, liegt nur 35 km westlich, oberhalb von Courmayeur (Zahnradbahn, www.compagniedumontblanc.fr)!

Informationen

Tour 18: Von Turin bis ins Aosta-Tal

Autotour, 7–8 Tage, ca. 360 km

Stationen

1 Turin
2 Villa Stupinigi
3 Staffarda
4 Saluzzo
5 Manta
6 Alba
7 Asti
8 Vercelli
9 Aosta-Tal

Turin

Info

IAT

Auch im Bahnhof Porta Nuova und am Flughafen Caselle.
Piazza Castello 161, Torino • Callcenter-Tel. 0 11 53 51 81 • www.turismotorino.org

ChocoPass

Der ChocoPass führt ins Turiner Schokoladenreich.
www.turismotorino.org/chocopass

Restaurant

Alberoni

Piemonteser Küche, mit Garten direkt am Po. Mo mittags geschl.
Corso Moncalieri 288, Torino • Tel. 01 16 61 54 33 • www.ristorantealberoni.it

Nightlife

Im **Quadrilatero romano**, dem Zentrum der Altstadt um die Via Garibaldi herum, finden sich die meisten Enotheken etc.

Saluzzo

Info

IAT

Piazzetta Dei Mondagli 5, Saluzzo • Tel. 0 17 54 67 10 • www.cuneoholiday.com

Shopping

In der Provinz Cuneo werden exzellente Käse hergestellt, u. a. Toma Piemontese, Raschera oder Bra. Käsetouren unter: www.cuneoholiday.com

Alba

Info

ATL Langhe-Roero

Piazza Risorgimento 2, Alba • Tel. 0 17 33 58 33 • www.langheroero.it

Shopping

Enoteca Regionale del Barolo

Tgl. 10–12.30, 15–18.30 Uhr.
Castello Falletti, Barolo (10 km von Alba) • Tel. 0 17 35 62 77 • www.barolodibarolo.com

Aktivitäten

Nach Wein- und Käsegenuss etwas Bewegung? Entlang des Flusses Tanaro führt ein schöner 25 km langer Radweg um Alba. Weitere Radtouren und Wanderwege aller Schwierigkeitsgrade führen durch die Langhe. Karten und Fahrradverleih bei der Touristen-Info.

Asti

Info

A.A.P.T

Piazza Vittorio Alfieri 29, Asti • Tel. 01 41 53 03 57 • www.astiturismo.it • www.monferrato.net

Restaurant

Tacabanda

Günstige Mittagsmenüs und Barbera-Weine. Mo geschl.
Via al Teatro Alfieri 5, Asti • Tel. 01 41 53 09 99 • www.ristorantetacabanda.com

Aktivitäten

Wandern und Biken: www.winetrekking.it; www.piemonteciclabile.it (Radtouren).

Vercelli

Restaurant

Paiolo

Typische Küche des Piemont, z. B. feines Risotto.
Viale Garibaldi 72, Vercelli • Tel. 01 61 25 05 77 • www.ristoranteilpaiolovercelli.com

Aosta

Info

Ufficio del Turismo

Webseite mit Wanderungen und Radtouren; Reiterhöfe und viele Wintersport-Ideen.
Piazza Porta Praetoria 3, Aosta • Tel. 01 65 23 66 27 • www.lovevda.it

Tour 19 | **Mailand**

Herz der Milanesità

▶ GESTERN: Die Galleria Vittorio Emanuele II ist seit jeher nicht nur Mailands Laufsteg, sondern auch der *salotto*, die gute Stube

▶ HEUTE: Kunst und Kirchen, Prunk und Palazzi – an der Galleria beginnt ein schöner Spaziergang durch Mailands Altstadt

▶ GESTERN

Am 7. März 1865 war die feierliche Grundsteinlegung, zwei Jahre später konnte die Galleria bereits durch König Vittorio Emanuele II. eingeweiht werden. Die Passage ist beeindruckend: Zwei Arme bilden die Form eines Kreuzes, der eine ist 196 m, der andere 105 m lang. Nach oben wird der Raum durch ein gläsernes Gewölbe auf Eisenträgern abgeschlossen. Die Kuppel über dem Kreuzungsoktogon ist 47 m hoch.

Die Galleria teilte mit den Mailändern die traurigsten Ereignisse, darunter die Bombardierung im Jahr 1943, und die glücklichsten Stunden. Und wie fast alle bedeutenden Bauwerke der Stadt ist auch sie mit ihrem harmonischen Nebeneinander von Kunst und Kommerz ein typisches Produkt der *milanesità*.

▶ HEUTE

Die Passage 1 animiert seit Jahrzehnten zum rituellen Abend- und Sonntagsbummel, zu dem sich anscheinend die ganze Welt einfindet: Der elegante Geschäftsmann durcheilt die ehrwürdigen Konsumhallen, während die Tramper mit Rucksäcken erst einmal auf dem kühlen Mosaikboden ein Sit-in abhalten. Japaner fotografieren die Architektur und die Geschäftsauslagen, Schwarzafrikaner verkaufen Schirme und Feuerzeuge. Selbst die Polizeigarden promenieren hier in edlen, dunkelblauen Uniformen mit glänzendem Säbel und erinnern eher an Statisten aus der nahen Scala als an Carabinieri.

Lassen Sie die Galleria, diesen Tempel der Eitelkeiten, noch ein wenig auf sich wirken, bevor Sie Ihren Spaziergang beginnen. Wie wäre es mit

Linke Seite: Wenig hat sich verändert, seit diese Aufnahme in den 1950er-Jahren gemacht wurde. Über den Charme der Galleria Vittorio Emanuele II wird akribisch gewacht: Alle Geschäfte müssen ihre Schilder in Schwarz und Gold halten.

»Welches Wunder ist er! So großartig, so ernst, so riesengroß! Und doch so fein, so luftig, so anmutig!« Mark Twain über den Mailänder Dom im Jahr 1867.

einem *caffè* oder einem Campari bei **Camparino**? Die weltberühmte Bar wurde im Jahr 1867 vom Likörmacher Gaspare Campari eröffnete, der den gleichnamigen Drink erfand. Aus der kleinen Brennerei im Keller wurde, als der Campari seinen Erfolgszug um die Welt antrat, ein riesiger Industriebetrieb.

Auch heute trifft man sich in der Bar (Mo geschl.) mit den Jugendstilmosaiken auf den roten Aperitif oder auf eine *zucca*, einen schwarzbraunen Rhabarberlikör, zu dem man Salzgebäck und Oliven nascht – Mailänder Tradition zum Feierabendbeginn.

Stadtplan und Adressen: Seite 135

2 Piazza del Duomo

Die *milanesità* erlebt man auch nebenan auf dem **Domplatz** – trotz der Touristenmassen. Moderne Lichtreklame kontrastiert mit der Pracht der Vergangenheit: Stuckfassaden, der Triumphbogen zur Galleria Vittorio Emanuele II und das Marmorgebirge des Doms Santa Maria Nascente fügen sich zu einer faszinierenden Einheit von Einst und Jetzt. Es lohnt sich, ein paar Minuten auf den Stufen des Doms zu verweilen und das bunte Treiben zu beobachten.

In der Mitte des zwischen 1862 und 1878 gestalteten Platzes sitzt Italiens König Vittorio Emanuele II. hoch zu Ross. Mailand hat dem König viel zu verdanken – daher begegnet man allerorts seinem Namen. Er war es, der die Stadt 1859 von der österreichischen Fremdherrschaft befreite, wovon die Reliefs am Sockel des Reiterstandbildes erzählen.

3 Dom Santa Maria Nascente

Il Duomo ist in Mailand viel mehr als eine gotische Kathedrale. Er ist religiöser Mittelpunkt, Treffpunkt, Symbol, Markenzeichen, Verkaufsschlager, Herzstück und absolute Mitte der Stadt. Mehr als vier Jahrhunderte sollte sich die Bauzeit hinziehen. Gian Galeazzo Visconti hatte den Dom 1386 in Auftrag gegeben, als sichtbares Zeichen seiner Macht. Bis zur Errichtung von St. Peter in Rom war der Mailänder Dom dann auch tatsächlich die größte Kirche Europas. Ihren Titel als höchstes Bauwerk der Stadt musste Santa Maria Nascente hingegen 1959 an das Pirelli-Hochhaus abgeben (tgl. 7–19 Uhr, kostenpfl. Audioguides im Inneren des Doms, Pflicht für Gruppen ab 7 Pers. Aufstieg zum Dach: 16. Sept.–15. Mai 9–19, 16. Mai–15. Sept. Mo–Mi 9–19, Do–So 9–21 Uhr, aktuelle Zeiten: www.duomomilano.it).

Den höchsten Punkt des Doms markiert eine 4 m hohe **Madonna**, die eine bunt zusammengewürfelte Völkerschar unter sich hat: Mit 2245 Statuen und 95 Atlanten sind Dach und Außenwände geschmückt. Wandelt man auf den mit Marmortafeln gepflasterten **Dachterrassen** des Doms, zu denen an der Nordseite eine Treppe und ein Fahrstuhl führen, reicht der Ausblick bis weit in die Lombardische Ebene hinein.

Im **Innenraum** tragen die 52 Bündelpfeiler schwer am Gebälk und lenken den Blick in gleichsam unermessliche Höhen, in deren Dunkel die Rippengewölbe verschwinden. Nur Vierung und Chor sind an klaren Tagen vom Licht erhellt, das ihre Bedeutung wirkungsvoll hervorhebt. Die Innenausstattung des Doms geht vor allem auf den manieristischen Künstler Pellegrino Tibaldi zurück, den Carlo Borromeo, heiliggesprochener Bischof von Mailand, mit der Gestaltung der Fußbodenmosaiken sowie zahlreicher Altäre beauftragte. Hauptwerk Tibaldis ist der **Hochaltar** im Hauptchor. Auch die **Krypta** unter dem Chor entstand 1606 nach seinen Plänen. Der äußerst sittenstrenge, aber volksnahe Kardinal und Erzbischof Carlo Borromeo (1538–1584) – einer der wichtigsten Kämpfer der Gegenreformation – ruht hier in einem **Sarg aus Bergkristall**, einem Geschenk Philipps IV. von Spanien.

Im nördlichen Querschiff des Doms gibt es eine weitere kunsthistorische Kostbarkeit zu sehen, den berühmten **Trivulzio-Kandelaber**. Es handelt sich dabei um einen siebenarmigen, fünf Meter hohen Bronzeleuchter aus dem 13. Jh., in dessen Ranken die Heilsgeschichte dargestellt ist.

4 Palazzo Reale

Im Südosten geht der monumentale Domplatz in die kleine, feierliche **Piazetta Reale** über, die ihren Namen vom **Palazzo Reale** ableitet. Im Königspalast residierte nach der Einigung Italiens Umberto I., wenn er nach Mailand kam. Er setzte damit die Tradition der Visconti fort, die sich 1310 hier ihre Residenz errichten ließen. Als der Dom gebaut wurde, musste ein Teil der Residenz wieder abgetragen werden, und die Visconti zogen in das Castello Sforzesco um (siehe Seite 134). Der Palast verwaiste, bis ihn die spanischen Statthalter im 16. Jh. wieder bewohnten.

Draußen und doch drinnen sitzen, sehen und gesehen werden, ein bisschen shoppen, ein bisschen plaudern: Die Galleria Vittorio Emanuele II erfüllt seit über 140 Jahren das Repräsentationsbedürfnis der selbstbewussten Mailänder.

Einstiges Herz der Stadt: Die Piazza dei Mercanti gilt als einer der schönsten Plätze Mailands. Die Loggia degli Osii (links) und der Palazzo dei Notai (hinten) bilden die Kulisse für ein stimmungsvolles Dinner.

Seine heute klassizistischen Bauformen erhielt der Palast 1771 bis 1778 durch die österreichischen Habsburger, die ihn abermals als Residenz nutzten. Heute dient der Palazzo als wichtigstes Ausstellungsgebäude der Stadt. Besonders stimmungsvoll sind Präsentationen in der historischen **Sala dei Cariatidi**. Unter www.comune.milano.it/palazzoreale (nur Ital.) können Sie sich über das laufende Programm informieren.

5 Museo del Novecento

Der Palazzo dell'Arengario rahmt als Gegenstück zum Palazzo Reale den Eingang zur Via Marconi. Der strenge Bau steht für die faschistische Architektur Italiens. Ende 2010 wurde dort das **Museo del Novecento** eröffnet (Mo 14.30–19.30, Di, Mi, Fr, So 9.30–19.30, Do, Sa 9.30–22.30 Uhr, www.museodelnovecento.org), das die Kunstentwicklung Italiens von 1900 bis 1980 dokumentiert.

6 Santa Maria presso San Satiro

Die Basilika an der lauten Via Torino, die direkt von der Piazza del Duomo abzweigt, ist leider ein wenig eingezwängt. Dabei hätte der ungewöhnliche Frührenaissancebau mehr Platz verdient. **San Satiro** ist das erste Werk Bramantes in Mailand, welches zwei Jahre nach seiner Ankunft am Hofe Ludovico Sforzas 1480 begonnen wurde. Dabei bezog er auch Vorgängerbauten, eine Kirche aus dem 9. Jh., und den Campanile des 11. Jhs., mit ein. Anlass für die Erweiterung von San Satiro war ein Wunder, das allerdings schon mehr als zwei Jahrhunderte zurücklag: 1242 soll ein Marienbild, das von einem wutentbrannten Spieler mit dem Messer verletzt wurde, geblutet haben. Das Wunder führte zu einer kleinen Wallfahrt, sodass schließlich eine neue und größere Kirche nötig wurde.

Bramante stand hier vor dem Problem, dass es durch das Baugrundstück nicht möglich war, dem dreischiffigen Bau mit Querhaus eine halbrunde Apsis anzufügen. Er löste das genial, indem er mit den Mitteln der Perspektive in einer ganz flachen Mauernische räumliche Tiefe vortäuscht. Erst auf den zweiten Blick erkennt man, das man einer optischen Täuschung erlegen ist.

7 Palazzo dell'Ambrosiana

Dieser **Palazzo** wurde 1603–1609 im Auftrag des Kardinals Federico Borromeo errichtet, um dessen Bibliothek und Kunstsammlung aufzunehmen, für die im Familienpalast kein Platz mehr war. Dem sittenstrengen Kardinal, der ab 1595 als wichtiger Mäzen die Kunst seiner Zeit förderte, hat Mailand die nach der Sammlung der Brera bedeutendste Kunstkollektion der Stadt zu verdanken. Die Gemäldegalerie der **Pinacoteca Ambrosiana** bietet einen Überblick der Malerei vom 14.–19. Jh., u. a. besitzt sie das Porträt Beatrice d'Estes von Botticelli, Werke Tizians und Tiepolos, aber auch die Vorzeichnungen Raffaels für die »Disputa« im Vatikan und Caravaggios »Früchtekorb«. Bedeutendster Besitz ist aber neben dem »Bildnis eines Musikers« die weltweit größte Sammlung von Manuskripten Leonardo da Vincis, von denen ein Teil immer zu sehen ist (Di–So 10–18 Uhr, www.ambrosiana.eu).

8 Piazza dei Mercanti

Der Platz gehört zu den schönsten Winkeln der Stadt. Vor allem wenn man durch einen der Bogengänge von der hektischen Via Orefici auf die Piazza kommt, hat man das Gefühl, in eine andere Welt einzutreten. Vor der imposanten Kulisse mehrerer Verwaltungsgebäude des Mittelalters fällt es leicht, sich das städtische Leben zur Zeit der freien Kommune vorzustellen. Von der einst geschlossenen viereckigen Platzanlage führten sechs Tore zu den sechs *quartieri*, den Vierteln der Stadt – die **Piazza dei Mercanti** war der Nabel Mailands. Leider schlug man Mitte des 19. Jhs. mit der Via Mercanti eine Schneise in die Piazza und zerstörte ihre harmonische Stille.

Passerella

... ist das italienische Wort für Laufsteg. Viermal jährlich findet in Mailand die Modemesse statt. Dann wird die ganze Stadt zur Bühne für alle, die sehen und gesehen werden wollen.

Der lang gestreckte **Palazzo della Ragione** teilt den Platz in zwei Hälften. Im ehemaligen Rathaus wurde Markt abgehalten, es trafen sich die Ratsmitglieder zu Versammlungen, später auch die Bankiers. Der große Ratssaal nimmt das ganze Obergeschoss ein, das heute für wechselnde Ausstellungen genutzt wird. Bis 1770 diente der Palast als Sitz der Stadtverwaltung. Dann ließ Maria Theresia hier das noch bis heute bestehende Notariatsarchiv unterbringen, das eine Aufstockung des Baus erforderte. Rund 40 Mio. Akten vom 13. Jh. bis zur Gegenwart lagern hier.

Gegenüber dem alten Rathaus liegt die elegante **Loggia degli Osii**, über deren Fassade sich schwarze und weiße Marmorbänder ziehen. Sie entstand 1316 nach toskanischen Vorbildern. Erst später wurden von ihrem Balkon Gerichtsurteile verkündet, die im **Palazzo dei Giureconsulti** an der nördlichen Seite des Platzes gefällt worden waren. Papst Pius IV. hatte ihn 1558 in Auftrag gegeben. Als Pendant zum Justizpalast fügte Carlo Buzzi 1645 den **Palazzo delle Scuole Palatine** in das Platzensemble ein. Der ursprüngliche Charakter verlor sich leider bei Umbauten im 19. Jh., allein die Fassade blieb erhalten. Vom **Palazzo dei Notai** aus dem 15. Jh. haben leider auch nur die spätgotischen Spitzbogenfenster sowie die Spitzbogenloggia die Jahrhunderte überdauert.

9 Via Dante und Piccolo Teatro

Über die Piazza Cordusio kommt man auf die mit imposanten Palazzi des 19. Jhs. gesäumte **Via Dante**, eine der schönsten Straßen Mailands. Dieser Prachtboulevard wurde 1890 durch die mittelalterliche Bebauung gebrochen, um dem Repräsentationsbedürfnis der Epoche zu entsprechen. Auf halber Höhe der für den Verkehr gesperrten Straße kann man auf der einen Seite über den Dächern die Madonnina des Doms sehen. Als Blickfang auf der anderen Seite grüßt von Weitem der Uhrturm des mächtigen Castello Sforzesco.

Rechts geht die Via Rovello ab, wo im **Piccolo Teatro** mit den Inszenierungen Giorgio Strehlers (1921–1997) Theatergeschichte geschrieben wurde. Das Theater in einem ehemaligen Kino setzte v. a. mit spektakulären Brecht-Aufführungen politische und ästhetische Akzente.

10 Castello Sforzesco

Ein Stück der Mailänder *grandezza* hat sich im **Castello Sforzesco** erhalten (Sommer tgl. 7–19, Winter 7–18, Museen Di–So 9–17.30 Uhr, www.milanocastello.it). Schon die Annäherung über die Via Dante gleicht einer Inszenierung. Bevor man auf die halbkreisförmige Piazza des Castello tritt, durchschreitet man das **Foro Bonaparte**, einen Komplex herrschaftlicher Wohnarchitektur vom Ende des 19. Jhs., das sich wie ein Hufeisen um das Castello legt. Hinter einer dieser Fassaden soll auch der Schriftsteller Umberto Eco mit seiner immensen Bibliothek wohnen.

Die Visconti hatten den Ort bereits für ihre Residenz gewählt, doch ihr Schloss war nach dem Tod Filippo Maria Viscontis 1447 geplündert und zerstört worden, sodass Francesco Sforza, der neue Herzog von Mailand, 1450 eine Zwingburg errichten ließ. Die Sforza fühlten sich hier sicher und führten ein rauschendes Leben.

Seine friedlichste und kunstsinnigste Zeit erlebte das Castello unter Ludovico il Moro, der die besten Künstler der Renaissance an seinen Hof holte. Leonardo da Vinci malte mehrere Säle des Palastes aus und Donato Bramante vollendete den Portikus der *Rocchetta* (Zitadelle). Das Museum für Kunstgewerbe, **Civiche Raccolte d'Arte Applicata**, zeigt neben Goldschmiedearbeiten und Elfenbeinschnitzereien auch Objekte der Glasbläserei aus Murano, Leder- und Stoffarbeiten sowie Musikinstrumente. Den Hof der **Rocchetta** säumen Arkadengänge aus dem 15. Jh., an denen unter anderem Filarete und Bramante arbeiteten. Von hier aus erreicht man die **Schatzkammer**, in der die Herzöge Gold, Silber und Edelsteine hüteten. Heute sind hier die **Prähistorische Sammlung** mit Fundstücken vom Paläolithikum bis zur Eisenzeit sowie die **Ägyptische Sammlung** untergebracht.

Das **Skulpturenmuseum** zeigt neben zahlreichen interessanten Stücken das letzte Werk Michelangelos (1475–1564), die Pietá Rondanini. Bedeutsam sind aber nicht allein die Exponate, sondern vor allem die prachtvolle Ausstattung der Räume. Ein Höhepunkt ist die **Sala delle Asse** im nordöstlichen Eckturm des Schlosses, die Leonardo da Vinci 1497–1498 ausmalte. Die Malerei entführt mit Bäumen, Wurzelwerk und einer Blätterpergola, durch die der Himmel scheint, in die Natur (Di–So 9–13, 14–17.30 Uhr).

Beim Castello liegt das **Museo d'Arte e Scienza** mit einer interessanten Ausstellung zum Leben und Werk Leonardo da Vincis (Via Q. Sella 4, Mo–Fr 10–18 Uhr, www.museoartescienza.com).

11 Parco Sempione

Durch die Porta del Parco gelangt man in den **Parco Sempione**. 1893 wurde der Stadtpark im Stil eines englischen Landschaftsgartens angelegt. Die Mailänder kommen gerne hierher. Es ist einer der wenigen Orte, wo Kinder spielen können und man den Abend mit Freunden im Grünen verbringen kann. Im **Acquario Civico** in einem schönen Jugendstilgebäude haben zahlreiche Meerestiere ein Zuhause gefunden. In 48 Becken tummeln sich Fische und andere Meeresbewohner. Bei seiner Eröffnung 1908 galt das Mailänder Aquarium als eines der bedeutendsten in Europa. Heute gehört die Abteilung der exotischen Fische immer noch zu den weltweit größten. In der Bibliothek werden Jahrhunderte hydrobiologischer Forschung zusammengefasst (Di–So 9–13 und 14–17.30 Uhr, www.acquariocivicomilano.eu).

Der **Palazzo dell'Arte** entstand 1933 im westlichen Teil des Parks als Ausstellungsgebäude der Mailänder **Triennale**, einer internationalen Ausstellung für Architektur. Seit Ende des Jahres 2007 beherbergt der Palazzo im Obergeschoss das **Triennale Design Museum**, das sich als Dokumentationsstätte für zeitgenössische angewandte Kunst sieht (Di–So 10.30–20.30, Do bis 23 Uhr, www.triennale.it).

In der Nähe des Palazzo dell'Arte steht die 109 m hohe **Torre Branca**. Der stählerne Turm, der aus Anlass der Triennale 1933 errichtet wurde, bietet von seiner Aussichtsplattform einen tollen Blick auf Mailand. Wenn man an klaren Tagen kommt, dann wirken die Alpen zum Greifen nah. Auch der Blick auf das abendliche Lichtermeer der Großstadt gehört zu den Highlights eines Mailandbesuchs (bei schlechtem Wetter geschl., aktuelle Öffnungszeiten: www.turismo.milano.it).

Informationen

Tour 19: Spaziergang durch Mailands Altstadt

Spaziergang, ca. 3–4 Std. Gehzeit

Stationen

1 Galleria Vittorio Emanuele II
2 Piazza del Duomo
3 Dom Santa Maria Nascente
4 Palazzo Reale
5 Museo del Novecento
6 Santa Maria presso San Satiro
7 Palazzo dell'Ambrosiana
8 Piazza dei Mercanti
9 Via Dante und Piccolo Teatro
10 Castello Sforzesco
11 Parco Sempione

Praktische Hinweise

Zum Dom kommen Sie mit den Metrolinien M 1 und 3.

Info

IAT

Piazza Castello 1, Milano • Tel. 02 77 40 43 43
Weitere Filiale in der Abfahrtshalle der Stazione Centrale (Hbf.) vor Gleis 13/14.
Tel. 02 77 40 43 18 / 19 • www.turismo.milano.it

Hotel

UNA Hotel Cusani

Unschlagbare Lage an der Piazza Cairoli mit angenehmen Zimmern zu bezahlbaren Preisen.
Via Cusani 13, Mailand • Tel. 02 85 601 • www.unahotels.de

Restaurants

Rinascente

Den Dom im Blick, stärkt man sich im obersten Stockwerk des Kaufhauses Rinascente bei kleinen Köstlichkeiten im Bistro. Haute Cuisine bietet das Restaurant. Tgl. 10–21 Uhr, Restaurant bis 24 Uhr.
Galleria Vittorio Emanuele II, Mailand • www.rinascente.it

Just Cavalli Café

Ob zum Essen oder nur für einen Cocktail: Das Restaurant Roberto Cavallis am Fuß der Torre Branca ist ein Highlight.
Via Luigi Camoens, Mailand • Tel. 02 31 18 17 • www.justcavallimilano.com

Shopping

Antiquitäten werden am letzten Sonntag im Monat (außer Juli) an den Navigli gehandelt. Es ist ratsam, sich schon frühmorgens auf den Weg zu machen, denn die Mailänder strömen in Scharen dorthin.

Peck

Salami, Parmesan, Steinpilzsauce, hervorragende Weine, Schokolade … das Beste aus Italiens Küche auf rund 3000 m².
Ein Paradies! Mo vormittags geschl., So geschl.
Via Spadari 9, Mailand • www.peck.it

Tour 20 | **Blumenriviera**

Grazie dei fiori!

▶ GESTERN: San Remo, Hotspot der Schlagerkultur – viele italienische Stars machten hier erste Schritte, auch ein gewisser Eros Ramazzotti

▶ HEUTE: San Remo liegt an der Blumenriviera – entdecken Sie die noblen Seebäder an der Küste und die idyllischen Oliventäler im Hinterland

▶ GESTERN

Grazie dei fiori! – Danke für die Blumen! Seit Nilla Pizzi 1951 mit diesem Titel das erste **Festival della Canzone Italiana** gewann, wird San Remo jedes Jahr im Februar zum Mekka der Fans italienischer Schlager (www.rai.it/sanremo). Der eigentliche Wettbewerb geht seit 1977 im Teatro Ariston über die Bühne: 1963 als Kino eröffnet, bietet es mit seinen knapp 2000 Sitzen genug Platz für ein begeistertes Publikum.

Auch wenn viele der Beiträge über Italien hinaus erfolgreich waren, verlief das Festival nicht für alle Teilnehmer glücklich, für einen sogar hochdramatisch: Weil er mit seinem Lied *Ciao amore ciao* im Halbfinale des Sanremo-Festivals ausgeschieden war, nahm sich der Liedermacher Luigi Tenco im Jahr 1967 das Leben. In seinem Abschiedsbrief bezeichnete er seinen Tod als Protestakt »gegen ein Publikum, welches *Io tu e le rose* ins Finale wählt, und gegen eine Jury, welche *La rivoluzione* kürt. Ich hoffe, dass dies jemandem zu Klarheit verhilft. Ciao, Luigi.«

▶ HEUTE

Eine Tour von Imperia über San Remo nach Bordighera führt streckenweise direkt an der Küste entlang und bietet immer wieder Bilderbuchansichten mit glitzerndem Meer und üppiger Blütenpracht. **Adressen und Landkarte: Seite 142/143**

1 Imperia

Imperia (40 000 Einwohner) ist keine gewachsene Stadt, sondern ein von oben verordneter Zusammenschluss der Orte **Oneglia** und **Porto Maurizio** (1923), nachdem sich beide Städte jahrhundertelang feindselig gegenübergestanden hatten: Porto Maurizio als treue Verbündete Genuas, Oneglia als Seehafen der Savoyer. Benannt wurde die Neugründung nach dem Impero-Bach, der bis dahin die Grenzlinie markiert hatte.

Obwohl das moderne Oneglia einst Heimat des berühmt-berüchtigten Andrea Doria (1466–1560) war, jenem gerissenen Admiral, der die Seerepublik Genua 30 Jahre beherrschte, steht es touristisch im Schatten Porto Maurizios. Einen

Im Jahr 1961, zwei Jahre vor der Eröffnung des Teatro Ariston, war das Spielcasino noch Austragungsort des Sanremo-Festivals. Für die Kameras posieren hier (von links): Rocco Granata, Jolanda Rossin, Pino Donaggio, Silvia Guidi, Little Tony, Nadia Liani, Tony Renis, Betty Curtis (die spätere Gewinnerin) und Wilma de Angelis.

Ohrenschmaus: Im Hof von San Tommaso in Dolcedo finden im Sommer Klassikkonzerte statt.

Besuch lohnt jedoch unbedingt das **Museo dell'Olivo** (siehe Seite 142). Danach kann man unter den Arkaden an der zentralen Piazza Dante shoppen oder von einem der Fischrestaurants in den Laubengängen am Hafenkai den Schiffen beim Entladen zuschauen.

Die Hauptader der Altstadt von Porto Maurizio ist die schmale Via Cascione mit Geschäften, Cafés, einem Kino und der kleinen Markthalle. Eine Flaniermeile *en miniature* ist die palmenbestandene Seitenstraße **Via XX Settembre**. Die imposante **Kathedrale San Maurizio** fällt vor allem durch ihre Ausmaße auf. Sie wurde im späten 18. Jh. begonnen, aber erst im Jahr 1838 vollendet. Das klassizistische Gebäude gegenüber des Doms beherbergt eine kleine Gemäldegalerie, die **Pinacoteca Civica** (Mo–Sa 9–12, 15–18 Uhr), und das **Museo Navale Internazionale del Ponente Ligure** über die Seefahrtsgeschichte der westlichen Riviera (Mi, Sa 16–19.30, Juli/Aug. Mi, Sa 21–23 Uhr).

Enge Gassen und Treppenwege führen in das noch intakte mittelalterliche Alstadtviertel **Parasio** hinauf. Auf den Resten der alten Stadtmauer ruht die **Kirche San Pietro** mit Fresken aus dem 18. Jh. Von der Terrasse der Kirche erreicht man die Loggia des **Convento di Santa Chiara** (18. Jh.) mit traumhaftem Blick aufs Meer.

Lebhaft geht es im Sommer an der Marina zu, an der sich neben dem großen Jachthafen Strandbäder an einer feinsandigen Bucht reihen.

2 Pieve di Teco

Von Imperia Oneglia geht es ins Landesinnere, ins 25 km entfernte mittelalterliche **Pieve di Teco**. Der Ort war einst ein wichtiger Knotenpunkt der alten Salzstraßen, die vom Meer über die ligurischen Alpen- und Apenninpässe in die piemontesisch-lombardische Ebene führten. Die Handelskarawanen, die seit dem Mittelalter kostbares Salz von der ligurischen Küste über die Berge transportierten, kehrten gern unter den schattigen Lauben der Hauptstraße **Corso Ponzoni** ein. Elegante Palazzi sowie kunstvolle Schieferportale mit Wappen und Heiligenfiguren zeugen hier noch von einstigem Wohlstand. Die klassizistische **Pfarrkirche San Giovanni Battista** (1792–1806) ist ein Werk des Baumeisters Gaetano Cantone, von dem auch die Entwürfe zum Dom von Porto Maurizio und zur Pfarrkirche in Pietra Ligure stammen.

Wieder zurück an der Küste zweigt gleich nach Imperia Porto Maurizio die Straße in die Oliventäler ab.

3 Dolcedo

Im Hinterland von Porto Maurizio kann man hübsche Dörfer wie **Dolcedo** entdecken, das durch den Ölhandel im Mittelalter reich geworden ist. Mehr ein Dorfverband als ein einziges Dorf zieht sich Dolcedo mit seinen zehn Weilern und doppelt so vielen Kirchen durch eine von Oliventerrassen geprägte Landschaft zu beiden Seiten des Prino-Tals entlang. Malerisch schmiegt sich das Hauptdorf Dolcedo Piazza an die alte **Steinbrücke** (13. Jh.), die von der barocken **Kirche San Tommaso** überragt wird. Alte Maultierpfade verbinden die Ortsteile, in denen man an Ölmühlen vorbeikommt, die oft nur für den Eigenbedarf produzieren. Wer das Glück hat, eine Flasche Öl direkt vom Bauern zu bekommen, weiß, warum das hiesige Olivenöl den Beinamen »flüssiges Gold« hat.

4 Bussana Vecchia

An der Küste entlang geht es bis Arma di Taggia, dann fährt man 2 km landeinwärts bis ins Künstlerdorf **Bussana Vecchia**. Der herrlich gelegene Ort wurde 1887 von einem heftigen Erdbeben weitgehend zerstört. Während am Meer das neue Bussana entstand, verfiel das Hügeldorf Bussana Vecchia. Häuser und Mauern stürzten ein und wurden von Pflanzen und Gras überwuchert.

1963 begann ein bunt gemischtes Häufchen von Kunsthandwerkern, Künstlern und Hippies das ausgestorbene Dorf zu neuem Leben zu erwecken. Ohne die Ruinenromantik zu zerstören, restaurierten sie die Gebäude und richteten sich Wohnungen, Ateliers und Verkaufsräume ein. Besonders eindrucksvoll ist die zerstörte **Kirche Sacro Cuore**, in der Bussanas neue Bewohner kuriose Mobiles aufgehängt haben.

5 San Remo

Die nächste Station, **San Remo**, entfaltet alle Facetten einer Riviera-Stadt: die typische Altstadt mit den engen *caruggi* genannten Gassen, dem kleinen Fischerhafen und dazu als Kontrastprogramm elegante Boulevards, Luxushotels, Jachthafen und Villen mit prächtigen Parks.

Eigentlich müsste San Remo (51 200 Einw.) dem Schriftsteller Giovanni Ruffini (1807–1881) ein Denkmal setzen. Er gehört zwar nicht zu den großen Namen der italienischen Literatur, aber sein Liebesroman »Doktor Antonio«, der in San Remo und Bordighera spielt, legte seinerzeit den Grundstein für den kometenhaften Aufstieg der italienischen Riviera als beliebtes Reiseziel. Nachdem der Roman 1855 in englischer Sprache in Edinburgh erschienen war, folgten viele Leser dem Vorbild des Romanhelden und flüchteten aus den britischen Nebeln ins milde Klima der Rivieraküste. Die ersten Gäste wurden noch von der Gräfin Adele Roverizio di Roccasterone in einer privaten Villa beherbergt. Schon 1860 wurde das **Grand Hôtel Londra** erbaut, bald darauf das **Royal**, das heute noch zu den exklusivsten Adressen am Ort zählt. Bis 1900 entstanden 25 Hotels und annähernd 200 Villen. Mit ca. 250 Hotels, Campingplätzen und Feriendörfern ist San Remo die unangefochtene Tourismusmetropole der

Eros Ramazzotti am Anfang seiner Karriere: Mit 21 Jahren gewann er in der Kategorie »Newcomer« beim Sanremo-Festival von 1984 – nur zwei Jahre später holte er sich den Gesamtsieg.

Nobelherberge: Das Grand Hotel Londra in San Remo hat schon so bekannte Persönlichkeiten wie Charles Dickens und Franz Liszt gesehen.

Blumenriviera. Und noch immer strömen wohlhabende Gäste herbei, die hier überwintern und das riesige Freizeitangebot nutzen bzw. als Zuschauer die prominenten Autorallyes, Radrennen und Segelregatten verfolgen.

Die Belle Époque hat überall ihre Spuren hinterlassen: in den Grandhotels mit ihren Zuckerbäckerfassaden, am palmengesäumten **Corso Imperatrice** (Kaiserin-Allee), zu Ehren der Zarin Maria Alexandrowna so benannt, und in den eleganten Villen. Auch der Jugendstil hielt in derBlütezeit der Stadt Einzug und hinterließ so prachtvolle Palais wie die **Villa Nobel**, in der Alfred Nobel seine letzten Jahre (1891–1896) verbrachte, und die jetzt Sitz des Internationalen Instituts für Menschenrechte ist. Das **Casino Municipale**, das 1904–1906 nach Entwürfen des Architekten Eugène Ferret entstand, bringt der Stadt heute Millionen ein.

»Schlampertoni«

... wird der hl. Antonius auch spöttisch-liebevoll genannt, weil er neben vielen anderen guten Diensten auch dabei helfen kann, verlorene Gegenstände wiederzufinden.

Den Beginn des Corso Imperatrice markieren die bunten Zwiebeltürme der russisch-orthodoxen **Kirche San Basilio**, die im späten 19. Jh. von der russischen Kolonie gestiftet wurde (Sommer Di–So 9.30–12.30, 15–18 Uhr, Winter nach Vereinbarung, Tel. 01 84 53 18 07). Im **Palazzo Borea d'Olmo** zeigt das **Civico Museo Archeologico** Objekte der Stadtgeschichte, Funde aus der Region und Ausgrabungsmaterial aus der Römerzeit (Di–Sa 9–19 Uhr).

Die Fassade des spätromanischen **Doms San Siro**, der im 13. Jh. auf den Resten einer älteren Kirche entstand, wurde bis um 1900 vollständig erneuert. Dem linken Portal gegenüber erhebt sich das **Battistero**, ein ursprünglich dreischiffiges romanisches Gotteshaus, das sich heute als Zentralbau des 17. Jhs. präsentiert.

Zum elegant-nostalgischen Flair der Nobelherbergen am Meer bildet die in die Jahre gekommene **Altstadt La Pigna** einen herben Kontrast. Dennoch besitzt das Gewirr aus Gässchen, Treppen und überwölbten Durchgängen einen gewissen Charme. Überragt wird die Altstadt von der barocken **Wallfahrtskirche Madonna della Costa** aus dem 17. Jh. Von dort hat man eine herrliche Sicht auf die Küste.

6 Baiardo

Die Fahrt in die Berge lässt die mit Gewächshäusern bestückten Hügel rund um San Remo schnell vergessen. Vorbei an der Sommerfrische **San Romolo** auf 786 m schraubt sich die Straße durch Mischwälder hinauf. Wer gut zu Fuß ist, kann von San Romolo in ca. 2 Std. den Hausberg San Remos erklimmen, den **Monte Bignone** (1299 m).

Seine malerische Lage auf einem Bergsporn (900 m) vor der eindrucksvollen Kulisse der Ligurischen Alpen ist nicht der einzige Grund, warum sich der Weg nach **Baiardo** lohnt. Die noch vorhandenen Außenmauern der romanischen **Kirche San Nicolò** erinnern an das schwere Erdbeben am 23. Februar 1887, als das Kirchendach während der Morgenmesse einstürzte und über 200 Menschen unter sich begrub. Bewegend wirkt inmitten dieser Mauerreste der mit barocken Putti geschmückte **Antoniusaltar**, an dem noch Messen zelebriert werden. Von der Aussichtsterrasse hinter der Kirche hat man den besten Blick auf die Seealpen.

7 Apricale und 8 Dolceacqua

Nun geht es weiter auf der kurvigen, schmalen Panoramastraße nach **Apricale** (nicht über Perinaldo, die Straße ist oft wegen Erdrutsch gesperrt!). Gotische Stadttore des 13. Jhs. führen in den Ort, der mit seinem malerischen Kirchplatz und den kopfsteingepflasterten Gassen zu den schönsten Dörfern Liguriens zählt. Über mittelalterlichen Lauben erheben sich hier die im 19./20. Jh. wieder aufgebaute **Pfarrkirche Purificazione di Maria** und ihr gegenüber das **Oratorio di San Bartolomeo** mit Rokokostuckaturen.

An der Piazza steht der **Palazzo del Comune**, an dem wie im ganzen Ort zeitgenössische *murales* (Wandmalereien) das bäuerliche Leben und ligurische Landschaften darstellen. Außerhalb der alten Ringmauer trifft man auf die festungsartige spätmittelalterliche **Kirche Santa Maria degli Angeli**, deren einschiffiger Innenraum mit Freskenzyklen des 15. bis 18. Jhs. überzogen ist.

Die Steinbrücke von **Dolceacqua** faszinierte vor 100 Jahren schon den französischen Maler Claude Monet. Sie verbindet zwei Ortsteile miteinander. Im mittelalterlichen Terra wird klar, wie die ligurischen Dörfer sich gegen Angriffe verteidigten: Nur die Einheimischen kennen sich im labyrinthartigen Gassengewirr aus, dessen Schlüsselstellen bei Gefahr verriegelt werden konnten. Hoch über dem Ort ragt die Ruine einer **Doria-Burg** auf, in der im Sommer kulturelle Veranstaltungen stattfinden (Sa, So 10–18 Uhr, Juli/Aug. tgl.). Vor der barocken **Pfarrkirche Sant'Antonio** erinnert ein modernes Denkmal an Pier Vincenzo Mela, der im 18. Jh. entdeckte, wie man Pressrückstände der Oliven wiederverwenden und zu Öl verarbeiten konnte. Aus handverlesenen kaltgepressten Früchten stammen die besten hier angebotenen Olivenöle.

9 Bordighera

Ähnlich wie San Remo besteht das noble Seebad **Bordighera** aus zwei getrennten Stadtteilen. Die historische Altstadt erstreckt sich über den Hügel Capo San Ampelio im Osten. Ihr Zentrum bildet die hübsche **Piazza del Popolo** mit der **Pfarrkirche S. Maria Maddalena**. Hier finden sich zahlreiche gute Restaurants und Trattorien.

Ganz anders dagegen ist die im 19. und 20. Jh. angelegte **Gartenstadt**, die sich westlich des Kaps ausbreitet. Ihre eleganten Villen, schattigen Parks und noblen Hotels umweht noch immer ein Hauch Noblesse aus jenen glanzvollen Tagen, als der englische Adel hier residierte.

Animiert durch den Roman »Doktor Antonio« von Giovanni Ruffini avancierte auch Bordighera Ende des 19. Jhs. zum beliebten Ferienort der Engländer. Unter ihnen befand sich der Pastor und Botaniker Clarence Bicknell, der das **Museo Bicknell** und eine viele Tausende Bände umfassende **Bibliothek** zur Geschichte und Archäologie gegründet hat (Via Romana 39, Mo 8.30–13 und 13.30–16.45, Di–Do 9–13 Uhr).

Sprichwörtlich: Der Ortsname Apricale ist vom lateinischen Wort *apricus* (besonnt) abgeleitet.

Informationen

Tour 20: Von Imperia nach Bordighera

Autotour, 2–4 Tage, ca. 90 km (ohne Pieve di Teco und Dolcedo)

Stationen

1 Imperia
2 Pieve di Teco
3 Dolcedo
4 Bussana Vecchia
5 San Remo
6 Baiardo
7 Apricale
8 Dolceacqua
9 Bordighera

Praktische Hinweise

Die beschriebene Route ist ca. 90 km lang – ohne die Fahrt nach Pieve di Teco (25 km) und Dolcedo (10 km). Für den ersten Abstecher benötigt man einen Tag. Wer an der Küste nicht alle Orte besuchen will, benutzt besser die Autobahn oder übt sich bei den vielen Ortsdurchfahrten in Geduld.

Imperia

Info

IAT-Büro
Piazza Dante, Imperia •
Tel. 01 83 66 01 40 •
infoimperia@rivieradeifiori.org

Hotel

Rossini al Teatro
Von außen ein ziemlicher Kasten, lockt das einzige Vier-Sterne-Hotel in Imperia innen mit allem Komfort.
Piazza Rossini, Oneglia •
Tel. 01 83 74 000 •
www.hotelrossini.it

Restaurants

Osteria dell'Olio Grosso
Gemütliche Osteria in einer einstigen Ölmühle, wo unverfälschte ligurische Gerichte an langen Holztischen serviert werden. Nur abends, Mi geschl.
Piazza Parasio 36, Imperia •
Tel. 0 18 36 08 15

Shopping

Roberto Ranise
Exzellente Olivenöle und Eingelegtes, delikate Pesto und weitere fruchtige und nussige Genüsse dekorativ verpackt. Mo–Fr 8.30–12.30, 14.30–18.30 Uhr, Sa nur nach Voranmeldung.
Via Nazionale 30, Oneglia •
Tel. 01 83 76 79 66 •
www.ranise.it

Museo dell'Olivo
Der Marktführer unter den ligurischen Ölproduzenten, Fratelli Carli, eröffnete 1992 dieses Museum in Oneglia (Mo–Sa 9–12.30 und 15–18.30, Aug. 10–13, 14–19 Uhr). In 18 Sälen präsentiert die mit dem europäischen Museumspreis ausgezeichnete Schau anschaulich alles Wissenswerte rund um Anbau, Ölgewinnung und Handel mit den Erzeugnissen des Ölbaums. Dabei zeigt sich, welch herausragende Rolle die Symbolpflanze des Mittelmeers von der Antike an in Kult, Küche und Kosmetik besaß. Abschließend lockt der Museums-Shop mit einer reichen Palette an Olivenprodukten.
Via Garessio 11–13, Oneglia •
www.museodellolivo.com

San Remo

Info

APT-Büro
Largo Nuvoloni 1, San Remo •
Tel. 0 18 45 90 59 •
www.rivieradeifiori.org

Restaurants

Paolo e Barbara
Gourmetrestaurant, in dem so ausgefallene Kreationen wie Seeigel mit Wachteleiern und Lauch auf den Tisch kommen. Mi/Do geschl.
Via Roma 47, San Remo •
Tel. 01 84 53 16 53 •
www.paolobarbara.it

Le Cantine Sanremesi
Gemütlicher Weinkeller, einfache, typische Gerichte. Mo geschl.
Via Palazzo 7, San Remo •
Tel. 01 84 57 20 63

Pasticceria San Romolo
Freunde feiner Süßigkeiten sind hier bestens aufgehoben. Besonders verführerisch: die »Baci di San Remo«. So-Nachmittag und Mo geschl.
Via Carli 6, San Remo •
Tel. 01 84 53 15 65

Shopping
Hauptgeschäftsstraßen sind der **Corso Matteotti**, die **Via Roma** und die Nebenstraßen. Preisgünstiger ist der **Wochenmarkt**: Di und Sa vormittags um die Markthalle Piazza Eroi Sanremesi.

Baiardo
Restaurant
Armonia
Ligurische und sardische Küche. Köstliche hausgemachte Pasta, z. B. die Borretsch-Tagliolini, und raffiniert gewürzte Fleischgerichte – bei herrlicher Aussicht.
Via Roma 124, Baiardo • Tel. 01 84 67 32 40

Apricale
Info
Via Roma 1 • Tel. 01 84 20 86 41 • www.apricale.org

Restaurant
Da Delio
Raffinierte lokale Küche, schöner Blick über die Hügel.
Piazza Vittorio Veneto 9, Apricale • Tel. 01 84 20 80 08 • www.ristoranteapricale.it

Bordighera
Info
IAT-Büro
Via Vittorio Emanuele 172/174, Bordighera • Tel. 01 84 26 23 22

Restaurants
La Via Romana
Restaurant mit Michelin-Stern. Mi und Do mittags geschl.
Via Romana 57, Bordighera • Tel. 01 84 26 66 81

Mimmo
Klein und gemütlich, nur Fischgerichte. Mi geschl.
Via Vittorio Emmanuele 302, Bordighera • Tel. 01 84 26 18 40

A Tartana
Osteria, in der man köstliche *Farinate* (Fladen aus Kichererbsenmehl) bekommt, So geschl.
Via Vittorio Emanuele 62, Bordighera • Tel. 01 84 26 13 92

Tour 21 | **Genua**

Aus der Bahn!

- **Gestern:** Wo im 20. Jahrhundert erst die Straßenbahn, dann Autos und Motorräder im Kreis fuhren, ist heute viel Platz für Fußgänger
- **Heute:** Stadtrundgang in Genua – von der Piazza De Ferrari hinein in die breiten Straßen und schmalen Gassen der ligurischen Hauptstadt

▶ Gestern

Genua mit der Straßenbahn zu erkunden, ist seit 1966 unmöglich – in diesem Jahr wurde ihr Betrieb eingestellt. Stattdessen fahren nun Busse und die Metropolitana Genova. Diese U-Bahn bedient nur eine Strecke: zwischen Brignole und Brin. Die dortige Haltestelle, ein alter Trambahntunnel, ist der letzte Überrest des einstigen Stra-

Die Piazza De Ferrari auf einer undatierten Postkarte. In der Mitte der Palazzo della Nuova Borsa (1912), links geht die Via XX Settembre ab, rechts die Via Dante. Damals noch vorhanden: die Straßenbahn.

ßenbahnnetzes. Vier aus Genua stammende Tramzüge waren in den 1940er-Jahren in Augsburg eingesetzt; drei davon überstanden den Krieg und kehrten in die Hafenstadt zurück. Auf ihren Fahrten umrundeten sie dabei u. a. die Piazza De Ferrari und den beeindruckenden Brunnen in der Mitte. Ihn bekam die Stadt Genua 1936 von der Industriellenfamilie Piaggio geschenkt. Um die Bronzeschale mit 11 m Durchmesser und 25 t Gewicht auf die Piazza zu bringen, mussten Bäume gestutzt und der Untergrund für den Transport verstärkt werden. Was hätte Nicolò Paganini, 1782 in Genua geborener »Teufelsgeiger«, wohl beim Anblick der Riesenwanne getan? Seinen Geigenkasten vor der Fontäne in Sicherheit gebracht oder gegen das Wasserrauschen angespielt? Beim 1954 gegründeten Violinwettbewerb Premio Paganini im Teatro Carlo Felice, der Oper von Genua an der Piazza De Ferrari, dürfen das junge Musiker der Gegenwart für ihn tun.

▶ Heute

Genuas große Altstadt hat das typische Flair mediterraner Hafenstädte. Durch die Gassen treiben Menschen aus aller Welt und aus allen sozialen Schichten; Glanz und Verfall liegen dicht beieinander. Neben bröckelnden Fassaden stehen prunkvolle Palazzi, neben stilvollen Cafés bieten winzige Imbissbuden kleine Snacks an. Im Sommer pulsiert das Leben auf den Straßen bis spät in die Nacht. Drei Ereignisse brachten Subventionen in Milliardenhöhe: die Kolumbusfeiern 1992, der G8-Gipfel 2001 und die Wahl zur Europäischen Kulturhauptstadt 2004. Zu jedem Anlass wurde kräftig restauriert.

Stadtplan: Seite 149, Adressen: Seite 150/151

Jeans kommen …

… aus Genua. Na ja, zumindest indirekt, denn die groben Baumwollhosen wurden von hiesigen Matrosen getragen und gelangten über Frankreich in die USA. Da die französische Form des Städtenamens »Gênes« für Amerikaner schwer auszusprechen war, entstand der Begriff »Jeans«.

A Villa del Principe

Am Hauptbahnhof-Vorplatz grüßt die monumentale Statue von Christoph Kolumbus, dem berühmtesten Sohn der Stadt, die Ankommenden. An der **Piazza Principe** liegt auch der Zugang zur Fürstenvilla, der **Villa del Principe**. Mit ihrem Park und den jüngst restaurierten Sälen (Fresken von Perin del Vaga, einem Schüler Raffaels, und Wandtteppichen aus dem 15. bis 16. Jh.) macht die Palastanlage ihrem alten Namen, das »Paradies«, wieder Ehre (erster Sa im März bis letzter So im Okt. tgl. 10–18 Uhr, www.dopart.it/genova). Von der Piazza Principe sollte man die Zahnradbahn zum **Granarolo** besteigen, einem großartigen Aussichtspunkt. Aus 220 m Höhe blickt man auf die Altstadt und den Hafen mit dem Leuchtturm Lanterna.

B Via Balbi

Unermesslichen Reichtum müssen die Balbi angesammelt haben, als sie zu Beginn des 17. Jhs. die **Via Balbi** anlegen und mit sieben Familienpalästen bestücken ließen. Der riesige **Palazzo Reale** wurde 1643–1655 errichtet und zu Beginn des 18. Jhs. durch den berühmten römischen Barockarchitekten Carlo Fontana erweitert. Das **Museum des Königlichen Palastes** gestattet den Blick in die prunkvollen Wohnräume der Beletage, den berühmten Spiegelsaal und den Thronsaal der Savoyer. Die **Gemäldegalerie** zeigt unter anderem Werke von venezianischen Meistern des 16. und 17. Jhs. (Di, Mi 9–13.30, Do–So 9–19 Uhr, www.palazzorealegenova.it). Gegenüber erhebt sich der **Palazzo dell'Università** (17. Jh.), ursprünglich ein Jesuitenkolleg, mit schönem Innenhof.

Die Via Balbi mündet auf die Piazza della Nunziata mit der **Kirche Santissima Annunziata del Vastato** (16./17. Jh.). Durch eine klassizistische Säulenhalle (19. Jh.) gelangt man in den mit Marmorintarsien, Stuck und Fresken geschmückten Kirchenraum, dessen Altarbilder eine kleine Pinakothek genuesischer Malerei des 17. Jhs. bilden (tgl. 8–12, 15.30–20.30 Uhr).

C Via Garibaldi

Als Elitequartier wurde Genuas Prachtstraße im 16. Jh. angelegt. Hinter den strengen Fassaden der Paläste verbergen sich wunderschöne Innenhöfe und prächtige Innenräume mit reichen Kunstschätzen. **Palazzo Rosso** (17. Jh.), **Palazzo Bianco** und **Palazzo Doria-Tursi** (18. Jh.) bilden heute einen zusammenhängenden Museumskomplex, die **Musei di Strada nuova**, mit Gemälden berühmter Künstler, darunter große Namen wie Dürer, Rubens, Caravaggio oder Murillo. Ein eigener Raum ist der Violine von Niccolò Paganini (1782–1840) gewidmet, einem weiteren berühmten Sohn der Stadt. Unübertroffen ist der **Panoramablick** von der Dachterrasse des Palazzo Doria-Tursi (Di–Fr 9–19, Sa/So 10–19 Uhr, www.museidistradanuova.it).

Würdigung: Madame de Staël bezeichnete die Via Garibaldi als »Rue des Rois« – Straße der Könige.

Die Palazzi selbst gehören zu einem Ensemble von 42 Adelspalästen, die die Unesco im Jahr 2006 als »**Palazzi dei Rolli**« in die Liste des Weltkulturerbes aufgenommen hat. Dabei handelt es sich um herausragende Gebäude aus dem 16. bis 18. Jh. in den »Strade nuove« (Via Balbi und Via Garibaldi), die auf die wohlhabendsten und einflussreichsten Genueser Adelsfamilien zurückgehen. Der Name leitet sich von der offiziellen Liste *(rollo)* der Adelspaläste ab, die der damalige Senat der Republik Genua 1576 erstellte, und die auserwählt waren, Staatsgäste zu beherbergen.

Wer nicht in Museumslaune ist und trotzdem einen spektakulären Panoramablick auf Genuas Dächer, Türme und den Hafen haben möchte, kann mit dem Aufzug zur **Spianata Castelletto** (Belvedere Montaldo) hinauffahren. Einstieg ist an der Piazza Portello hinter der Via Garibaldi.

D Piazza De Ferrari

Das Herz des im 19. Jh. entstandenen modernen Stadtzentrums ist die **Piazza De Ferrari** mit einem monumentalen Bronzebrunnen (1934) in der Mitte und umgeben von Prunkbauten des Historismus, in denen überwiegend Großbanken und die Neue Börse residieren. Der verkehrsberuhigte Platz ist Knotenpunkt von Genuas Einkaufsstraßen, der Shoppingmeile Via XX Settembre, der exklusiven Via Roma mit der parallel verlaufenden Einkaufspassage **Galleria Mazzini** (1872) und der beschaulichen Via XXV Aprile.

Hinter der **Kunstakademie** ragt markant der kubische Bühnenturm des **Teatro Carlo Felice** auf. Das mit der Akademie als klassizistisches Ensemble errichtete Opernhaus (1827) wurde im Zweiten Weltkrieg bis auf die Außenmauern zerstört und zum Kolumbusjahr 1992 vom Stararchitekten Aldo Rossi als postmodernes Theater wieder aufgebaut.

Die Westseite der Piazza De Ferrari wird von der reich gegliederten Seitenfassade des **Palazzo Ducale** beherrscht. Nach seiner Restaurierung strahlt der Dogenpalast der genuesischen Repu-

Die Piazza De Ferrari wurde 1992 restauriert. In konzentrischen Kreisen verlegte dunkle Pflastersteine erinnern noch an die Trambahnen, die hier einst fuhren (vgl. Foto auf Seite 144).

blik wieder in seiner einstigen Pracht. Eindrucksvoll sind die imposanten Innenhöfe, die beiden opulent mit Stuck, Fresken und Gemälden dekorierten Ratssäle. Der Dogenpalast dient heute als Kulturzentrum für Ausstellungen, Konzerte, Messen und Kongresse (tgl. geöffnet, Wechselausstellungen 9–19, Tickets 9–18 Uhr, www.palazzoducale.genova.it).

E Piazza Dante

An der Piazza steht die **Casa di Cristoforo Colombo**, in welcher der im Jahr 1451 in Genua geborene Christoph Kolumbus seine Kindheit verbracht haben soll (tgl. 10–18 Uhr). Hinter dem benachbarten romanischen **Kreuzgang Sant'Andrea** mit schönen Kapitellen (12. Jh.) sieht man die beiden Türme des gut erhaltenen mittelalterlichen Stadttors **Porta Soprana** (12. Jh).

F Dom San Lorenzo

Auf halbem Weg zwischen Porta Soprana und Hafen erhebt sich die 1118 geweihte **Kathedrale** Genuas. Nach französischen Vorbildern wie Chartres und Rouen entwarfen französische Baumeister im 13. Jh. die Fassade mit den drei gotischen Portalen. Eine Attraktion im linken Seitenschiff ist die Cappella di San Giovanni Battista. Die Renaissancekapelle wurde im 15. Jh. für die Asche von Genuas Stadtpatron, Johannes den Täufer, errichtet. Im **Museo del Tesoro di San Lorenzo** kann man den Domschatz mit Gold- und Silberschmiedearbeiten aus dem 9.–19. Jh. bewundern, darunter auch den Schrein für die kostbare Reliquie des Täufers (Mo–Sa 9–12 und 15–18 Uhr, www.museidigenova.it).

G Piazza San Matteo

Ganz im Zeichen der in Genua allgegenwärtigen Familie Doria steht die **Piazza San Matteo**, einer der schönsten Plätze der Altstadt. Vom 12. Jh. an hatte die Patrizierfamilie diesen Platz zu ihrem Hauptquartier gemacht. Martino Doria ließ hier 1125 die **Kirche San Matteo** errichten, an deren Stelle 150 Jahre später das heutige gotische Bauwerk entstand (tgl. 8–12, 15–18 Uhr). In der Krypta befindet sich das Grab des großen Andrea Doria. Neben der Kirche entstanden eine Reihe von Pallazzi, so der **Palazzo di Branca Doria**, der mächtige **Palazzo di Lamba Doria** und der **Palazzo di Andrea Doria** mit spätgotischen Elementen. Was die Piazza so einheitlich macht, sind die helldunklen Querstreifen, die sich wie ein Band über alle den Platz säumenden Bauwerke hinziehen.

H Castello-Viertel

Einen Abstecher lohnt Genuas ältestes Viertel **Castello** mit seinem Gassengewirr und seinen hübschen Fassaden mit Schiefer- und Marmorportalen, Reliefs und Stuckwerk. Die kleine **Kirche Santa Maria di Castello** (12. Jh.) ist ein Werk lombardischer Baumeister und Steinmetze. Die Dominikaner ließen im 15./16. Jh. an die dreischiffige Kirche ein Kloster mit drei Kreuzgängen anbauen. Hinter der bescheidenen Fassade überraschen schöne Gärten und freskengeschmückte Wandelgänge. Ein **Museum** zeigt kostbare Kirchenbücher und Wiegendrucke (Museum und Kreuzgänge Mo–Sa 9–12, 15.30–18.30, So, Fei 15.30–18.30 Uhr). Neben der Kirche Santa Maria di Castello steht der **Torre degli Embriaci** (12. Jh.). Er ist der besterhaltene von den einst mindestens 66 Wohntürmen Genuas und hat noch als einziger seine volle Höhe von 41 m.

I Alter Hafen

Der **Alte Hafen (Porto Vecchio)** wurde von Renzo Piano, dem renommierten Stararchitekten aus Genua, für das Kolumbusjahr 1992 zu einem attraktiven Ausstellungs- und Erholungsgelände umgebaut. Einen fantastischen Rundblick eröffnet der freischwebende Panorama-Aufzug des **Bigo**, ein stilisierter Hafenkran mit 40 m hohen, weißen Stahlarmen, an denen auch das monumentale Zeltdach der **Piazza delle Feste** aufgehängt ist. Die Kinderstadt **Città dei Bambini** präsentiert Wissenschaft und Technik zum Anfassen für Kinder und Jugendliche (So sowie tgl. im April, Mai, Aug. 10–18, letzter Einlass 16.45 Uhr, geschl. letzte September- und erste Oktoberwoche, www.cittadeibambini.net). Hauptattraktion des Alten Hafens ist das **Acquario**. Es zeigt über 5000 Meeres- und Süßwassertiere in rund 50 Bassins und Streichelbecken (Mo–Fr 9.30–19.30, Sa, So 9.30–20.30, Juli/Aug. tgl. 9–22 Uhr, Einlass bis 90 Min. vor Schließung, www.acquariodigenova.it). Ein ökologisches Prestigeprojekt ist die **Biosfera**, eine schwimmende Glaskugel mit Pflanzen des Regenwalds, die Renzo Piano 2001 neben dem Aquarium verankern ließ.

An der Piazza Caricamento gegenüber erhebt sich der farbenprächtig **Palazzo San Giorgio** der Hafenbehörde. 1260 als Amtssitz des Stadthauptmanns Guglielmo Boccanegra erbaut, diente er als Rathaus, später als Zollhaus. Im ersten Stock ist der mittelalterliche Rats- und Versammlungssaal zugänglich. Die Malereien der Fassade wurden 1990 nach dem Vorbild der Fresken von Lazzaro Tavarone (17. Jh.) gemalt, die man bei den Restaurierungsarbeiten wiederentdeckte.

Bunt wie ein arabischer Souk sind die **Portici di Sottoripa**, unter deren Laubengängen alte genuesische Traditionen und farbig-kosmopolitisches Hafentreiben aufeinander treffen. Neben winzigen Läden findet man hier die *friggitorie*, Bratküchen, in denen man sich mit Stockfisch, Gemüse oder Kichererbsenfladen stärken kann.

Von den Portici aus gelangt man durch eine der Seitengassen zum **Palazzo Spinola**, der 1580 einem mittelalterlichen Quartier aufgepfropft wurde. Mit seiner Stuckfassade und den reichen Innenräumen ist er das Musterbeispiel eines genuesischen Patrizierpalastes. Die **Galleria Nazionale di Palazzo Spinola** umfasst Kunstwerke des 14.–18. Jhs., unter denen die Gemälde »Ecce Homo« von Antonello da Messina, »Betende Madonna« von Joos van Cleve und »Porträt eines Knaben« von Anton van Dyck die Glanzlichter sind. Im dritten und vierten Stockwerk zeigt die **Galleria Nazionale della Liguria** ihre Meisterwerke, u. a. ein dreiteiliges Altarbild von Joos van Cleve und das »Porträt von Gio Carlo Doria« von Peter Paul Rubens (Di–Sa 8.30–19.30, So 13.30–19.30 Uhr, www.palazzospinola.it).

J Via di Pré

In der **Via di Pré** und der parallel verlaufenden Via Gramsci steht alles zum Kauf: von geschmuggelten Zigaretten über Elektrogeräte bis hin zu Liebesabenteuern. Aber es wäre falsch, diese äußerst originelle Altstadtstraße mit ihren vielen

Trattorien und *friggitorie* deshalb auszulassen. Alles wirkt hier neapolitanisch-südländisch, besonders die vielen Altärchen und Nischen mit Madonnen und Heiligen, die von den Hauswänden auf das nicht gerade fromme Treiben zu ihren Füßen herabschauen.

Vor 900 Jahren warteten an dieser Stelle Kreuzfahrer und Jerusalempilger auf die Abfahrt ihrer Schiffe in der Pilgerherberge der zweistöckigen **Kirche San Giovanni di Pré**, die zusammen mit dem Konvent der Templer und später der Malteser die **Commenda di Pré** bildet, ein vorbildlich restaurierter romanischer Gebäudekomplex des 12. Jhs.

K Galata Museo del Mare

Das ebenfalls von Renzo Piano erbaute **Museum** ist das größte Schifffahrtsmuseum im Mittelmeerraum. Mit Modellen und Filmprojektionen veranschaulicht es die Geschichte der Seefahrt; Highlights sind zwei in Originalgröße nachgebaute Schiffe (März–Okt. tgl. 10–19.30, Nov.–Febr. Di–Fr 10–18, Sa/So 10–19.30 Uhr, letzter Einlass 90 Min. vor Schließung, www.galatamuseodelmare.it).

Informationen

Tour 21: Stadtrundgang in Genua

Spaziergang, 1–2 Tage

Stationen

- A Villa del Principe
- B Via Balbi
- C Via Garibaldi
- D Piazza De Ferrari
- E Piazza Dante
- F Dom San Lorenzo
- G Piazza San Matteo
- H Castello-Viertel
- I Alter Hafen
- J Via di Pré
- K Galata Museo del Mare

Praktische Hinweise

Für Museumsfans lohnt in Genua die **Sammelkarte** für 22 Museen, darunter die wichtigsten Palazzi dei Rolli, nicht jedoch das Aquarium. Das Angebot **musei + bus** ermöglicht dazu die freie Benutzung der Stadtbusse im Großraum Genua.

Info

Fremdenverkehrsamt (APT)

Via Roma 11/3, Genua • Tel. 0 10 53 08 21 • www.visitgenoa.it

Infobüro

Via Garibaldi, Genua • Tel. 01 05 57 29 03 • tgl. 9.30–18.30 Uhr

Flughafen Cristoforo Colombo

Tel. 0 10 60 15 247 • tgl. 9–13 und 13.30–17 Uhr

Verkehr

Vom Flughafen Cristoforo Colombo (6 km westl. vom Zentrum) fahren **Flughafenbusse** zur Piazza Principe.
Die wichtigsten öffentlichen Verkehrsmittel der Verkehrsbetriebe AMT sind die **Stadtbusse**.
Die **Metropolitana (M)**, Genuas U-Bahn, hat eine Länge von 7 km und verbindet den nördlichen Vorort Rivarolo mit dem Bahnhof Brignole im Westen.
In einer an den Hang gebauten Stadt wie Genua gehören auch **Zahnradbahnen** *(funicolari)* und **Aufzüge** *(ascensori)* zu den gängigen Verkehrsmitteln. Um von einer Etage der Stadt in die nächsthöhere zu kommen, kann man die Zahnradbahnen Largo Zecca–Righi und Piazza Principe–Granarolo bzw. auch die diversen Aufzüge benutzen. Sie sind preiswert und verkehren von morgens bis nachts (so z. B. die *ascensori* Galleria Garibaldi–Belvedere Montaldo und Piazza del Portello–Belvedere Montaldo).
Seit 2007 verkehrt ein **Wasserbus (NaveBus)** zwischen dem Alten Hafen und Pegli. Er ist eine günstige Alternative zur Hafenrundfahrt.
Informationen und Fahrpläne allgemein findet man im Internet unter: www.amt.genova.it (um die Bus-Pläne zu erhalten: *Rete e orari – Bus – Linea* und dann die Bus-Nr. eingeben).

Hafenrundfahrt

Von der Calata agli Zingari (neben der Stazione Marittima) aus kann man zu einer knapp einstündigen Hafenrundfahrt starten. In dem Jugendstilgebäude der Stazione Marittima hat das **Instituto Idrografico della Marina** seinen Sitz. Hier bekommt man Seekarten von allen italienischen Küsten.

Hotels

Metropoli Best Western

Moderne, mit Werken zeitgenössischer Künstler ausgestattete Zimmer.
Piazza Fontana Marose, Genua • Tel. 01 02 46 88 88 • www.hotelmetropoli.it

Agnello d'Oro

Familiäres Haus in den Räumen einer ehemaligen Klosterschule; schöne moderne Zimmer mit historischen Reminiszenzen. In der Nähe des Fährhafens.
Via Monachette 6, Genua • Tel. 01 02 46 20 84 • www.hotelagnellodoro.it

Restaurants

Tristano e Isotta

Knusprige Pizza und ligurische Küche; zum Stammpublikum

gehören auch die Künstler des nahe gelegenen Opernhauses. Mo geschl.
Vico del Fieno 33 r, Genua •
Tel. 01 02 47 43 01 •
www.tristanoeisotta.com

Pintori
Ausgezeichnete Küche, vor allem Spezialitäten aus Sardinien. So und Mo geschl.
Via San Bernardo 68 r, Genua •
Tel. 01 02 75 75 07 •
www.pintori.net

Da Genio
Bodenständiges Restaurant mit traditioneller ligurischer Küche, So geschl.
Salita San Leonardo 61, Genua •
Tel. 0 10 56 26 42

Torre dei Greci
Lokal mit ausgefallener, aber feiner Küche im Viertel um die alte Mole. Sa mittags, So geschl.
Vico dei Lavatoi 6, Genua •
Tel. 01 02 51 88 51

Ferrando
Auf den Hügeln hinter der Stadt: einheimische Küche, mit frischen Kräutern verfeinert. Mo/Di geschl.
Via Carli 110, Genua •
Tel. 0 10 75 19 25 •
www.ristorante-ferrando.com

Sa Pesta
Lokal mit ausgezeichneter *farinata* und anderen traditionellen ligurischen Gerichten. *Farinata* ist eine Art Fladenbrot aus Kichererbsenmehl, Olivenöl, Wasser und Salz auf einem Kupferblech im Holzofen gebacken. Man isst sie mit Kräutern, Sardinen, Zwiebeln oder was da ist. So geschl.
Via dei Giustiniani 16 r, Genua •
Tel. 01 02 46 83 36 •
www.sapesta.com

Mangini
Kaffeehaus mit Tradition und elegantem Publikum und köstlicher Zabaione-Torte, Mo geschl., 7.30–20.30 Uhr.
Piazza Corvetto 3r, Genua •
Tel. 0 10 56 40 13

Fratelli Klainguti
Das 1826 von Graubündner Zuckerbäckern gegründete Café ist Kult, tgl. 8–20 Uhr.
Piazza di Soziglia 98, Genua •
Tel. 01 08 60 26 28

Nightlife

Teatro Carlo Felice
Postmodernes, prestigeträchtiges Opernhaus.
Tel. 0 10 58 93 29 •
www.carlofelice.it

Mako Discotheque
Angesagte Disko in coolem Ambiente, Fr–So 24–4 Uhr, Restaurant 21–4 Uhr.
Corso Italia 28, Genua •
www.makogenova.com

I Tre Merli
Weinbar in einem Palazzo aus dem 14. Jh., in der man 300 Weine kosten kann, serviert mit leckeren Snacks, bis 1.30 Uhr, Sa abends/So geschl.
Vico dietro il coro della Maddalena 26 r, Genua •
Tel. 01 02 47 40 95 •
www.itremerli.it

Shopping

Die elegantesten Geschäftsstraßen sind die **Via XX Settembre** und die umliegenden Straßen. Charakteristische Läden finden sich vor allem in den Altstadtgassen.

Marescotti
Die im 18. Jh. gegründete Pasticceria ist berühmt für ihre Liköre. Unübertroffen ist der Amaretto.
Via di Fossatello, Genua

Mercato del pesce
Appetitliches in der Fischmarkthalle, Di–Sa 6.30–10 Uhr.
Piazza Cavour, Genua

Mercato orientale
Sehenswerter Lebensmittelmarkt, Mo–Sa 8–19 Uhr.
Piazza Colombo, Genua

Rubinacci
Antiquitäten zu maßvollen Preisen.
Mura della Zerbino 10, Genua

Filigrana Italiana
Schmuck aus Gold und Silberfiligran.
Via Assarotti 14, Genua

Libreria Bardini
Antiquarische Bücher.
Salita del Fondaco 32 r, Genua

L'Isola Oronero
Handgefertigte Schieferobjekte.
Via Molassana 55 ar, Genua

Tour 22 | **Portofino-Halbinsel**

Wie im Bilderbuch

▶ GESTERN: Portofino, der kleine Ort mit seinem halbkreisförmigen Naturhafen, wurde in den 1950er-Jahren zum Geheimtipp des Jetset

▶ HEUTE: Die Portofino-Halbinsel zu Fuß oder mit dem Schiff entdecken fällt nicht schwer – sie ist klein genug

▶ GESTERN

Mit ihrem Lied »Love in Portofino« setzte die in Ägypten aufgewachsene italienische Sängerin Dalida dem Örtchen ein musikalisches Denkmal. 1958, als der Song entstand, hatte der Aufstieg des Fischerdorfs zur ersten Adresse für Hollywoodstars wie Ava Gardner, Humphrey Bogart oder Elizabeth Taylor schon begonnen. Später ergänzten die italienischen Diven Sophia Loren und Gina Lollobrigida zusammen mit Regisseuren und Künstlern den illustren Kreis.

Die manchmal nur fensterbreiten, dafür bis zu vier Stockwerke hohen Häuser, die sich um die gepflasterte Piazetta drängen, boten den Paparazzi ideale Verhältnisse, um ihre Motive abzulichten. Gleich, ob beim *caffè* oder *aperitivo*, auf der Yacht oder im Ristorante, die Fotos der Berühmtheiten trugen den Glanz Portofinos hinaus in die Welt.

Dass Dalida in ihrem Portofino-Lied auf Englisch, Italienisch und Französisch singt, entspricht quasi – unbeabsichtigt – dem internationalen Hype, der Portofino bis heute umgibt.

▶ HEUTE

Von manchen »Das achte Weltwunder« genannt, ist die Halbinsel ein Anziehungspunkt für die Schwerreichen und sehr Reichen dieser Welt, für strahlende und verglühende Sterne am Prominentenhimmel. In den Erdgeschossen der Häuser um die Piazzetta haben sich Nobelmarken eingemietet – zumindest in der Saison zwischen Ostern und Ende September. Portofino ist der Schlusspunkt dieser Tour, die in Recco beginnt.

Landkarte: Seite 156, Adressen: Seite 157

1 Recco

Am ersten Tag nehmen Sie sich Recco vor und fahren mit dem Boot erst nach Camogli und dann weiter zur Abtei San Fruttuoso. **Recco** ist das Tor zur Riviera di Levante. Unbedingt probieren sollte man hier die fladenbrotartigen *focacce*. Sie bestehen in der lokalen Variante aus zwei dünnen, mit Käse gefüllten und gebackenen Teigblättern. Dem schmackhaften Fladen ist sogar ein Fest gewidmet, die **Festa della Focaccia** am

Bild oben: Portofino wurde öfter besungen. Die in Ägypten geborene italienische Sängerin Dalida landete Ende der 1950er damit einen Hit. Bild unten: Auch Hollywood entdeckte seine Liebe zu der malerischen *location*: Hier sind Humphrey Bogart und Ava Gardner bei den Dreharbeiten zu »Die barfüßige Gräfin« (»The Barefoot Contessa«, 1954) zu sehen.

vierten Sonntag im Mai. Highlight im Festkalender Reccos ist jedoch die **Sagra del Fuoco** am 7./8. September, bei der zwei Abende lang Feuerwerke den Himmel über Recco entflammen.

2 Camogli

Seine Attraktivität verdankt das einstige Seefahrerstädtchen **Camogli** (6000 Einwohner) vor allem seinem fotogenen Stadtbild mit den turmhohen, bonbonfarbenen Häusern. Die leuchtenden Farben sollten einst den heimkehrenden Fischern den Weg zum Hafen weisen.

Das **Museo Marinaro G. B. Ferrari** erinnert an Camoglis große Vergangenheit als Seefahrerstadt: Im 18. Jh. besaß der Ort eine größere Flotte als Genua und Hamburg. An die 3000 hochseetüchtigen Segelschiffe sind in einem Jahrhundert vom Stapel gelaufen (Via G. B. Ferrari 41, Mo, Do, Fr 9–12, Mi, Sa, So 9–12, 15–18 Uhr).

Bei der **Sagra del pesce** am zweiten Maisonntag werden in einer 4 m großen Pfanne mehrere Zentner Fisch frittiert und gratis an die Besucher verteilt.

3 Abtei San Fruttuoso

Die Entstehungsgeschichte der **Abtei** reicht weit ins Mittelalter zurück. Als die Araber im frühen 8. Jh. in Spanien einfielen, suchte Bischof Prosperus von Tarragona in Norditalien Zuflucht. Zu Ehren der vom Bischof herübergeretteten Reliquien des hl. Fructuosus entstanden hier bald eine Kirche und ein Kloster, von den Sarazenen zerstört, später wieder aufgebaut und im 13. Jh. von den Doria verschönert und erweitert. Das Adelsgeschlecht der Doria bestattete hier zwischen 1275 und 1305 sechs seiner Angehörigen (Mai–Sept. tgl. 10–18, März/April und Okt. Di–So 10–16, Dez.–Feb. nur Sa/So 10–16 Uhr, Nov. geschl.). Den mächtigen **Wehrturm** östlich der Abtei ließ 1550 Admiral Andrea Doria errichten. Ein Bad im glasklaren Wasser der felsigen Bucht und danach eine Stärkung in einer der beiden kleinen Trattorien am Strand krönen den Ausflug.

Mehr Bewegung gefällig? Von der Abtei kann man auf landschaftlich reizvollem Weg entlang der Küste (teilweise nahe am Steilabbruch) in zwei Stunden bis Portofino wandern und von dort ein Schiff zurück nach Recco nehmen (Fahrpläne beachten: www.golfoparadiso.it).

»Stadt der tausend weißen Segel«: Camogli besaß 1856–1888 die größte Flotte der Welt.

4 Naturpark Portofino

Am nächsten Tag erkunden Sie den **Naturpark Portofino** mit seinen romantischen Orten und schönen Wanderwegen. Das oberhalb von Camogli gelegene Dörfchen **San Rocco** – bequem mit dem Auto erreichbar, großer Parkplatz am Ortsrand – ist ein guter Ausgangspunkt für eine Wanderung auf den **Monte Portofino**. Obwohl nur 610 m hoch, kann man an klaren Tagen bis Elba und Korsika sehen. Zahlreiche Wanderwege erschließen den 1800 ha großen Naturpark. Gut 700 Pflanzenarten wurden hier registriert. Unter Naturschutz steht auch ein 1300 m breiter Meeressaum unter Wasser (www.parcoportofino.it).

Der **Golfo di Paradiso** wird seinem Namen nicht nur über, sondern auch unter Wasser gerecht. Die gesamte Halbinsel von Portofino mit ihrer herrlichen Unterwasserwelt ist für Taucher längst kein Geheimtipp mehr.

Wer es am Tag zuvor nicht bis zur Abtei San Fruttuoso geschafft hat, kann von San Rocco aus auch dorthin wandern. Doch Vorsicht: Der direkte Weg dauert 3 Std. und ist nur für trittsichere Wanderer geeignet (gutes Schuhwerk!). Die weit ins Meer ragende Felsnase **Punta Chiappa** er-

Staatstragend: Der »Vertrag von Rapallo« wurde 1922 zwischen dem Deutschen Reich und der russischen SFSR geschlossen. Ziel war die Normalisierung der Beziehungen der beiden Staaten.

reicht man in einer etwa 1 ½ stündigen Wanderung, die keine größeren Anforderungen stellt.

5 Rapallo

Nach einer weiteren Übernachtung machen Sie einen Rundgang in **Rapallo** (30 150 Einw.). Nur das Kastell (16. Jh.) am Hafen erinnert noch an die gefahrvollen Zeiten, als das Städtchen stets auf Überfälle gefasst sein musste. Heute glänzt Rapallo – nach Portofino und Santa Margherita – als dritte touristische Perle am Golfo del Tigullio. Die palmengesäumten Uferpromenade **Lungomare Vittorio Veneto** säumen nostalgische Jugendstilbauten und charmante Cafés mit Glasveranden. Im Musikpavillon **Chiosco della Banda Cittadina** spielen noch heute kleine Orchester auf. Neben dem **Oratorio dei Bianchi** (Sa, So 10–12, 16–18 Uhr), das eine Sammlung ligurischer Prozessionskreuze zeigt, lohnt die **Kirche Santo Stefano** einen Besuch. Sie ist über 1000 Jahre alt, verdankt ihre heutige Gestalt aber einem Umbau im 17. Jh.

Die Villa Tigullio ...

... war einst ein gesellschaftlicher Treffpunkt für so berühmte Gäste wie Gerhart Hauptmann, Ezra Pound und Thomas Mann.

Eine spektakuläre Aussicht bietet die barocke **Wallfahrtskirche Nostra Signora di Montallegro** (612 m), zu der man von Rapallo mit einer Seilbahn hinauffahren kann. Anfang Juli pilgert die ganze Stadt zum Fest der Muttergottes hinauf, von deren Wunderkraft zahlreiche Votivgaben in der Kirche berichten.

Während die Männer auf Seefahrt waren, vertrieben sich im 19. Jh. die daheim gebliebenen Frauen die Zeit mit dem Klöppeln zarter Spitzen. Die schönsten Handarbeiten sind im **Museo del Pizzo al Tombolo** in der Villa Tigullio zu sehen (Di, Mi, Fr, Sa 15–18, Do 10–12 Uhr, Sept. geschl.).

Das Schiff nach Santa Margherita Ligure fährt nur eine Viertelstunde.

6 Santa Margherita Ligure

Der Ort am Fuß des Monte Portofino zieht vor allem ein junges und vergnügungsfreudiges Publikum an. Die palmengesäumte Uferpromenade lädt zu genussreichem Schlendern ein. Hotels gibt es für jeden Geschmack. Durch einen Park

Portofino verdankt seinen Namen wahrscheinlich den im Tigullischen Golf lebenden Delfinen.

mit exotischen Pflanzen gelangt man zur **Villa Durazzo Centurione**. Der um 1560 errichtete Renaissancebau in Rot, Weiß und Grün bildet heute einen stimmungsvollen Rahmen für sommerliche Klassikkonzerte (April–Sept. Di–So 9.30–18, Okt.–März 9–17 Uhr, www.villadurazzo.it).

Bevor das Städtchen vom Nobelpublikum entdeckt wurde, war es ein Fischerdorf. In der **Kirche Sant'Erasmo** erzählen Votivbilder von den Gefahren, denen Fischer und Seeleute auf dem nicht immer sanften Mittelmeer ausgesetzt waren. Der Fischfang brachte immerhin so großen Wohlstand ein, dass Langobarden, Sarazenen und Venezianer Santa Margherita Ligure eroberten. Maßvolle Tourismusplanung verhinderte bisher erfolgreich ein Ausufern durch Bettenburgen.

Nach Portofino gelangen Sie mit dem Schiff in abermals nur 15 Minuten.

7 Portofino

Den Römern verdankt der kleine Hafen, den schon die Phönizier als sicheren Ankerplatz schätzten, seinen Namen: *Portus Delphini* (Delfinhafen). Jahrhundertelang waren hier die Fischer unter sich und bauten rund um die Bucht schmale, hohe Häuser, die sie in zarten Farben bemalten. Nach dem Zweiten Weltkrieg entwickelte sich das 500-Seelen-Dorf zu einem mondänen Seebad des internationalen Jetsets, Musiker besangen den Ort, Filme wurden gedreht, sogar eine »Derrick«-Folge spielt hier.

Nachdem man die zauberhafte Ansicht in einem der Cafés am Hafen lange genug genossen hat, lohnt ein Spaziergang durch Olivenhaine zum Leuchtturm an der **Punta del Capo**, vorbei an der herrlich gelegenen **Kirche San Giorgio** aus dem 12. Jh. und am **Castello di San Giorgio**, eine der um 1600 errichteten genuesischen Bastionen zur Verteidigung des Tigullischen Golfs.

Informationen

Tour 22: Portofino-Halbinsel zu Fuß & per Schiff

Wanderung und Schifffahrt, 2–3 Tage

Stationen

1 Recco
2 Camogli
3 Abtei San Fruttuoso
4 Naturpark Portofino
5 Rapallo
6 Santa Margherita Ligure
7 Portofino

Praktische Hinweise

Von **Recco** aus kommt man bequem mit dem Bus nach **Camogli**, schöner jedoch mit dem Boot, das weiter bis zur Abtei **S. Fruttuoso** fährt. **Portofino** hat nur eingeschränkte Parkmöglichkeiten, Tagesausflügler sollten dorthin besser auf Bus oder Boot umsteigen. Vom Bahnhof in **S. Margherita Ligure** (Bahnlinie Genua–La Spezia) fährt alle 45 Min. ein Bus nach Portofino, und mehrmals täglich verkehren Boote von **Rapallo** über S. Margherita nach Portofino.
Fährpläne für Schiffe von Recco und Camogli: www.golfoparadiso.it
Fährpläne für die Strecke Rapallo–Santa Margherita Ligure–Portofino: www.traghettiportofino.it

Recco

Hotel

La Villa Manuelina
Schöne First-Class-Hotelanlage in einer Villa mit Garten, Pool und Solarium. Etwas außerhalb von Recco gelegen.
Via Roma 296, Recco • Tel. 01 81 57 41 28 • www.manuelinalavilla.com

Restaurant

Manuelina
Das zum Hotel La Villa gehörende Ristorante ist für seine exzellente Regionalküche bekannt und auch bei Einheimischen beliebt.
Via Roma 296, Recco • Tel. 0 18 57 41 28 • www.manuelinalavilla.com

Camogli

Info

IAT-Büro
Via XX Settembre 33, Camogli • Tel. 01 85 77 10 66 • www.prolococamogli.it

Restaurant

Il Portico Spaghetteria
Gute Auswahl leckerer Pastagerichte.
Via Garibaldi, 197/A, Camogli • Tel. 01 85 77 02 54 • www.ilporticodicamogli.it

Aktivitäten

B & B Diving Centre
Tauchkurse und -touren, Bootsverleih.
Via S. Fortunato 11, Camogli • Tel. 01 85 77 27 51 • www.bbdiving.it

Rapallo

Info

IAT-Büro
Lungomare Vittorio Veneto 7, Rapallo • Tel. 01 85 23 03 46

Restaurant

Hosteria Vecchia Rapallo
Traditionsreiches Fischlokal und Weinbar in der Altstadt. Di–So 12–14.30, 18–23 Uhr, Mo geschl.
Via Cairoli 20, Rapallo • Tel. 0 18 55 00 53

S. Margherita Ligure

Info

IAT-Büro
Piazza Vittorio Veneto, Santa Margherita Ligure • Tel. 01 85 28 74 85 • www.turismoinliguria.it • http://www.comune.santa-margherita-ligure.ge.it

Portofino

Info

IAT
Via Roma 35, Portofino • Tel. 01 85 26 90 24 • www.comune.portofino.genova.it

Restaurant

Il Pitosforo
Ein Portofino-Mythos mit idyllischer Terrasse. Mehrfach Preise für kreative internationale und ligurische Küche; exzellente Weinkarte. Mo/Di geschl.
Molo Umberto I. 9, Portofino • Tel. 01 85 26 90 20

Am Golf ist was los!

▶ GESTERN: Seit fast 90 Jahren wetteifern 13 Gemeinden in einer Ruderregatta im Golf von La Spezia, dem Palio del Golfo

▶ HEUTE: Erst entdecken Sie die bezaubernden Cinque Terre zu Fuß, dann Portovenere und La Spezia per Schiff

▶ GESTERN

Beim Wort »Palio« denkt der Italien-Kenner natürlich zuerst an ein Pferderennen. An der ligurischen Küste ist das jedoch anders: Hier wird nicht um die Wette geritten, sondern gerudert. Doch ebenso wie in Siena und anderswo ist die Trophäe für die Sieger ein dekoriertes Tuch, eben ein *palio*.

Auf diesem historischen Bild vom Palio del Golfo 1949 (links) ist die Mannschaft aus Cadimare zu sehen. Mit über 25 Siegen ist die Gemeinde die erfolgreichste in der Geschichte des Wettbewerbs und nennt sich selbst *regina delle borgate*, »Königin der Stadtteile«, während die Konkurrenz die Ruderer als *pirati di Cadimare* schmäht.

An der felsigen Küste der Cinque Terre und des Golfs von La Spezia war die Kultur schon immer auf das Meer ausgerichtet. So war denn auch der Höhepunkt des Jahres die »Festa del Mare«, zu der seit jeher Wettbewerbe im Schwimmen und Rudern gehörten. War das Bootsrennen lange nur eines unter vielen Ereignissen, so bekam es in den 1920ern plötzlich mehr Beachtung. Die Fischer von 13 Dörfern der Umgebung ruderten dabei in ihren traditionellen bunten Kähnen, mit denen sie sonst das »schwarze Gold« der Gegend, die Miesmuschel, sammelten. In den 1930er-Jahren entwickelte sich das Rennen vollends zum Höhepunkt der Festa, und der Sieg war mit enormem Prestige verbunden. Man begann Boote zu bauen, die zwar den traditionellen Formen folgten, aber auf Schnelligkeit ausgelegt waren; man trainierte regelmäßig und es wurden Regeln und Spezifikationen festgeschrieben. Nach einer Unterbrechung während der Kriegsjahre ging es in den 1950er-Jahren so richtig los: Es wurden die ganze Saison über Rennen veranstaltet, und das Boot mit den meisten Punkten gewann einen Pokal. Doch nutzte es überhaupt nichts, die Saison über die stärkste Bootsbesatzung zu sein, wenn man beim Jahreshöhepunkt, dem Palio am zweiten Sonntag im August, versagte. Denn nur das Tuch sichert der Crew einen Platz im Geschichtsbuch.

▶ Heute

Nach wie vor ist der Palio del Golfo ein Großereignis, das von einer Parade, Shows, Konzerten und einem Feuerwerk umrahmt wird. Die Boote werden wie ehedem nach traditioneller Bauart von lokalen Handwerkern gefertigt und liebevoll in den Farben der jeweiligen Stadtteile bemalt und verziert. Das Publikum will da in nichts nachstehen und kleidet und schminkt sich entsprechend – wie eine Mischung aus Karneval und Fußballspiel.

Adressen und Landkarte: Seite 164/165

Der Palio del Golfo ist noch immer ein Riesenevent. Die meisten Zuschauer sind in den Farben ihrer Mannschaft gekleidet und geschminkt.

Cinque Terre

Doch bevor Sie die Heimat des Palio del Golfo entdecken, zunächst zu einer weiteren Attraktion gleich um die Ecke: den »fünf Ländern«. Wie Adlerhorste kleben die Dörfer der **Cinque Terre** mit ihren bunten Häusern an der Küste. Inzwischen zum Unesco-Weltkulturerbe und Nationalpark erhoben, bilden die Orte Monterosso, Vernazza, Corniglia, Manarola und Riomaggiore eine eigene Welt. Bis zum 19. Jh. lebten die Einheimischen in völliger Abgeschiedenheit – heute zählen die Cinque Terre zu den beliebtesten Reisezielen an der gesamten ligurischen Riviera. Auch wenn der lange Sandstrand von Monterosso mit kristallklarem Wasser lockt und die übrigen Dörfer kleine, teils wildromantische Fels- und Kiesstrände bieten – in die Cinque Terre kommt man vor allem zum Wandern, nicht so sehr zum Baden.

1 Monterosso

Ausgangspunkt dieser Tour ist **Monterosso**, wo der etwa 12 km lange **Sentiero Azzurro** beginnt. Dieser klassische Cinque-Terre-Wanderweg (gebührenpflichtig) führt in knapp fünf Stunden (reine Gehzeit) durch alle fünf Dörfer. Um in den vollen Genuss dieser Tour zu kommen, sollte man sich jedoch mehr Zeit nehmen.

Monterosso ist der größte Ort der »fünf Länder«. Das typische Cinque-Terre-Ambiente mit steilen Gassen und bis auf die Dorfpiazza gezogenen Fischerbooten findet man hier jedoch nicht. Dafür lockt Monterosso mit seinem **Badestrand** und bietet zudem die größte Auswahl an Hotels und Restaurants.

In Monterosso steht auch die älteste der fünf Cinque-Terre-Pfarrkirchen, **San Giovanni Battista** (Anfang 14. Jh.), die dem genuesischen Schutz-

Schöner kann man sich einen Küstenort kaum vorstellen: Die bunten Häuser des Cinque-Terre-Dorfs Vernazza, die sich um das kleine Hafenbecken gruppieren, scheinen ineinander gebaut zu sein.

patron Johannes dem Täufer geweiht ist. Aus Genua kamen damals Künstler wie Luca Cambiaso, Bernardo Castello und Bernardo Strozzi, deren Werke (16./17. Jh.) die am Hang gelegene **Kapuzinerkirche San Francesco** (1619) schmücken.

Der Sentiero Azzurro (Wanderweg Nr. 2, rotweiße Markierung) verläuft noch heute auf mittelalterlichen Saumpfaden, auf denen die Einheimischen ihre Waren transportierten. Archaische Olivenhaine, Weinberge und Gärten säumen den Weg, der spektakuläre Ausblicke auf die Küste eröffnet.

Zur Übernachtung bieten sich die nächsten Orte an: das labyrinthartig verschlungene Vernazza ebenso wie das auf einer 80 m hohen Felsklippe klebende Corniglia.

2 Vernazza und 3 Corniglia

Vernazza gilt als die Perle der Cinque Terre. Die mehrstöckigen Häuser sind wie zu einem einzigen, labyrinthartigen Bauwerk zusammengewachsen, schmale Gassen führen an reliefgeschmückten Portalen vorbei. Über den Ort wacht ein wie aus dem Felsen gewachsener mittelalterlicher Rundturm, der wie der klotzige Sarazenenturm am Hafen längst seine Funktion verloren hat. Treffpunkt ist die kleine Piazza hinter der **Pfarrkirche Santa Margherita d'Antiochia** (14. Jh.) direkt am Hafen. Um Platz zu sparen, hat die Kirche eine abgeflachte, der Piazza zugewandte Apsiswand mit eigenem Eingang.

In **Corniglia** sind keine Fischer, sondern Weinbauern zu Hause. Eine süffige Rarität ist der bernsteinfarbene Sciacchetrà-Wein, der hier aus wochenlang gedörrten Trauben gepresst wird. Nicht weniger süffig ist der Weißwein Cinque Terre D.O.C., der ebenso aus Albarola-, Bosco- und Vermentino-Trauben gewonnen wird. In die Streifenfassade der **Pfarrkirche San Pietro** (1335) ist eine Fensterrose aus weißem Carrara-Marmor eingelassen.

Großartig ist der schwindelerregende Ausblick von der **Belvedere-Terrasse**, 377 Stufen hoch über dem Meer, die man vom Bahnhof aus hinaufsteigen muss, um in den Ortskern zu gelangen.

Steht Vernazza in puncto Lieblichkeit in nichts nach: Die Häuser von Manarola kleben schier an den steilen Felsen.

4 Manarola

Ab hier wird die Tour einfacher. In Groppo kann man sich bei der **Cooperativa Agricultura 5 Terre** mit köstlichem Wein eindecken (siehe Seite 165). Der beschauliche Fischerort **Manarola** beeindruckt mit seinem winzigen Hafen. Die in warmen Terrakotta- und Beige-Tönen getünchten Häuser des fotogenen Fischernests kleben in einem wild verschachtelten Neben- und Übereinander auf dem felsigem Grund, als wären sie einst auf dieses knappe Land strafversetzt worden. Die Piazza des Ortes ist klein und der Hafen so winzig, dass die bunten Fischerboote an Land gezogen werden müssen und vor den Häusern auf der Hauptgasse parken.

Die aus Platznot geborene, romantische Häuserkomposition hat wie in den anderen Cinque-Terre-Orten Künstler wie Renato Birolli (1905–1959) angezogen, einen der bedeutendsten italienischen Maler des 20. Jhs. Sehenswert ist die gotische **Pfarrkirche San Lorenzo** aus dem 14. Jh.

Geweihtes Fleckchen: Schon im 5. Jahrhundert wurde auf diesem Felsen in Portovenere ein Kirchenbau errichtet. Die heute hier stehende Kirche San Pietro geht auf das 13. Jahrhundert zurück.

mit einer marmornen Fensterrose. Sie wird von einem zum Campanile umfunktionierten Wachturm flankiert.

5 Riomaggiore

In Manarola beginnt ein besonders bequemer Tourabschnitt, die berühmte **Via dell'Amore**, welche in ca. 30 Minuten über in Fels gehauene Steige nach **Riomaggiore** führt. Der Weg, der weniger romantisch ist als sein Name suggeriert, wurde in den 1930er-Jahren als Verbindung zu den Pulvermagazinen angelegt.

Obwohl Riomaggiore von La Spezia her auch auf einer gut ausgebauten Straße zu erreichen ist, atmet man hier noch den Geist vergangener Zeiten. Einer der ersten Touristen im Dorf war der Maler Telemaco Signorini, führender Vertreter der »Macchiaioli«, einer Gruppe italienischer Impressionisten. Ihm erging es nicht anders als jedem Besucher von heute: Die Cinque Terre ließen ihn nicht mehr los. Er verbrachte manchen Sommer hier und hielt viele charakteristische Motive auf Leinwand fest. Die nach ihm benannte **Via Signorini** führt vom Bahnhof hinauf zum Kirchplatz. Man kann auch mit einem Aufzug *(ascensore)* in den oberen Teil dieses verschachtelten Dorfs gelangen. Die gotische **Pfarrkirche San Giovanni Battista** besitzt eine schön reliefierte Marmorkanzel (16. Jh.). Weltlichere Genüsse findet man an der Via Cristoforo Colombo mit einladenden Cafés, Trattorien und Geschäften. Einen Panoramablick der Superlative über die gesamte Küste hat man von der **Wallfahrtskirche Madonna di Montenero** südlich von Riomaggiore aus (45 Min. Gehzeit von Riomaggiore, 15 Min. von der Straße). Das Restaurant im ehemaligen Refektorium des Klosters serviert gute ligurische Küche. Nun fahren Sie mit dem Schiff erst nach Portovenere, dann nach La Spezia. Von dort können Sie mit dem Schiff in 2 Std. wieder zurück nach Monterosso fahren. Achtung, Fahrplan unter **www.navigazionegolfodeipoeti.it** beachten!

6 Portovenere

Dass die schaumgeborene Venus hier und nicht in Zypern dem Meer entstiegen sein soll, wundert keinen Besucher dieses Bilderbuchorts. *Portus Veneris*, Hafen der Venus, nannten die Römer dieses herrliche Fleckchen Erde am Golf von La Spezia, den die Genuesen im Jahr 1113 erwarben. Sie verwandelten das Fischerdorf in eine Festung gegen Piraten und gegen ihren ärgsten Rivalen Pisa, der in der Burg in Lerici am gegenüberliegenden Ufer des Golfs saß. Im Ernstfall konnten die Klippen mit rutschigem Talg beschmiert werden, während die Frauen aus den Fenstern Teer oder heißes Öl auf die Feinde gossen.

Über dem Ort thront stolz das **Castello Doria**, das 1162 errichtet, im 15. Jh. zerstört, und im 16. und 17. Jh. wieder aufgebaut wurde (April–Okt. 10.30–13.30 und 14.30 bis 18.30 Uhr, Nov.–März nur Sa/So 10.30–18.30 Uhr).

In malerischer Lage erhebt sich die romanisch-gotische **Kirche San Lorenzo**. Sie wurde 1131 geweiht, aber nach einem Brand im 14. Jh. vollständig erneuert. Bemerkenswert sind in der Portallünette das »Martyrium des hl. Lorenz« und im Inneren ein kleines Marienbild: Engel sollen die »Weiße Madonna« auf Pergament gemalt haben, um 1399 eine schlimme Pestepidemie abzuwenden. Alljährlich am 17. August leuchtet die Kirche bei einer nächtlichen Prozession im Schein unzähliger Fackeln.

Eine lange Freitreppe verbindet die Oberstadt mit der **Calata Doria** am Hafen, wo vor den bunt getünchten Häusern emsiges Treiben herrscht. Vor dieser Bilderbuchkulisse wurden viele Filme gedreht. Der **Wehrturm** aus dem 12. Jh. markiert den Eingang ins mittelalterliche Gassengewirr. Hauptader ist die **Via Capellini**.

Am ihrem Ende sieht man auf einem Felskap die **Kirche San Pietro** (ab 1250) mit schönem Ausblick auf die Küste. Am Fuß des Felsens erinnert die **Grotta Byron** an den englischen Dichter des 19. Jhs., der sich gern hierher zurückzog, um lauthals seine Verse zu deklamieren – nachdem er quer über den Golf geschwommen war. Jeden August erinnert die Coppa Byron, ein Wettschwimmen nach San Terenzo-Lerici, an den prominenten Besucher. Ein Schiff bringt Sie nun in 30 Min. nach La Spezia.

Alles frisch!

Jeden Vormittag ist die Piazza Cavour in La Spezia Schauplatz des größten Marktes der Region. Frisches Obst, Gemüse, Käste, Wurst, Fleisch und Fisch kauft man am besten hier.

7 La Spezia

Schon Napoleon beeindruckte die optimale strategische Lage des Hafens von **La Spezia**. Aber erst in der Mitte des 19. Jhs. ließ der erste Ministerpräsident des geeinten Italiens die Stadt zum Kriegshafen ausbauen. La Spezia ist heute Italiens wichtigster Marinestützpunkt und die zweitgrößte Stadt Liguriens (95 000 Einw.). Jugendstilvillen an den Hängen und die großen Paläste an der **Piazza Giuseppe Verdi** und in der **Via Domenico Chiodo** sind gut erhaltene Zeugnisse der Stadtentstehung. Viele Besucher der verkehrsreichen Industrie- und Hafenstadt reisen mit der Fähre weiter zu den Inseln Elba (siehe Seite 232) und Korsika.

Einige interessante Museen lohnen einen Besuch, insbesondere das **Museo Amedeo Lia**. Die hochkarätige Sammlung, die auf eine Stiftung des Industriellen Amedeo Lia zurückgeht, zeigt Kunst des 13. bis 18. Jhs. (Via del Prione 234, Di–So 10–18 Uhr). Das **Centro d'Arte Moderna e Contemporanea** beherbergt Grafiken und Gemälde aus der Zeit nach 1950 sowie zeitgenössische Kunst (Piazza C. Battisti 1, Di–Sa 10–13, 15–19, So 11–19 Uhr, camec.spezianet.it).

Das **Museo Tecnico Navale** präsentiert historische Schiffsmodelle, Taucherglocken und Galionsfiguren, darunter die 1864 im Atlantik gefundene barbusige »Atlanta« (Viale Amendola 1, Mo–Sa 8–18.45, So 8–13 Uhr).

Glanzstücke der sehenswerten archäologischen und volkskundlichen Sammlungen im **Museum im Castello San Giorgio** aus dem 13./16. Jh. bilden die berühmten Lunigiana-Stelen, stilisierte Figurensteine aus der Bronze- und Eisenzeit (um 2000 v. Chr.), sowie Funde aus dem römischen Luni (Via XXVII Marzo, Mi–Mo 9.30–12.30, 14–17 Uhr).

Informationen

Tour 23: Cinque Terre und Golf von La Spezia

Wanderung (12 km) und Stadtrundgänge; 2–5 Tage

Stationen

1 Monterosso
2 Vernazza
3 Corniglia
4 Manarola
5 Riomaggiore
6 Portovenere
7 La Spezia

Verkehrsmittel

Einen großen, gebührenpflichtigen **Parkplatz** gibt es in Monterosso. Die anderen Cinque-Terre-Orte sind nur über kurvige Stichstraßen erreichbar, Parkplätze sind rar und teuer. Die **Bahn** verbindet die Dörfer fast im Stundentakt (www.trenitalia.com). **Schiffe** verkehren im Sommerhalbjahr zwischen allen Orten außer Corniglia und fahren dann weiter bis Portovenere (www.navigazionegolfodeipoeti.it).

Wandern in den Cinque Terre

Die Cinque-Terre-Wanderungen sind keine Spaziergänge, fast alle sind mit steilen An- und Abstiegen über Treppenwege verbunden und führen zum Teil über schmale, steinige Pfade. Gutes Schuhwerk ist unerlässlich, Trittsicherheit erforderlich, Vorsicht bei Nässe! Zur Hauptsaison im Frühjahr und Herbst wird es auf den bekannteren Wegen oft sehr voll – am besten frühmorgens oder nachmittags starten.
Informationen findet man unter **www.5terre.de** und **www.italienwandern.de**. Wanderkarten sind an den meisten Kiosken erhältlich. Besonders empfehlenswert: Cinque Terre 1 : 50 000 von Studio F. M. B. Bologna. Die **Tageskarte** für den Nationalpark kostet 5 €. Es empfiehlt sich, die etwas teurere **»Carta Cinque Terre Treno«** zu erwerben (an den Bahnhöfen und in den Nationalparkbüros). Sie gestattet nicht nur das Betreten der Wege, sondern auch beliebig viele Bahnfahrten zwischen La Spezia und Levanto sowie die kostenlose Benutzung der Elektrobusse in den Orten. Die »Carta Cinque Terre Treno« ist für 1 Tag (10 €), 3 Tage (19 €) erhältlich, Kinder von 4 bis 12 Jahren zahlen 6 €, Senioren 8 €, eine Familienkarte gibt es für 26 €.

Monterosso

Info

IAT-Büro
Bahnhof • Tel. 01 87 81 70 59 • www.parconazionale5terre.it

Hotel

Porto Roca
Eines der besten Quartiere der Cinque Terre, fast alle Zimmer mit Balkon und Meerblick.
Via Corone 1, Monterosso • Tel. 01 87 81 75 02 • www.portoroca.it

Restaurants

Miky
Frischer Fisch ist hier in vielen Variationen ein Genuss: als Antipasto, mit Nudelgerichten oder im Ofen gebacken.
Di geschl.
Via Fegina 104, Monterosso • Tel. 01 87 81 76 08

Belvedere
Ligurische Küche. Ein Genuss: Tintenfischnudeln. Winters Di geschl.
Piazza Garibaldi 38, Monterosso • Tel. 01 87 81 70 33

Vernazza

Info

IAT-Büro
Tel. 01 87 81 25 33 • www.parconazionale5terre.it

Restaurant

Gambero Rosso
Klassiker mit Atmosphäre und gepflegter Küche.
Piazza Marconi 7, Vernazza • Tel. 01 87 81 22 65

Corniglia

Info

IAT-Büro
Tel. 01 87 81 25 23 • www.parconazionale5terre.it

Restaurant
Da Mananan
Diese ausgezeichnete Osteria befindet sich in einem Palazzo des 14. Jhs. Die hiesige Spezialität sind Sardinen nach Art des Hauses. Di geschl.
Via Fieschi 117, Corniglia • Tel. 01 87 82 11 66

Manarola
Info
IAT-Büro
Tel. 01 87 76 05 11 • www.parconazionale5terre.it

Restaurant
Cappun Magru
Maurizio Bordoni ist der beste Koch der Cinque Terre: exzellent verfeinerte Regionalküche. Mo/Di geschl., sonst außer So nur abends geöffnet.
Via Volastra 19, Groppo • Tel. 01 87 92 05 63

Shopping
Cooperativa Agricoltura 5 Terre
Die Genossenschaft von 250 Cinque-Terre-Bauern vertreibt u. a. auch den Süßwein Sciacchetrà.
Loc. Groppo, Manarola • Tel. 01 87 92 04 35 • www.cantinacinqueterre.com

Riomaggiore
Info
IAT-Büro
Piazza Rio Fincle 26, Riomaggiore • Tel. 01 87 92 06 33 • www.parconazionale5terre.it

Aktivitäten
Diving Center 5 Terre
Tauch- und Schnorchelkurse sowie Kajakverleih. Im Durchgang zum Hafen.
Tel. 01 87 92 00 11 • www.5terrediving.it

Portovenere
Info
IAT-Büro
Piazza Bastreri 1, Portovenere • Tel. 01 87 79 06 91 • www.portovenere.it

Restaurants
Taverna del Corsaro
Fisch ist Trumpf in diesem stimmungsvollen, holzgetäfelten Lokal, Mo geschl.
Calata Doria 102, Portovenere • Tel. 01 87 79 06 22

Antica Osteria del Carugio
Sympathisches Restaurant im Zentrum. In den urigen Gasträumen isst man u. a. das traditionelle Suppengericht *mesciüa*. Do geschl.
Via Capellini 66, Portovenere • Tel. 01 87 79 06 17

Trattoria Iseo
Das sonntägliche Fischessen vor den Fischerpalästen ist ein Erlebnis.
Calata Doria 9, Portovenere • Tel. 01 87 79 06 10

La Spezia
Info
IAT-Büro
Viale Italia 5, La Spezia • Tel. 01 87 77 09 00 • www.turismoprovincia.laspezia.it

Restaurant
Aütedo
Ligurische Spezialitäten im alten Seemannsviertel, Mo geschl.
Viale Fieschi 138, Ortsteil Marola, La Spezia • Tel. 01 87 73 60 61

Als Ferruccio Lamborghini (linkes Bild) begann, in der Nähe von Bologna Sportwagen zu bauen, war er bereits ein reicher Mann. Sein Büro lag gegenüber der Produktionsstätte, und man erzählt sich, dass er schon mal selbst Hand anlegte, wenn ihm etwas an einem Fahrzeug nicht gefiel. Bild oben: Für den Lamborghini Miura von 1966 standen die Promis Schlange in Sant'Agata Bolognese. Der heute bekanntere, kantige Lambo-Look wurde erst in den 1970er-Jahren entwickelt.

Tour 24 | **Emilia-Romagna**

Amori & motori

▶ Gestern: Die Gegend um Parma, Modena und Bologna versteht sich als »Motor Valley« Italiens, Heimat diverser Rennmaschinen

▶ Heute: PS-Jünger werden hier glücklich, doch auch mit anderen Nationaltugenden geizen die Städte nicht – Schönheit und Genuss!

▶ Gestern

Der Rausch der Geschwindigkeit, die Faszination der Technik, die Hingabe an schönes Design: Italien und seine Fahrzeuge, das war schon immer *amore* und *motore*. Die Emilia-Romagna mag als Region der Genüsse in den Sinn kommen – man denke an den berühmten *aceto balsamico tradizionale* aus Modena oder auch die Königin der Pastasaucen, *ragù alla bolognese* – doch sie ist auch das Land der leidenschaftlichen Konstrukteure. Nirgendwo ist die Dichte exklusiver Marken und Werke so hoch wie hier. Lamborghini baut seine Geschosse in Sant'Agata Bolognese bei Bologna, Ferrari hat seinen Sitz in Maranello, Maserati ist in Modena zu Hause, auch Bugatti ist eng mit der Stadt verbunden. Von den mehr als 80 Motorradherstellern, die einst in der Region angesiedelt waren, produzieren Ducati in Bologna und Moto Morini im nahe gelegnen Casalecchio Reno. Und das sind noch nicht einmal alle Motormarken.

Um eine Geschichte herauszugreifen: Das Unternehmen Lamborghini war nach seiner Gründung im Jahr 1948 in erster Linie unter Landwirten bekannt, denn es stellte Traktoren her. Doch die wahre Leidenschaft von Firmenchef Ferruccio Lamborghini galt den Sportwagen; Mercedes-Benz, Jaguar und Ferrari hatten ihn »angefixt«. Der gewitzte Unternehmer und Konstrukteur war ehrgeizig genug, bessere Autos bauen zu wollen,

Den Teilnehmern der Mille Miglia wird in Modena sogar ein Teppich ausgerollt.

Ein Mann, ein Emblem, eine Farbe, eine Legende: Ende des 19. Jahrhunderts wurde in Modena der Sohn eines Schlossers geboren. Schon als Kind träumte er davon, Rennfahrer zu werden. Mit 21 Jahren nahm er zunächst auf eigene Faust an Rennen teil, wenig später verpflichtete ihn Alfa Romeo. Doch den jungen Mann interessierte einfach alles am Autobusiness: die Technik, die Zulieferer, sogar die Organisation der Wettkämpfe. 1939 startete er ein eigenes Automobilwerk unter dem Namen Auto Avio Costruzioni; nach dem Zweiten Weltkrieg trug es seinen Nachnamen. Acht Jahre später fuhr das erste Fahrzeug der Marke einen Sieg ein: Franco Cortese zeigte der Konkurrenz beim Grand Prix in Rom die Rücklichter. Der Rest ist Geschichte: Neun Formel-1-Weltcupsiege und über 5000 (!) Triumphe in Rennserien rund um den Globus. Der Mann heißt Enzo Ferrari (1898–1988), sein Emblem ist das springende Pferd, seine Farbe ist das leidenschaftliche Rot. Und die Legende Ferrari? Lebt!

und so stellte er im Jahr 1963 den ersten Prototypen vor. Die *macchina* (Auto) war definitiv *bella* (schön), doch gefahren ist sie nicht: Der Wagen hatte weder eine Kardanwelle noch irgendeine Art von Elektrik.

So etwas kam natürlich nicht wieder vor. In den folgenden Jahrzehnten wurde erfolgreich am Ruhm des Luxusherstellers gearbeitet, wirtschaftlich lief es nicht immer ganz rund. Doch es gibt sie noch, die Marke mit dem Stier: 2013 feierte sie ihr 50-jähriges Bestehen.

▶ Heute

Haben Sie schon das Gebrüll eines 750-PS-Motors im Ohr? In Sant'Agata Bolognese kann man die ganz jungen Stiere bei einer Werksführung und die älteren Schätze im Lamborghini Museum bewundern (www.lamborghini.com).

Weitere Tempel der PS-starken Verehrung sind das Ducati Museum mit Werksführung in Bologna (www.ducati.com), das Museo Ferrari in Maranello (siehe Seite 171) und in Modena gleich mehrere Stätten: die private Oldtimer-Sammlung Umberto Panini mit der größten Sammlung von Maserati-Oldtimern im ganzen Land (nur auf Anfrage, www.paninimotormuseum.it), das sehenswerte Museo dell'Auto Storica Stanguellini (www.stanguellini.it) sowie das Museo Casa Enzo Ferrari. Das umfassend renovierte Geburtshaus sowie die neu erbaute Nuova Galleria widmen sich dem Lebenswerk der weltberühmten Motorsportlegende (siehe Seite 171).

Die Kulturstädte Bologna und Modena haben natürlich noch mehr zu bieten als Boliden und heiße Öfen. Entdecken Sie die »rote, gelehrte und fette« Stadt und machen Sie sich dann auf in die »Schöne«. Bologna ist die Musikstadt im Creative Cities Network der Unesco, das Ensemble um die Piazza Grande in Modena ist Weltkulturerbe.

Stadtpläne: Seite 169 u. 171, Adressen: Seite 172

Bologna

Arkaden mit einer Länge von mehr als 40 km säumen die Straßen der Hauptstadt der Emilia-Romagna – das gibt es sonst nirgends auf der Welt. Die Beinamen der Stadt haben sie allerdings nicht geprägt: »La Rossa« (die Rote) wird sie wegen der warmen Rottöne ihrer Dächer und Fassaden genannt. Den Titel »La Dotta« (die Gelehrte) verdiente sich Bologna mit der ältesten Universität Europas, gegründet im Jahr 1088. Liebevoll-bewundernd ist der dritte Spitzname »La Grassa« gemeint: »Die Fette« steht für die Freude am Essen in den unzähligen *osterie* (Kneipen), für die Lust am Genuss und am Leben. Opulent ist auch der Reichtum an Kunstschätzen: Kirchen, Museen und Palazzi bergen eine immense Fülle großer Werke verschiedenster Epochen.

Zur Zeit der kommunalen Autonomie im 13. Jh. zählte die Stadt mit 50 000 Einwohnern zu den Großstädten Europas. Seit damals ist die **Piazza Maggiore** 1 Zentrum des städtischen Lebens. Der Palazzo del Podestà aus der Renaissance wird von der Torre dell'Arengo (1212) überragt. Fröhlich stimmt der Neptunbrunnen des

Das Herz der roten Stadt: Die Piazza Maggiore ist seit dem Mittelalter der zentrale Platz Bolognas.

Flamen Giambologna (1563) mit seinem bronzenen Wassergott, den Nymphen und Putti an der Piazza del Nettuno. Der **Palazzo Comunale** 2 aus dem 14. Jh. nimmt die Westseite des Platzes ein. Hier befindet sich das Rathaus der Stadt, und außerdem birgt er die sehenswerten städtischen Kunstsammlungen mit Werken von Bologneser Künstlern aus dem 13. bis 19. Jh.

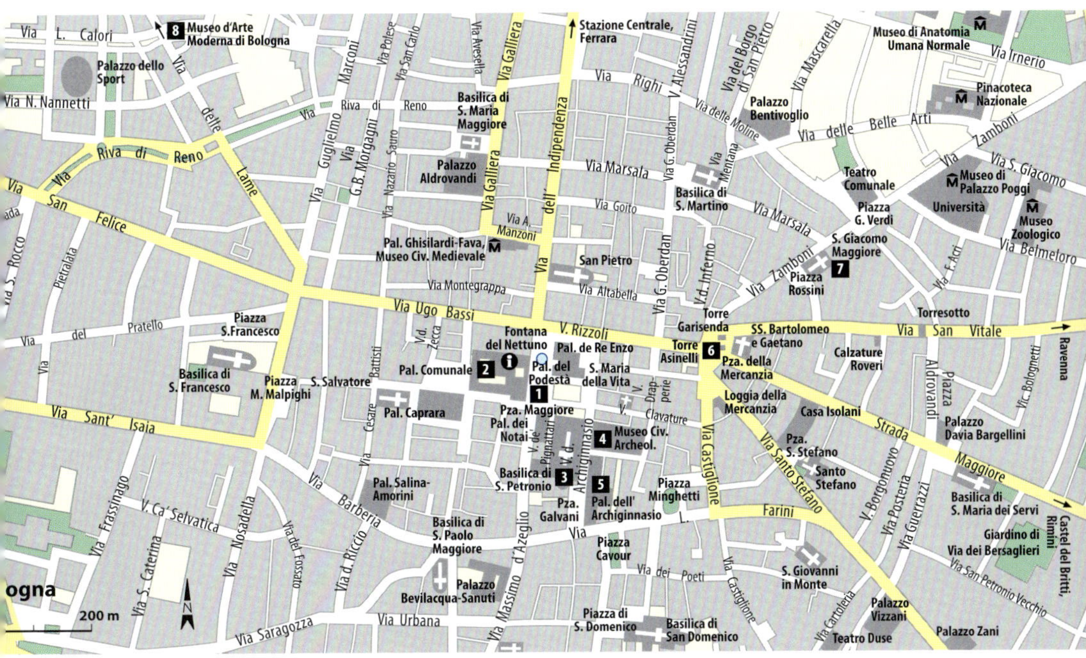

Die **Basilica San Petronio** 3 wurde als Symbol der wiedererlangten kommunalen Freiheit von den Bürgern ab dem Jahr 1390 in stolzen Ausmaßen (Länge 132 m, Breite 57 m, Höhe 44 m) und mit dem wunderschönen Hauptportal Porta Magna errichtet.

Das **Museo Civico Archeologico** 4 ist für seine Sammlungen berühmt: Eine Abteilung widmet sich den vielen Jahrhunderten der Stadtgeschichte, darüber hinaus beherbergt es eine der wichtigsten ägyptischen Sammlungen Europas sowie eine griechisch-römische und eine etruskische Abteilung (Di–Fr 9–15, Sa/So/Fei 10–18.30 Uhr, Eintritt).

Ein Stück südlich der Piazza Maggiore liegt der **Palazzo dell'Archiginnasio** 5, einstiger Sitz der Universität mit herrlichen Arkaden. Im ersten Stock liegt das holzverkleidete Teatro Anatomico, in dem die Medizinstudenten früher ihre Anatomie-Vorlesungen hörten. Ein Juwel ist auch die Aula Magna, heute Lesesaal der Bibliothek.

Nördlich der Piazza Maggiore kann man durch die **Via Rizzoli** mit ihren einladenden Caffès zu den Wahrzeichen Bolognas bummeln, den beiden »schiefen Türmen« **Torre Garisenda** (47 m, geschl.) und **Torre degli Asinelli** 6 (97 m, 498 Stufen, tgl. 9–17, Sommer bis 18 Uhr). Von oben hat man einen fantastischen Blick von den Alpen bis zur Adria.

Über die Via Zamboni erreicht man die gotische **Kirche San Giacomo Maggiore** 7 und die Pinacoteca Nazionale. Neben Giotto zeigt sie Renaissance- und Barockkünstler wie Francesco Francia, Annibale Carracci (1560–1609), Guido Reni (1575–1642) und Domenichino (1581–1641) (Via Belle Arti 56, Di–Do 15–19, Fr–So/Fei 10-19 Uhr, Eintritt).

Das **Museo d'Arte Moderna di Bologna** (MAMbo) 8 zeigt moderne Kunst in neun Abteilungen, von der politischen Kunst der 1960er-Jahre bis zu zeitgenössischen Werken (Via Don Giovanni Minzoni 14, Di, Mi, Fr 12–18, Do, Sa, So, Fei 12–20 Uhr, www.mambo-bologna.org). Im Herbst wurde das Museo Giorgio Morandi integriert, das zuvor im Palazzo Comunale seinen Platz hatte.

Dass Bologna einst, ähnlich wie Venedig, von Kanälen durchzogen war, auf denen zahllose Boote und Lastschiffe kreuzten, ist beinahe in Vergessenheit geraten. Das Wasser ist heute nicht verschwunden, sondern fließt meist unterirdisch unter Straßen, Häuserzeilen oder Mauern unbemerkt dahin. Geheimtipp: Kenner erkunden den Untergrund der Stadt auf einem 800 Meter langen Weg entlang des *Aposa torrente* (Aposa-Bach). Auf einer Zeitreise erleben die Besucher dort auf geführten Touren Legenden und Geschichten vom römischen Bologna (1. Jahrtausend v. Chr.) über die Zeit des Zweiten Weltkriegs bis zur Gegenwart nach.

Modena

Wer auf der Via Aemilia nach Nordwesten fährt, gelangt nach Modena (Beiname: »die Schöne«). Liebhaber der feinen Küche kennen den berühmten Essig *(aceto balsamico tradizionale)*, der hier jahrzehntelang in Holzfässern reift. Auch auf

Extravagante »Karosserie« für legendäre Ausstellungsstücke: Das Museo Casa Enzo Ferrari in Modena besteht aus einem futuristischen Museumsbau und dem Geburtshaus des Markengründers.

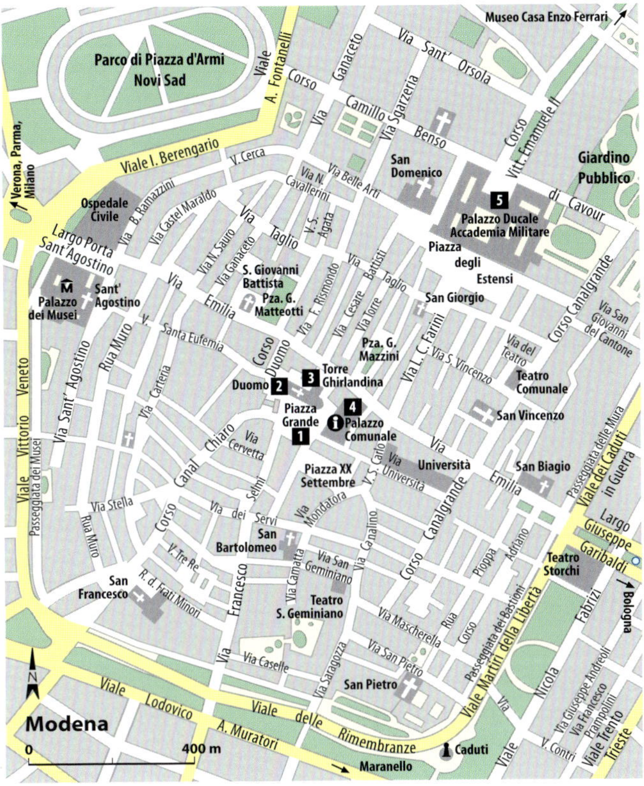

Luciano Pavarotti

wurde 1935 in Modena geboren und gab hier 1961 sein Debut. Für die Benefizkonzertreihe »Pavarotti & Friends« spielte er mit internationalen Künstlern aus Rock, Pop und Jazz.

ein weiteres kulinarisches Original sollte man nicht verzichten: ein Glas perlenden Lambrusco, der zu Modena gehört wie die unvergessliche Stimme Luciano Pavarottis (1935–2007).

Doch die Stadt hat noch mehr zu bieten: Auf der zentralen **Piazza Grande** 1 – von der Unesco zum Weltkulturerbe erklärt – stehen bedeutende Zeugnisse romanischer Kunst. Beispielsweise der im Jahr 1099 vollendete **Dom San Geminiano** 2 und der 88 m in den Himmel ragende Glockenturm **Ghirlandina** 3, das Symbol der Stadt. Das **Rathaus (Palazzo Comunale)** 4 und der Uhrenturm begrenzen die Piazza an zwei Seiten. Der **Herzogspalast (Palazzo Ducale)** 5 aus dem 17. Jh. gehört zu den wichtigsten Barockpalästen ganz Italiens. Im Frühjahr 2012 hat ein extravaganter neuer Museumsbau seine Tore geöffnet, eine Art futuristischer *palazzo*: Das **Museo Casa Enzo Ferrari** gleich nördlich des Palazzo Ducale spielt sowohl mit organischen als auch mit typischen Karosserieformen; der gelbe Korpus der Nuova Galleria scheint das Geburtshaus des Gründers zu umarmen. Besucher erfahren hier vor allem etwas über das Leben von Enzo Ferrari, seine Familie, seine ersten Berührungspunkte mit Automobilen (www.museocasaenzoferrari.it).

Mehr Fahrzeuge sieht man im **Museo Ferrari** 14 km südlich von Modena – in Maranello sind die roten Flitzer zu Hause. Hier werden Modelle aus der gesamten Firmengeschichte, Filme und Innovationen gezeigt. Wer möchte, besucht die Fiorano Testrennstrecke (Via Dino Ferrari 43, Maranello, tgl. 9.30–18, Mai–Sept. bis 19 Uhr, museo.ferrari.com/de, Eintritt).

Informationen

Tour 24: »Motor Valley« Bologna und Modena

Stadtspaziergänge mit Ausflügen, 2–4 Tage

Stationen Bologna

1 Piazza Maggiore
2 Palazzo Comunale
3 Basilica San Petronio
4 Museo Civico Archeologico
5 Palazzo dell'Archiginnasio
6 Torre degli Asinelli
7 Chiesa San Giacomo Maggiore
8 Museo d'Arte Moderna di Bologna

Stationen Modena

1 Piazza Grande
2 Dom San Geminiano
3 Ghirlandina
4 Palazzo Comunale
5 Palazzo Ducale

Bologna

Info

Bologna Welcome
Mo–Sa 9–19, So/Fei 10–17 Uhr.
Piazza Maggiore 1/e, Bologna • Tel. 0 51 23 96 60 • www.bolognawelcome.com

Hotel

Touring
Freundliches B&B-Hotel, ruhige Lage am Rande der Altstadt.
Via De' Mattuiani 1, Bologna • Tel. 0 51 58 43 05 • www.hoteltouring.it

Restaurants

Teresina
Bologneser Küche, darunter herrliche Tortellini-Gerichte. Mit Garten. So Ruhetag.
Via Oberdan 4, Bologna • Tel. 0 51 22 89 85 • www.ristoranteteresinabologna.it

Tamburini
Ein Schlaraffenland für Liebhaber von Tortellini, Prosciutto & Co., mitten in den Gassen der Altstadt gelegen; bei einem Aperitif in der dazugehörigen Weinbar erlebt man die Stadt, wie sie leibt und lebt! Feinkostladen: Mo–Sa 8.30–20, So 10–18.30, Weinbar: Mo–Sa 12–0.30 Uhr.
Via Caprarie 1, Bologna • www.tamburini.com

Kochkurse

Wo, wenn nicht hier? In dieser Genussregion lässt es sich nicht nur vorzüglich speisen, die Kochkünstler geben auch ihr Wissen weiter. Kochkurse, die auch in Englisch stattfinden, werden von diesen Veranstaltern angeboten:

Uova e Farina – Corte Isolani
www.uovaefarinabologna.it

Vecchia Scuola Bolognese
www.lavecchiascuola.com

Podere San Giuliano
www.poderesangiuliano.it

Shopping

La Piazzola
Freitags und samstags werden an über 400 Marktständen Kleidung (auch second hand), Schuhe, Stoffe, Kunsthandwerk, Haushaltswaren und viele andere Dinge feilgeboten.
Piazza VIII Agosto, Bologna

Lebensmittel
Der »Bauch von Bologna« liegt, wie schon im Mittelalter, im Gassengewirr hinter dem Palazzo dei Banchi an der Piazza Maggiore. Über die Via Pescherie Vecchie und die Via Clavature erreicht man den sehenswerten **Mercato di Mezzo**, eine malerische bunte Markthalle. Viele kleine Lebensmittel- und Delikatessgeschäfte liegen ebenfalls in diesem Viertel sowie Handwerksläden mit langer Tradition.
Die **Via degli Orefici** – Straße der Goldschmiede – beherbergt noch heute einige Juweliergeschäfte, auch viele Instrumentenbauer – vor allem für Geigen und Gitarren – haben hier ihre Werkstattläden.
Die **Galleria Cavour** vereint alle großen Designermarken unter einem Dach.

Events

Bologna-Festival
Konzerte, Tanz, Theater und Multimedia-Kunst in diversen

Theatern sowie an anderen Schauplätzen in Stadt und Umland.
April–Juni, Sept./Okt. • www.bolognafestival.it

Tartufesta

Großes Trüffelfest in den Bergdörfern des Bologneser Apennins im Oktober und November.
www.winefoodfestival.com

Modena

Info

IAT Modena

Mo 15–18, Di–Sa 9–13, 15–18, So 9.30–12.30 Uhr.
Piazza Grande 14, Modena • Tel. 05 92 03 26 60 • turismo.comune.modena.it

Hotel

Libertà

Moderner Komfort in einem alten Palazzo nördlich der Piazza Grande.
Via Blasia 10, Modena • Tel. 0 59 22 23 65 • www.hotelliberta.it

Restaurants

Da Danilo

Hier wird die traditionelle Küche der Stadt serviert.
So geschl.
Via Coltellini 31, Modena • Tel. 0 59 22 54 98

L'Erba del Re

Restaurant von Luca Marchini, der auch die Kochschule Scuola di cucina Amaltea führt.
Via Castelmaraldo 45, Modena • Tel. 0 59 21 81 88 • www.scuolacucinaamaltea.it

Museum

Museo Casa Enzo Ferrari

Oldtimermuseum und Erinnerungsstätte für den großen Automobilkonstrukteur. Ein avantgardistischer Bau schließt sich an sein Elternhaus an.
Okt.–April tgl. 9.30–18, Mai–Sept. tgl. 9.30–19 Uhr.
Via Paolo Ferrari 85, Modena • www.museocasaenzoferrari.it

Galleria Civica

Im Palazzo Santa Margherita wird das ganze Jahr über moderne Kunst und Fotografie in wechselnden Ausstellungen gezeigt
Corso Canalgrande 103, Modena • www.comune.modena.it/galleria/

Fondazione Fotografia

Fotoausstellungen im Ex Ospedale Sant'Agostino.
Largo Porta Sant'Agostino 228, Modena • www.fondazionefotografia.org

Museo della Figurina

Wer kennt sie nicht, die Panini-Sammelbilder? Hier ist dem Kulturgut ein ganzes Museum gewidmet. Es entstand 1992 und zeigt Kalender, Sammelalben und vieles mehr.
Corso Canalgrande 103, Modena • www.museodellafigurina.it

Shopping

Überall in der Stadt können Sie den **Balsamessig** mit der geschützten Herkunftsbezeichnung *Aceto Balsamico Tradizionale di Modena* erwerben (www.balsamicotradizionale.it).

Modenas **Handwerkstradition** prägt auch heute noch das Bild der Stadt. Beim Schaufensterbummel fallen Goldschmiedekunst und Geigen, hölzerne Essigflaschen, Keramiken und vieles mehr ins Auge.
Spannendes lässt sich auch auf dem **Antiquitätenmarkt** am Park Novi Sad entdecken – außer im Juli und August immer am letzten Wochenende im Monat. Lebensader und Flaniermeile ist die Via Emilia. Als **Souvenir** eignet sich natürlich ein Fläschchen Balsamico mit Prüfsiegel oder eine Flasche guter Lambrusco aus der Region.

Mercato Albinelli

Ein großer Marktplatz mit überdachten Ständen im Herzen der Stadt. Seit 1931 gibt es hier Lebensmittel aus der Region.
Tgl. 6.30–14.30, Okt.–Mai Sa 16.30–19.30 Uhr.
Via Luigi Albinelli 13, Modena • (Zentrum)

Events

Auto-Kult

Traditionell im April und Mai öffnen Privatsammlungen und Museen des Motorsports ihre Türen und zeigen ihre Raritäten auf den Straßen und Plätzen der Stadt.
www.modenatur.it, www.modenaterradimotori.com

Sagra del tartufo modenese

Markt für Trüffeln und andere Spezialitäten in Montefiorino Ende Oktober.

Tour 25 | **Adria**

Ciao tedeschi …

▶ GESTERN: Seit den 1960er-Jahren galt Rimini als Sehnsuchtsziel der Deutschen. Glamour, Strand und Badespaß – was wollte man mehr?

▶ HEUTE: An der Adria entlang führt diese Tour, von Ravenna bis zu den Abruzzen – und selbstverständlich über Rimini

▶ GESTERN

Bereits 1843 wurde in Rimini das erste Strandbad eingeweiht, das erste an der Adria. Der Ort mit seinen kilometerlangen Stränden wurde im Handumdrehen eine begehrte Anlaufadresse für betuchte Leute aus den italienischen Großstädten, die zur Sommerfrische ans Meer wollten. Der Ansturm der Deutschen setzte in den 1950ern ein. Rimini wurde zum Synonym für Traumurlaub, den sich im Aufwind des Wirtschaftswachs-

Wer ist die Schönste im ganzen Land? 1956 war Rimini Schauplatz der Miss-Italia-Wahl. Übrigens wurde im selben Jahr die Deutsche Petra Schürmann zur Miss World gekürt. Die Postkarte mit dem kulinarischen Bekenntnis (links) stammt ebenfalls aus den Fünfzigern.

tums bald immer mehr Menschen erfüllen konnten. Nach ersten Urlaubserfahrungen im eigenen Land und in den österreichischen Bergen wuchs der Hunger nach Sonne, Strand und Meer. Mit dem eigenen Auto nach Italien fahren – mehr brauchte es nicht zum Glück.

Riminis berühmtester Sohn, Starregisseur Federico Fellini (»La Dolce Vita«), hat auch einiges zum Ruhm seiner Stadt beigetragen. Viele seiner Filme spielen in Rimini – auch wenn er nicht vor Ort drehte, sondern die Schauplätze in den legendären Filmstudios von Cinecittà in Rom rekonstruieren ließ.

▶ Heute

Mit seinem 15 km langen Strand ist Rimini einer der beliebtesten »Sandkästen« Europas. Das Image des »Teutonengrills« ist längst abgeschüttelt, stattdessen hat sich Rimini zum internationalen Partytreff gemausert, der im Hochsommer bis zu 1 Mio. amüsierbegabter Urlauber anlockt.

Mitbringsel

Ravennas frühchristliche Bauten sind voller Mosaiken, die der Stadt 1996 zum Unesco-Weltkultur-Status verhalfen. Wer Mosaiken liebt, findet in den Werkstätten vor Ort eine große Auswahl an Souvenirs.

Diese lange Adria-Tour beginnt in Ravenna und folgt der Küste nach Süden. Kunstgenuss und Badespaß wechseln sich ab.

Landkarte: Seite 178, Adressen: Seite 178/179

1 Ravenna

Ravenna (154 300 Einw.) ist die Stadt mit den bedeutendsten spätantiken Bauwerken und Mosaiken weltweit. In römischer Zeit wichtige Hafenstadt, wirkt Ravenna heute auf freundliche Weise verschlafen. In der Spätantike war es die Hauptstadt des Weströmischen Reichs – die Gebäude aus dieser Epoche zählen zum Weltkulturerbe. Zu den bedeutendsten byzantinischen Werken in ganz Italien gehört die 547/48 geweihte **Basilika San Vitale**. Der achteckige Backsteinbau zieht im Innenraum jeden Besucher in Bann. Marmor und Mosaiken glänzen gleichermaßen in dem in ein inneres und ein äußeres Achteck gegliederten Raum. Die berühmtesten Mosaiken der Kirche zeigen Kaiser Justinian und seine Gattin Theodora, die mit ihrem Gefolge am Abendmahl teilnehmen. In unmittelbarer Nachbarschaft bezaubern im **Mausoleum der Galla Placidia** (vor 450) ebenfalls schöne Mosaiken. Gleich neben dem barocken Dom liegt das **Battistero degli Ortodossi**, das Taufhaus der Katholiken, ein spätantiker Raum mit reichen Stuck- und Mosaik-Ornamenten (um 450). Nach so vielen Mosaiken ist eine Steigerung kaum vorstellbar, und doch übertrifft **Sant' Apollinare Nuovo** die Erwartungen. An den fein skulpierten Kapitellen gleitet der Blick nach oben zur Prozession der Märtyrer, zu Christus und den Jungfrauen, zur Muttergottes. Im südlichen Stadtteil **Classe** faszinieren die byzantinischen Mosaiken der **Basilika Sant' Apollinare in Classe** (549 geweiht). Hier sind weitgehend Originale aus dem letzten Zyklus der ravennatischen Mosaikkunst des 6. Jhs. zu sehen. Der zylindrische **Campanile** ist eines der Wahrzeichen der Stadt (Öffnungszeiten der Kirchen unter www.turismo.ra.it).

2 Rimini

Nach so vielen kunstvoll gelegten Steinchen erleben Sie am zweiten Tag das Strandleben an den Lieblingsstränden deutscher und auch russischer Touristen: **Rimini** (143 700 Einw.). Neben Hotelburgen, Pizzerien, knalligen Eisdielen, lauten Diskos, Sandstränden und Meer im Sommer bietet es im Winter die melancholische Stimmung der Filme Federico Fellinis (1920–1993). Ihm widmet sich ein **Museum** (**Fondazione Federico Fellini**, Via Nigra 26, www.federicofellini.it). Sigismondo Malatesta, Söldnerführer und Stadtherr von Rimini im 15. Jh., hinterließ mit dem **Tempio Malatestiano** (San Francesco) die bedeutendste Sehenswürdigkeit. Im Süden Riminis schließen sich fast nahtlos die Strände von **Riccione** und **Cattolica** an.

Die Mosaiken in der Basilika San Vitale in Ravenna bestehen aus (Halbedel-)Steinen und Blattgold.

3 San Marino

Von Rimini aus lohnt sich am frühen Abend ein Ausflug nach **San Marino** (32 500 Einw.), wo Sie unzähligen Menschen beim Flanieren begegnen werden. Kitsch und Kommerz dominieren den Zwergstaat, der sich fotogen auf dem **Monte Titano** erstreckt. Zwischen falschem und echtem Mittelalter spazieren Touristen aller Länder zu den **Burgruinen Guaita** und **Cesta** und genießen die schöne Aussicht.

4 Urbino

Nach einer Übernachtung in Rimini geht es weiter nach **Urbino** (15 500 Einw.), um Renaissance-Kunst zu entdecken. Der Geburtsort Raffaels (1483–1520) – sein Elternhaus ist ein **Museum** (Via Raffaello 57, So 10–13, Mo–Sa März–Okt. 9–13, 15–19, Nov.–Febr. 9–14 Uhr) – verdankt Federico da Montefeltro einen vollendeten Profanbau der Renaissance, den ab 1468 errichteten **Palazzo Ducale**. Innen sieht man wundervolle Säle und genießt in der **Nationalgalerie der Marken** Werke von Piero della Francesca, Raffael und Barocci (Kasse Di–So 8.30–18.15, Mo 8.30–13 Uhr).

5 Fano, 6 Senigallia und 7 Ancona

Auf dem Weg nach **Ancona** lässt sich wunderbar ein Badetag einlegen – im ganz von römischen Stadtmauern umgebenen **Fano** oder an den weiten Sandstränden des Urlaubsorts **Senigallia**. Am Morgen erwartet Sie wieder große Kunst und eine herrliche Aussicht. Die moderne Hafen- und Hauptstadt der Marken **Ancona** (100 300 Einw.) besitzt oberhalb des Ortes den romanischen **Dom**

Gründungslegende: Um 300 n. Chr. soll der Steinhauer Marinus vor der Christenverfolgung auf den Berg Titano geflüchtet sein, wo sich eine christliche Gemeinschaft zusammenfand – der Staat San Marino.

San Ciriaco mit römischen Säulen und zwölfeckiger Kuppel. Auf dem Weg vom Dom ins Zentrum passiert man das **Archäologische Nationalmuseum** mit Grabungsfunden (Di–So 8.30–19.30 Uhr) und die **Pinacoteca Civica Franco Podesti** mit venezianischer Renaissance-Kunst (Via Pizzecolli 17, zzt. wg. Restaurierung geschl.).

8 Monte Conero

Zum Baden laden am nächsten Tag die herrlichen, feinsandigen Buchten von **Sirolo** und **Numana** unterhalb des **Monte Conero** im Süden der Stadt ein.

9 Loreto und 10 Ascoli Piceno

Von Ancona fahren Sie tags darauf nach Ascoli Piceno, wobei Sie unbedingt einen Zwischenstopp in **Loreto** (12 600 Einw.) einplanen sollten. Weithin sichtbar erhebt sich die Wallfahrtskirche aus der Ebene. Der **Santuario della Santa Casa** wurde ab 1468 von Francesco di Giorgio Martini und Bramante in klaren Renaissanceformen errichtet. Im Innenraum steht das angeblich 1294 von Nazareth nach Loreto gebrachte **Geburtshaus von Maria**, ummantelt von Marmorreliefs im Stil der Renaissance.

Mit **Ascoli Piceno** (49 700 Einw.) besuchen Sie eine der schönsten Städte der Marken, die trotz ihrer Kunstschätze und der reizvollen mittelalterlichen Altstadt von Touristen kaum angesteuert wird. Wunderschön ist die **Piazza del Popolo** mit dem aus der Periode der kommunalen Autonomie stammenden **Palazzo dei Capitani del Popolo**. Links schließt sich das traditionsreiche **Jugendstilcaffè Meletti** an, das den berühmten Anisetta-Likör herstellt. Ein schlanker **Campanile** markiert die gotische **Kirche San Francesco**. Der Spaziergang durch Ascoli führt weiter zur **Römerbrücke** über den Tronto bei der **Porta Solestà**.

11 Nationalparks der Abruzzen

Im Hinterland des abruzzischen Küstenabschnitts steht eine weitgehend unberührte, grandiose Bergwelt unter Schutz, der **Parco Nazionale del Gran Sasso e Monti della Laga**. Hier, wie auch im **Parco Nazionale della Majella**, kommen u. a. noch Appeningämsen, Appeninwölfe und noch einige wenige Braunbären vor.

Informationen

Tour 25: Von Ravenna bis zu den Nationalparks der Abruzzen

Autotour, 8 Tage, ca. 550 km

Stationen

1 Ravenna
2 Rimini
3 San Marino
4 Urbino
5 Fano
6 Senigallia
7 Ancona
8 Monte Conero
9 Loreto
10 Ascoli Piceno
11 Nationalparks der Abruzzen

Praktische Hinweise:
In **Ravenna** sollten Sie ein Fernglas mitnehmen, um die Details der Mosaike besser sehen zu können. In den **Badeorten** am Meer im Hochsommer rechtzeitig buchen. Wer im Juni oder September reist, erhält bis zu 50 % Ermäßigung in den Hotels. Im **Gebirge** auch im Sommer an warme Kleidung denken.

Ravenna

Info

IAT
Via Salara 8–12, Ravenna • Tel. 0 54 43 54 04 • www.turismo.ravenna.it, www.emiliaromagnaturismo.it

Hotel

Centrale Byron
Zentral, elegant und traditionsreich, gute Ausstattung.
Via IV Novembre 14, Ravenna • Tel. 05 44 21 22 25 • www.hotelbyron.com

Restaurant

Osteria Del Tempo Perso
Spezialitäten sind die romagnolischen *Capeletti in Brodo*, aber auch frischer Fisch. Tgl. abends, Sa, So, Fei auch mittags.
Via Gamba 12, Ravenna • Tel. 05 44 21 53 93 • www.osteriadeltempoperso.it

Strände

Ravennas feinsandige Strände wurden 2009 gleich mit sieben Blauen Flaggen ausgezeichnet.

Rimini

Info

IAT
Piazzale Fellini 3, Rimini • Tel. 0 54 15 69 02 • www.riminiturismo.it
(Infobüro auch beim Bhf.)

Hotel
Mirabel
Direkt am Lungomare am pittoresken Hafen, einfache, aber angenehme Zimmer, sehr freundlich.
Via G. Dati 184, Viserba • Tel. 05 41 73 81 27 • www.hotelmirabelviserba.com

Urbino
Info
IAT
Piazza Rinascimento 1, Urbino • Tel. 07 22 26 13 • www.turismo.pesarourbino.it

Hotel
Valdinoce
Netter Bio-Agriturismo mit drei rustikal eingerichteten Zimmern und traditioneller Küche der Marken.
Via Monte Avorio 43, Urbino • Tel. 07 22 34 51 80 • www.valdinoce.it

Ancona
Info
IAT
Via della Loggia 50, Ancona • Tel. 0 71 35 89 91 • www.turismo.marche.it

Verkehr
Fährverbindungen
Nach Kroatien, Montenegro, Albanien, Griechenland und in die Türkei.
www.traghettiweb.it, www.elladeviaggi.it

Hotel
Rosa
Modernes Stadthotel, zweckmäßig ausgestattete Zimmer.
Piazza Rosselli 3, Ancona • Tel. 07 14 13 88 • www.hoteldellarosa.it

Restaurant
La Moretta
Alteingesessene Trattoria, geht auf das Jahr 1897 zurück. Die große Speisekarte betont regionale und lokale Spezialitäten. So Ruhetag.
Piazza Plebiscito 52, Ancona • Tel. 0 71 20 23 17 • www.trattoriamoretta.com

Strände
Für Badetage eignen sich die weiten Sandstrände nördlich im Urlaubsort **Senigallia** oder im noch ganz von römischen Stadtmauern umgebenen **Fano** sowie die herrlichen Buchten von **Sirolo** und **Numana** unterhalb des Monte Conero im Süden der Stadt.

Ascoli Piceno
Info
IAT
Piazza Arringo 7, Ascoli Piceno • Tel. 07 36 25 30 45 • www.turismo.marche.it

Hotel
Villa Cicchi
4 km außerhalb von Ascoli übernachtet man in einer wunderschönen, stilvoll eingerichteten Residenz des 18. Jhs. unter hohen, freskengeschmückten Decken. Park mit eigenem Swimmingpool.
Via Salaria Superiore 137, Ortsteil Abbazia di Rosara • Tel. 07 36 25 22 72 • www.villacicchi.it

Restaurant
Il Desco
Hier bekommt man regionale Spezialitäten wie die fleischgefüllten *Olive ascolane*. Fr Ruhetag.
Via Vidacilio 10, Acoli Piceno • Tel. 07 36 25 07 57 • www.ildescoristorante.it

Nationalparks
Hotel
La Bilancia
Rustikaler Familienbetrieb, am Rande des Nationalparks Gran Sasso gelegen. Einfache, aber angenehme Zimmer, reichhaltiges Frühstücksbuffet; im Restaurant Küche der Abruzzen.
Contrada Palazzo 11, Loreto Aprutino • Tel. 08 58 28 93 21 • www.hotellabilancia.it

Aktivitäten
Den letzten Tag (oder auch mehrere Tage) der langen Tour verbringen Sie in den großen Nationalparks. Wege zum **Wandern**, **Biken** und **Reiten** führen durch den Gran-Sasso-Park und den Majella-Park. Informationen unter: www.gransassolagapark.it, www.parcomajella.it

Tour 26 | **Pisa & Costa degli Etruschi**

Pfusch am Bau

▶ GESTERN: Morastiger Untergrund bescherte dem Turm von Pisa seine Neigung. Galileo Galilei soll das auf neue Ideen gebracht haben

▶ HEUTE: Der Turm zählt zu den bekanntesten Gebäuden der Welt. Erkunden Sie nach der Stadt Pisa auch die Costa degli Etruschi!

▶ GESTERN

Geplant war das Gebäude als freistehender Glockenturm *(Campanile)* für den daneben angesiedelten Dom von Pisa. Im Jahr 1173 fand die Grundsteinlegung statt – da wurde an dem Gotteshaus schon über ein Jahrhundert lang gebaut. Zwölf Jahre später, als gerade einmal drei Stockwerke fertiggestellt waren, gab der sandige Boden unter dem Fundament nach, was dem Turm seine Schlagseite bescherte und zu einem 100-jährigen Baustopp führte. Als Giovanni di Simone die Arbeiten 1275 wieder aufnahm, ließ er die nächsten vier Stockwerke schräg bauen und setzte sie dadurch ins Lot. Doch der Turm neigte sich mit den Jahren immer weiter. Nach einer weiteren Bauunterbrechung konnte das 54 m hohe Bauwerk im Jahr 1372 schließlich eingeweiht werden. Der in Pisa geborene Galileo Galilei (1564–1642) soll der Legende nach bei Versuchen auf dem Schiefen Turm den freien Fall von Gegenständen untersucht haben. Seit dem Jahr 1987 zählt das Bauwerk zum Unesco-Weltkulturerbe.

▶ HEUTE

Nach zwölfjährigen Sanierungsarbeiten kann der Schiefe Turm seit 2001 wieder bestiegen werden (293 Stufen; Informationen siehe auch Seite 183), allerdings nur in kleinen Gruppen von maximal 30 Personen. Sicher ist sicher ...

Nach der Stadtbesichtigung von Pisa geht es an die Etruskische Riviera (Costa degli Etruschi), die südlich von Livorno beginnt. Hier öffnen sich immer wieder felsige kleine Buchten vor der macchiabewachsenen Küste.

Landkarte: Seite 183, Adressen: Seite 186/187

1 Pisa

Die Tour beginnt in **Pisa** (86 300 Einw.), einst einer der größten Häfen der Welt. Die Universität, eine der bedeutendsten Italiens (heute über 53 000 Studenten), bildet seit einem halben Jahrtausend den Mittelpunkt des städtischen Lebens. Davor dominierten Kaufleute und Seefahrer die Geschicke Pisas. In dieser Blütezeit vom 11. bis ins 13. Jh. entstanden auch die wichtigsten Bau-

Haltet den Turm, damit er nicht umfällt! Das Fotomotiv war schon in den 1960er-Jahren bei Touristen ein Muss – und ist bis heute nicht totzukriegen.

ten. 1406 gelang den Florentinern nach langer Belagerung die Eroberung Pisas.

Den Besuch der Stadt beginnt man am besten auf dem Domplatz, der **Piazza dei Miracoli** (»Platz der Wunder«). Wie für die Ewigkeit geschaffen, erheben sich Turm, Dom und Baptisterium aus der grünen Wiese. Die einheitliche weiße Marmorverkleidung unterstreicht die Einzigartigkeit der Piazza.

Als eines der ersten Monumentalbauwerke des Mittelalters wurde der **Dom Santa Maria** 1063 begonnen. Baumeister Buscheto verband eine frühchristliche Basilika (Langhaus mit Apsis) mit einem Querschiff: Nie zuvor hatte es in Italien einen Sakralbau in Form eines lateinischen Kreuzes gegeben! Buscheto kannte die islamische Architektur, auch die reiche Außendekoration mit Marmorintarsien spiegelt ihre Einflüsse. Die Fassade mit ihren Bogen auf Halbsäulen und Säulengalerien wurde wie das Langhaus unter Baumeister Rainaldo im 12. Jh. fertiggestellt. Durch die dicht stehenden Säulen wirkt das Innere fast wie eine Moschee. Dort steht eines der Hauptwerke gotischer Bildhauerkunst: die **Kanzel** von Giovanni Pisano (1302–1312) mit ihren ausdrucksstarken, bewegten Reliefs (März 10–18, April–Sept. bis 20, Okt. bis 19, Nov.–Feb. 10–12.45, 14–17; So, Fei ab 13 Uhr). Geistlicher Musik mit international bekannten Stars kann man im Dom von Mitte Sept. bis Anf. Okt. lauschen.

Das **Baptisterium** begann Diotisalvi 1153 im romanischen Stil. Die gotische Bauphase ab der Säulenloggia leitete Nicola Pisano, später sein Sohn Giovanni. Erst im 14. Jh. wurde die Kuppel aufgesetzt. Nicola schuf 1260 mit der ersten frei stehenden Marmorkanzel eines der bedeutendsten Kunstwerke am Ausklang der Romanik in Italien (tgl., März 9–18, April–Sept. 8–20, Okt. 9–19, Nov.–Feb. 10–17 Uhr).

Wer die Reliefs mit den römischen Sarkophagen im **Camposanto** (geöffnet wie Baptisterium, aber Juni–Aug. bis 23 Uhr), dem monumentalen Friedhof an der Nordseite des Platzes, vergleicht, sieht, woher Nicola Pisano Anre-

Platz der Wunder: Ursprünglich hieß die Piazza dei Miracoli »Piazza del Duomo« (Domplatz). Der Dichter und Schriftsteller Gabriele D'Annunzio erfand den neuen Namen, und er bürgerte sich ein.

gungen bezog. Die prunkvollen Sarkophage dienten im Mittelalter als prestigeträchtige Grablegen. Bis zur Zerstörung 1944 schmückten den Friedhof die größten mittelalterlichen Wandmalereien der Welt. Die erhaltenen Freskenzyklen kann man besichtigen. Im **Sinopienmuseum** an der Südseite des Domplatzes sieht man die Vorzeichnungen aus rotem Erdpigment, die bei der Restaurierung der Fresken entdeckt wurden (geöffnet wie Baptisterium).

Der weltberühmte **Schiefe Turm** überrascht wirklich alle Besucher, die das Bauwerk in natura vor Augen haben – es ist tatsächlich ziemlich schief! Am allerschiefsten erscheint er von der Via Cardinale Maffi aus, ein idealer Standort für Fotos. Bei der 1990 gestarteten Rettungsaktion legte man dem Turm Stahlringe um, an denen zwei straff gespannte Stahlseile zogen, trug unterirdisch Erdreich ab und befestigte schwere Bleigewichte. Damit hat man die Neigung der letzten 200 Jahre »begradigt« – insgesamt um 40 cm. Seit einigen Jahren ist der Turm für ein stolzes Eintrittsgeld wieder zugänglich (tgl., März 9–17.30 letzter Aufstieg, April/Mai 8.30–20, Juni–Aug. 8.30–22.30, Okt. 9–19, Nov.–Feb. 10–16.30 Uhr; Reservierung empfohlen: im Ticketbüro am Domplatz oder online: www.opapisa.it.)

Das Schönste im **Dommuseum** sind die Skulpturen aus dem 12. Jh. sowie die Meisterwerke von Nicola und Giovanni Pisano, Tino da Camaino und Nino Pisano (geöffnet wie Baptisterium). Mitte Juni–Anf. Juli finden im Kreuzgang des Dommuseums stimmungsvolle Klassik- und Jazzkonzerte statt.

Nach der Besichtigung des Domplatzes (Fahrradverleih, Pferdekutschen am Platz) sollte man durch die **Altstadt** von Pisa schlendern, die man über die Via Santa Maria erreicht und die mit Kunstschätzen, schönen Geschäften und Restaurants aufwartet. Von Oktober bis Juni, während des italienischen Studienjahres,

bestimmen die Studenten das Straßenbild, so auf der **Piazza dei Cavalieri.** Der prächtige **Palazzo della Carovana**, ehemaliger Amtssitz der Pisaner Kommune, beherbergt heute die Elite-Uni Scuola Normale Superiore. Auf Plänen Vasaris beruht die Sgraffito-Dekoration der Fassade sowie der Entwurf der **Kirche Santo Stefano dei Cavalieri** (Mo–Sa 10–19, So 13–19 Uhr, Eintritt).

Schatten und Grün findet man auf der baumumstandenen **Piazza dei Martiri della Libertà**, etwas versteckt liegt die schöne Marmorfassade der **Kirche Santa Caterina** (erbaut 1251–1300). Südlich davon steht die großartige **Kirche San Francesco** am gleichnamigen Platz.

Scharfzüngig

... war der berühmteste Sohn von Pisa, Galileo Galilei: »Die Winkelsumme im Dreieck kann nicht nach den Bedürfnissen der Kurie abgeändert werden.« Tragischerweise war der Gelehrte Zeit seines Lebens tief gläubig und hoffte, die Kirche vor Irrtümern bewahren zu können.

Das Fest Effetto Venezia in Livorno findet alljährlich im Stadtteil Venezia Nuova statt. Dieser erinnert – wie der Name vermuten lässt – mit seinen Kanälen an die Serenissima.

Nur wenige Schritte geht man von der Piazza dei Cavalieri zur Universität. Für eine kleine Pause eignen sich die Bars rund um die Hochschule. Selbstversorger finden in dem noch mittelalterlich geprägten Viertel um die **Piazza delle Vettovaglie** eine Vielzahl von Ständen und kleinen Läden. Ganz anders der **Borgo Stretto**, eine elegante Ladenstraße, in der die Cafés unter den Laubengängen zum Verweilen einladen.

Seit dem Jahr 1109 ist die Brücke **Ponte di Mezzo** dokumentiert, die lange Zeit einziger Übergang über den Arno war. Ende Juni findet hier das Brückenspiel statt. Auf der anderen Flussseite lädt der Corso Italia als Haupteinkaufsstraße zum Bummel ein.

2 Livorno

Am Nachmittag des zweiten Tages fahren Sie zur Arno-Mündung in Marina di Pisa und über das Seebad Tirrenia weiter nach **Livorno**.

Die Stadt (157 000 Einw.) wurde von den Pisanern gegründet und entwickelte sich unter den Medici zu einem der wichtigsten Mittelmeerhäfen. Weite Plätze wie die **Piazza della Repubblica** kennzeichnen das Industriezentrum. Zwischen der bereits im 11. Jh. begonnenen **Fortezza Vecchia** am Hafen und der erst Ende des 16. Jhs. errichteten **Fortezza Nuova** lädt das pittoreske Viertel Venezia Nuova mit seinen Kanälen zum Bummeln ein. Am ersten August-Wochenende findet hier das zweiwöchige Fest **Effetto Venezia** statt, mit Musik, Kultur und Gastronomie (www.livorno-effettovenezia.it).

3 Badeorte südlich von Livorno

Am nächsten Morgen verlocken **Quercianella** und **Castiglioncello** an der macchiabewachsenen grünen Küste zu einem Stopp am Meer. Weiter südlich lassen Sie den fast surreal wirkenden Industriekomplex von Rosignano Solvay links liegen und reisen zum Baden an einen der Strände von **Vada**, **Cecina** und **Forte di Bibbona**.

Vada überrascht mit feinstem weißen Sand vor kristallinem Meer, den berühmten **Spiagge bianche**. Sand charakterisiert auch den teilweise freien, teilweise mit touristischer Infrastruktur versehenen Strand von Marina di Bibbona. In Cecina wechseln Sand und dunkle Kieselchen, der Strand vor dem Pinienwald im Süden des Ortes ist frei zugänglich.

4 Bolgheri und 5 Castagneto Carducci

Von der Küste geht es ins Landesinnere, auf der längsten Zypressenallee Italiens (4,8 km) hinauf zu dem malerischen Örtchen **Bolgheri**. Überall signalisiert das Schild »Merende« einen Imbiss, zu dem der lokale Wein besonders gut schmeckt.

Ideal für eine Übernachtung ist der nächste Ort: Eine frühmittelalterlichen Adelsburg beherrscht das hübsche Nachbardörfchen **Castagneto Carducci** (9000 Einw.), mit herrlichem Blick auf die umliegenden waldreichen Hügel und die sich zum Meer ausbreitende Ebene. An der Küste ist **Marina di Castagneto Carducci** mit seinem flach abfallenden Strand ideal für Familienferien. Direkt im Zentrum gibt es Strandbäder mit allem Komfort, südlich und nördlich liegen die freien feinen, kilometerlangen Sandstrände vor der Pineta, dem Pinienwald.

6 Suvereto und 7 Campiglia Marittima

Am vierten Tag führt eine wunderschöne Fahrt weiter gen Süden: Eine kurvenreiche, aber gut gewartete Straße mit schönen Ausblicken verbindet Castagneto Carducci und den Burgort Sassetta mit **Suvereto** (3200 Einw.), dessen geschlossenes mittelalterliches Ortsbild begeistert.

Am Rande der Ebene des Flusses Cornia entlang fährt man weiter in die Kleinstadt **Campiglia Marittima** (13 300 Einw.) mit dem einzigartigen **Parco Archeominerario San Silvestro** mit einer mittelalterlichen Bergwerkssiedlung und Minenstollen (www.parchivaldicornia.it).

8 San Vincenzo

Der Ferienort **San Vincenzo** (7000 Einw.), wo Sie Quartier nehmen für den letzten Tag oder auch die letzten Tage dieser Tour, ist einer der belebtesten Badeorte der Etruskischen Riviera und bietet feinen Sand, gute touristische Einrichtungen (auch Hundestrand) und Vergnügungsmöglichkeiten. Besonders schön ist der freie Strand vor dem Steineichenwald im Süden des Ortes, dem **Parco di Rimigliano**. Noch weiter südlich finden Sie kurz vor dem Golf von Baratti den Strand **Riva degli Etruschi** mit allen Annehmlichkeiten.

9 Golfo di Baratti und 10 Populonia

Für einen Badetag eignet sich der wunderschöne **Golf von Baratti** mit feinem Sandstrand vor Schirmpinien (Strandbar, Duschen, Sonnenschirm- und Bootsverleih). Er zieht im Sommer Tausende Badegäste an. Eine grüne Wiese samt Spielplatz bietet Abwechslung für die Kleinen. Am Golf von Baratti liegen auch sehr bedeutende etruskische Nekropolen (März–Mai, Okt. Di–So 10–18, Juni–Sept. bis 19, Juli, Aug. tgl. 9.30–19.30, 19. Jan.–Febr. Sa, So 10–17 Uhr, Nov.–19. Jan. geschl.).

Vom Kastell des Städtchens **Populonia** genießt man die herrliche Aussicht aufs Meer und kann einen Bilderbuch-Sonnenuntergang erleben. Seit Etruskerzeiten bis in die Gegenwart spielt die Eisenverhüttung in dieser Gegend eine große Rolle, wie man im weiter südlich gelegenen **Piombino** sehen – und riechen! – kann. Interessierte finden hier ein exzellentes kleines **Archäologisches Museum** (Nov.–Febr. Sa, So 10–17, März–Mai, Okt. Sa, So 10–18, Juni–Sept. Di–So 10–18 Uhr; sonst nach Voranmeldung).

Am Golf von Baratti präsentiert sich die Etruskische Küste von ihrer schönsten Seite.

Informationen

Tour 26: Von Pisa nach Populonia

Autotour, 5 Tage (ohne Baden), 160 km

Stationen

1. Pisa
2. Livorno
3. Badeorte südlich von Livorno
4. Bolgheri
5. Castagneto Carducci
6. Suvereto
7. Campiglia Marittima
8. San Vincenzo
9. Golfo di Baratti
10. Populonia

Praktische Hinweise

Besonders im Herbst feiern die Orte des Hinterlandes viele Pilz- und Kastanienfeste. Unterkünfte im Sommer rechtzeitig reservieren, Parkplätze an der Küste sind v. a. am Wochenende stets voll! Viele Strandzugänge der Küste sind frei.

Verkehrsmittel

Zwischen den Küstenorten gibt es gute **Bahnverbindungen** (www.trenitalia.com). **Überlandbusse** fahren alle Orte tagsüber relativ regelmäßig an (an der Costa degli Etruschi: www.atl.livorno.it; www.tiemmespa.it; www.lazzi.it).

Pisa

Info

Ufficio Turistico

Nähe Bahnhof, tgl. geöffnet.
Piazza Vittorio Emanuele II 16, Pisa • Tel. 05 04 22 91

Im Flughafen Galileo Galilei
Tel. 0 50 50 25 18 •
www.pisaunicaterra.it

Hotels

Royal Victoria

Schönes altes Hotel mit Zimmern in toskanischem Stil, direkt am Arno.
Lungarno Pacinotti 12, Pisa •
Tel. 0 50 94 01 11 •
www.royalvictoria.it

Ariston

Hübsches kleines Hotel in Domnähe, Zimmer mit Blick auf den Schiefen Turm.
Via C. Maffi 42, Pisa •
Tel. 0 50 56 18 34 •
www.hotelariston.pisa.it

Restaurants

Osteria dei Cavalieri

Toskanische Küche mit Fantasie. Sa mittags/So & Aug. geschl.
Via San Frediano 16, Pisa •
Tel. 0 50 58 08 58 •
www.osteriacavalieri.pisa.it

La Cereria

Restaurant mit Pizzeria im schönen begrünten Innenhof. Di geschl.
Via Gori 33, Pisa •
Tel. 05 02 03 36

Shopping

Mi und Sa vormittags großer **Markt** in der Via Paparelli. Jedes 2. Wochenende **Antiquitäten** und **Kunsthandwerk** (außer Juli, Aug.) auf der Piazza dei Cavalieri.

Aktivitäten

Westlich von Pisa wandert man im **Naturpark San Rossore** durch schattige Pinienwälder; auch Fahrradwege. Organisierte Führungen, Kutschenfahrten; Infos zum Park im Besucherzentrum La Sterpaia, Tenuta San Rossore, Tel. 0 50 53 36 01, www.parcosanrossore.org

Livorno

Info

APT

Exzellente Website, Infos auch auf Deutsch.
Via Peroni 18/20, Livorno •
Tel. 05 86 89 42 36 •
www.costadeglietruschi.it

Hotel

Al Teatro

Kleines, sehr stilvolles Haus im Zentrum mit wunderschönem Garten, Zimmer mit antikem Mobiliar.
Via Mayer 42, Livorno •
Tel. 05 86 89 87 05 •
www.hotelalteatro.it

Restaurant

La Barcarola

Delikate Fischsuppe *Cacciucco*, schöne Terrasse. So geschl.

Viale Carducci 39, Livorno • Tel. 05 86 40 23 67 • www.labarcarola.it

Badeorte südlich von Livorno

Infos

Pro loco

Nur während der Badesaison. Piazza Garibaldi 93, Vada • Tel. 05 86 78 83 73 • www.costadeglietruschi.it

Restaurant

Trattoria La Senese

Große, einfache Gaststätte, sehr gute Fischküche. Di geschl. Via Diaz 22, Cecina • Tel. 05 86 68 03 35

Aktivitäten

An den **Spiagge bianche** in Vada trifft sich die Windsurf-, Surf-, Kite-Surf- und SUP-Szene. Verleih von Ausrüstung und Kurse: Zonakite (www.zona kite.it), Centro Kite (www.centrokitevada.it). Mountainbike-Fans finden in Bibbona 19 km Schotterpiste für eine Runde durch den **Naturpark Macchia della Magona** (www.costadeglietruschi.it).

Castagneto Carducci

Info

Ufficio Informazione

Via della Marina 8, Marina di Castagneto • Tel. 05 65 74 42 76 (Juni–Sept.) • www.costadeglietruschi.it

Hotel

Alle Dune

In einem Pinien- und Wacholderhain, Bauten im Mittelmeerstil, Restaurant und breites Fitness- und Fun-Angebot, Pool, Wellness-Bereich. Via Milano 14, Marina di Castagneto Carducci • Tel. 05 65 74 66 11 • www.alledune.com

Campiglia Marittima

Restaurant

Il Canovaccio

Ausgezeichnete Antipasti und Nudelgerichte, Meeresfrüchte, hausgemachte *dolci*, mit Terrasse. Nur abends, im Winter Di geschl. Via Vecchio Asilo 1, Campiglia Marittima • Tel. 05 65 83 84 49 • www.locandailcanovaccio.com

San Vincenzo

Info

Ufficio Informazione

Geöffnet Juni–Sept. Via della Stazione, San Vincenzo • Tel. 05 65 70 15 33 • www.locandailcanovaccio.it

Hotel

Riva degli Etruschi

Ruhiges Haus mit Wellness-Center, Mini-Club, Pool, Restaurant und Pizzeria. Segel- und Windsurfkurse. Via della Principessa 120, San Vincenzo • Tel. 05 65 71 96 00 • www.rivadeglietruschi.it

Golfo di Baratti und Populonia

Verkehr

Von Piombino gehen tgl. Fähren nach Elba. Infos und Reservierung: www.mobylines.de, www.toremar.it, www.blunavy.com (auch Engl.)

Aktivitäten

Gratis besichtigt man das **Naturschutzgebiet La Sterpaia** im Süden Piombinos zwischen Torre del Sale und Torre Mozza mit feinem hellen Sandstrand; gut geeignet für eine Familienwanderung mit Sprung ins Wasser (www.parchivaldicornia.it). Zwischen dem Golf von Baratti und Populonia liegt die verwunschene Bucht **Buca delle Fate** (Feenloch) mit Kieselstrand. Nach einem 20-minütigen Marsch durch die Macchia erreicht man die Bucht.

Weitere Seebäder an der Costa degli Etruschi

Die Orte zwischen Livorno und Populonia sind ideal für einen Badeurlaub. Alle sieben Gemeinden der Livorneser Küste erhielten 2011 die blaue Flagge für saubere Strände, gute Wasserqualität und touristische Einrichtungen.

Im **Parco Regionale della Maremma** genießt man einen völlig unverbauten, kilometerlangen Sandstrand vor duftender grüner Macchia (www.parcomaremma.it).

Unter hohen Schirmpinien, die fast bis ans Wasser reichen, badet man am langen feinsandigen Strand nördlich von **Punta Ala**.

Mit allem Komfort sonnt man sich an dem breiten Sandstrand von **Viareggio**.

Auch 170 km **Reitwege** sowie Reiterhöfe bietet die Küste.

Tour 27 | **Florenz**

Pracht per pedes

▶ GESTERN: Die Struktur stammt von den Römern, die wichtigsten Bauten aus der Renaissance – Florenz ist von umwerfender Schönheit

▶ HEUTE: Die Stadt fasziniert immer noch und immer wieder. Ein Spaziergang durchs *centro storico* vom Dom bis zum Ponte Vecchio

▶ GESTERN

Nirgendwo sonst auf der Welt existiert eine derartige Dichte an Bauten, Bildern und Skulpturen aus der Renaissance wie im Herzen von Florenz, das die Unesco als einmaliges geschlossenes Gesamtensemble zum Weltkulturerbe erklärt hat. Der historische Kern deckt sich mit dem römischen *Florentia*, wie die rechtwinklige Straßenanlage noch gut erkennen lässt. Dass in ferner Zukunft einmal Autos, Roller & Co. durch die Straßen flitzen würden, konnten die Baumeister natürlich nicht einkalkulieren. Nach Jahrzehnten des Verkehrschaos ist die Florentiner Innenstadt heute für individuellen Verkehr gesperrt. Achtung! Gut erkennbar ist das nicht gerade: Die Schilder besagen »zona traffico limitato« oder noch kryptischer »Accesso Z.T.L.«.

▶ HEUTE

Im historischen Kern schlägt der Puls der Stadt, hier trifft man auf die elegant gekleidete High Society ebenso wie auf eine internationale Besucherschar, ein bunt gemischtes Publikum, das sich in den Seitengassen vor unzähligen Läden verliert. Dieser Stadtspaziergang startet am Domplatz, doch zuerst werfen Sie einen Blick ins gegenüberliegende Baptisterium.

Stadtplan: Seite 191, Adressen: Seite 197

1 Baptisterium

Die Ursprünge des achteckigen Baus (zwischen dem 4. und 8. Jh.) liegen bis heute im Dunkeln. Im 11. Jh. erhielt die Taufkapelle ihr heutiges Aussehen. Ihre vollkommene Harmonie und klare Linienführung machten sie zu einem der ein-

Ob die Damen und Herren im Straßencafé vor dem Dom mit dem eigenen Wagen gekommen sind? In den 1950er-Jahren war das noch möglich. Heute sausen kleine Elektrobusse umher, aber ganz ehrlich – zu Fuß ist man schneller. Und man sieht mehr!

Viel gewagt, alles gewonnen: Filippo Brunelleschi ließ dem Dom im 15. Jahrhundert eine für damalige Verhältnisse irrwitzig große Kuppel aufsetzen. Wider Erwarten hielt sie stand und tut es bis heute.

drucksvollsten Zeugnisse der Florentiner Protorenaissance, die wegen ihrer antiken Ideale als Vorläuferin der eigentlichen Renaissance des 15. Jhs. gilt. Selbst Dante und Brunelleschi hielten das Baptisterium für einen Bau der Antike: Man traute dem Mittelalter etwas derart Formvollendetes nicht zu. Die Besonderheit ist das Zusammenspiel von architektonischer Struktur und Dekor: Die streng geometrisch gegliederten Flächen aus weißem und grünem Marmor benötigen keinen Skulpturenschmuck; die klassische Linienführung der Rundbogen und der geometrischen Verkleidung würde dadurch nur an Zauber verlieren.

Ein Muss ist der Blick ins Innere des Baptisteriums. Die reiche **Marmorverkleidung** der Wände, die byzantinisch beeinflussten Muster des **Fußbodens** überraschen. Doch alles in den Schatten stellen die **Mosaiken der Apsis und der Kuppel**: Die Meister dieser Technik, Venezianer, schufen sie im 13. Jh. (Mo–Sa 11.15–19, 1. Sa. im Monat, So, Fei 8.30–14 Uhr). Jedes der drei Bronzeportale ist ein Kleinod für sich. 1330 stellte Andrea Pisano das **Südportal** fertig, auf dem in den 20 oberen Reliefs die Geschichte von Johannes dem Täufer geschildert wird. Das gegenüberliegende **Nordportal** mit Szenen des Neuen Testaments schuf Lorenzo Ghiberti. Seine Taufe Christi weist große Ähnlichkeit mit der Pisanos auf, Ghiberti verlieh dem Relief jedoch mehr Tiefe. Paradiestür – so nannte Michelangelo bewundernd das **Mittelportal** gegenüber dem Dom. Ghiberti erhielt 1425 den Auftrag für dieses Portal, reduzierte die ursprünglich geplanten 24 Felder auf zehn (Originale im Dommuseum) und stellte die Episoden des Alten Testaments mithilfe der neu entdeckten Zentralperspektive dar.

2 Dom Santa Maria del Fiore

Pisa legte im 11. Jh. den Grundstein zu seinem prächtigen Dom, Siena im 12. Jh., Lucca zu Beginn des 13. Jhs. Und die Hauptkirche von Florenz war noch immer die kleine Santa Reparata! Der Führungsanspruch und die neue Machtposition der Stadtrepublik in der Toskana verlangten nach einem repräsentativen Neubau. Daher wurde 1294 der Stadtbaumeister Arnolfo di Cambio mit der Aufgabe betraut, das schönstmögliche Gebäude zu errichten.

Er tat sein Bestes: Mit 153 m Länge und 38 m Breite schuf Arnolfo eine der bis heute größten Kirchen der Welt; bei ihrer Fertigstellung 1434 war sie die größte in Europa. Die Reste der alten **Kirche Santa Reparata** aus dem 4. Jh. sowie **römische Mosaikfußböden** erwarten Sie unterhalb des heutigen Baus (Zugang im Dominneren; Öffnungszeiten Dom: Mo–Mi, Fr 10–17, Do bis 16.30, Sa bis 16.45, So, Fei 13.30–16.45 Uhr).

Als unübersehbares Wahrzeichen des **Doms** und der Stadt ragt Brunelleschis mächtige, sich auf 90 m erhebende rote **Kuppel** empor. Man war Ende des 14. Jhs. wirtschaftlich führend in der Toskana und wollte das auch zeigen. Ihr Durchmesser entspricht mit 42 m dem des römischen Pantheon; seit der Antike hatte niemand mehr gewagt, eine derartige Weite zu überspannen. Filippo Brunelleschi gewann 1418 die Ausschreibung; dass seine sich selbst tragende **Doppelschalenkonstruktion** jedoch die Jahrhunderte überdauern würde, glaubte niemand so recht. Nicht gotische Strebepfeiler leiten hier die Spannungen ab, Brunelleschi wählte mit den drei kleeblattartigen Chorkapellen eine elegantere Lösung. Die ebenfalls von Brunelleschi entworfene Krone des Ganzen, eine 107 m Höhe erreichende **Marmorlaterne**, hält mit ihrem Gewicht bis heute das bedeutendste architektonische Werk seiner Zeit zusammen. Trotz der immens langen Bauzeit – die Fassade wurde erst Ende des 19. Jahrhunderts angefügt – erzielte man durch die durchgehende Verwendung von weißem Marmor aus Carrara, grünem aus Prato und rotem aus der Maremma eine beeindruckende Einheitlichkeit.

Im Vergleich zur äußeren Farbigkeit des Doms wirkt das dreischiffige **Innere** ernüchternd. Beim Blick in die Kuppel überraschen jedoch die herrlichen restaurierten **Fresken des Jüngsten Gerichts** von Vasari und seinem Schüler Zuccari. Die **Fenster** des Tambours und des Kapellenkranzes wurden nach Entwürfen berühmter Renaissancekünstler wie Donatello, Paolo Uccello und Lorenzo Ghiberti gefertigt. Luca della Robbia schuf die eindrucksvollen emaillierten **Terrakotten** über den Portalen der Sakristeien.

Volksbildung und Würdigung des größten Sohnes der Stadt in einem: Die Republik förderte öffentliche Lesungen von Dantes Hauptwerk die »Göttliche Komödie« vor dem **Gemälde »Dante und seine Welten«**, das 1465 zu seinem 200. Geburtstag entstand. Zu Lebzeiten schickte man den Dichter ins Exil, posthum huldigte man ihm.

Man beschließt die Besichtigung des geistlichen Zentrums der Stadt würdig, indem man an der Nordseite des Doms eines der besten Beispiele gotischer Skulpturenkunst in Florenz bewundert, die **Porta della Mandorla** (um 1400, Mo–Fr 8.30–19, Sa bis 17.40 Uhr, Kassenschluss 40 Min. früher, Tickets im Inneren des Doms oder unter ilgrandemuseodelduomo.it, gültig auch für Campanile und Baptisterium), und die Domkuppel besteigt (Mo–Fr 8.30–18.30, Sa bis 17.40 Uhr, Kassenschluss 40 Min. früher).

3 Campanile

Wem die Besteigung der Domkuppel zu anstrengend ist, der kann die 414 Stufen auf den mit 84 m

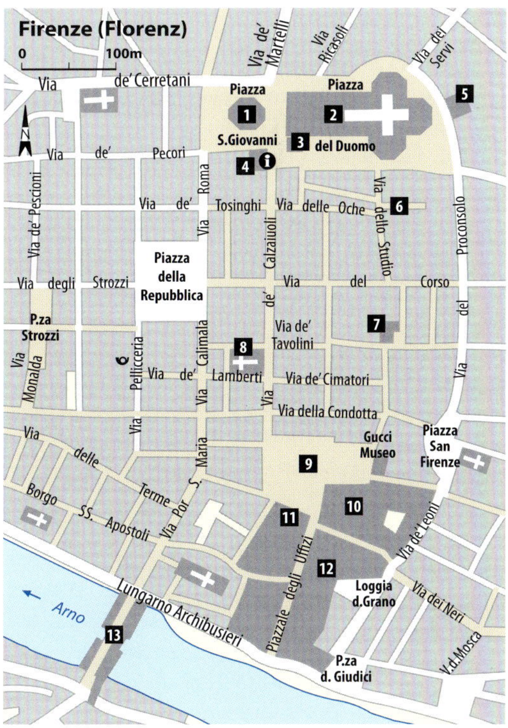

etwas niedrigeren **Campanile (Glockenturm)** hinaufsteigen. Der Anblick des roten Dächermeeres, der Kirchtürme und Palazzi inmitten der grünen Hügel belohnt für die Mühe.

Als man Giotto 1334 zum neuen Dombaumeister ernannte, zog dieser die Errichtung des Campanile der Arbeit an der Kirche vor. Von ihm stammt die Idee mit den achteckigen Pilastern und der dreifarbigen Marmordekoration, die später für den Dom übernommen wurde.

Im Mittelpunkt der aufkommenden Renaissancephilosophie stand der Mensch. Ein hierfür typisches Bildprogramm zeigen bereits die Reliefs am Campanile aus den 1330er-Jahren: Mit der Erschaffung Adams beginnt die Menschheitsgeschichte; mittels der »Arti Minori« (Handwerkskünste) erzielt der Mensch erste Fortschritte; die sieben Planeten beeinflussen seinen Weg; durch die Sieben Freien Künste und die sieben Sakramente erreicht er schließlich Vollkommenheit (tgl. 8.30–19.30 Uhr).

4 Loggia del Bigallo

In unserer Zeit rufen Fernsehbilder von Kriegswaisen zu Spenden auf. Früher dagegen stellte man die verlassenen Kinder selbst unter der gotischen **Loggia del Bigallo** aus und appellierte so an das mildtätige Herz der Öffentlichkeit. Im Gebäude befindet sich seit 2011 eine Touristeninfo. Seitdem ist das kleine **Museum** mit der ältesten Stadtansicht von Florenz (1342) wieder geöffnet (Besuch auf Vorbestellung, Tel. 0 55 28 84 96).

5 Dombaumuseum und 6 Dombauhütte

Den besten Blick auf die einmalige Konstruktion des Doms gewährt der Weg zum aufwendig renovierten **Dombaumuseum (Museo dell' Opera del Duomo)**. Ist dessen Glanzstück die **Pietà** von Michelangelo oder sind es die Reliefs der beiden **Sängerkanzeln**? Luca della Robbia lässt römisch gekleidete Knaben und Mädchen in natürlicher Haltung singen, tanzen und musizieren. Die etwa zur gleichen Zeit geschaffene Sängerkanzel von Donatello scheint der Antike enger verhaftet zu sein, eine klare Linienführung und Plastizität der Personen kennzeichnen das Meisterwerk.

Die Darstellung des Individuums, seiner Gefühle und ein realitätsnahes Aussehen zählen zu den Idealen der Renaissance. Einzigartig geglückt ist Donatello dies bei den Propheten Jeremias und Habakuk – der Kahlkopf des Letzteren trug ihm den Spitznamen Zuccone (»Kürbis«) ein. Welch tiefes Einfühlungsvermögen Donatello besaß, beweist die Holzskulptur der reumütigen **Magdalena**.

Die **Skulpturen** Arnolfo di Cambios für die 1587 zerstörte Fassade des Doms sowie die **Originalreliefs** des Campanile zählen zu den kostbarsten Schätzen des Museums. Die Reliefs geben durch ihre wirklichkeitsnahe Darstellung der Handwerkskünste Einblick ins Florentiner Alltagsleben des 14. und 15. Jhs. Einen Eindruck der beim Kuppelbau eingesetzten Techniken und Arbeitsweisen vermitteln Arbeitsgeräte und Modelle Brunelleschis (zzt. wegen Restaurierung geschl.).

In der nahe gelegenen Via dello Studio 23Ar kann man in der **Opera del Duomo (Dombauhütte)**, die schon im 13. Jh. gegründet wurde, den Restauratoren bei der Arbeit zusehen.

7 Museo Casa di Dante

Ob der berühmte Dichter Dante Alighieri wirklich im Haus in der Via Margherita 1 das Licht der Welt erblickte, kann die Forschung nicht sicher sagen. In dem nach modernen museologischen Gesichtspunkten organisierten **Museum** erfährt man Wissenswertes über Dante, über das Florenz seiner Zeit sowie über die Rezeptionsgeschichte seiner Werke (www.museocasadidante.it, tgl. 10–18, Okt.–März Di–So 10 bis 17 Uhr).

8 Orsanmichele

Von der Markthalle zur Kirche, vom Getreidespeicher zur Galerie: So lässt sich die Historie von **Orsanmichele** zusammenfassen. 1337 wurde hier eine offene, auf zehn äußeren und zwei inneren Pilastern ruhende Loggia für den Getreidemarkt errichtet. Doch die Verehrung eines Mariengemäldes am Gebäude gab den Ausschlag, die Arkaden von 1367 bis 1380 zu schließen, um einen Gebetsraum zu schaffen; die beiden oberen Stockwerke dienten bis ins 16. Jh. als Getreidespeicher. Beim Umbau entstand eine wundervolle zweischiffige Kirche: Das **feine Maßwerk** der Fenster zählt ebenso zu den Glanzpunkten der Gotik in Florenz wie das beeindruckende, mehr als reichhaltig mit bunten Marmorintarsien, Glas und Reliefs geschmückte **Tabernakel** im Inneren.

Auf halbem Weg zwischen Dom und Palazzo Vecchio gelegen, wurde Orsanmichele zur Kirche der im 14. Jh. regierenden Zünfte. Die Schutzpatrone der Arti für die Nischen wurden bei den besten Künstlern ihrer Zeit in Auftrag gegeben; hier lässt sich die Entstehung der Renaissanceskulptur anhand von Kopien wunderbar nachvollziehen. Wegen des sauren Regens werden die restaurierten Originale im **Museum** im 1. Stock ausgestellt (Kirche tgl. 10–17, Museum Mo 10–17 Uhr).

9 Piazza della Signoria

Am Ende der Via de' Calzaiuoli öffnet sich das politische Zentrum der Stadt. Majestätisch wacht der 94 m hohe Turm des Palazzo Vecchio über das pulsierende Leben. Palast und Loggia wurden von der Republik errichtet, und die Medici-Großherzöge steuerten später den **Neptunbrunnen** von Ammannati (1575) und das **Reiterdenkmal** Cosimos I. von Giambologna (1594) bei. Für weitere Paläste oder Kirchen blieb nach der intensiven Bautätigkeit im 16. und 17. Jh. in der Stadt kein Raum mehr; nur die Piazze waren noch frei geblieben. So statteten die Großherzöge nun diese üppig mit Brunnen, Säulen und Standbildern aus. Links vom Palazzo Vecchio zog die Alta Moda mit dem **Gucci Museo** (siehe Seite 197) in den Palazzo della Mercanzia ein.

10 Palazzo Vecchio

Klar beherrscht wird die Piazza vom **Palazzo Vecchio**, noch heute das Rathaus der Stadt. Prestigebauten verdeutlichen, wer seit 1293 die Macht in den Händen hielt. So beauftragten die Zünfte 1298 Arnolfo di Cambio mit der Errichtung eines repräsentativen Wohn- und Amtssitzes. Ursprünglich war er rechteckig angelegt, feine Gesimse unterstreichen die Gliederung des Gebäudes in drei Blöcke; das Motiv des zinnenbekrönten Laufgangs wird an der Glockenstube und am Turm wieder aufgenommen, der den majestätischen Wehrcharakter vervollständigt. Die **Uhr**, 1667 angebracht, funktioniert noch immer – deutsche Wertarbeit des Augsburgers Georg Lederle.

An der Kopie des »David« von Michelangelo vorbei tritt man in den anmutigen **Innenhof**, den Michelozzo 1453 im Stil der Frührenaissance neu gestaltete. Anlässlich der Hochzeit Johannas von Österreich mit Francesco de' Medici schmückte Vasari 1565 die Wände mit Ansichten von Städten

Die Piazza della Signoria, 1965. Da waren die Autos noch kleiner, und offenbar gab es auch noch nicht so viele.

Nostalgisch: Auf der Piazza della Signoria laden Kutschen zu einer romantischen Tour ein.

der österreichischen Lande. Der großartige **Saal der Fünfhundert** *(Salone dei Cinquecento)*, der 1494 im 1. Stock nach der Vertreibung der Medici zum Sitzungssaal der Ratsherren deklariert wurde, zelebriert nun die Taten Cosimos I. Riesige Wand- und Deckenfresken von Vasari und seinen Schülern zeigen den Aufbau des Herzogtums, jeder Hinweis auf die Republik wurde aus diesem Raum getilgt (der Saal ist übrigens in Dan Browns Roman »Inferno« ein wichtiger Ort, wie der gesamte Palazzo Vecchio). Aus den Skulpturen ragen der Genio della Vittoria (Sieg) von Michelangelo und der Triumph von Florenz über Pisa von Giambologna (Original zu sehen im Bargello) besonders heraus.

Nach einem Blick in das von Vasari entworfene **Studiolo Francescos I.** warten muskelbepackte Krieger im reich dekorierten Saal Papst Leos X.; in der Belagerung von Mailand zeigt Vasari die Männer in allen erdenklichen Posen – typisch für den Manierismus: die verdrehten Körper. Allegorien der Luft (Decke), der Erde, des Feuers und des Wassers – verkörpert durch Venus, die aus den Fluten steigt – schmücken die **Sala degli Elementi** im 2. Stock.

Nicht nur das Innere bietet Interessantes: Der **Loggiato di Saturno** schenkt einen malerischen Blick auf Santa Croce, San Miniato al Monte und Forte Belvedere. Nicht übersehen sollte man den reizenden **Putto mit Delfin** von Andrea del Verrocchio (Kopie im Innenhof) in dem Terrazzo di Giunone. Den **Quartiere Eleonoras von Toledo**, der Gattin Cosimos I., gestaltete ebenfalls Vasari, die Dekoration ihrer Kapelle gilt als eines der Hauptwerke Bronzinos, der hier zwischen 1540 und 1545 den Manierismus bereits vorwegnimmt.

Zu den schönsten Räumen des Palazzo zählen die **Sala dell'Udienza** mit dem Wappen von Florenz in der beeindruckenden goldenen Kassettendecke und die **Sala dei Gigli**, die ursprünglich einen einzigen riesigen Raum bildeten. Selbst die Türen sind prachtvoll! Und auch ein Blick nach oben lohnt sich: Die Goldlilien der französischen Anjou, die den Florentiner Guelfen zum Sieg verhalfen, überziehen den leuchtend blauen Untergrund. Donatellos Skulpturengruppe »Judith und Holofernes« vervollständigt den Prunk. Von Domenico Ghirlandaio stammt das Wandfresko der Sala dei Gigli mit San Zanobi, dem ersten Bischof von Florenz, zwischen den Heiligen Lorenzo und Stefano sowie den Helden der römischen Republik (Brutus, Cicero, Scipio u. a.) – ihre Freiheitsliebe und republikanischen Tugenden sollten den Regierenden ein Vorbild sein. Neben der Kanzlei, in der Niccolò Machiavelli als oberster Chef noch heute in Gestalt einer Büste und eines Porträts präsent ist, liegt die **Sala delle Carte**

Maler im Wettstreit

1503 erhielten Leonardo da Vinci und Michelangelo gleichzeitig den Auftrag, den Saal der Fünfhundert mit einem Wandgemälde zu schmücken. Leonardo ließ – übrigens nicht zum ersten Mal – das Werk unvollendet. Auch Michelangelo kam, vielleicht weil Leonardo gekniffen hatte, über die vorbereitenden Kartons nicht hinaus. *Che peccato* – wie schade!

Geografiche (April–Sept. Mo–Mi, Fr–So 9–24, Do 9–14, Okt.–März 9–19, Do 9–14 Uhr, musei civicifiorentini.comune.fi.it).

11 Loggia dei Lanzi

Die **Loggia dei Lanzi** kommt Ihnen irgendwie bekannt vor? Dem bayerischen König Ludwig I. gefiel sie so gut, dass er sie zum Vorbild für den Bau der Feldherrnhalle am Odeonsplatz in München nahm. Die 1376–1382 errichtete Empfangshalle, eigentlich die Loggia della Signoria, sollte laut Ratsbeschluss »schön und bemerkenswert« werden. Obschon noch in der Zeit der Gotik gebaut, wiesen ihre einfachen, klaren Linien darauf hin, dass der Sinn für klassische Schönheit in Florenz stets vorhanden war. Ihren Namen erhielt die Loggia übrigens von den *Lanzichenecchi*, den unter den hohen Bogen stationierten Landsknechten.

Cosimo I. überließ die Halle den Bildhauern als Arbeitsstätte und leitete so die Entwicklung zum »Freilichtmuseum« Florenz ein. Stolz hält **Perseus** das Haupt der toten Medusa, für Cosimo I. ein Symbol: Er fühlte sich als neuer Perseus, der die Stadt von ihren Feinden – seinen republiktreuen innenpolitischen Gegnern – befreit hatte. Benvenuto Cellini schuf dieses Meisterwerk des Manierismus. Die verrenkte Haltung der Medusa betont noch die ruhige Pose des Perseus. Den **Raub der Sabinerinnen** entwickelte Giambologna dramatisch von unten nach oben: Der Sabiner hält den Römer, der Römer die Frau des Sabiners. Mit dieser prächtigen *figura serpentinata* (geschlängelter Figurenaufbau) erreichte der Manierismus seinen Höhepunkt.

12 Uffizien

1555 brachte Herzog Cosimo de' Medici mit der Eroberung Sienas die Errichtung des Regionalstaates Toskana zum Abschluss. Um seine Territorien zu regieren, benötigte er eine Verwaltungszentrale: Nach Plänen von Vasari entstanden 1559–1580 die **Uffizien**. Der Palast erstreckt sich bis zum Ufer des Arno. Heute beherbergen die ehemaligen Amtsräume (ital. *uffizi*) in 45 Sälen mit 2000 ausgestellten Objekten (Bestand 3800) **eine der bedeutendsten Gemäldesammlungen der Welt**: 1737 schenkte Anna Maria Luisa, die letzte Medici, den nachfolgenden Lothringern die

Showroom: La Tribuna ist ein achteckiger Raum in den Uffizien, der von Bernardo Buontalenti um das Jahr 1580 als einer der ersten Museumsräume neuerer Zeit eingerichtet wurde.

gesamten Kunstschätze, die ihre Vorfahren seit dem 16. Jh. zusammengetragen hatten – einzige Bedingung war: Die Schätze mussten in Florenz und für die Öffentlichkeit zugänglich bleiben.

Vom riesigen Bestand der Uffizien konnte bislang jedoch nur weniger als die Hälfte gezeigt werden; das Museum soll daher bis 2014 um 6600 m^2 Ausstellungsfläche erweitert werden. Angesichts der schon heute immensen Zahl ausgestellter Exponate sollte man bereits vor dem Besuch eine Auswahl unter den chronologisch und geografisch angeordneten Sälen treffen (Di–So 8.15–18.50 Uhr; Tickets reservieren: siehe Seite 197). Während des Umbaus bleiben die Uffizien geöffnet, Besucher müssen allerdings mit Unbequemlichkeiten rechnen. Über den Stand der Arbeiten informiert die Internetseite www.nuoviuffizi.it (nur ital.).

Neben einem Querschnitt **klassischer toskanischer Malerei** (Cimabue, Giotto, Botticelli, Leonardo da Vinci und Michelangelo) besitzt die Galerie bedeutende Werke von Malern **anderer italienischer Regionen** (des Umbriers Raffael, der Venezianer Giovanni Bellini, Giorgione, Tizian, Tintoretto oder des Lombarden Caravaggio) sowie **deutscher** (Dürer, Cranach, Altdorfer, Holbein) und **niederländischer Meister** (Brueghel, Rubens, Rembrandt).

Der Ponte Vecchio gilt als eine der ältesten Segmentbogenbrücken der Welt.

In den ersten Sälen ist toskanische Malerei von Vertretern der stilisierten byzantinischen Formensprache wie Duccio di Buoninsegna bis zu den ersten gotischen Malern wie Cimabue und dessen Schüler Giotto zu sehen. Zu den Hauptwerken dieser Epoche zählen Duccios Madonna Rucellai, die Maestà di Santa Trinita von Cimabue sowie die Madonna d'Ognissanti von Giotto; schöne Beispiele für die Farbgebung und Erzählfreude der Gotik stammen vom Florentiner Lorenzo Monaco sowie vom Lombarden Gentile da Fabriano, dessen Gemälde – wie Adorazione dei Magi – eine anmutige Natürlichkeit ausstrahlen.

Höhepunkte der Renaissance sind die Gemälde Frühling (Primavera) und Geburt der Venus (Nascità di Venere) von Sandro Botticelli. Die unvollendete Adorazione dei Magi von Leonardo da Vinci sowie das einzige sicher von Michelangelo selbst vollendete Gemälde Tondo Doni zählen zu den Hauptwerken. Andrea del Sartos Madonna delle Arpie, Pontormos Cena in Emmaus und Domenico Beccafumis Werke bilden den würdigen Abschluss dieser Epoche der toskanischen Malerei. Im umlaufenden Gang stehen Originale und Kopien griechischer und römischer Statuen; ein Glanzstück der Medici-Sammlung ist die Medici-Venus (1. Jh. v. Chr.) in der Tribuna.

13 Ponte Vecchio

Den besten Blick auf die älteste, 1345 errichtete Brücke der Stadt genießt man vom Quertrakt der Uffizien aus. Wenn sich die Abendsonne im Fluss spiegelt, kommen auf diesem Wahrzeichen der Stadt romantische Gefühle auf. Auch bei Tage bezaubert die **Alte Brücke**. Seit dem 14. Jh. sind Geschäfte und Werkstätten von Handwerkern auf der Brücke bezeugt. Großherzog Ferdinando I. reservierte die Läden allein den Gold- und Silberschmieden.

Informationen

Tour 27: Florenz – der historische Kern

Stadtrundgang, 6 Std. (ohne Uffizien)

Stationen

1 Baptisterium
2 Dom Santa Maria del Fiore
3 Campanile
4 Loggia del Bigallo
5 Dombaumuseum
6 Dombauhütte
7 Museo Casa di Dante
8 Orsanmichele
9 Piazza della Signoria
10 Palazzo Vecchio
11 Loggia dei Lanzi
12 Uffizien
13 Ponte Vecchio

Praktische Hinweise

Vom Bhf. zum Dom 10 Min. zu Fuß. Achten Sie auf Ihre Wertsachen. Um Wartezeiten in den **Uffizien** zu vermeiden, möglichst früh Tickets reservieren: www.firenzemusei.it

Info

Ufficio Informazioni Turistiche

Infobüro der Provinz Florenz, Mo–Sa 8.15–19.15 Uhr.
Via Cavour 1r, Florenz • Tel. 0 55 29 08 32 • www.firenzeturismo.it

Ufficio Informazioni Turistiche

(Infobüro der Stadt Florenz)
Piazza Stazione 4 (am Bahnhof), Florenz • Tel. 0 55 21 22 45 • www.firenzeturismo.it

Hotel

Hotel Palazzo del Borgo

In stilvoll eingerichteten Zimmern schläft man in dem Palazzo dal Borgo aus dem 15. Jh. Sehr romantisch ist der kleine Innenhofgarten.
Via della Scala 6, Florenz • Tel. 0 55 21 62 37 • www.hotelpalazzodalborgo.it

Restaurants

Trattoria dei 5 Amici

Diese typische Florentiner Trattoria serviert leckere Tagesmenüs. Mo geschl.
Via de' Cimatori 30r, Florenz • Tel. 05 52 39 66 72

I due Fratellini

Exzellente *panini*, dazu ein Glas Wein im Stehen, im Freien: Florentiner lieben »die beiden Brüder« seit 1875. Tgl. 9–20 Uhr.
Via de' Cimatori 38r, Florenz • Tel. 05 52 39 60 96 • www.iduefratellini.com

Frescobaldi Wine Bar

Die Weinbar an der Nordecke der Piazza serviert zu Frescobaldi-Tropfen edle Gerichte wie Thunfischtartar, aber auch ausgesuchte Käsespezialitäten. So, Mo mittags geschl.
Via dei Magazzini 4r, Florenz • Tel. 0 55 28 47 24 • www.deifrescobaldi.it

Café

Rivoire

In der eleganten Café-Konfiserie nahe dem Palazzo Vecchio genießt man die berühmten Schokoladenkreationen. Mo geschl.
Piazza della Signoria/Via Vacchereccia, Florenz

Eisdielen

Festival del Gelato

Über 50 Sorten stehen zur Wahl, darunter Kreationen wie Rose, Zeder oder Passionsfrucht.
Via del Corso 75r, Florenz

Perché no! ...

Historische Eisdiele, auch exzellente Granite und Semifreddi. Di geschl.
Via dei Tavolini 19r, Florenz • www.percheno.firenze.it

Shopping

Mitbringsel rund um den Chianti Classico Gallo Nero findet man im **Il Posto dei Desideri**, Via dei Tavolini 7r.

Museum

Gucci Museo

Im Palazzo della Mercanzia zeigt das Museum auf drei Etagen mit 1700 m² Fläche Guccis Mode-Kreationen, z. B. für Grace Kelly. Tgl. 10–20 Uhr, Laden und Café bis 23 Uhr, Eintritt.
Piazza della Signoria, Florenz • www.gucci.com

CHIANTI CLASSICO
GAGGIANO
PROPRIETA' NALDINI-BORDONI
CASTELLINA IN CHIANTI
POGGIBONSI
„Chianti Classico"
FATTORIA DI GAGGIANO

Tour 28 | **Chianti**

Genialer Coup

▶ Gestern: Clevere Winzer erkannten schon vor bald 100 Jahren den Wert einer Marke und schufen den Chianti mit dem schwarzen Hahn

▶ Heute: Von Impruneta bis nach Gaiole in Chianti führt diese Tour durch die Region, die wie keine andere für Wein aus Italien steht

▶ Gestern

Nun war es aber genug. Immer mehr Winzer anderer Regionen verkauften ihren minderwertigen Wein als »Chianti«, und das passte einigen echten Chianti-Winzern überhaupt nicht. Also tat man sich im Jahr 1924 in Radda zusammen und gründete eine Winzergemeinschaft, um den eigenen Wein unverwechselbar zu machen. Als Marke wählte man den *gallo nero*, den schwarzen Hahn, der schon seit dem Mittelalter das Chianti-Bündnis symbolisierte.

Und man hatte Erfolg: Schon 1932 wurde das Anbaugebiet gesetzlich geschützt, was in den folgenden Jahrzehnten zur noch heute gültigen Qualitätskennzeichnung »DOC« und »DOCG« führte – und den Wein aus Chianti zu einer weltweit unverkennbaren Marke machte.

▶ Heute

Markante Wehrbauten, einsame Kirchlein und malerische Städtchen prägen die uralte Kulturlandschaft, deren weithin bewaldetes Hügelland in das *Chianti fiorentino* und das *Chianti senese* unterteilt ist. Ganz nach Wunsch kann man hier aktive oder erholsame Ferien verbringen. Weinprobe und -kauf sollten dabei natürlich nicht zu kurz kommen!

Adressen: Seite 202/203, Landkarte: Seite 203

1 Impruneta

Das Eingangstor zum Chianti-Gebiet ist Impruneta, das Terrakotta-Zentrum der Toskana – hier lohnt der Einkauf! Seit dem 14. Jh. wird hier Keramik hergestellt. Alle Straßen führen zur Piazza Buondelmonti, auf der einen Seite von Log-

Linke Seite: Wie der schwarze Hahn ist auch die bauchige Korbflasche ein unverwechselbares Kennzeichen des Chianti-Weins. Die Flaschenform nennt sich »fiasco«, war aber marketingtechnisch alles andere als ein solches. Für den Export wurde der Korb gerne auch mit roten und grünen Streifen geschmückt.

Mystische Stimmung: Ein paar Hügelketten sind zu sehen, Bäume und Gebäude ragen aus dem Nebel, der über den Weinbergen in der Gegend von Panzano hängt. Hier ist er zu Hause, der begehrte *vino*.

gien, auf der anderen vom Portikus der Basilika Santa Maria gerahmt. Am letzten September-Sonntag findet die Festa dell'Uva (Traubenfest) statt, mit einem Festumzug, einer Weinmesse, gastronomischem Programm und Musik.

2 Greve in Chianti

Hinter Impruneta trifft man bei Strada in Chianti auf die Chiantigiana, eine der landschaftlich schönsten Strecken der Toskana. Sie führt auch in den Hauptort der Region, in das anmutige Greve in Chianti. In dem hübschen Ort lädt die schmucke asymmetrische Piazza Matteotti zum entspannten Bummel ein, zur Shopping-Tour verführen die vielen Weinhandlungen, wie die Enoteca del Gallo Nero (siehe Seite 202). Die Salami zum Wein findet man seit 1729 bei Falorni (Piazza Matteotti 69–71, www.falorni.it). Wein und Olivenölproben offeriert Le Cantine (nördl. des Platzes), auch teure Supertoskaner kann man für wenige Euro verkosten (tgl. 10–19 Uhr, www.lecantine.it). In dem Ort sollte man sich Zeit lassen, um die Weine und lokalen Spezialitäten zu probieren.

In der Villa di Vignamaggio, wenig südlich von Greve, verewigte Leonardo angeblich die hier geborene Mona Lisa. Ihren Namen trägt der Riserva-Wein der Fattoria (Apartments und Zimmer, www.vignamaggio.com). Die Villa bot die Kulisse für Kenneth Branaghs Shakespeare-Verfilmung von »Viel Lärm um nichts«. Der Set im italienischen Garten ist zu besichtigen (Eintritt).

»Ja, ja der Chianti-Wein« dudelte es aus dem Volksempfänger. Papi entkorkte die bauchige Flasche. Bella Italia. Der Inhalt war rot, aber nicht immer ein Genuss. Inzwischen gibt es viel Klasse unter der Masse. Lebhaft Rubinrot muss er sein, harmonisch und herb und samtig im Abgang.

3 Panzano

Am nächsten Tag besuchen Sie Panzano. Der kleine Ort verdankt seine internationale Berühmtheit dem Metzgermeister Dario Cecchini. Der Streiter für die *Bistecca fiorentina* bietet bestes Fleisch und exzellente Wurstwaren in seinem Geschäft. In seinen Lokalen sorgt er auch selbst für die richtige Zubereitung. Die Auswahl ist schier unglaublich. Reservieren Sie rechtzeitig (Via XX luglio 11, www.dariocecchini.com)!

Hinter Panzano besichtigt man die romanische Pieve San Leolino (13. Jh.), bevor es nach Castellina in Chianti weitergeht.

4 Castellina in Chianti und 5 Radda in Chianti

Einladend sind die Straßencafés des hübschen Städtchens **Castellina in Chianti**, und in der Antica Trattoria la Torre vor der Rocca genießt man die leckere Chianti-Küche (Piazza del Comune, Fr geschl., Tel. 05 77 74 02 36, www.anticatrattoria latorre.com). Anschließend kommen Sie ins historische Städtchen **Radda in Chianti**. Der hübsche kleine Ort auf 530 m Höhe bewahrt noch ganz seine elliptische Anlage.

Kurz hinter Radda führt eine Straße zum Castello di Volpaia. Seine Lage auf 600 m Höhe beschert einen traumhaftem Panoramablick. Der mittelalterliche Charakter des Dorfes und der köstliche Wein (Verkaufsraum am Dorfplatz) lohnen den Abstecher.

6 Rund um Gaiole in Chianti

In einer reizvollen waldreichen Gegend gründeten Mönche im 11. Jh. die Badia a Coltibuono. Die romanische Kirche der einstigen Benediktinerabtei besitzt einen mächtigen Campanile. Über diese einsam gelegene alte Abtei kurvt man am nächsten Tag durch eine herrliche Landschaft nach Gaiole in Chianti, einem Zentrum des Chianti Classico, und dann weiter zum Castello di Brolio, das eine Aussicht bis zum Monte Amiata, dem höchsten Berg der Toskana (1738 m), bereithält. Seit dem Mittelalter befindet es sich im Besitz der Ricasoli. Hier residierte Baron Bettino Ricasoli (1809–1880), erster Premierminister des Königreichs Italien. Sein Verschnitt aus roten und weißen Trauben wurde zum klassischen Chianti ausgebaut (Enoteca Öffnungszeiten unter www.ricasoli.it).

Weiter südlich verändert sich die Landschaft, Goldgelb bis Graubraun dominiert: Die Sieneser Crete kündigen sich bei Castelnuovo Berardenga an. Im Sommer sollte man die Konzerte in den Villen und Landkirchen der Gegend nicht verpassen, z. B. im beim Chianti-Festival (www.chianti festival.com). Hügelkuppe um Hügelkuppe nähert man sich schließlich Siena (siehe Tour 29).

Als die Deutschen in den 1950ern und 1960ern Italien entdeckten, galt die Chianti-Flasche im Korb als Zeichen der Weltläufigkeit. Und leer ließ sie sich immer noch als Kerzenhalter verwenden.

Informationen

Tour 28: Von Impruneta nach Gaiole in Chianti

Autotour, 4 Tage, knapp 100 km

Stationen

1 Impruneta
2 Greve in Chianti
3 Panzano
4 Castellina in Chianti
5 Radda in Chianti
6 Rund um Gaiole in Chianti

Praktische Hinweise

Das Infobüro in Siena organisiert Bus-Rundfahrten ins Chianti (siehe Info Tour 29, Seite 212). Auch mit dem Fahrrad lässt sich das Chianti gut besuchen; Tourvorschläge s. Impruneta und Greve in Chianti sowie zum Chianti senese (Gran giro del Chianti, 96 km): http://inbici.terresiena.it (Ital./Engl.).
Infos zu Restaurants, Unterkünften, Weinprobierstuben, Shopping und Events auf Deutsch, Englisch und Italienisch liegen in Hotels, Restaurants und Reisebüros aus. Auch online bekommt man Informationen: www.toscanaechiantinews.com

Impruneta

Hotel

Azienda Agricola La Salvadonica
Idyllische Bauernhäuser (15. Jh.) gut 8 km südöstlich, Frühstücksbuffet, Tennis, Schwimmbad.
Via Grevigiana 82, Mercatale Val di Pesa • Tel. 05 58 21 80 39 • www.salvadonica.com

Shopping

M.I.T.A.L. Angiolo Mariani & Figli
Einzigartige Terrakotta-Produkte; Riesenauswahl an Tonkrügen, Vasen, Statuen u.v.m.
Via di Cappello 31, Impruneta • Tel./Fax 05 52 01 14 14 • www.terrecottemital.it

Aktivitäten

Eine schöne **Fahrrad**-Rundtour ist die Rundstrecke Florenz–Impruneta–Florenz; Infos: www.impruneta.com

Greve in Chianti

Info

Infobüro
Piazza Matteotti 10, Greve in Chianti • Tel. 05 58 54 62 99 • www.chiantislowtravel.it, www.greve-in-chianti.com

Hotels/Restaurants

Giovanni da Verrazzano
Traditionsreiches Hotel und Restaurant (Mo geschl.), u. a. Spezialitäten vom Wildschwein, wunderschöne Terrasse zur Piazza. Auch Kochkurse.
Piazza Giacomo Matteotti 28, Greve in Chianti • Tel. 05 58 54 60 98 • www.albergoverrazzano.it.

Da Omero
Kleines, nettes Hotel mit typisch toskanischem Restaurant.
Loc. Passo dei Pecorai 68/70, Greve in Chianti • Tel. 0 55 85 07 15/16 • www.daomero.com

Shopping

Enoteca del Gallo Nero
Bietet vor der Kirche eine enorme Auswahl des roten Chianti Classico, dazu kulinarische Spezialitäten.
Piazzetta S. Croce 8, Greve in Chianti • Tel. 0 55 85 32 97

Aktivitäten

Eine 40-km-**Radtour** bringt Sie durch das Chianti-Gebiet, von Greve über Panzano und Radda nach Castellina.
Infos zur Strecke: www.greve-in-chianti.com

Panzano

Hotel

Villa Le Barone
Umgebauter Landsitz, 30 Zimmer, ausgestattet mit antikem Mobiliar, in traumhaft ruhiger Lage an der Pieve San Leolino.
Panzano in Chianti • Tel. 0 55 85 26 21 • www.villalebarone.com

Restaurants

Mac Dario bzw. abends **Officina della Bistecca**
Hier gibt es den Mac Dario für 10 € und ein fixes Menü für

20 € pro Person (So mittags geschl.) bzw. abends **Bistecca fiorentina** für 50 € pro Person.
Via XX Luglio 5, Panzano • Tel. 0 55 85 20 20 • Öffnungszeiten: www.dariocecchini.com

Solo Ciccia

Fixes Menü auf Fleischbasis für 30 € pro Person. Do, Fr, Sa 19 und 21, So 13 Uhr.
Via Chiantigiana 5, Panzano • Tel. 0 55 85 27 27 • www.solociccia.it

Shopping

Antica Macelleria Cecchini

Die Metzgerei verkauft Schinken, Chianti und Finocchiona-Salami. So–Do 9–14, im Sommer bis 16, Fr, Sa 9–18 Uhr
Via XX Luglio 11, Panzano • Tel. 0 55 85 20 20 • www.dariocecchini.com

Radda in Chianti

Hotel

Fattoria Vignale

Nobelhotel in einem Herrenhaus aus dem 18. Jh. mit Enoteca, Restaurant (kein Ruhetag, geöffnet April–Nov.) und Osteria (Dez.–März Di geschl).
Via Pianigiani 9, Radda • Tel. 05 77 73 83 00 • www.vignale.it

Restaurant

Bar-Ucci

Auf der Terrasse kalte Platten mit toskanischen Delikatessen. Mo geschl.
Piazza della Torre 9, Radda • Ortsteil Volpaia • Tel. 05 77 73 80 42 • www.bar-ucci.it

Castellina in Chianti

Shopping

Enoteca Le Volte

Gute Quelle für die regionalen Chianti-Classico-Weine.
Via Ferruccio 12, Radda • www.enotecalevolte.com

Gaiole in Chianti

Hotel

Castello di Spaltenna

Exklusives Hotel im mittelalterlichen Gemäuer des Castello, stilvolles Ambiente. Sauna, Schwimmbad, Tennisplatz. Restaurant und Weinhandlung.
Via Spaltenna 13, Gaiole in Chianti • Tel. 05 77 74 94 83 • www.spaltenna.it

Restaurant

Badia a Coltibuono

Das Restaurant kredenzt gute Weine (Nov.–15. März geschl., ansonsten tgl.); nachmittags Brotzeiten. Wein- und Delikatessenverkauf im Shop an der Zufahrtsstraße (April–Okt. tgl. 9–19, Nov.–Dez. Di–So 9–18 Uhr); Koch- u. Weinkurse (1 oder 3 Tage).
Loc. Badia di Coltibuono, Gaiole in Chianti • Tel. 05 77 74 90 31 • www.coltibuono.com

Tour 29 | **Mittlere Toskana**

Muschel versus Adler

▶ GESTERN: Eine bayerische Prinzessin machte den Palio, das berühmte Pferderennen von Siena, zu dem, was er heute ist

▶ HEUTE: Die Stadt ist ein grandioser Einstieg für eine Tour durch die mittlere Toskana, nach San Gimignano und ins Elsa-Tal

▶ GESTERN

Da saß sie nun, die bayerische Prinzessin, und wusste nicht recht, wie es weitergehen sollte. Gerade 16-jährig, war Violante Beatrix von Bayern im Jahre 1689 mit Ferdinando, dem Sohn des toskanischen Großherzogs Cosimo III., verheiratet worden. Die Ehe blieb kinderlos, und als ihr Gemahl 1713 starb, war sie plötzlich am Hofe von Florenz ziemlich überflüssig geworden. Doch Cosimo de' Medici wusste, was er an seiner klugen und gebildeten Schwiegertochter hatte, und machte sie zur Gouverneurin von Siena. Sie führte eine Reihe von Modernisierungen durch, von denen nicht zuletzt Sängerknaben, Pferde und Reiter profitierten. Denn sie verbot die Kastration der ersteren und reformierte das jahrhundertealte Pferderennen, den »Palio«. Bei diesem Wettbewerb der Stadtviertel, der sogenannten *contrade*, war es immer wieder zu schweren Unfällen gekommen. Violante Beatrice, wie sie in Italien hieß, verringerte die Anzahl der Contraden auf 17, und die Zahl der Pferde, die an einem Rennen teilnehmen dürfen, auf zehn – beide Regeln gelten bis zum heutigen Tag. Die Stadtteile tragen so schöne Namen wie »Adler«, »Muschel«, »Stachelschwein«, »Schnecke« oder auch »Schildkröte«. Das Rennen auf der Piazza del Campo ist jedoch ganz und gar nicht gemächlich.

▶ HEUTE

Siena, dessen Altstadtensemble zu den Weltkulturerbe-Denkmälern zählt, ist zu jeder Zeit ein großartiger Ausgangspunkt für diese Tour, doch der Palio versetzt die Stadt zweimal im Jahr, nämlich am 2. Juli und am 16. August, in den Ausnahmezustand. Die jeweils teilnehmenden Contraden fiebern auf das große Ereignis hin, die Spannungen zwischen den »verfeindeten« Vierteln nehmen zu, und wenn die Zeit des Rennens mit seinen begleitenden Ritualen da ist, ist die Stadt auch noch voller Besucher. Für die siegreiche *contrada* ist das aber erst der Auftakt zu wochenlangen Feierlichkeiten.

Landkarte: Seite 207, Adressen: Seite 212/213

Extra für den Palio di Siena wird zweimal im Jahr auf der Piazza del Campo eine dicke Erdschicht als Rennbahn aufgetragen. Auf dieser landet dann so mancher der bunt gekleideten Reiter – aber egal, das Ross kann auch im Alleingang gewinnen.

I Siena

Spazieren Sie durch die von hohen Backsteinfassaden gesäumten Gassen **Sienas** (52 900 Einw.), zuerst zu den gotischen Meisterwerken im Dom und im Palazzo Pubblico. In Santa Maria della Scala kann man etruskische wie auch zeitgenössische Kunst sehen. Und immer wieder kehrt man zurück auf den Campo.

Seine wirtschaftliche Entwicklung verdankte Siena der günstigen Lage an der alten Via Francigena, der Frankenstraße. Diese wichtige Handelsroute brachte der Stadt Reichtum und erlaubte die Errichtung der gotischen Bauwerke, die das Stadtbild prägen. Mit der Pest (1348) und infolge der Jahre des wirtschaftlichen Niedergangs verlor Siena an Bedeutung. Nach einer letzten Blüte in der Renaissance setzte Kaiser Karl V. im Jahr 1555 nach monatelanger Belagerung der Selbstständigkeit des Stadtstaates ein Ende.

Ein Rundgang durch die Stadt beginnt am geschlossenen Ensemble der **Piazza del Campo** aus dem 13. Jh., einem der schönsten Plätze der Welt. Man setzt sich am besten in eines der Cafés oder einfach auf den Boden und lässt den Campo auf sich wirken. Der muschelförmige Platz ist der Stolz der Bewohner, hier schlägt das Herz der Stadt, nicht nur beim historischen Palio. Das zinnenbekrönte Rathaus, der **Palazzo Pubblico**, entstand 1297–1342 und schließt den Campo auf geniale Weise ab. Der Bau weist im Obergeschoss aus Backstein die typischen Sieneser Fenster auf: drei gotische Bogen (Triforien), eingefasst von einem Spitzbogen – gut zu erkennen auch am gegenüberliegenden Palazzo Sansedoni. Der Aufgang zur **Torre del Mangia**, die mit 87 m Höhe einst schon den Stolz der Sienesischen Republik verkörperte, liegt im Palazzo Pubblico, dort ist auch der Zugang zum sehr interessanten **Museo Civico** (Turm: Mitte März–Okt. 10–19, sonst bis 16 Uhr; Museum: Mitte März–Okt. 10–19, Nov.–Mitte März 10–18 Uhr). In den Museen und Monumenten Sienas erhält man sehr günstige, 2, 3

Beschaulich zeigt sich die einzigartige Piazza del Campo von Siena im Abendlicht. Der Platz hat nicht nur einen muschelförmigen Umriss, er neigt sich auch der Torre del Mangia zu.

bzw. 7 Tage gültige Sammeltickets in den verschiedensten Kombinationen.

An der **Croce di Travaglio** treffen drei belebte Flaniermeilen zusammen, die Via Banchi di Sopra, die Via Banchi di Sotto und die Via di Città. Hier findet jeden Abend der *corso* statt: Sehen und gesehen werden, lautet dabei die Devise.

Großartige Werke der Sieneser Malerei vom 12. bis zum 17. Jh., darunter viele Madonnenbildnisse mit besonderem Charme, zeigt die **Pinacoteca Nazionale** im etwas südlich gelegenen Palazzo Buonsignori (Via San Pietro 29, Di–Sa 8.15–19, sonst 9–13 Uhr, pinacotecanazionale.siena.it).

Der Grundstein zum **Dom** wurde Ende des 12. Jhs. gelegt; Mitte des 14. Jhs. war der Bau fertiggestellt. Die reich skulptierte Fassade von Giovanni Pisano (1284 begonnen) ist die erste in Italien mit einem einheitlichen Bildprogramm. Im Inneren besticht der einzigartige Marmorfußboden: Die Arbeit an den 56 »Gemälden« dauerte über 100 Jahre, bis ins 16. Jh. (komplett zu sehen Mitte Aug.–Okt., sonst partiell abgedeckt; Dom: März–Okt. Mo–Sa 10.30–19, So, Fei 13.30–18, Nov.–Feb. Mo–Sa 10.30–17.30, So, Fei 13.30–17.30 Uhr, Eintritt, Karten auch unter www.operaduomo.siena.it). Die von Nicola Pisano 1266 bis 1268 geschaffene achteckige Marmorkanzel ist ein Höhepunkt der mittelalterlichen Skulptur. Ein prächtiger Freskenzyklus von Pinturicchio erwartet die Besucher in einem der schönsten Renaissance-Räume überhaupt, in der Libreria Piccolomini (Zugang vom linken Seitenschiff).

Als man den Chor des Doms 1316 erweiterte, wurde zur Abstützung die Errichtung einer Unterkirche notwendig – die heutige Taufkirche San Giovanni. Das Meisterwerk Jacopo della Quercias, das Taufbecken, an dessen »Szenen aus dem Leben Johannes' des Täufers« Donatello und Lorenzo Ghiberti mitwirkten, lohnt allein schon den Besuch des prächtigen Baptisteriums, das zudem großartige Fresken aus dem 15. Jh. schmücken. Herrliche Fresken von 1280 sieht man gleich ne-

Der Dom von Siena mit seiner schwarz-weißen Fassade ist ein bedeutendes Werk der Gotik.

benan in der im Jahr 2004 bei Ausgrabungen freigelegten Krypta (geöffnet wie der Dom).

Der **Neue Dom** (Duomo Nuovo), 1339 begonnen, war so monumental geplant, dass er den alten Dombau als Querschiff (!) in sich aufnehmen sollte. Das gigantische Projekt, in Konkurrenz zur Florentiner Kathedrale gedacht, musste aufgrund der Pestepidemie (1348) aufgegeben werden. In drei fertiggestellten Seitenschiffjochen befindet sich heute das **Dombaumuseum**, das einzigartige Werke der sienesischen Kunst zeigt (geöffnet wie der Dom).

Das **Ospedale Santa Maria della Scala** gegenüber dem Dom diente im Mittelalter als Pilgerhospiz, bis in die 1970er-Jahre als Krankenhaus. Die freskengeschmückten Säle nehmen heute die Sammlungen des **Museo Archeologico Nazionale** auf sowie Ausstellungen zeitgenössischer Kunst des **SMS Contemporanea** (tgl., Öffnungszeiten unter www.santamariadellascala.com).

Der hl. Katharina von Siena ist das **Santuario Cateriniano** (Costa di Sant'Antonio 6, tgl. 10.30–12.30, 15.30–18 Uhr, gratis) gewidmet. Es entstand um das Wohnhaus der Caterina Benincasa (1347–1380), die 1939 zur Schutzpatronin Italiens erhoben wurde. In der nach ihr benannten Kapelle in San Domenico ruht ihr Kopf in einem Reliquienbehälter. Die Kapelle ist ausgemalt mit Fresken von Giovanni Antonio Bazzi, genannt il Sodoma.

Zu den harmonischsten Plätzen der Stadt zählt die **Piazza Salimbeni** mit ihren imposanten Palästen. Der **Palazzo Salimbeni** in der Mitte ist Sitz des Monte dei Paschi, des ältesten Bankhauses der Welt (1472 gegr.). In der hier beginnenden Via Banchi di Sopra lockt eine Sieneser Institution: das **Caffè Alessandro Nannini** – gegründet vom Großvater und heute geleitet vom Bruder der italienischen Rocksängerin Gianna Nannini.

2 San Galgano

Über eine schöne, kurvenreiche Straße erreicht man 33 km südwestlich von Siena das einsam im Grünen stehende, einst mächtigste **Kloster** der Gegend: San Galgano. Heute ragen gotische Strebepfeiler gen Himmel, eine Wiese bildet den Fußboden – sehr atmosphärisch und still. Die sommerlichen Opernaufführungen von Mitte Juli bis Anfang August üben eine ganz eigene Faszination aus (Information und Reservierung: Tel. 05 77 75 67 38, www.estatemusicalesangalgano.it).

3 Monteriggioni und 4 Colle di Val d'Elsa

Nach zwei Tagen geht es von Siena weiter in das Dörfchen **Monteriggioni** mit seinen mittelalterlichen turmbewehrten Verteidigungsmauern, das zu einem Halt auf dem Weg nach **Colle di Val d'Elsa** (21 400 Einw.) einlädt. Der Reichtum der Bürger erlaubte den Bau vieler Paläste. Seit etruskischer Zeit wurden die Mineralvorkommen der Gegend ausgebeutet, im Mittelalter kamen Woll- und Seidenindustrie sowie Papierherstellung hinzu. 1478 entstand hier eines der ersten Buchdruckzentren Italiens.

Auch die Glasindustrie ist hier im »Böhmen Italiens« heimisch, wo 94 Prozent der italienischen Produktion entstehen. Das **Museo del Cristallo** (Via dei Fossi 8, Mai–Sept. Di–So 10.30–12.30, 15–18.30, Okt.–Apr. Di–Fr 15.30–17.30, Sa, So 10.30–12.30, 15–18.30 Uhr, www.cristallo.org) zeigt herrliche Stücke, ein Besuch lohnt sich allemal! Heute liegt das industrielle Colle in der Unterstadt, der obere Stadtteil konnte seinen schönen, mittelalterlichen Charakter bewahren. Genießen Sie dort die schöne Aussicht bei einem Essen.

5 Volterra

Nach der Fahrt durch eine wunderschöne toskanische Landschaft verbringen Sie den Abend in der Alabasterstadt **Volterra** (10600 Einw.). Die strategische Lage auf dem Hügel wählten die Etrusker für ihre wichtige Stadt Velathri, die zum Bündnis von zwölf Städten in Etrurien gehörte. Ende des 12. Jhs. freie Kommune, geriet Volterra 1361 unter florentinische Herrschaft.

Die Kunst der Alabasterverarbeitung von den Etruskern bis heute lernt man im **Ecomuseo dell'Alabastro** kennen (Via de'Sarti, neben der Pinakothek; 16. März–Okt. 9.30–19, Nov.–15. März 10.30–16.30 Uhr , auch Familienticket). Die **Piazza dei Priori** besticht durch ihren herben Charakter, der heute noch typisch für viele Straßenzüge Volterras ist. Der namengebende **Palazzo** ist der älteste erhaltene Kommunalpalast der Toskana (Bauzeit 1208–1254) und diente als Vorbild für den Palazzo Vecchio in Florenz. Sehenswert sind das Vestibül sowie die Prunkräume (März–Okt. tgl. 10.30–17.30 Uhr, sonst Sa, So 9–17 Uhr). Von der Piazza dei Priori ist es nicht weit zum romanischen **Dom Santa Maria Assunta** aus dem frühen 12. Jh. Das dreischiffige Innere erhielt im 16. Jh. eine prächtige Kassettendecke. Ein Meisterwerk romanischer Holzbildhauerkunst ist im rechten Querschiff die »Kreuzabnahme« (13. Jh.). Die Reliefs der Kanzel sowie die Terrakotta-Gruppen aus der Werkstatt Andrea della Robbias in der Cappella dell'Addolorata mit dem Fresko »Anbetung der Könige« von Benozzo Gozzoli lohnen einen zweiten Blick.

Im **Museo Etrusco Guarnacci** kann man über 600 Graburnen bewundern (Mitte März–Anf. Nov. 9–19, sonst 10–16.30 Uhr; dt. Begleittexte). Sie geben einen einmaligen Einblick in die Kunst der Etrusker. Die berühmte »Urna degli sposi« (Urne des Ehepaars) zeigt, zu welchem Realismus etruskische Künstler in späterer Zeit fanden. Nicht minder berühmt ist die 60 cm hohe, bronzene Votivstatuette eines spindeldürren Knaben mit dem Namen *ombra della sera* (Abendschatten). Die Eintrittskarte für das Museum gilt auch für die **Pinakothek im Palazzo Minucci Solaini** (Via dei Sarti 1, geöffnet wie Museo Etrusci) und

Die Abtei San Galgano wurde im 13. Jahrhundert von Zisterziensern gegründet und entwickelte sich zu einem bedeutenden Machtzentrum, doch sie verfiel im Laufe der Jahrhunderte.

Manhattan des Mittelalters: (Einfluss-)reiche Einwohner San Gimignanos versuchten, sich durch den Bau von Geschlechtertürmen gegenseitig zu übertrumpfen. Der Verteidigung dienten sie ebenfalls.

das Museo di Arte Sacra (Via Roma 13, Mitte März–Anf. Nov. 9–13, 15–18, Winter 9–13 Uhr, auch Familienticket).

Durch die Porta San Francesco gelangt man zu den **Balze**, den spektakulären Felsabbrüchen des tonhaltigen Gesteins, hervorgerufen durch die jahrhundertelange Erosion.

6 San Gimignano

Von Volterra geht es in östlicher Richtung weiter nach **San Gimignano** mit seiner einzigartigen Skyline. In der Hügellandschaft wirken die 13 erhaltenen der einst 72 mittelalterlichen Geschlechtertürme von Weitem wie Wolkenkratzer. Den Ort durchquerte einst die Frankenstraße, ihr Bedeutungsverlust führte im 14. Jh. zur wirtschaftlichen Krise. Geld für Neubauten fehlte, die Häuser aus dem 11. und 12. Jh. wurden kaum mehr verändert.

Geschlechtertürme dienten einst dem Schutz der Familien. Sie wurden als Festungen gebaut und bestanden im oberen Stockwerk oft aus einem einzigen Raum. Diesen erreicht man über lange Leitern, die man dann nach oben zog. Clever. Einerseits. Andererseits: Wie lange konnte man es dort eingesperrt aushalten?

Heute schlägt das Herz des Orts auf der schönen **Piazza della Cisterna**. Gleich hinter der Piazza wartet mit dem **Domplatz** ein weiteres Glanzstück San Gimignanos. Neben der Frontseite des im Jahr 1288 fertiggestellten **Palazzo del Popolo** öffnet sich eine der ältesten Loggien der Toskana. Der Palazzo beherbergt die **Musei Civici** mit sienesischer Kunst aus dem 13. und 14. Jh. (Apr.–Sept. 10–19, Okt.–März 11–17.30 Uhr, Sammeltickets für alle städtischen Museen, www.sangimignano.com/musei.htm).

Der Aufstieg auf den Palastturm (54 m), die **Torre Grossa**, lohnt sich wegen des grandiosen Panoramas, das man auch von der Burg, der **Rocca** (14. Jh.), aus genießt (gratis).

Einmalig in der romanischen **Collegiata Santa Maria Assunta** sind die »Bibeln des Volkes«, fast vollständig erhaltene Fresken von Sieneser Malern des 14. Jhs. (April–Okt. Mo–Fr 10–19, Sa 10–17, So, Fei 12.30–19, 1.–15. Nov., Dez.–15. Jan., Feb., März Mo–Sa 10–16.30, So, Fei 12.30–16.30 Uhr).

Vom Domplatz schlendert man nördlich durch die Via S. Matteo zur gotischen **Bettelordenskirche Sant'Agostino**. Die Hauptchorkapelle überrascht mit 17 Fresken von Benozzo Gozzoli zum Leben des hl. Augustinus.

Am Abend und am frühen Morgen erleben Sie den Ort ohne Touristenstrom. Bummeln Sie von Stadttor zu Stadttor, lassen Sie sich die biblischen Geschichten von den Fresken der Collegiata erzählen und genießen Sie am Abend auf der Piazza della Cisterna ein Glas des erfrischenden lokalen Weißweins Vernaccia.

Falls Sie noch Lust auf ein bisschen Gruseln haben: In San Gimignano gibt es gleich zwei Foltermuseen, das **Museo degli strumenti di tortura** und das **Museo della Tortura e della Stregoneria** (beide im Winter Sa, So, im Sommer tgl.).

7 Certaldo und 8 Castelfiorentino

Im zauberhaften **Certaldo** (16 000 Einw.) verbringen Sie den nächsten Vormittag. Es ist die Heimatstadt von Giovanni Boccaccio, der mit dem »Decamerone« eines der Hauptwerke der italienischen Literatur schuf. An der Via Boccaccio des hoch über dem Tal gelegenen Stadtteils Certaldo Alto reihen sich alle Sehenswürdigkeiten des Ortes: das **Haus Boccaccios**, die außen schlichte, romanische **Kirche San Jacopo e Filippo** mit dem netten **Museo di Arte Sacra** und der schöne **Palazzo Pretorio** (alle: April–Okt. tgl. 9.30–13.30, 14.30–19 Uhr, Nov.–März bis 16.30 Uhr, Di geschl., Sammelticket).

Eine wohlschmeckende toskanische Brotzeit kann man in der **Enoteca Boccaccio** (Piazza Boccaccio 37) genießen.

Nachmittags bewundern Sie die Malkunst Benozzo Gozzolis im neuen **Museo BEGO** (Via Testaferrata Mo, Fr 9–13, Di, Do 16–19, Sa, So 10–12, 16–19 Uhr; www.museobenozzogozzoli.it) in **Castelfiorentino** (17 600 Einw.).

9 San Miniato

Am Abend erreichen Sie die Trüffelmetropole **San Miniato** (27 500 Einw.). Das Wahrzeichen der Kleinstadt ist der **Turm Kaiser Friedrichs II.**, der letzte Überrest der Kaiserburg (13. Jh.), mit traumhaftem Panoramablick über das Arno-Tal bis fast ans Meer (April–Okt. Di–So 11–18, Nov.–März Di–So 11–17 Uhr).

Unterhalb, am Domplatz, liegt der **Palazzo dei Vicari Imperiali** (12. Jh.), ihm gegenüber die romanische Fassade des **Doms**. Sehr günstiges Sammelticket (mit Turm) für die Museen und Sehenswürdigkeiten der Stadt (alle Mo geschl.).

Enge Verbindung zu Friedrich Barbarossa: Bis 1945 hatte San Miniato den Beinamen »al tedesco«.

Informationen

Tour 29: Von Siena nach San Gimignano und ins Elsa-Tal

Autotour, 7 Tage, ca. 190 km

Stationen

1 Siena
2 San Galgano
3 Monteriggioni
4 Colle di Val d'Elsa
5 Volterra
6 San Gimignano
7 Certaldo
8 Castelfiorentino
9 San Miniato

Siena

Infos

Infobüro Terre Siene
Gute Infoquelle zur ganzen Region (Mo–So 9–19 Uhr). Piazza del Campo 56, Siena • Tel. 05 77 28 05 51 • www.terresiena.it

Infobüro im Bahnhof
Im Winter nur 9.30–12.30 Uhr. Tel. 05 77 27 06 00 • www.comune.siena.it

Hotelreservierung

Siena Hotels Promotion
Mo–Sa 9–18, Sommer bis 19 Uhr. Piazza Madre Teresa di Calcutta (Ex San Domenico) 5, Siena • Tel. 05 77 28 80 84 • www.hotelsiena.com

Hotels

Hotel Certosa di Maggiano
Luxus im Kartäuserkloster von 1314. Mit Park. Strada di Certosa 82, Siena • Tel. 05 77 28 81 80 • www.certosadimaggiano.com

Chiusarelli
Im Stadtkern in einer klassizistischen Villa, Frühstücksbuffet auf der lichtdurchfluteten Veranda. Viale Curtatone 15, Siena • Tel. 05 77 28 05 62 • www.chiusarelli.com

Restaurants

Osteria Le Logge
Sieneser Küche vom Allerfeinsten, erlesene Weine. So geschl. Via del Porrione 33, Siena • Tel. 0 57 74 80 13 • www.giannibrunelli.it

La Compagnia dei Vinattieri
Elegante Weinbar mit Salami- und Käsespezialitäten, aber auch warmen Gerichten. Via delle Terme 79, Siena • Tel. 05 77 23 65 68 • www.vinattieri.net

Papei
Typische Trattoria mit guter Hausmannskost. Kein Ruhetag. Piazza del Mercato 6, Siena • Tel. 05 77 28 08 94

Shopping

In der **Antica Drogheria Manganelli**, Via di Città 73, Siena, erhält man seit 1879 *Panforte*, ein Gebäck mit Mandeln, Früchten und Gewürzen.
Die **Enoteca Italiana** in der Fortezza Santa Barbara führt Spitzenweine aus ganz Italien (Mo–Sa 12–1 Uhr). www.enoteca-italiana.it

Aktivitäten

Giro delle Terre di Siena
390 km mit dem Fahrrad durch die Provinz Siena. www.terresiena.it

Colle di Val d'Elsa

Infos

Pro Loco
Via F. Campana 43, Colle di Val d'Elsa • Tel. 05 77 92 27 91 • www.terresiena.it

Hotel

La Vecchia Cartiera
Schlicht-modernes Hotel mit Restaurant in einer ehemaligen Papierfabrik aus dem 13. Jh. Via Oberdan 5, Colle di Val d'Elsa • Tel. 05 77 92 11 07 • www.lavecchiacartiera.it

Restaurant

Dietro le Quinte
Toskana-Küche mit frischen Kräutern und hausgemachten Nudeln, große Panoramaterrasse mit Blick auf die Stadtmauern. Im Winter Do Ruhetag.

Vicolo della Misericordia 14, Colle di Val d'Elsa • Tel. 05 77 92 04 58 • www.dietrolequinteristorante.com

Shopping

Adressen von **Glasherstellern** und ihren Geschäften: www.cristallo.org (Le Aziende bzw. The Companies).

Aktivitäten

Sentierelsa

2 km langer schöner Spaziergang entlang des Flusses Elsa von Gracciano (4 km südlich von Colle) bis San Giorgio.

Volterra

Infos

Ufficio Turistico

Piazza dei Priori 20, Volterra
Tel. 0 58 88 72 57 • www.volterratur.it, www.provolterra.it

Hotel

Albergo Etruria

Familiäres Flair in einem Hotel mit Etrusker-Relikten, üppiges Frühstücksbuffet, Garten.
Via Matteotti 32, Volterra • Tel. 0 58 88 73 77 • www.albergoetruria.it

Restaurant

Etruria

Wildspezialitäten in einem gepflegten Ambiente des 19. Jhs. Do im Winter geschl.
Piazza dei Priori 6/8, Volterra • Tel. 0 58 88 60 64

Shopping

Zu den Alabasterwerkstätten und anderen traditionellen Handwerksbetrieben:
Arte in Bottega
Piazza dei Priori 9, Volterra • Tel. 0 58 88 61 84 • www.arteinbottegavolterra.it (Website mit Adressen).

San Gimignano

Infos

Pro Loco

Organisiert Di und Do Führungen durch die Weinkeller (Anmeldung bis 18 Uhr am Vortag). Verkauf von Trekking-Karten für die Umgebung, Organisation von Wanderungen.
Piazza del Duomo 1, San Gimignano • Tel. 05 77 94 00 08 • www.sangimignano.com

Hotel

Leon Bianco

Stilvolles Haus am schönsten Platz der Stadt in einem geschmackvoll restaurierten Adelspalast aus dem Mittelalter.
Piazza della Cisterna 13, San Gimignano • Tel. 05 77 94 12 94 • www.leonbianco.com

Restaurants

Osteria delle Catene

Man sitzt unter Steinbögen, traditionelle Küche wie Wildschweinwürste, Mittelaltersuppe mit Safran, Hase in Weinsoße. März–Dez. geöffnet, Di geschl.
Via Mainardi 18, San Gimignano • Tel. 05 77 94 19 66 • www.osteriadellecatene.it

Perucà

Feine toskanische Küche in mittelalterlichen Kellerräumen. Mo im Winter geschl.
Via Capassi 16, San Gimignano • Tel. 05 77 94 31 36

Certaldo

Hotel

Guesthouse Boccaccio

Sehr schön übernachten kann man in den Apartments in einem Palazzo des 14. Jhs.
Via Boccaccio 32, Certaldo • Tel. 05 71 66 66 14 • www.guesthouseboccaccio.it

Restaurant

Osteria del Vicario

Einmalige Atmosphäre in einem Kloster und exklusive Küche. So Abend, Mo geschl.
Via Rivellino 3, Certaldo • Tel. 05 71 66 82 28

San Miniato

Infos

San Miniato Promozione

Piazza del Popolo 1, San Miniato • Tel. 0 57 14 27 45 • www.sanminiatopromozione.it

Hotel

Villa Sonnino

Ruhiges Hotel in einer Villa des 16. Jhs., auch Restaurant.
Via Castelvecchio 9/11, San Miniato, Ortsteil Catena • Tel. 05 71 48 40 33 • www.villasonnino.com

Restaurant

Il Convio San Maiano

In einem Bauernhaus des 19. Jhs.; feine toskanische Küche, eigenes Olivenöl, in der Saison Trüffel. Mi geschl.
Via San Maiano 2, San Miniato • Tel. 05 71 40 81 14 • www.ristoranteilconvio.com

Auch im Mittelalter waren die Sportereignisse ein großes Spektakel mit Trommeln und Fahnenschwingern, und natürlich trug man die Farben seiner Mannschaft – genau wie heute in den Fußballstadien. Aber ging es dabei nicht doch ein wenig stilvoller zu? Ganz zu schweigen von der Arena …

Tour 30 | **Arezzo & Aretino**

Sport im Mittelalter

▶ GESTERN: Auf der Piazza Grande von Arezzo wetteiferten einst die Ritter darum, wer der Geschickteste mit der Lanze war

▶ HEUTE: Auch die anderen Orte dieser Tour durch die östliche Toskana atmen die Atmosphäre des Mittelalters

▶ GESTERN

Was das Golfspielen für die Hautevolee von heute ist, war für die Ritter des Mittelalters das Lanzenstechen: ein Sport, bei dem nur mitmachen konnte, wer dazugehörte und sich die teure Ausrüstung leisten konnte – und jemanden, der sie für einen trug. Anderswo geriet es dann nach und nach aus der Mode, in Arezzo aber hat man mit der »Giostra del Saracino« diese Tradition – mit einigen Unterbrechungen – bis heute weitergepflegt. Allerdings geht es mittlerweile demokratischer zu. Man braucht kein Adliger zu sein, um mitmachen zu können, stattdessen konkurrieren die Aretini, die Einwohner Arezzos, darum, wer Punkte für sein Viertel holt, indem er den hölzernen »Sarazenenkönig« *(Saracino)* am geschicktesten trifft. Zweimal im Jahr versetzt das Spektakel mit Reitern, Trommlern, Fanfaren, Fahnenschwingern, feierlichen Zeremonien und dem historischen Umzug die Piazza Grande im Herzen der Stadt um mehrere Jahrhunderte in die Vergangenheit.

▶ HEUTE

Ein Tag in Arezzo vergeht viel zu schnell. Die Fresken Piero della Francescas in der Kirche San Francesco, die romanische Pieve di Santa Maria, die weite Piazza Grande, die herrlichen Glasfenster im Dom, ein Spaziergang durch den Stadtpark – all das ist ein wunderbarer Auftakt zu dieser kleinen Rundfahrt durch das Aretino.

Landkarte: Seite 217, Adressen 220/221

1 Arezzo

Schon in etruskischer Zeit war Arezzo (98 400 Einw.) einer der mächtigsten Orte des Zwölfstädtebundes und erlebte auch nach der Eroberung durch die Römer 294 v. Chr. eine Blütezeit – das große Amphitheater zeugt davon. Im Mittelalter schwächten innere Zwistigkeiten sowie Kämpfe mit Siena und Florenz die Kommune. 1384 fiel Arezzo schließlich durch Verkauf an Florenz. Erst im 20. Jh. gewann die Stadt wirtschaftlich wieder an Bedeutung und ist heute das wichtigste Zentrum der Goldverarbeitung in Italien.

Von »unten nach oben« schlendert man durch Arezzo: Der **Corso Italia**, die Einkaufs- und Flaniermeile, führte bereits um 1200 als wichtigste Ader in Richtung Norden zum politischen und geistigen Zentrum der Stadt. Beginnen Sie ganz unten mit dem **Amphitheater** und dem didaktisch sehr gut aufgebauten **Museo Archeologico** gleich nebenan – empfehlenswert v. a. wegen der zart dekorierten korallenfarbigen *Vasi aretini* (Via Margaritone 10, tgl. 8.30–19.30, Jan./Feb. So bis 14 Uhr).

Nur wenige Schritte links vom Corso wartet die Hauptsehenswürdigkeit Arezzos, die **Kirche San Francesco**. Berühmt ist der Bettelordensbau aus dem 13. Jh. für Piero della Francescas Fresken in der Hauptchorkapelle. Der um 1420 in Sansepolcro geborene Künstler zählt zu den herausragenden Malern seiner Epoche in Italien, und die »Legende vom Kreuz Christi« bildet einen der vollkommensten Freskenzyklen, nicht nur der Renaissance-Malerei. Im Mittelpunkt der Legende steht der »Traum Konstantins«, eine der ersten Nachtszenen in der Malerei. Von 1985 bis 2000 wurde der Zyklus aufwendig restauriert (Mo–Fr 9–18.30, Sa 9–17.30, So 13–17.30 Uhr; Karten müssen vorbestellt werden: direkt an der Kasse, telefonisch unter Tel. 05 75 35 27 27 oder unter www.pierodellafrancesca-ticketoffice.it.).

Man folgt wieder dem Corso und wird nicht umhinkommen, in das eine oder andere Schmuckgeschäft zu schauen. So erreicht man die **Pieve di Santa Maria**, einen der schönsten romanischen Bauten der Toskana. Beeindruckend sind ihre Fassade und der **Campanile**, genannt **Turm der hundert Löcher** (in Wirklichkeit sind es 40 Biforien, also 80 Löcher). Typisch mittelalterliche Läden säumen den Weg vom Corso zum »Großen Platz«, Zentrum des städtischen Lebens seit dem 13. Jh. Trotz oder gerade wegen der verschiedenartigen Baustile der Gebäude wirkt die **Piazza Grande** als grandiose Einheit.

Kunst & Geschichte

Giorgio Vasari (1511–1574) war Hofmaler und Architekt. Heute ist er als einer der ersten Kunsthistoriker bekannt, auf den stilbildende Begriffe wie Gotik, Manierismus oder Renaissance zurückgehen.

Wer sich das Zentrum von Arezzo angesehen hat, kann unter den Arkaden an der Piazza Grande eine Pause einlegen. Links Turm und Apsis von Pieve di Santa Maria, daneben der Justizpalast.

Neben der Apsis der romanischen **Pieve** steht der **Justizpalast** aus dem 17. Jh., an den sich der **Palazzo della Fraternità dei Laici** anschließt. Dem gotischen Untergeschoss (1375–1377) fügte Bernardo Rossellino 1434 den oberen Teil im Frührenaissance-Stil hinzu. Den **Glockenturm** entwarf im 16. Jh. Giorgio Vasari, ebenso wie den imposanten **Palazzo delle Logge**.

Weiter geht es von der Hügelkuppe in die westliche Altstadt: Fast ganz oben am Corso Italia liegt das **Geburtshaus Francesco Petrarcas**, einer der bedeutendsten italienischen Dichter (1304–1374). Im nahe gelegenen **Stadtpark** kann man eine Pause einlegen, ein Kiosk bietet kühle Getränke. Wer bis zu den Resten der Anfang des 16. Jhs. erbauten **Medici-Festung** spaziert, wird mit einem herrlichen Panoramablick belohnt.

Das Schönste am gotischen **Dom** sind seine Glasfenster, 1518–1524 geschaffen von Guillaume de Marcillat. Das große Rundfenster mit dem »Pfingstwunder« in der Fassade sowie v. a. die Fenster mit der »Auferweckung des Lazarus« und der »Vertreibung der Händler aus dem Tempel« erzählen in leuchtenden Farben biblische Geschichten, die in die Renaissance-Architektur der Zeit gestellt sind. Und auch der Dom birgt ein Werk Piero della Francescas: Das kostbare Fresko der Hl. Magdalena neben der Sakristeitür, links vor dem Chor, kann man sich in Ruhe ansehen, im Gegensatz zu den Fresken in San Francesco.

Zu den beeindruckendsten Bettelordenskirchen der Toskana gehört **San Domenico**, der 1275 im gotischen Stil begonnene Kirchenbau, der die einladende gleichnamige Piazza abschließt. In seiner Schlichtheit großartig wirkt der einschiffige Innenraum mit dem offenen Dachstuhl. Der schöne Freskenschmuck stammt aus dem 14./15. Jh., das Kruzifix über dem Hauptaltar ist ein Frühwerk von Cimabue (um 1260/70) – es wurde jüngst mit großem Aufwand restauriert.

Einen Besuch wert ist auch die **Casa di Giorgio Vasari**. Der berühmte Sohn Arezzos (1511–1574) schuf mit seinen 1550 publizierten Viten von herausragenden Malern, Bildhauern und Architekten, darunter Leonardo da Vinci, Raffael und Michelangelo, das erste wissenschaftliche

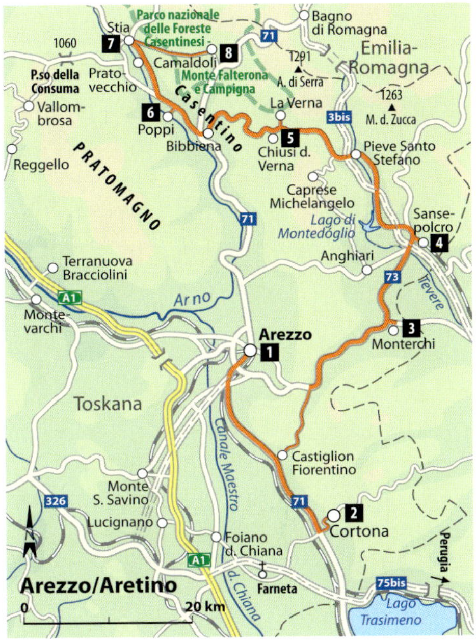

Werk der Kunstgeschichtsschreibung. Selbst Maler und Architekt, wirkte er in seiner Geburtsstadt und in Florenz. Als Baumeister des Medici-Großherzogs Cosimo I. errichtete er dort die berühmten Uffizien (siehe Seite 195). Dieses Haus kaufte Vasari 1540, das sein Refugium von den Bürden des Alltags in Florenz werden sollte. Er dekorierte eigenhändig einige Räume mit mythologischen Szenen im manieristischen Kunstgeschmack seiner Zeit (Via XX Settembre 55, Mo, Mi–Sa 8.30–19, So, Fei 8.30–13 Uhr).

2 Cortona

Zwar südlich von Arezzo und damit in entgegengesetzter Richtung unserer Tour liegt **Cortona** (23 000 Einw.) – ein Ausflug hierher lohnt sich allemal! Die einst mächtige Etruskerstadt bezaubert Besucher mit ihrer mittelalterlichen Altstadt: Von hier eröffnen sich traumhafte Aussichten über das Chiana-Tal, aus dem die Chianina-Rinder für die ausgezeichnete *Bistecca* kommen, die man alljährlich am 14./15. August bei der **Sagra della Bistecca** (Fest des Steaks) kosten kann.

In den vier Stockwerken des **Museo dell'Accademia Etrusca** (Palazzo Pretorio) sieht

Cortona besitzt eine sehenswerte mittelalterliche Altstadt. Auf der Piazza della Repubblica kann man sich auf die Freitreppe oder in eins der Cafés und Restaurants setzen.

man den berühmten, 16 Lucernare tragenden etruskischen Bronzeleuchter aus dem 4. Jh. v. Chr., der fast 60 Kilo wiegt, ägyptische Mumien, Bucchero-Gefäße, langobardische Gewandfibeln und auch ein Madonnenbildnis von Pinturicchio (Apr.–Okt. tgl. 10–19, Nov.–März Di–So 10–17 Uhr, www.cortonamaec.org). An der zentralen **Piazza della Repubblica** sitzen die Besucher am liebsten auf der großartigen Freitreppe und bewundern den zinnenbekrönten Turm des **Palazzo Comunale**. Man spaziert von hier am besten zur **Piazza della Pescaia**, die den Aufstieg in den pittoresken oberen Stadtteil lohnt. Hier wartet die **Kirche San Niccolò** (15. Jh.) mit einem eleganten Portikus auf. Ein steiler, zypressengesäumter Weg führt weiter hinauf zur etwas protzigen **Basilika Santa Margherita**, die der Stadtheiligen von Cortona geweiht ist.

Der berühmteste Sohn der Stadt ist der Maler Luca Signorelli (um 1445–1523), dessen Werke im **Museo Diocesano** zusammen mit der »Verkündigung« (um 1433) von Fra Angelico zu den Hauptsehenswürdigkeiten Cortonas zählen (geöffnet wie Museo dell'Accademia Etrusca).

3 Monterchi und 4 Sansepolcro

Am nächsten Morgen führt der Weg über bewaldete Hügelketten hinüber in das winzige **Monterchi** (1800 Einw.). Das Örtchen besucht man, um ein absolutes Meisterwerk Piero della Francescas in dem eigens dafür eingerichteten Museum zu bewundern: Das wundervolle **Fresko der Madonna del Parto** (»schwangere Muttergottes«) mit der statuengleichen, wie aus Stein gemeißelt wirkenden Madonna besticht durch seine perfekte Symmetrie (April–Okt. tgl. 9–13, 14–19, Nov.–März Mi–Mo 9–13, 14–17 Uhr).

Im Anschluss fahren Sie in das reizende **Sansepolcro**. Mächtige Mauern und eine Festung aus dem 16. Jh. beschützen das Viereck der schachbrettartig angelegten Altstadt. Hinter der hohen Stadtmauer lassen Sie sich von den Meisterwerken Piero della Francescas im **Museo Civico** berühren; der Maler hinterließ hier in seinem Heimatort im Tiber-Tal einige der bedeutendsten Werke.

Paläste aus dieser Epoche und im manieristischen Stil schmücken die Innenstadt, auch blieben einige mittelalterliche **Wohntürme** erhalten. Der Palazzo della Residenza an der Piazza Garibaldi ist

Sitz des **Museo Civico** mit seinen wunderschönen Gemälden, vor allem den Werken Pieros (tgl. Mitte Juni–Mitte Sept. 9.30–13.30, 14.30–19, sonst tgl. 9.30–13, 14.30–18 Uhr). Versäumen Sie es nach den gemalten Kunstwerken auch nicht, bei **Busatti** vorbeizuschauen – hier sind traumhaft schöne Stoffe zu finden (Seite 221)!

5 Chiusi della Verna

Am Folgetag führt die Fahrt am Lago di Montedoglio entlang über Pieve Santo Stefano nach **Chiusi della Verna** (2100 Einw.). Auf 1129 m, umgeben von der mystisch anmutenden Stille des Bergwalds oberhalb des kleinen Dorfs, errichtete der hl. Franz von Assisi ab 1213 ein Kloster. Zu den Schätzen der **Chiesa Maggiore** (Baubeginn 1348) gehören die Terrakotten von Andrea della Robbia. Rechts neben der Chiesa Maggiore führt eine Treppe hinab zur ältesten **Kirche Santa Maria degli Angeli**, mit deren Bau noch zu Lebzeiten des hl. Franz begonnen wurde. Links von der Chiesa Maggiore führt der »Korridor der Stigmate« in die **Zelle** des hl. Franz und in die **Cappella delle Stimmate**, wo der Heilige die Wundmale Christi empfangen haben soll (www.santuariolaverna.org).

6 Poppi

Übernachten Sie am besten in einem der Agriturismus-Betriebe der Gegend, um am nächsten Tag das reizvolle **Poppi** (6400 Einw.) zu erkunden. Das Städtchen auf 437 m ruht zu Füßen des **Nationalparks Monte Falterona Campigna-Foreste Casentinesi.** Die anmutigen Bogengänge der Hauptstraße Via Cavour verbinden die romanische **Kirche San Fedele** und die von Arkaden umschlossene **Rundkirche Madonna del Morbo**. Ein paar Schritte weiter oben am Hügel beherrscht der **Adelspalast** der Grafen Guidi das Bild mit seinem mächtigen Turm, der Zugbrücke und den hölzernen Wehrgängen im Inneren – perfekte Fotomotive für Burgenfans. Den besten Blick auf die Burg hat man, wenn man durch den Bogen rechts von der Kirche San Fedele tritt (Mitte März–Okt. tgl. 10–18, Juli/Aug. 10–19, Nov.–Mitte März Do–So 10–17 Uhr, www.castellodipoppi.com). Für Familien mit Kindern bietet sich ein Ausflug zum **Zoo della Fauna Europea** an.

7 Stia

2 km von Pratovecchio bestaunen Sie die einsam gelegene romanische **Kirche San Pietro in Romena**, bevor Sie in den schönsten Ort des Casentino, nach **Stia** (3000 Einw.), weiterreisen. Am Zusammenfluss von Arno und Staggia entwickelte sich schon im Mittelalter dieser Marktort. Arkaden zieren die **Piazza Mazzini**, von der man zum Ausstellungszentrum **Palagio Fiorentino** kommt – 1908 in eklektischen Formen erneuert. Es beherbergt das **Museum für zeitgenössische Kunst** mit Arbeiten von Marino Marini, Ottone Rosai und Giò Pomodoro (Juni–Sept. Sa, So, 16–19 Uhr).

Am folgenden Tag wandeln Sie jenseits des Flusses Staggia unter den Laubengängen an der **Piazza Tanucci**, dem malerischen Zentrum des Ortes. Die **Kirche Santa Maria Assunta** versteckt sich zwar hinter einer Fassade aus dem 18. Jh., besitzt aber noch den romanischen Innenraum und Kostbarkeiten wie das Relief »Madonna mit Kind« von Andrea della Robbia.

8 Camaldoli

Der Nachmittag bietet Gelegenheit für einen Ausflug auf 816 m zum Kloster und zur Einsiedelei von **Camaldoli** – gegründet vom hl. Romuald (952–1027). Man sieht die dorfähnliche Anlage der 20 Zellen der Einsiedelei und die doppeltürmige barocke **Chiesa del Salvatore**. Nur die Kirche und die Zelle des hl. Romuald sind zugänglich. Ca. 40 Min. braucht man zu Fuß für die 3 km hinunter zum eigentlichen Klosterkomplex. Der leichte Spaziergang führt durch einen majestätischen Nadelwald, die **Foresta di Camaldoli**, seit Jahrhunderten von den Mönchen gepflegt und heute Teil des Nationalparks. Da die Ordensgebäude den Mönchen vorbehalten sind, kann man von der Klosteranlage selbst nur die Kreuzgänge, die barockisierte Kirche und die schöne alte Apotheke aus dem 16. Jh. besichtigen. Hier verkaufen die Mönche klostereigene Produkte wie Liköre und Honig (tgl. 9–12.30, 14.30–18 Uhr, Mi nachmittags im Winter geschl.).

Informationen

Tour 30: Von Arezzo nach Camaldoli

Autotour, 5–6 Tage, ca. 190 km

Stationen

1 Arezzo
2 Cortona
3 Monterchi
4 Sansepolcro
5 Chiusi della Verna
6 Poppi
7 Stia
8 Camaldoli

Praktische Hinweise

In Arezzo gibt es einen großen, kostenfreien **Parkplatz** nördlich des Doms, mit Rolltreppe ins Zentrum. Alle Orte der Provinz Arezzo werden zwar von **Überlandbussen** angefahren (www.etruriamobilita.it), für ein unabhängigeres Reisen ist jedoch ein Auto sinnvoll. Beim **Antiquitätenmarkt** am 1. So und 2. Sa des Monats ist Arezzo sehr voll. Denken Sie in den **Bergen** auch im Sommer an warme Kleidung und festes Schuhwerk!

Arezzo

Infos

Benvenuti ad Arezzo
Piazza della Libertà 1, Arezzo • Tel. 05 75 40 19 45 • www.apt.arezzo.it

Hotels

Continentale
Elegantes Traditionshotel in Altstadtnähe, über 70 komfortabel ausgestattete Zimmer.
Piazza Guido Monaco 7, Arezzo • Tel. 0 57 52 02 51 • www.hotelcontinentale.com

Cecco
Modernes Haus an der Flaniermeile, im Restaurant traditionelle Küche.
Corso Italia 215, Arezzo • Tel. 0 57 52 09 86 • www.hotelcecco.com

Restaurants

La Lancia d'Oro
Das Restaurant befindet sich am Hauptplatz unter den Loggien Vasaris und bietet gute aretinische Küche. Im Sommer tgl. geöffnet, im Winter So abend und Mo geschl.
Piazza Grande, Arezzo • Tel. 0 57 52 10 33 • www.ristorantelanciadoro.it

La Torre di Gnicche
Sympathische Enothek beim Hauptplatz, gute Grappe, einheimische Gerichte. Mi geschl
Piaggia San Martino 8, Arezzo • Tel. 05 75 35 20 35

Shopping

Die Fiera Antiquaria am 1. So/ 2. Sa im Monat ist der größte **Antiquitätenmarkt** der Toskana. Das gesamte Stadtzentrum von Arezzo ist Verkaufsfläche.

Fattoria La Vialla
Verkauf und Versand von Öl, Wein, Pecorino u. a. eigenen Produkten der familiengeführten, ökologisch bewirtschafteten Fattoria (ca. 12 km nordwestl. von Arezzo). Man kann auch Landhäuser mieten; in Seen baden, reiten und Fahrräder leihen.
Via di Meliciano 26, Castiglion Fibocchi • Tel. 05 75 47 77 20 • www.la-vialla.com

Cortona

Infos

Ufficio Informazioni Turistiche
Piazza Signorelli 9, Cortona • Tel. 05 75 63 72 23 • arezzo.intoscana.it

Hotels

Farneta
Modernes Hotel bei der Abtei von Farneta, ruhig im Grünen gelegen, gute Küche mit eigenen Produkten.
Ortsteil Farneta 3 • Tel. 05 75 61 02 41 • www.hotelfarneta.it

San Luca
Modern ausgestattete Zimmer, am Rand des Centro Storico, schöne Aussichtsterrasse.
Piazza Garibaldi 1, Cortona • Tel. 05 75 63 04 60 • www.sanlucacortona.com

Restaurants

Taverna Pane e Vino
Enothek im Keller eines alten Palazzo; über 900 Weine, kleine Gerichte, im Sommer auch draußen. Mo geschl.
Piazza Signorelli 27, Cortona • Tel. 05 75 63 10 10 • www.pane-vino.it

La Grotta
Typisches Familienlokal mit toskanischer Küche. Di geschl.
Piazza Baldelli 3, Cortona • Tel. 05 75 63 02 71 • www.trattorialagrotta.it

Shopping

Schwelgen können Antiquitätenfreunde Ende Aug./Anfang Sept. auf der **Cortona antiquaria**, bei der es zwei Wochen lang antike Möbel zu kaufen gibt (www.cortonantiquaria.it).

Monterchi

Restaurant

Locanda al Castello di Sorci
Der Landgasthof befindet sich etwa 7 km nördl. von Monterchi Richtung Anghiari in einer traumhaften Lage. Traditionelle Küche. Mo geschl.
52031 Anghiari, Ortsteil San Lorenzo • Tel. 05 75 78 90 66 • www.castellodisorci.it

Sansepolcro

Hotel und Restaurant

Fiorentino
Angenehmes Hotel mit vorzüglichem Restaurant.
Via Luca Pacioli 56, Sansepolcro • Tel. 05 75 74 03 50 • www.albergofiorentino.com

Shopping

Enoteca Guidi
Große Weinauswahl, Pilze, Trüffel, Käse- und Salamispezialitäten. Man kann hier auch probieren. Mi geschl.
Via Pacioli 44, Sansepolcro • Tel. 05 75 74 10 86

Busatti
Die traditionsreiche Weberei produziert erlesene Stoffe in ausgezeichneter Qualität für Betten und Kissen, Handtücher und Tischwäsche.
Via Piero della Francesca 48/A, Sansepolcro • www.busattitessuti.it.

Chiusi della Verna

Hotel

Azienda Agricola Casentinese
Agriturismus-Betrieb 16 km nordwestlich von Chiusi mit Zimmern, Apartments; Pool, Restaurant mit typischer Küche des Casentino.
52012 Bibbiena (Ortsteil Casanova, Nr. 63) • Tel. 05 75 59 48 06 • www.agricolacasentinese.it

Poppi

Hotel

Bioagriturismo Casale Camalda
Offene Dachbalken, viel Stein und Holz, nette Apartments für Selbstversorger inmitten des Nationalparks, gut 12 km nordöstlich von Poppi.
Serravalle di Bibbiena, Ortsteil Castagnoli 33 • Tel. 05 75 51 91 04 • www.agriturismocamalda.it

Stia

Hotel

Albergo Falterona
In einem Palazzo aus dem 15. Jh., kleines ruhiges Hotel mit modernem Komfort, 15 Zimmer.
Piazza Tanucci 85, Stia • Tel. 05 75 50 45 69 • www.albergofalterona.it

Restaurant

Caranbar
Seit Jahren die Top-Adresse in Stia. Tradition und Innovation in der Küche zu vernünftigen Preisen, ausgesprochen freundlicher Service. Mi geschl.
Via A. Ricci 19, Stia • Tel. 05 75 50 45 00

Aktiv

Von Stia aus kann man eine herrliche, leichte **Waldwanderung** zur Foresta di Campigna im Nationalpark Monte Falterona-Campigna-Foreste Casentinesi unternehmen. Anfahrt über die SS 310, Infopoint des Nationalparks s. unten, www.parks.it/parco.nazionale.for.casentinesi/Giti.html

Camaldoli

Infos

Nationalpark Foreste Casentinesi Infopoint
Öffnungszeiten: April, Dez. So, Fei 10–13, Mai, Juni, Sept.–Nov. Sa, So, Fei 10–13, Juli 10–13, 15–18, Aug. bis 19 Uhr.
Über 600 km markierte Wege führen durch den Nationalpark.
Tel. 05 75 55 61 30 • www.parcoforestecasentinesi.it (Ital. und Engl.)

Tour 31 | **Toskana & Umbrien**

Runter und rüber

▶ GESTERN: In der Maremma konnte sich die Malaria etruskischen und römischen Bemühungen zum Trotz einst ungehindert ausbreiten

▶ HEUTE: Der Küstenstreifen ist ein idealer Ausgangspunkt für diese lange Tour – erst ein Stück die Riviera runter, dann rüber Richtung Umbrien

▶ GESTERN

Einst gehörte die Maremma zum etruskischen Stammland. Der Erzreichtum des Landstrichs hatte dieses Volk angelockt, das auf den Hügeln vor rund 2600 Jahren prächtige Städte errichtete und die ersten Entwässerungsanlagen installierte. Aber erst die Römer waren es, die das fruchtbare Lagunen-, Sumpf- und Schwemmland der Maremma dank aufwendiger Kanalsysteme zur Kornkammer der Toskana machten.

Nach dem Zerfall des Römischen Reichs »versumpfte« die Region erneut. Malaria breitete sich aus und zwang die Bewohner, ins Hinterland und in die Berge zu ziehen. Im 18. und 19. Jh. machten sich die Habsburger erstmalig wieder daran, das Gebiet trockenzulegen. Es entstand ein groß angelegtes Rekultivierungs- und Entwässerungsprogramm. Die endgültig erfolgreiche Trockenlegung der Sumpfgebiete gelang allerdings erst um 1930 unter Mussolini, die Malaria verursachende Anophelesmücke konnte sogar erst nach dem Zweiten Weltkrieg ganz ausgerottet werden.

▶ HEUTE

Diese kleine Reise führt Sie von der Gegend um Grosseto erst ein Stück an der Küste entlang, dann ins Landesinnere zum Lago di Bolsena und hinauf nach Montepulciano, bevor es hinübergeht nach Perugia und schließlich bis Assisi, wo sich der Kreis quasi schließt: Die Klarissen (Gründung im Jahr 1212), deren rasante Vertreterinnen auf dem Foto rechts zu bewundern sind, sind der zweite Orden des hl. Franz von Assisi.
Adressen: Seite 228–230, Landkarte: Seite 229

1 Massa Marittima und 2 Follonica

Über dem Eingangstor zur Maremma, dem Ferienort Follonica, liegt 30 km von der tyrrhenischen Küste entfernt das wunderschöne **Massa Marittima** (8700 Einw.): Wie in einem Wohnzimmer sitzt man auf der zentralen **Piazza Garibaldi**, umrahmt von mittelalterlichen Prunkbauten – es ist einer der spektakulärsten Plätze der Toskana. Wer ihn bei Sonnenuntergang erlebt hat, kommt sicher wieder! Ihren Aufstieg verdankt die Stadt den Mi-

Gottesdienerinnen auf flotter Fahrt: Mit einer Eselsstärke verschafften sich die beiden Klarissen mit den coolen Sonnenbrillen in den 1950er-Jahren Mobilität. Das Nonnenkloster wurde Ende des 16. Jahrhunderts im Auftrag des Großherzogs in Grosseto erbaut, zwecks Errichtung einer Medici-Festung abgerissen und dann doch wieder aufgebaut. In dem Gebäude sind heute Ferienapartments untergebracht.

Massa Marittima ist Mitglied der Cittàslow, einer Initiative zur Entschleunigung städtischen Lebens.

neralienvorkommen der Colline Metallifere. Im 16. Jh. brachte die Malaria den Niedergang, den im 19. Jh. die Trockenlegung der Sümpfe und die Wiederinbetriebnahme der Bergwerke beendeten. Dieser Phase des Geldmangels verdankt die Stadt ihren hinreißenden Charakter, da man die Bausubstanz nicht veränderte: Die untere **Città Vecchia** prägte das 11. bis 13., die obere **Neustadt** das 13./14. Jh. Das perfekte Ensemble von **Loggia del Comune**, **Palazzo Comunale**, **Palazzo del Podestà** (mit archäologischem Museum) und der 1228 begonnene **Dom** umrahmen die Piazza Garibaldi. In der Neustadt beeindrucken Reste der **Sieneser Festung** (14. Jh., begehbarer Aussichtsturm) und das Bergbaumuseum **Museo d'Arte e delle Miniere** mit seinem Schaustollen (Via F. Corridoni, nur mit Führung, Mo geschl., April–Okt. 10–12.45, 15–17.45, Rest des Jahres bis 16.30 Uhr, www.coopcollinemetallifere.it).

Bei **Follonica** (21 300 Einw.) beginnt die Maremma. Im Süden des Badeorts erstrecken sich feine Badebuchten und ein kilometerlanger Sandstrand vor einem Pinienwald – die ins Meer vorspringende Landzunge **Punta Ala** mit dem gleichnamigen noblen Retortenort an ihrer Spitze lädt zum Wasserspaß ein (www.puntaala.net).

3 Castiglione della Pescaia und 4 Grosseto

Der nächste Tag lockt zu einem Badeausflug ans Meer: Die herrliche Pineta del Tombolo, ein Schirmpinienwald an der Küste, liegt zwischen Marina di Grosseto mit schönen Sandstränden und dem Badeort **Castiglione della Pescaia** (7400 Einw.), der mit einem pittoresken Hafenkanal und einer mittelalterlichen Oberstadt (Castiglione Castello) aufwartet. Castiglione hat seit Jahren mit das sauberste Badewasser der Toskana.

Am Nachmittag wartet die Provinzhauptstadt **Grosseto** auf einen Besuch. Das Zentrum der Maremma mit knapp 82 000 Einw. hat ein modernes Stadtbild, umgeben von Mauern aus der Medici-Zeit. Den Besuch lohnt das etruskische **Museo Archeologico e d'Arte della Maremma** (Piazza Beccarini 3, Mai–Okt. Di–So 10–13.30, 17–20, Nov.–April 9–13, 16–18 Uhr, www.museidimaremma.it).

Kenntnisse über die Antike kann man am folgenden Tag vertiefen, in der nordöstlich von Grosseto gelegenen archäologischen Zone von **Roselle**, deren sehenswerte Ausgrabungen auch Reste römischer Bauten freigelegt haben, darunter ein Tempel und eine Basilika (März–Okt. 9–19.30, Nov. 9–17.30 Uhr, www.parcodeglietruschi.it). Wer noch mehr Lust auf etruskische Kultur hat, der findet sie 22 km westlich im Etruskerstädtchen **Vetulonia** mit den prachtvollen Tumulusgräbern (gratis).

5 Parco Regionale della Maremma und 6 Monte Argentario

Übernachten Sie in einem der Orte am Meer, sodass Sie am nächsten Morgen zu einer Wanderung im **Parco Regionale della Maremma** aufbrechen oder am naturbelassenen Strand baden können. Auch vom kleinen Hafenort Talamone, wo sich die Kite-Surf-Szene trifft (Ausrüstung und Kurse: www.twkc.it, www.kitesurfuniversity.com), führen Wege in das Naturschutzgebiet. Das

Besucherzentrum der Maremma mit ihrer einzigartigen Flora und Fauna ist in **Alberese** (auch Führungen, www.parco-maremma.it).

Am Abend sollten Sie auf der Halbinsel **Monte Argentario** nächtigen, um in Porto Santo Stefano im Sommer die High Society mitzuerleben und am nächsten Morgen die Rundfahrt um den 635 m hohen Berg mit der herrlichen Aussicht auf die schönen Inseln des toskanischen Archipels starten zu können. Die ehemalige Insel verbinden drei sandige Landzungen mit dem Festland (12 km). Die hübschen Städte **Orbetello**, **Porto Ercole** und **Porto Santo Stefano** weisen Überreste spanischer Festungen auf; der Monte Argentario gehörte 1555–1708 zum spanisch beherrschten Stato dei Presidi. Im letzten Badeort der südlichen Toskana, **Ansedonia**, liegen am Wasser Überreste der etruskischen und römischen Anlagen des antiken Cosa.

7 Saturnia, 8 Sovana und 9 Sorano

Durch die sanften Hügel der Maremma geht es tags darauf über die Städtchen Manciano und Montemerano nach **Saturnia**, wo Sie in Naturbecken das warme Thermalwasser genießen. Hier vergnügen sich bei den kleinen Wasserfällen Cascate del Mulino Tag (und Nacht) Menschenmassen gratis in den 37,5 °C warmen Travertinbadewannen. Stilvoll badet man in den Thermalbecken des Nobelhotels »Terme di Saturnia« (www.termedisaturnia.it/de).

In **Sovana** stehen alle Sehenswürdigkeiten an einer Straße, die sich im Zentrum zur Piazza erweitert. Der herrliche romanische **Dom** liegt am westlichen Ortsrand; hier fühlt man sich am Abend wie in längst vergangener Zeit.

Anderntags wandern Sie früh zu den nahen etruskischen Grabbauten. In der Totenstadt (etwa 1 km in westlicher Richtung an der Straße nach San Martino sul Fiora) herrscht dank der üppigen Vegetation ein ganz eigenes Flair, sie erinnert an südamerikanische Tempelanlagen im Dschungel. Wanderwege führen zu den Gräbern.

Das Etruskerstädtchen **Sorano**, auf einem Tuffplateau gelegen, bietet eine sehenswerte Burg und enge Gässchen in der Altstadt.

10 Pitigliano

Am Abend wartet das auf Tuffstein erbaute **Pitigliano**. Den kleinen Ort muss man von der **Kirche Madonna delle Grazie** aus betrachten: Von hier hat man den besten Blick auf die einmalige Silhouette. Der großartige **Orsini-Palast**, der das archäologische und das **Museum** für liturgische Kunst beherbergt, sowie die mittelalterlichen Gassen in der **Altstadt**, die auf den etruskischen Höhlen, Kellern und Gräbern entstand, verleihen dem Ort besonderen Charakter. Und: Der Bianco di Pitigliano ist ein hervorragender Wein! Einen eindrucksvollen Spaziergang in den Tuff-Untergrund und die einstige jüdische Welt Pitiglianos erlebt man beim Besuch der **Synagoge** und des **Museo Ebraico** (April–Sept. So–Fr 10–13.30, 14.30–18.30, Okt.–März 10–12.30, 15–17.30 Uhr).

11 Lago di Bolsena

Eine liebliche Landschaft bietet die Gegend um den **Lago di Bolsena**, dazu kommen etruskische Ausgrabungen und frühchristliche Katakomben in der Kirche Santa Cristina im freundlichen Bolsena am nordöstlichen Ufer. **Montefiascone** am Südufer des Sees lockt mit der romanischen Basilika San Flaviano und dem spritzigen Weißwein »Est! Est! Est!«.

12 Orvieto

Nach so viel Natur wirkt der **Dom** mitten in der belebten Altstadt von **Orvieto** (61 000 Einw.) am nächsten Tag wie eine in Stein gegossene Filigranarbeit. Die Stadt liegt auf einem mehr als 100 m steil aufragenden Tuffsteinfelsen über dem Pagliatal. Lorenzo Maitani aus Siena verwirklichte als Baumeister im 14. Jh. die reich gegliederte Fassade des Gotteshauses. In der Cappella di San Brizio im Inneren erweist sich Luca Signorelli mit dem Freskenzyklus »Das Ende der Welt« (1499–1504) als einer der Vorläufer Michelangelos. Ab dem 7. Jh. v. Chr. lebten hier die Etrusker. Relikte ihrer blühenden Kultur besitzen das **Museo Claudio Faina** vis-à-vis vom Dom (tgl. April–Sept. 9.30–18, Okt. 10–17, Nov.–März Di–So 10–17 Uhr) und das **Museo Archeologico Nazionale** hinter dem Dom (tgl. 8.30–19.30 Uhr).

Nicht zu hoch gegriffen: Per Heißluftballon kann man über den Lago Trasimeno schweben.

Vom 13 Monte Amiata durch das 14 Orcia-Tal

Während der Fahrt am nächsten Tag durch die südliche Toskana entlang der Via Cassia hat man ihn stets im Blick: Alles überragt der waldreiche, 1738 m hohe **Monte Amiata**, der zu Wanderungen und Radtouren unter schattigen Buchenwäldern, zu langobardischer Kunst in der **Abbadia San Salvatore** oder auch zu den zeitgenössischen Installationen im Giardino von Daniel Spoerri in **Seggiano** einlädt (www.danielspoerri.org).

In der herrlichen, Unesco-geadelten Kulturlandschaft des **Val d'Orcia** fügen sich kleine Orte wie **San Quirico d'Orcia** oder das hübsche **Montalcino** übergangslos ein. Verkosten Sie in der Enothek der Rocca unbedingt den weltberühmten Rotwein Brunello di Montalcino.

Die Schafherden in der grünen Hügellandschaft weisen schon auf den wohlschmeckenden Pecorino (Schafskäse) hin, der zu **Pienza** gehört wie Pius II. Der hier 1405 geborene Papst wollte den Ort zum Renaissance-Juwel umbauen. Welche Pracht geplant war, lässt sich gut an der eleganten **Piazza Pio II** nachvollziehen.

Der Spitzenwein Vino Nobile lockt nach **Montepulciano**. In der Stadt mit kostbaren Renaissance-Palästen spaziert man von einer Weinprobierstube zur nächsten, genießt einen weiten Blick in die Landschaft und bewundert in der **Cantina del Redi** im Palazzo Ricci die Kellergewölbe des Architekten Antonio da Sangallo d. Ä.

15 Lago Trasimeno

Allen, die Lust auf Natur, ein kühles Bad und ein leckeres Fischgericht haben, sei am nächsten Tag ein Abstecher zum **Trasimener See** empfohlen. Sanfte Hügel umrahmen das fischreiche, seichte Gewässer, mit 128 km^2 das viertgrößte Italiens. Vom netten **Castiglione del Lago** am Westufer oder dem näheren **Tuoro** im Norden lohnt sich eine Schifffahrt zur **Isola Maggiore** (Fahrplan: www.umbriamobilita.it/it/orari/servizio-navigazione, nur Ital.).

16 Perugia

Gut ausgeschlafen reist man am nächsten Tag nach **Perugia** (163 000 Einw.). Umbriens Hauptstadt erhebt sich auf 493 m über der hügeligen Landschaft. Auf Rolltreppen gelangt man in eine Stadt unter der Stadt: Das ganze Viertel der Baglioni, der bis 1540 herrschenden Familie, musste der päpstlichen Festung **Rocca Paolina** weichen. Man spaziert durch die ehemaligen Gassen hinauf ans Tageslicht zum **Corso Vannucci**, der Flaniermeile, wo Studenten die Altstadt mit Leben erfüllen und eine entspannte Atmosphäre schaffen. Wie wäre es mit *caffè* und *dolci* bei Sandri (Nr. 32) – die Auslagen des Traditionshauses sind unwiderstehlich ... Der Corso mündet in die **Piazza IV Novembre**. Im Zentrum steht hier die **Fontana Maggiore**, ein 1277 von Niccolò und Giovanni Pisano errichteter, über einen Aquädukt gespeister Brunnen. Der imposante, etwa zeitgleich errichtete **Palazzo die Priori** dominiert die Südseite des Platzes. Die Sala dei Notari (gratis), der nussgetäfelte Collegio della Mercanzia und der Collegio del Cambio (Eintritt) mit fanta-

Die Eurochocolate

ist ein populäres Festival rund um das Thema Schokolade, das jährlich im Oktober in Perugia gefeiert wird, begleitet von Musik, Theater und Kunst. Wer alles testen will, muss 6000 Produkte probieren.

sievoll gekleideten Heroen des Malers Pietro Vannucci, genannt Perugino, zeigen den Prunk des Palazzo. An der Längsseite befindet sich der Zugang zur **Galleria Nazionale dell'Umbria**. Die chronologisch geordnete Sammlung gibt einen Überblick über die umbrische Malerei und Skulptur vom 13.–18. Jh. Herausragende Künstler wie Arnolfo di Cambio, Perugino und Pinturicchio sind neben Piero della Francesca und Luca Signorelli Glanzpunkte der Sammlung (Di–So 8.30–19.30 Uhr). Nach der Besichtigung laden die Stufen des **Doms San Lorenzo** zu einer Pause ein.

17 Gubbio

Eine reizvolle Fahrt mit Ausblicken über Hügelketten führt nach **Gubbio**, einer mittelalterlichen Bilderbuchstadt am Monte Ingino mit verschachtelter Häuserlandschaft. Wie von Feenhand hingezaubert, erstreckt sich die vom fotogenen **Palazzo Comunale** überragte Altstadt hinauf bis zum formvollendeten **Palazzo Ducale** im Renaissance-Stil, der 1474 für Federico da Montefeltro angelegten Residenz.

18 Assisi und 19 Spello

In die Heimatstadt des hl. Franz reisen Sie am folgenden Morgen. Sie bestaunen nicht nur die großartigen Fresken Giottos in der Pilgerkirche von **Assisi** (27 300 Einw.), sondern schenken auch der hübschen Altstadt und den übrigen franziskanischen Orten ein wenig Zeit.

Wer vom Tal aus anreist, hebt unwillkürlich den Blick zu den »ungeheuren Substruktionen der babylonisch übereinander getürmten Kirchen, wo der heilige Franziskus ruht«, wie Goethe das **Kloster San Francesco** beschrieb. Bereits einen Tag nach Franziskus' Heiligsprechung am 17. Juli 1228 wurde mit der Errichtung des Gebäudekomplexes begonnen. Der Bau besteht aus der Unter- und der Oberkirche. Dahinter schließt sich das Kloster an, und davor steht der mächtige romanische Glockenturm. Die untere Pilgerkirche besitzt Fresken aus dem späten 13. Jh. Die neoromanische Krypta birgt das Grabmal des Heiligen. Über den anmutigen Kreuzgang gelangt man in die Oberkirche. Ein Hauptwerk mittelalterlicher Wandmalerei sind die Fresken von Giotto. Unter den biblischen Szenen im Längsschiff ließ der Orden die Lebensgeschichte des Gründers malen.

Ins mittelalterliche Assisi bummelt man über die Via San Francesco. Die **Piazza del Comune** beherrscht die **Kirche Santa Maria sopra Minerva**, deren Portikus zu einem römischen Tempel gehört. Man entdeckt Kunstschätze wie die romanische Fassade des **Doms San Rufino** und den Ordensbau der Klarissinnen, die **Kirche Santa Chiara** mit dem Grabmal der Heiligen Klara in der neugotischen Krypta. 1226 starb Franziskus in der Portiuncula, heute Santa Maria degli Angeli, unterhalb von Assisi.

In der Nähe von Assisi zieht sich malerisch die rot-weiß glitzernde Travertinstadt **Spello** den Hügel hinauf. Die mittelalterlichen Gebäude, römischen Stadttore und die Renaissance-Fresken von Pinturicchio in **Santa Maria Maggiore** laden als Abschluss der Reise zur Erkundung ein (tgl. 8.30–12.30, 15–19 Uhr, gratis).

Colle d'inferno: Am »Höllenhügel« wollte der hl. Franz begraben werden – einer ehemaligen Hinrichtungsstätte außerhalb der Stadt.

Informationen

Tour 31: Von der Maremma bis nach Assisi

Autotour, 10–14 Tage, ca. 600 km

Stationen

1 Massa Marittima
2 Follonica
3 Castiglione della Pescaia
4 Grosseto
5 Parco Regionale della Maremma
6 Monte Argentario
7 Saturnia
8 Sovana
9 Sorano
10 Pitigliano
11 Lago di Bolsena
12 Orvieto
13 Monte Amiata
14 Orcia-Tal
15 Lago Trasimeno
16 Perugia
17 Gubbio
18 Assisi
19 Spello

Praktische Hinweise

Unterkünfte im Sommer rechtzeitig reservieren! In **Castiglione della Pescaia** und am **Monte Argentario** ist viel Strandszene und abendlicher Corso geboten. **Assisi** ist zu hohen kirchlichen Feiertagen stark besucht. Achten Sie in Kirchen auf angemessene Kleidung.

Massa Marittima

Infos

Alta Maremma Turismo

Via Todini 3/5, Massa Marittima • Tel. 05 66 90 27 56 • www.altamaremmaturismo.it

Hotel

Il Sole

50 stilvolle Zimmer in einem mittelalterlichen Gebäude.

Via della Libertà 43, Massa Marittima • Tel. 05 66 90 19 71 • www.hotelilsolesrl.it

Restaurant

Il Pungolo

Nette Osteria. Mi im Winter und mittags geschl.

Via Valle Aspra 12, Massa Marittima • Tel. 05 66 90 25 85

Follonica

Infos

Proloco Follonica

Via Roma 49, Follonica • Tel. 0 56 65 20 12 • www.prolocofollonica.it

Castiglione della Pescaia

Hotel & Restaurant

Riva del Sole

Hotelanlage im Pinienhain, Windsurf- und Segelschule, Pool. April–Mitte Okt.

Ortsteil Riva del Sole, Castiglione • Tel. 05 64 92 81 11 • www.rivadelsole.it

Grosseto

Infos

APT Grosseto

Viale Monterosa 206, Grosseto • Tel. 05 64 46 26 11 • www.turismoinmaremma.it

Hotel

Hotel Maremma

In der Fußgängerzone (Autos können anfahren), 30 helle Zimmer (Klimaanlage); Restaurant nebenan, Küche der Region.

Via F. Paolucci de Calboli 11, Grosseto • Tel. 0 56 42 22 93 • www.hotelmaremma.it

Monte Argentario

Info

Infobüro

Piazza della Repubblica 1, Orbetello • Tel. 05 64 86 04 47 • www.tuttoorbetello.com

Verkehrsmittel

Tgl. Schiffe von Porto Santo Stefano zu den Inseln Giglio und Giannutri (www.toremar. it).

Hotel

Hotel La Caletta

Direkt am Meer, renovierte Zimmer, Privatstrand, Panoramarestaurant und Tauchzentrum.

Via G. Civinini 6, Porto Santo Stefano • Tel. 05 64 81 29 39 • www.hotelcaletta.it

Restaurant

I Pescatori

Exzellente Fischgerichte in uriger Atmosphäre in den ehemaligen Stallungen der Festung. Hochsommer abends tgl., sonst nur Sa, So mittags u. abends.

Via Leopardi 9, Ortobello • Tel. 05 64 86 06 11

Sovana

Hotel

Albergo Scilla

In drei Gebäuden aus dem Mittelalter gelegenes, stilvoll eingerichtetes Hotel mit schönen schmiedeeisernen Betten.
Via Rodolfo Siviero 3, Sovana • Tel. 05 64 61 65 31 • www.albergoscilla.com

Restaurant

La Taverna Etrusca

Küche der Maremma modern interpretiert in historischen Räumen. Mi sowie Mo–Fr mittags geschl.
Piazza Pretorio 16, Sovana • Tel. 05 64 61 65 31 • www.tavernaetrusca.com

Sorano

Hotels

Hotel della Fortezza

In der mächtigen Orsini-Burg ganz romantisch schlafen.
Piazza Cairoli 5, Sorano • Tel. 05 64 63 35 49 • www.fortezzahotel.it

Pitigliano

Info

IAT

Gute Karten zu den etruskischen Höhlenwegen *(Vie cave)* der Umgebung.
Piazza Garibaldi 51, Pitigliano • Tel. 05 64 61 71 11 • www.turismoinmaremma.it

Hotel

Albergo Guastini

Nettes Altstadthotel in Panoramalage, 30 Zimmer unterschiedlicher Kategorien und Restaurant mit Küche der Region.
Piazza Petruccioli 34, Pitigliano • Tel. 05 64 61 60 65 • www.albergoguastini.it

Shopping

Narcisi e Bussi

Weinauswahl und Spezialitäten der Maremma, am Eingang zur Altstadt.
Via Santa Chiara 70, Pitigliano • www.narcisiebussi.com

Bolsena

Restaurant

Trattoria Il Moro

Wunderschönes, auf Pfählen in den See gebautes Restaurant mit der Spezialität *anguilla* (Aal) *alla Vernaccia*. Eigenes Olivenöl. Im Sommer tgl. geöffnet, im Winter Do geschl.
Piazza Dante 5, Bolsena • Tel. 07 61 79 88 10 • www.trattoriadelmoro.it

Orvieto

Info

IAT

Piazza Duomo 24, Orvieto • Tel. 07 63 34 17 72 • www.provincia.terni.it/turismo/01/orvietano.html

Hotel

Hotel Reale

Stilvolles Hotel in einem Palast aus dem 16. Jh. mit teilweise geradezu prunkvollen Zimmern, oder besser: Gemächern.
Piazza del Popolo 27, Orvieto • Tel. 07 63 34 12 47 • www.orvietohotels.it

Restaurant

Antica Trattoria dell'Orso
Lokal mit umbrischen Spezialitäten. Mo/Di geschl.
Via della Misericordia 18, Orvieto • Tel. 0 63 34 16 42

Aktivitäten

Orvieto Underground
Eindrucksvolle geführte Spaziergänge durch den schon von den Etruskern unterhöhlten Untergrund Orvietos.
Piazza Duomo 23, Orvieto • Tel. 07 63 34 48 91 • www.orvietounderground.it

Monte Amiato

Hotel & Restaurant

Relais San Lorenzo
Schön restaurierter Bauernhof mit geräumigen Zimmern und Suite auf 800 m Höhe, großer Park, Pool. Das Restaurant serviert Amiata-Küche.
An der Straße zwischen Abbadia San Salvatore und Piancastagnaio, Abbadia San Salvatore • Tel. 05 77 78 50 03 • www.relaissanlorenzo.it

Val d'Orcia

Hotels

Il Giglio
Historisches, einladendes Haus mit Restaurant und herrlicher Aussicht.
Via Soccorso Saloni 5, Montalcino • Tel. 05 77 84 81 67 • www.gigliohotel.com

Il Borghetto
Freundlicher Familienbetrieb auf den alten Burgmauern in stilvollen Räumen des 17. Jhs.
Via Borgo Buio 7, Montepulciano • Tel. 05 78 75 75 35 • www.ilborghetto.it

Lago Trasimeno

Info

IAT del Trasimeno
Piazza Mazzini 10, Castiglione del Lago • Tel. 07 59 65 24 84 • www.regioneumbria.eu

Hotel

Miralago
Helle, angenehme Zimmer im Zentrum in einem schön restaurierten alten Haus, Restaurant mit Seeterrasse.
Piazza Mazzini 6, Castiglione del Lago • Tel. 0 75 95 11 57 • www.hotelmiralago.com

Perugia

Info

IAT
Piazza Matteotti 18, Perugia • Tel. 07 55 73 64 58 • http://turismo.comune.perugia.it, www.regioneumbria.eu

Hotel

Locanda della Posta
Schon Goethe nächtigte 1786 in diesem eleganten Haus.
Corso Vannucci 97, Perugia • Tel. 07 55 72 89 25 • www.locandadellaposta.com

Restaurant

Cesarino
Typische Trattoria mit umbrischer Küche, im Zentrum. Mi Ruhetag.
Piazza IV Novembre 5, Perugia • Tel. 07 55 72 89 74

Aktivitäten

Rund 30 wunderschöne **Radtouren** aller Schwierigkeitsgrade mit der nötigen Infrastruktur findet man auf der Webseite www.bikeinumbria.it.

Gubbio

Hotel

San Marco
Stilvoll eingerichtete, geräumige Zimmer in alten Gemäuern im Zentrum, Garten und charakteristisches Restaurant.
Via Campo di Marte 2, Gubbio • Tel. 07 59 22 02 34 • www.hotelsanmarcogubbio.com

Assisi

Info

STA
Piazza del Comune 22, Assisi • Tel. 0 75 81 25 34 • www.regioneumbria.eu

Hotel

Windsor-Savoia
Gepflegtes Haus, tolle Aussicht.
Viale Marconi 1, Assisi • Tel. 0 75 81 22 10 • www.hotelwindsorsavoia.it

Shopping

Umbrien ist für sein exzellentes **Olivenöl** DOP bekannt, besonders in der Valle d'Umbria zwischen Assisi und Spoleto. Direktverkauf bei Olivenbauern (www.stradaoliodopumbria.it).

Spello

Info

Pro loco
Piazza Matteotti 3, Spello • Tel. 07 42 30 10 09 • www.prospello.it

Tour 32 | **Elba**

Schmuck-stück

▶ GESTERN: Einst wurde auf der Insel Elba Erz abgebaut, von der Antike bis in unsere Zeit – rauchende Schlote verunzierten das Bild

▶ HEUTE: Auf Natur und Fremdenverkehr haben die Verantwortlichen rechtzeitig gesetzt, und so ist Elba heute ein Insel-Schmuckstück

▶ GESTERN

Elba ist eine noch relativ junge Ferieninsel, nachdem der seit der Antike betriebene Erzabbau nach dem Zweiten Weltkrieg endgültig eingestellt und auch die durch Bombardements der Alliierten zerstörten Eisen- und Stahlwerke nicht mehr wieder aufgebaut worden waren. Statt auf rauchende Schlote setzte man klugerweise auf Natur und Fremdenverkehr.

1998 konnte schließlich das Projekt eines Nationalparks des Toskanischen Archipels verwirklicht werden. Er erstreckt sich auf insgesamt 17 800 Hektar Land und 60 000 Hektar Meeresfläche. Allein von Elba stehen damit 53 Prozent des Territoriums und mehr als 1500 Pflanzenarten unter Naturschutz.

▶ HEUTE

Selbst in den Hochsommermonaten, wenn kaum eines der mehr als 20 000 Fremdenbetten leer bleibt, finden sich an den 147 km langen Küsten genügend einsame Plätzchen. Ganz abgesehen von der Abgeschiedenheit der Bergregionen, die sich als blumenübersätes Paradies für Naturfreunde und Wanderer, aber auch als Dorado für Mineralienfreunde und Hobbygeologen präsentieren. Auf dieser Tour umrunden Sie Westelba, den Landesteil mit den höchsten Bergen und steilsten Klippen. Eine äußerst reizvolle Tour, bei der es sich immer wieder lohnt anzuhalten und das Panorama auf sich wirken zu lassen.

Adressen: Seite 238/239, Landkarte: Seite 239

1 Marciana Marina

Im Fischerort **Marciana Marina** (1900 Einw.) begrüßt der Sarazenenturm am Hafen nicht nur vorbeiziehende Schiffe, auch von der kurvenreichen Küstenstraße aus signalisiert er von fern: »Hier ist's gut sein, hier lass dich nieder.« Der erste Eindruck trügt nicht: Wer sich das quirlige Städtchen im facettenreichsten Inselteil zum Quartier wählt, trifft eine kluge Entscheidung.

Zu keiner Zeit des Jahres verwandelt sich Marciana Marina nämlich in ein Geisterdorf. Nie kommt die seltsam beklemmende Stimmung auf, man wäre als Urlauber in der Vor- oder Nachsai-

Elba in den 1950er-Jahren: Die ersten Automobile kurven herum, aber man sieht durchaus noch Kutschen im Straßenbild. Im Hintergrund noch zu sehen: der Schornstein einer Industrieanlage.

son einfach zu früh oder zu spät dran, um die »echte«, die authentische, von den Elbanern geprägte Atmosphäre zu erleben. Viele Hotels haben ganzjährig geöffnet, Restaurants und Trattorien sind stets gut besucht, kurzum: Marciana Marina lebt nicht vom Fremdenverkehr allein. Eine Fischereiflotte liefert frischen Fisch, und im Hinterland blüht die Landwirtschaft in üppigen Wein-, Obst- und Gemüsegärten, die Qualität und Frische des kulinarischen Angebots garantieren. Unzählige kleine Strände und Buchten liegen an der steilen Felsenküste rund um den Ort.

2 Marciana Alta

Auf dem Weg zum Bergstädtchen **Marciana Alta** (2350 Einw.) – Ausgangspunkt für Wanderungen auf den Monte Capanne – nehmen wir die rechte (direkte) Abzweigung. Es ist mehr als nur ein bloßer Anstandsbesuch bei der alten Dame, die an einem Abhang des Monte Giove in 375 m Höhe noch immer von jenen vergangenen Tagen träumt, in denen die übermütige Schwester Marciana Marina ein Aschenputtel-Dasein im Schatten der Fürstenresidenz der Appiani fristete. Einst rissen sich die vornehmsten Elbaner darum, unweit der Festung aus dem 12. Jh. logieren zu dürfen, heute halten sich Fremde kaum länger als ein paar Stunden in dem Bergstädtchen auf, das zu allen Jahreszeiten zu einem beschaulichen Bum-

Kastanien und Steineichen wachsen an den Hängen des Granitgebirges bei Marciana Alta.

mel durch seine steilen Gässchen einlädt. In Scharen kommen Besucher allerdings, sobald in den Ruinen der vom gefürchteten Seeräuber Dragut 1553 erstürmten »Fortezza« eine Konzertaufführung unter freiem Himmel stattfindet. Dann ist auch der große Parkplatz hoffnungslos überfüllt, sonst kann man dort sein Auto noch am einfachsten abstellen.

Gleich hinter der Fortezza von Marciana Alta beginnt der etwa halbstündige Aufstieg zur berühmten **Wallfahrtsstätte Madonna del Monte**. Ein sanft ansteigender Kreuzweg mit 14 Stationen führt zu der uralten Einsiedelei und dem Marienkirchlein aus dem 16. Jh. mit seinem wundertätigen Altarbild. Eine weiße Marmortafel an der Eremitage erinnert daran, dass sogar der auf Elba in Verbannung lebende Franzosenkaiser Napoleon im Sommer 1814 vor der glühenden Augusthitze in die kühle Bergluft geflohen war. Nicht nur die Malereien entlang des Kreuzwegs zum Wallfahrtskirchlein verdienen eine genauere Betrachtung, sondern auch die ungewöhnliche Auswahl der Zitate. Neben Worten der Evangelisten sind hier Sprüche des französischen Philosophen Pascal oder des US-Bürgerrechtskämpfers Martin Luther King zu finden. Von der IX. Station an zeigt der als Napoleons »Aquila« berühmt gewordene Granitblock auf der Anhöhe am deutlichsten, warum er so genannt wird: Der verwitterte Stein sieht tatsächlich wie ein Adler mit ausgebreiteten Schwingen aus.

Keinesfalls versäumen sollte man das **Museo Archeologico** unterhalb der Festung. Die Fundstücke der bemerkenswerten Sammlung illustrieren die Geschichte Elbas von den frühesten Anfängen bis zur Spätantike. Pfeilspitzen und Äxte aus der Stein- und Eisenzeit berichten vom Kampf der ersten Siedler, etruskische Werkzeuge geben einen Eindruck vom technischen Wissen des geheimnisvollen Volkes, und römische Am-

Natürliche Barriere: Der Strand von Fetovaia wird durch einen schmalen Landvorsprung geschützt. Genug Wellen lässt er aber durch, um das Badeparadies auch für Surfer interessant zu machen.

phoren aus versunkenen Schiffen erzählen von so mancher Seefahrtstragödie, die sich vor diesen Küsten zugetragen hat. Einen Ehrenplatz nimmt die Vitrine mit dem gut erhaltenen Schädel einer 23-jährigen Frau ein, die vor etwa 4000 Jahren im Osten Elbas gelebt hat. Ihr Grab wurde in einer Höhle bei Rio Marina entdeckt (Mai–Sept. tgl., aber wechselnde Öffnungszeiten, daher tel. nachfragen unter Tel. 05 65 93 73 71, im Winter geschl., Eintritt).

Marciana-Lift

Eine 15-minütige Seilbahnfahrt in Stehkörben zum Gipfel des Monte Campane belohnt bei schönem Wetter mit einem Ausblick über die gesamte Insel sowie den toskanischen Archipel.

3 Sant'Andrea

Nun geht es auf der in der zweiten Hälfte des letzten Jahrhunderts erbauten Höhenstraße weiter. Ein Blick zurück zeigt die Bergstädtchen Poggio und Marciana Alta wie leuchtende Sterne inmitten des ewigen Grüns der Wälder. Die Abzweigung nach **Sant'Andrea** sollte man möglichst nicht rechts liegen lassen, will man nicht eines der hübschesten Dörfchen Elbas versäumen.

Schon längst ist der westlichste Vorposten an der Nordküste kein Geheimtipp mehr. In dem winzigen Fischerdorf wird mittlerweile bloß noch eine Handvoll Häuser von Einheimischen bewohnt, der weitaus größte Teil dient betuchten Feriengästen als Sommerdomizil vor den schönsten Tauchgründen der Insel. Doch trotz allem blieb die bezaubernde Ortschaft an einem von flachen Granitfelsen umgebenen Sandstrand vergleichsweise ein Ferienparadies in Miniaturformat. Nicht zuletzt garantieren nämlich die Unterwassersportler, dass nichts den Frieden und die erstaunlicherweise noch immer heile Welt der Fauna und Flora des Meeres und der Küste zerstört. Auch Patresi Mare bietet als enger, kurvenreicher Abstecher eine schöne Badebucht sowie einen hübschen Leuchtturm.

4 Fetovaia

Nicht ganz Schwindelfreie sollten auf der Strecke bis Chiessi besser darauf verzichten, aus dem Fahrzeug zu steigen und über den Straßenrand in das gut 100 m darunter liegende Meer zu blicken. Nur spärlich ist die Vegetation auf den steilen Felsen an diesem westlichsten Punkt der Insel. Erst in Chiessi erreichen wir wieder Seehöhe, kurz danach in einem Flusstal mit Weinhängen den schlichten Badeort Pomonte und die **Bucht von Fetovaia**, ein Badeparadies. Schroffe Granitberge gruppieren sich als dekorative Kulisse rund um das Seebad an einem schneeweißen Sandstrand. Vor diesem Hintergrund strahlt das Meer in seinem intensivsten Blau.

5 Seccheto

Der reizvolle Badeort **Seccheto** an der westlichen Südküste, der noch seinen intimen dörflichen Charakter bewahren konnte, weist ein wildromantisches Hinterland mit historischen Wurzeln auf. Eine zu Beginn ziemlich steile Straße führt von der Ortsmitte zum **Vallebuia**, wo schon die alten Römer die riesigen Granitvorkommen nutzten. Jahrhunderte später belieferte dieser Steinbruch Karl den Großen für den Bau seiner Kaiserkapelle in Aachen. Die oft bereits an Ort und Stelle zu Säulen verarbeiteten Granitblöcke wurden in die ganze Welt verschifft. Heute ist das Vallebuia vor allem für seinen köstlichen Honig bekannt, den man direkt bei den Bauern kaufen kann.

6 Cavoli

Im »Hinterhof« von Marina di Campo muss sich keiner um einen Platz an der Sonne drängen. Nur wenige Kilometer vom lebhaften Touristenzentrum entfernt beginnt der sogenannte Wilde Westen, der noch viel von seiner ursprünglichen Atmosphäre bewahrt hat.

Badegäste können sich aussuchen, ob sie dem breiten Sandstrand oder den glatten Granitfelsen in der **Bucht von Cavoli** (ca. 300 Einw.) den Vorzug geben wollen. Die sympathische, vom italienischen Publikum bevorzugte Ortschaft kann außer netten Hotels und Trattorien sogar eine Sehenswürdigkeit aus pisanischer Zeit bieten: **La**

Nave, einen unvollendeten Brunnen in Schiffsform, der von mittelalterlicher Steinmetzkunst zeugt. Und seit 1990, als oberhalb von Cavoli ein verheerender Buschbrand tobte, finden sich sogar noch weit ältere Zeugnisse: Das Feuer legte nämlich eine Granitwerkstatt aus der Antike frei.

Eine große Schirmpinie an der Hauptstraße weist den Weg zur bergwärts führenden Privatstraße des Hotels Formiche Residence. Nach einigen Kurven führt eine weitere Abzweigung nach rechts zu einem Privathaus über der Hotel anlage, gleich dahinter liegt mitten auf der schmalen Fahrbahn das »Schiff« aus schimmerndem Granit. Ein Bootsausflug in die **Blaue Grotte** am Ortsrand von Cavoli ersetzt zwar keine Reise nach Capri, Romantiker wird das faszinierende Farbenspiel dennoch begeistern.

7 San Piero in Campo

1,5 km hinter Cavoli führt die linke Abzweigung nach **San Piero in Campo** (ca. 250 Einw.). Zu entscheiden, ob dieses oder das gegenüberliegende Bergdorf Sant'Ilario in Campo das schönere ist, ist beinahe unmöglich. Auf alle Fälle kann San Piero in Campo auf eine viel längere Vergangenheit zurückblicken und ist deswegen auch reicher an historischen Monumenten als die Konkurrenz. Auf den Überresten eines antiken Tempels aus dem 1. Jh. v. Chr. erhebt sich die romanische **Kirche San Nicolo** (auch Ss. Pietro e Paolo). Allein schon wegen ihrer traumhaften Lage am Belvedere, der auf 227 m Seehöhe liegenden Aussichtsterrasse des Ortes, stellt sie ein Juwel dar. Doch auch das Innere der romanischen Kirche ist so interessant, dass man sich sogleich auf die Suche nach dem Pfarrer machen sollte, der als Einziger die Schlüsselgewalt über die prachtvollen Fresken aus dem 14. und 15. Jh. besitzt. Zwischen den gewaltigen Granitsäulen im zweischiffigen Kirchenraum leuchten die mittlerweile vorbildlich restaurierten Wandmalereien in sanften Ockertönen und zeigen außer der Madonna die Heiligen Petrus, Michael, Nikolaus, Sebastian und Georg.

Nach der Besichtigung der Kirche, dem kurzen Verweilen am Belvedere und dem Spaziergang durch den Ort lohnt es sich, dem malerischen **Friedhof** von San Piero in Campo einen kurzen Besuch abzustatten. Denn in seiner schlichten Würde berührt der wenige hundert Meter außerhalb des Dorfes liegende Friedhof weit mehr, als es die sonst im Süden üblichen üppig geschmückten, fast schon überladenen Totenhäuser vermögen. Hohe Zypressen, die bereits in der griechischen Antike als Bäume des Zeus galten und deswegen nur auf ausgesucht würdigen Plätzen gepflanzt wurden, flankieren als stumme Ehrengarde den letzten Weg der Bewohner von San Piero. Ihre letzte Ruhestätte finden die Toten in gemauerten Wandnischen. Oder sie werden in einfachen, nur mit schlichten Kreuzen oder Steinen versehenen Gräbern ohne Skulpturenschmuck bestattet.

San Piero und Sant'Ilario mögen zwar im Wettstreit um die Gunst der Besucher Konkurrenten sein, im Glauben sind sie jedoch tief verbunden. Alljährlich am Karfreitag ziehen die Bewohner der Orte in getrennten Prozessionen zum Domplatz des Nachbardorfes, wobei man sich in der Mitte der 3 km langen Strecke trifft.

8 Sant'Ilario in Campo

Hobbyfotografen sollten ausreichend Speicherkarten dabei haben, wenn sie einen Besuch des Bergstädtchens (ca. 250 Einw.) hoch über der Ebene von Campo nell'Elba planen. Denn nahezu jeder Winkel der von den Langobarden gegründeten und von den Pisanern im 12. Jh. befestigten Ortschaft bietet sich als Motiv an. Dass die Bewohner des vor Sauberkeit geradezu strahlenden Schmuckkästchens sehr wohl um den besonderen Charme ihrer niedrigen Häuser und kleinen Plätze wissen, zeigen die unzähligen Topfpflanzen vor der Tür. Zentrum der Idylle ist die bereits vor 1100 gegründete **Pfarrkirche San Francesco** an einem malerischen Platz, auf dem sich wie seit alters her die Frauen des Dorfes zu einem Plausch am Dorfbrunnen einfinden. Das Kirchlein, das in seiner heutigen Form aus dem 16. Jh. stammt, verfügt über einen schönen Glockenturm, der wie vieles in dem Dorf von den Pisanern errichtet wurde. Auf keinen Fall übersehen sollte man auch die mächtigen Granitportale der alten Häuser.

9 Poggio

Nun geht es wieder ein Stück zurück, bis Sie das Hinweisschild nach **Poggio** (ca. 250 Einw.) sehen. Die schmale Straße windet sich – vorbei am Turm von San Giovanni und an den Ruinen der gleichnamigen Kirche – auf den Monte Perone (630 m). Im dichten, kühlen Wald auf der Passhöhe wartet ein angenehmer Picknickplatz.

Poggio ist ebenso alt und malerisch wie Marciana Alta, aber kleiner und anheimelnder als die stolze Patrizierstadt. Wieder gilt es, viele, viele Treppen zu erklimmen, denn auch dieses Bergdorf schmiegt sich terrassenförmig an einen dicht bewaldeten Hang. Sehenswert ist die im 8. Jh. gegründete **Chiesa San Nicolo** im oberen Ortsteil. Im Mittelalter diente das nachträglich mit Befestigungsmauern versehene Gotteshaus in Ermangelung einer Festungsanlage der Bevölkerung mehr als einmal als Zufluchtsort vor den gefürchteten Einfällen der marodierenden Seeräuberhorden.

Der Ort ist für seine mineralhaltige **Quelle »Fonte Napoleone«** bekannt: Nur 1 km außerhalb von Poggio in Richtung Marciana Alta sprudelt aus einem etwas schäbigen Brunnen das begehrte Heilwasser. Dem Kaiser half es angeblich gegen chronisches Blasenleiden, als wohlschmeckendes Tafelwasser ist es mit oder ohne Kohlensäure seither auf der ganzen Insel beliebt.

Gratis gibt es den gesunden Trunk aber nur an der Quelle, jeder kann dort in mitgebrachten Flaschen abfüllen, so viel er will. Denn dank eines Gesetzes, das für ganz Italien gilt, muss nämlich jede kommerziell genützte Mineralwasserquelle des Landes jederzeit öffentlich zugänglich sein. Diese Regelung erweist sich mittlerweile als Segen für die Umwelt, denn so werden die beliebten Einweggebinde aus dem Supermarkt mehrfach genützt. Abgesehen davon: Frischer kann man das duftende, perlende Wasser um kein Geld der Welt kaufen.

Kaum zu glauben: In der Antike war Elba für seine Metallvorkommen bekannt. Kontinuierlich stieg Rauch aus den Schmelzöfen, was der Insel einst den Beinamen *Aethalia*, »die Rußige«, einbrachte.

Informationen

Tour 32: Rundfahrt im Westen der Insel Elba

Autotour, 1 Tag, ca. 50 km

Stationen

1 Marciana Marina
2 Marciana Alta
3 Sant'Andrea
4 Fetovaia
5 Seccheto
6 Cavoli
7 San Piero in Campo
8 Sant'Ilario in Campo
9 Poggio

Info

Website für ganz Elba
www.aptelba.it

Marciana Marina

Hotel

Tamerici
Das Mittelklassehaus liegt in einer ruhigen Wohngegend unweit der Meerespromenade, der Ortskern ist wenige Gehminuten entfernt. Bequeme Zimmer mit Balkon, Swimmingpool, Garten, Sportmöglichkeiten, gutes Restaurant.
Via Aldo Moro 10, Marciana Marina • Tel. 0 56 59 94 45 • www.tamerici.it

Restaurants

Capo Nord
Dank seiner kreativen Küche und seines vorzüglichen Services ist das Lokal zu den Spitzenrestaurants der Insel aufgestiegen. Tgl. mittags und abends, außerhalb der Saison Mo geschl.
Fraz. La Fenicia 1, Marciana Marina • Tel. 05 65 99 69 83

Rendezvous da Marcello
Beliebter Feinschmeckertreff an der Meerespromenade des alten Hafenstädtchens. Toskanische Küche. Tgl. mittags und abends, außerhalb der Saison Mi geschl.
Piazza della Vittoria 1, Marciana Marina • Tel. 0 56 59 92 51

Shopping

Acqua dell'Elba
Parfüm aus eigener Erzeugung mit den unvergleichlichen Düften der Insel. Ein hochwertiges Mitbringsel.
Via Aldo Moro 69 und Via Regina Margherita 33, Marciana Marina • www.acquadellelba.it

Gulliver
Avantgarde-Kunsthandwerk, Objekte aus Keramik, Sandstein, Glas und Holz, liebevoll präsentiert.
Verkaufslokale: Via Mentana 6, und Via Garibaldi 47, Marciana Marina • www.gulliverarte.com

Marciana Alta

Restaurant

Osteria del Noce
Das kleine Lokal hat sich mit raffiniert zubereiteten Meeresspezialitäten, wie man sie andernorts kaum serviert bekommt, einen Spitzenrang unter den Feinschmecker-Adressen der Insel erobert. Dass die Pasta hausgemacht ist, versteht sich von selbst. Und von der Terrasse genießt man eine traumhafte Aussicht. Ostern–Okt. tgl. geöffnet.
Via della Madonna 14, Marciana Alta • Tel. 05 65 90 12 84 • www.osteriadelnoce.it

Sant'Andrea

Hotel

Sant'Andrea
Kleines, intimes Hotel mit hübschem Garten und Spezialitätenrestaurant. Traumblick von der Panoramaterrasse auf die Macchia und das Meer.
18 Zimmer.
Tel. 05 65 90 80 06 • www.hotelsantandrea.com

Restaurant

Da Marco
Genuss auf der Strandterrasse: Bei Marco werden Spezialitäten von Land und Meer serviert, dazu Pasta und Pizza. In der Saison tgl. 11–23 Uhr.
Tel. 05 65 90 83 38

Cavoli

Hotel

Hotel del Mare Lorenza
Das gemütliche Hotel (20 Zimmer) liegt an einem der schönsten Sandstrände der Insel, mit einem glasklaren Meer, das

zum Schnorcheln und Tauchen einlädt. In der Umgebung gibt es zahlreiche Wege für Wanderer und Mountainbiker. Ideales Quartier für einen unbeschwerten Familienurlaub.
Campo nell'Elba, Loc. Cavoli • Tel. 05 65 98 70 54 • www.hoteldelmare-lorenza.it

San Piero in Campo

Restaurant

La Rosa

Einfaches, nettes Lokal, in dem man die landesüblichen Speisen auftischt. Gehört zu einem kleinen Zwei-Sterne-Hotel, ganzjähriger Betrieb. Di–So mittags und abends.
Piazza Gadani, San Piero in Campo • Tel. 05 65 98 31 91

Sant'Ilario in Campo

Restaurant

La Cava

Rustikale Wildschweinspezialitäten und naturbelassener Landwein munden bei diesem Panoramablick gleich doppelt gut. Di–So mittags und abends.
Loc. Sant'Ilario • Tel. 05 65 98 33 79

Poggio

Restaurant

Ristorante da Publius

Im Inselinneren ist die Küche bodenständiger; Wild und Pilze und *pappardelle alla lepre* (breite Bandnudeln mit Hasenragout) gehören zu den Spezialitäten dieser gemütlichen Trattoria – mit traumhaftem Blick auf Marciana Marina. All das erwartet den Gast, allerdings nur, wenn rechtzeitig reserviert wurde. In der Hauptsaison muss man sich für ein Essen, wie es typischer nicht sein könnte, mitunter tagelang gedulden. Tgl. mittags und abends, außerhalb der Saison Mo geschl.
Piazza XX Settembre, Poggio • Tel. 0 56 59 92 08

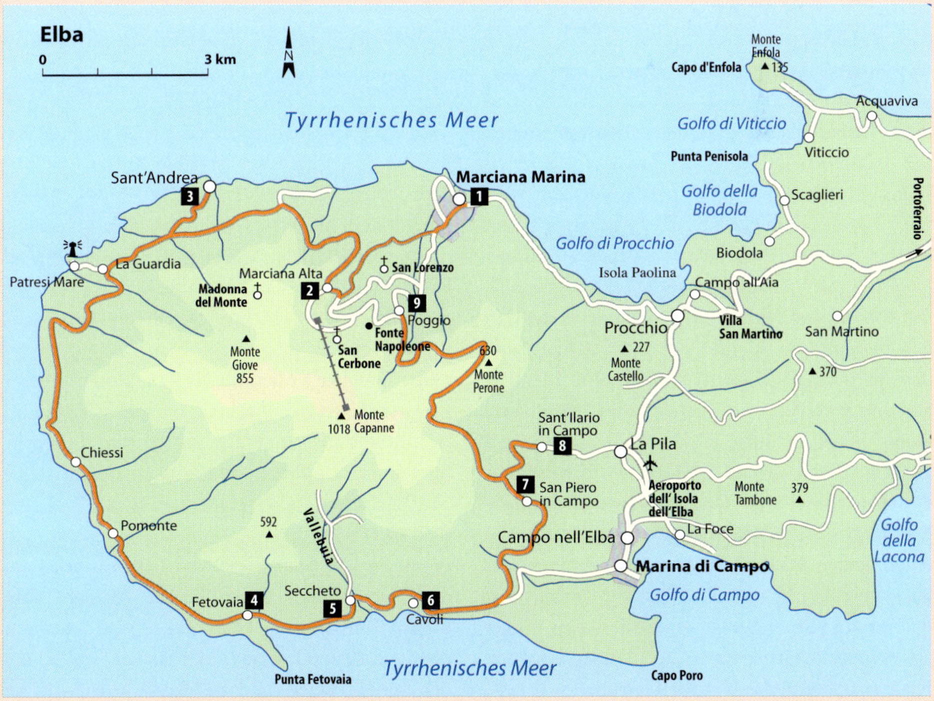

Tour 33 | **Rom**

Oh, Audrey!

▶ GESTERN: Jeder gerät ins Schwärmen, wenn er die Filmszene mit Audrey Hepburn und Gregory Peck sieht. Die Stadt, die Romantik!

▶ HEUTE: Noch immer ist die Spanische Treppe eines der Highlights bei einem Spaziergang im *Centro storico*

▶ GESTERN

Unweit des Tiber, gleich neben dem Circo Massimo, liegt die Kirche Santa Maria in Cosmedin. In ihrer Vorhalle spielt eine der schönsten Szenen des von William Wyler *on location* gedrehten Films »Ein Herz und eine Krone«: Vor dem Marmorrelief mit dem Gesicht des Flussgottes Triton erzählt Gregory Peck (als Joe Bradley) Audrey Hepburn (als Prinzessin Anne) von der Legende, die sich um das Bildnis rankt. Wer seine Hand in dessen Mund steckt und eine Unwahrheit sagt, dem wird sie abgebissen. Weil sie ihre Identität vor ihm verbirgt, wagt Anne/Audrey nicht, ihre Hand in die Öffnung zu legen. Sie zögert und zuckt zurück, während Joe/Gregory ihr gespannt zusieht, denn er weiß längst, wer sie ist. Schließlich wagt er die Wahrheitsprüfung selbst. Mit einem lauten Schrei zieht er seinen leeren Ärmel aus dem Schlund – die Hand ist ab! Natürlich ist das nur ein Scherz, und er streckt ihr seine Finger aus dem Jackenärmel zum Gruß hin. So kommen beide vorerst um die Wahrheit herum.

Audrey Hepburn hat sich bei den Dreharbeiten zu »A Roman Holiday« (Originaltitel) verliebt – allerdings nicht in ihren wunderbaren Filmpartner Gregory Peck, sondern in die Ewige Stadt. Während ihrer beiden Ehen (mit Mel Ferrer und Andrea Dotti) war Rom in den 1960er- bis 1980er-Jahren mehr als zwanzig Jahre lang ihr Wohnsitz.

Die Bocca della Verità, der Wahrheitsmund aus dem 4. Jh. v. Chr., hat eine weitaus weniger romantische Geschichte: Sie diente im wichtigsten Teil des antiken römischen Abwassersystems, der Cloaca Maxima, als Kanaldeckel. Dieser profane Hintergrund scheint die vielen Wagemutigen, die sich heutzutage auf die Wahrheitsprüfung einlassen, aber nicht abzuschrecken.

▶ HEUTE

Legen Sie die Tour durch das *Centro storico* auf den Nachmittag, sodass Sie die Aussicht vom Monte Pincio in der Dämmerung, ein Sit-in auf der Spanischen Treppe in der blauen Stunde und den Trevibrunnen im Scheinwerferlicht genießen

»A Roman Holiday« heißt der Film von 1953 im Original, und das trifft die Stimmung auch viel besser als »Ein Herz und eine Krone«. Audrey Hepburn spielt eine junge Prinzessin, die vor ihrer Entourage ausbüxt und eine *amour fou* zu einem amerikanischen Reporter erlebt. In dieser Szene trifft er sie wie zufällig auf der Spanischen Treppe ...

Unklare Herkunft: Der Name »Piazza del Popolo« meint entweder Pappeln, die früher hier standen, erinnert an seine Errichtung mit dem Geld der Bevölkerung oder bezeichnet schlicht die »Pfarrgemeinde«.

können. Aber aufpassen: 1996 wurde die Spanische Treppe umfassend restauriert, seither ist das Essen auf keiner ihrer 138 Stufen mehr erlaubt. Beim Anblick der Eis schleckenden Audrey Hepburn kommt man unweigerlich auf die Idee, dass manches früher doch ein bisschen besser war.

Der Spaziergang beginnt am Palazzo Doria Pamphilj mit Ursprung im 15. Jh. und der gleichnamigen Galerie. Die Bocca della Verità liegt nicht auf diesem Spaziergang, ist von der Galerie aber nur einen guten Kilometer entfernt.

Adressen: Seite 246/247, Stadtplan: Seite 247

1 Galleria Doria Pamphilj

Die **Galleria Doria Pamphilj** zeigt eine herausragende Gemälde- und Skulpturensammlung mit Werken u. a. von Tintoretto, Caravaggio und Breughel d. Ä. Großartig der Vergleich eines Gemäldes von Velazquez und einer Büste von Bernini: beides Porträts von Papst Innozenz X. Pamphilj (www.doriapamphilj.it; tgl. 10–19 Uhr, Eintritt).

2 Sant'Ignazio

Wie eine Inszenierung erscheint die **Rokoko-Piazza di S. Ignazio**, über der sich die **Jesuitenkirche Sant'Ignazio** (1626–1650) erhebt. Täuschend echt wirken die illusionistische Kuppel und das perspektivische Deckengemälde von Andrea Pozzo (Mo–Sa 7.30–19, im August 9–19, So/Fei 9–19 Uhr, Messen 8 und 18, So/Fei 11.30 und 18 Uhr).

Über die **Piazza di Pietra** mit dem gut erhaltenen **Hadriantempel** (Sitz der römischen Börse) und dem modernen **Gran Caffè La Caffettiera** mit ausgezeichnetem Kaffee gelangt man zur **Galleria Alberto Sordi** (1924), einer nach einem römischen Volksschauspieler benannten Einkaufsgalerie mit Boutiquen und einer Buchhandlung.

3 Piazza Colonna

Namensgebend für die **Piazza Colonna** ist die 30 m hohe antike **Grabsäule** des Mark Aurel (Colonna di Marco Aurelio) mit kunstvollen Reliefs, die Szenen aus den Germanischen und den Sarmatischen Kriegen im 2. Jh. n. Chr. zeigen. Seit

Ende des 16. Jhs. krönt das Meisterwerk eine Statue des hl. Paulus. Der angrenzende Renaissancebau des **Palazzo Chigi** ist seit den 1960er-Jahren der Sitz des Ministerpräsidenten der parlamentarischen Republik *Repubblica Italiana*.

4 Piazza Montecitorio

Auf der Piazza fällt ein ägyptischer **Obelisk** auf. In der Antike diente er als Zeiger einer gewaltigen Sonnenuhr. Der von Bernini entworfene mächtige **Palazzo di Montecitorio** ist Sitz des Abgeordnetenhauses.

5 Augustus-Mausoleum und 6 Ara Pacis Augustae

In Anlehnung an etruskische Hügelgräber entstand das **Augustus-Mausoleum** (Mausoleo di Augusto, zzt. geschl.). Die **Ara Pacis Augustae**, der Friedensaltar des Augustus (ca. 10 v. Chr.; Lungotevere in Augusta), verherrlicht in Marmorreliefs die Regierung des römischen Kaisers nach den Kriegen in Gallien und Spanien. Der heiß diskutierte moderne Altar-Umbau des amerikanischen Architekten Richard Meier wurde 2006 eingeweiht (www.arapacis.it, Di–So 9–19 Uhr, Eintritt).

7 Via del Corso

Der nördliche Abschnitt der **Via del Corso** war schon zu Zeiten Julius Caesars das Herz und die Flaniermeile der umliegenden Viertel. Prozessionen, Demonstrationen, selbst Pferderennen fanden auf dem »Kurfürstendamm Roms« noch im 19. Jh. statt. Zwischen Piazza del Popolo und Via Tomacelli durchgehend, an Wochenenden bis zur Via di Mercede Fußgängerzone, lädt die Via del Corso auch heute noch zum ausgiebigen Promenieren ein.

Habt Geduld!

Das meint, wer zitiert: »Rom wurde nicht an einem Tag erbaut.« Doch woher kommt die Redewendung? Schon lange vor der Gründung der Stadt gab es in dieser Gegend Ansiedlungen. 753 v. Chr. schlossen sie sich zusammen und die Stadt Rom entstand. Immer mehr Menschen strömten herbei. Jeder Herrscher wollte ein Zeichen setzen und ließ sich für die Stadt etwas einfallen – ein Denkmal oder ein Bauwerk. Und alles brauchte eben seine Zeit.

8 Casa di Goethe

Eine kurze Unterbrechung des Schaufensterbummels verdient die **Casa di Goethe**. Im Haus Nr. 18, der Wohnung des Malers Johann Heinrich Wilhelm Tischbein, war Goethe 1786–1788 zu Gast. Neben Schriftstücken, Goethebüsten und -porträts, darunter ein Siebdruck von Andy Warhol, beeindrucken auch die eigenhändigen Zeichnungen Goethes und Tischbeins (www.casadigoethe.it; Di–So 10–18 Uhr, Eintritt).

9 Piazza del Popolo

Der einzige klassizistische Platz Roms bildet seit der Antike den Zugang zur Stadt von Norden her. Seine heutige Gestalt ist das Ergebnis der stadtplanerischen Aktivitäten Papst Leos X., der im 16. Jh. mit Via Ripetta, Via del Corso und Via del Babuino drei strahlenförmig abzweigende Verkehrsachsen in den Häuserdschungel schlagen ließ. Die Schneiseninseln zieren mit den **Zwillingskirchen Santa Maria di Montesanto** und **Santa Maria dei Miracoli** zwei Schmuckstücke des Barock. Mit der Aufstellung des urprünglich ägyptischen **Flaminio-Obelisken** aus dem Zirkus Maximus durch Domenico Fontana 1589 und der beiden **Brunnenanlagen** wurden Akzente für die Freifläche gesetzt, die Valadier in den Umbau (1816–1824) integrierte.

Die Piazza del Popolo bietet mit dem **Caffè Rosati** (Nr. 5 a) und dem **Canova** (Nr. 16) zwei Höhepunkte römischer Kaffeehauskultur.

Santa Maria del Popolo, die Hauptkirche des Viertels an der Westseite des Platzes, wurde erstmalig 1099 erwähnt, ihre prachtvolle barocke Ausgestaltung erfuhr sie später durch Bernini (Skulpturen »Daniel in der Löwengrube« und »Habakuk mit dem Engel«). Zahlreiche Päpste liegen in der Kirche begraben.

Gefährliches Terrain: Die Piazza di Spagna war einmal spanisches Hoheitsgebiet. Ausländer, die sich ohne Genehmigung dort aufhielten, konnten in die spanische Armee eingezogen werden.

Von den Kunstschätzen beeindrucken die Cappella Chigi nach Entwürfen Raffaels, Caravaggios meisterhafte Gemälde »Bekehrung des hl. Paulus« und »Kreuzigung des hl. Petrus« in der Cappella Cerasi sowie Pinturicchios Fresken in der von Bramante geschaffenen Chorapsis und der Rovere-Kapelle. Aktuelle Kunstausstellungen finden in den **Sale di Bramante** in der Kirche statt (Mo–Sa 7–12, 16–19, So/Fei 8–12.30, 16.30–19 Uhr).

Die der Piazza zugewandte Fassade des Stadttors **Porta del Popolo** gestaltete Bernini 1655 zu Ehren der zum Katholizismus konvertierten Christine von Schweden. Die Außenfassade wurde nach Michelangelos Plänen unter Pius IV. (1560–1565) umgestaltet.

10 Monte Pincio

Über einen Treppenweg bei Santa Maria del Popolo erreicht man die berühmte Aussichtsterrasse auf dem **Monte Pincio**. Von der Westseite eröffnet sich eine der großartigsten Ansichten Roms: Man blickt auf den Vatikan mit der Peterskirche, rechts liegt das Viertel Monte Mario. Die grandiose Kulisse wird gern für Veranstaltungen genutzt, u. a. im Winter als Eislaufpiste. Nicht nur die Kleinen unterhält das neapolitanische **Puppentheater San Carlino** auf der Pincio-Terrasse (www.sancarlino.it; Sept.–Juni meist Sa/So).

Machen Sie einen kurzen Abstecher in die **Via del Babuino**, Roms erste Adresse fur Antiquitäten. Parallel verläuft die Künstlerstraße Via Margutta, wo auch Federico Fellini seine letzten Lebensjahre verbrachte.

11 Spanische Treppe

Die Treppenanlage **Scalinata della Trinita dei Monti** verdankt ihren Bau (1723–1726, von Francesco de Sanctis) der französischen **Nationalkirche Santissima Trinità die Monti** oberhalb, ihren Namen der Spanischen Botschaft unterhalb der Treppenanlage. Römer und Touristen genießen hier Flair und Panorama. Musiker spielen bis spät in die Nacht, Zeichner versuchen, Touristen auf ihre Schemel zu locken. Obelisk und Türme der Kirche, die Doppeltreppenanlage und die **Fontana della Barcaccia** auf der Piazza di Spagna bilden das wohl meistfotografierte Ensemble Roms. Der meisterhafte Barcaccia-Brunnen von Pietro und Gianlorenzo Bernini (1629) erinnert an das Hochwasser des Jahres 1598, bei dem ein Lastkahn hier angespült wurde.

12 Keats-Shelley-Gedächtnisstätte

Die Gedächtnisstätte rechts der Treppenanlage besuchen vor allem englische Touristen. In der Pension Casina Rossa wohnte der Dichter John Keats (1795–1821), der das Ideal der Romantik intensiv lebte – und aus Kummer starb, weil seine Angebetete Fanny Browne seine Liebe nicht erwiderte (www.keats-shelley-house.org; Mo–Sa 10–13, 14–18 Uhr, Eintritt).

Zwischen der Spanischen Treppe und der Via del Corso liegt das Zentrum der Alta Moda um die **Via Condotti**. Wer bei Textil-, Schmuck-, Schuh- und Lederdesign auf sich hält, geht hier einkaufen – weniger betuchte Modefans spähen wenigstens in die Schaufenster.

13 Trevibrunnen

Die **Fontana di Trevi** ist der populärste Brunnen der Stadt. Nach Plänen Berninis begonnen, spiegelt er den Siegeszug von Barock und Rokoko. Nicolo Salvi verwirklichte 1732–1751 die Kulissenlandschaft: Sie stellt einen Triumphbogen dar, vier korinthische Säulen tragen den Fries und Statuen von vier Tugenden. Tritonen geleiten Neptuns Muschelwagen. Stets belagern Besucher den Brunnen, die sich mit einem Münzwurf nach hinten über die Schulter ihre Rückkehr nach Rom sichern wollen.

Nach einem Rechtsstreit um den Besitz der Münzen hat sich die Stadtverwaltung als einzige Autorität zur Bergung des Schatzes bestimmt. Einige Tausend Euro werden jede Woche herausgefischt, ein Teil geht an das Rote Kreuz. Ständige Polizeiaufsicht soll nun das bei den Römern beliebte private Fischen verhindern.

Alte Tradition: Am Trevibrunnen lebt der Brauch, Wassergottheiten ein Opfer darzubringen. Wem die Gaben gehören, war zunächst strittig, doch schließlich hat sich die Stadt zur Besitzerin erklärt.

Informationen

Tour 33: *Centro storico* – zwischen der Spanischen Treppe und dem Tiber

Spaziergang, 4–5 Stunden

Stationen

1 Galleria Doria Pamphilj
2 Sant'Ignazio
3 Piazza Colonna
4 Piazza Montecitorio
5 Augustus-Mausoleum
6 Ara Pacis Augustae
7 Via del Corso
8 Casa di Goethe
9 Piazza del Popolo
10 Monte Pincio
11 Spanische Treppe
12 Keats-Shelley-Gedächtnisstätte
13 Trevibrunnen

Praktische Hinweise

Die Piazza Venezia nahe der Galleria Doria Pamphilj ist mit **Bussen** (81, 85) zu erreichen. Diese Linien halten auch nahe am Trevibrunnen.

Fahrrad-, Roller- & Vespaverleih

Wer wie Audrey auf der Vespa durch die Stadt flitzen möchte, kann hier ein entsprechendes Gefährt ausleihen: Für Roller zahlt man 30–50 € pro Tag, für ein Rad pro Stunde 3–4 €, pro Tag 9–15 €.

Treno e Scooter

Piazza dei Cinquecento (Staz. Termini), Rom • Tel. 06 48 90 58 23 • www.trenoescooter.com

On Road

Via Cavour 80, Rom • Tel. 0 64 81 56 69 • www.onroad.it

Hotel

Scalinata di Spagna

Schönes Haus an der Spanischen Treppe, wundervoller Blick von der Dachterrasse.
Piazza Trinità dei Monti 17, Rom • Tel. 06 69 94 08 96 • www.hotelscalinata.com

Restaurants

Piccola Roma

Typisch römische Gerichte in einer gemütlichen Osteria; So geschl.
Via Uffici del Vicario 36, Rom • Tel. 0 66 79 86 06

Alfredo Imperatore

Roms erste Adresse für selbst gemachte Pasta. So und Mo mittags geschl.
Piazza Augusto Imperatore 30, Rom • Tel. 0 66 87 87 34 • www.alfredo-roma.it

Porto di Ripetta

Exquisites Fischrestaurant. So und Mo mittags geschl.
Via di Ripetta 250, Rom • Tel. 06 93 57 01 60

Buccone

Hohe Weinregale, freundlicher Service und gute italienische Küche. Mo–Do 9–20.30, Fr/Sa 9–23.30, So 11– 19 Uhr.
Via Ripetta 19/20, Rom • Tel. 0 63 61 21 54 • www.enotecabuccone.com

Casina Valadier

Luxus pur! Ausblick und Essen im eleganten Ambiente sind einmalig.
Piazza Bucarest, Rom • Tel. 06 69 92 20 90

Il Margutta

Hier trifft sich die römische Prominenz, um vegetarisch gut zu speisen.
Via Margutta 118, Rom • Tel. 06 32 65 05 77 • www.ilmargutta.it

Cafés

Babington's Tea Room

Diese Institution wurde 1893 von zwei Engländerinnen gegründet. In nostalgischem Ambiente kann man unter mehr als 100 Teesorten wählen. Tgl. 9–20.15 Uhr.
Links von der Spanischen Treppe, Rom • www.babingtons.com

Caffè Canova Tadolini

Ausgezeichnetes süßes wie pikantes Gebäck und auch Sandwiches werden hier verkauft. In den benachbarten Räumen blieb das Atelier von Bildhauer Cano-

va und seinem Schüler Tadolini original erhalten. So geschl.
Via del Babuino 150 a–b, Rom • Tel. 06 32 11 07 02

Caffè Ciampini

Beim Besuch des eleganten Cafés genießt man eine fantastische Aussicht. Auch Restaurant, Mi geschl.
Viale Trinità dei Monti, Rom • Tel. 0 66 78 56 78 • www.caffeciampini.com

Caffè Greco

In diesem im Jahr 1760 eröffneten Kaffeehaus saß Goethe inkognito als Filippo Miller.
Via die Condotti 86, Rom • www.anticocaffegreco.eu

Eisdielen

Pasticceria Giolitti

Traditionsreiche Eisdiele (seit 1900), die als beste Roms gilt. Tgl. 7–2 Uhr.
Via Uffici del Vicario 40, Rom • www.giolitti.it

Gelateria della Palma

Erfrischende Vielfalt: hundert Sorten in allen Aromen.
Via della Maddalena 19–23 (nahe Piazza della Rotonda), Rom

Shopping

Enoteca al Parlamento

Hervorragend sortiert, hilfreiche Beratung, Verkostung; auch Versand.
Via dei Prefetti 15, Rom • www.enotecaalparlamento.it

Ai Monasteri

Nostalgischer Laden mit ausgesuchten Produkten aus italienischen Klöstern.
Corso del Rinascimento 72 (Nähe Piazza Navona), Rom • www.monasteri.it

Mondello Ottica

Originelle Brillen von den besten italienischen und internationalen Designern.
Via del Pellegrino 96–98 (Nähe Piazza Navona), Rom

Nachtleben

Auditorium Parco della Musica

Das moderne Auditorium von Stararchitekt Renzo Piano im Norden der Stadt ist der ganze Stolz Roms. Es steht sowohl klassischen Konzerten als auch Pop- und Rock-Gigs sowie Tanz und experimentellem Theater offen. Eine wichtige musikalische Einrichtung ist die **Accademia Nazionale di Santa Cecilia**.
Viale Pietro de Coubertin 30, Rom • allgemeine Infos: www.santacecilia.it, Programm und Karten: www.auditorium.com

Gilda

Seit jeher ein besonderer Magnet für Roms flirrenden Jetset. Nahe der Spanischen Treppe. Mo und Juli/Aug. geschl., sonst 23.30–4 Uhr.
Via Mario de Fiori 97, Rom • www.gildabar.it

Tour 34 | **Costa Smeralda**

Spielplatz für Reiche

▶ GESTERN: Als der Aga Khan ein möglichst abgelegenes, aber herrliches Fleckchen Erde zum Relaxen suchte, wurde er auf Sardinien fündig

▶ HEUTE: Jetset hin oder her – die zerklüftete Nordwestküste Sardiniens mit der Costa Smeralda ist von atemberaubender Schönheit

▶ GESTERN

Heute ist es ein bisschen stiller um ihn geworden, doch Anfang der 1960er-Jahre war der Aga Khan, Multimilliardär und Ismaeliten-Oberhaupt, eine Jetset-Ikone. Damals schwebte ihm ein Urlaubsort für sich und seinesgleichen vor, der abseits der damals anschwellenden Touristenströme lag. Dazu erwarb er 30 km^2 Wildnis an der felsigen, zerklüfteten sardischen Küste und gab ihr den Namen »Costa Smeralda«. Andere hätten sich nun vielleicht mit einer luxuriösen Urlaubsanlage begnügt. Nicht so Karim Aga Khan. Er ließ gleich ein ganzes Dorf mit Hafen, samt Kirche, Villen, mehreren Hotels, Geschäften und allem, was man so braucht, anlegen. Dazu heuerte er namhafte Architekten an, die eine Art neo-sardischen Stil schufen. Und weil der Aga Khan keine halben Sachen machte, kaufte er gleich noch eine Fluglinie dazu, um die Reichen und Schönen zu ihren Jachten in Porto Cervo, so der Name des Örtchens, zu befördern, denn nicht jeder hat die Zeit, den langen Segeltörn auf sich zu nehmen. Das Konzept ging auf: Die Hautevolee kam und ist bis heute geblieben. Echter und Hollywood-Adel, Industrielle und Oligarchen haben die Costa Smeralda zu einer der teuersten Gegenden der Erde gemacht, wo der Quadratmeter Wohnfläche schon mal 300 000 Euro kostet und mehrere der luxuriösesten Hotels des Planeten stehen.

▶ HEUTE

Wer einmal Einblick in die Welt der Superreichen haben und sehen will, wie Könige, Staatspräsidenten und Ölscheichs residieren, sollte sich die Spazierfahrt von Olbia entlang der landschaftlich großartigen, extrem zerlappten Küste bis zum Capo d'Orso und weiter zum Capo Testa gönnen.
Adressen: Seite 254/255, Landkarte: Seite 255

1 Olbia

Olbia, die Glückliche, nannten bereits die Griechen die prosperierende Hafenstadt, über die ein Großteil der Sardinienurlauber die Insel erreicht. Aufregende Sehenswürdigkeiten besitzt sie nicht,

Der Aga Khan rief, und alle kamen. Hier beispielsweise Peter Sellers, in Badehose mit Gürtel und mit Kapitänsmütze, und seine Frau Britt Ekland. Lord Snowdon unterhielt sich trotz des etwas eigenartigen Looks mit den beiden – wohl, weil Sellers die Jacht gehörte.

Die Anreise nach Porto Cervo erfolgt am besten per Luxusjacht, schon allein der damit verbundenen Annehmlichkeiten wegen. Die Aussicht ist auch nicht übel, wie auf diesem Bild vom Jachthafen in den 1960ern gut zu erkennen ist.

Gut angekommen: Die meisten Sardinienurlauber kommen in Olbia an und reisen gleich weiter, dabei ist ein kurzer Bummel vorbei an bunten Häusern durchaus ein Genuss.

sieht man einmal von dem architektonisch bemerkenswerten **Museo Archeologico** ab, das auf einer Mole im komplett neu gestalteten Hafenbereich erbaut wurde. Dennoch lohnt sich der Bummel durch die schmalen Gassen der kleinen Altstadt rings um die zentrale **Piazza Margherita** und die sich anschließende **Piazza Matteotti**. Kaum fünf Minuten zu Fuß entfernt von der Piazza findet man die **Basilika San Simplificio**, eine dreischiffige romanische Kirche aus dem 11. bzw. 12. Jh., an deren Außenmauer noch immer die Meilenangabe der alten Römerstraße von Olbia nach Cagliari zu erkennen ist.

2 Golfo Aranci

Der kleine Hafenort hat sich in den letzten Jahren von einem unbeachteten Fleck, der immer nur kurz zum Leben erwachte, wenn eine Fähre anoder ablegte, zu einem netten Ferienziel gemausert. Ein kleiner Fischerhafen, einige schöne Sandstrände und besonders auch auf dem geschützten, weit ins Meer vorspringenden **Capo Figari**, ein gutes Angebot an angenehmen Unterkünften, gastronomischen Einrichtungen sowie Geschäften lassen Golfo Aranci aufblühen.

Pane Carasau

Dieses sardische Hirtenbrot wird aus Weizenmehl, Hefe und Salz hergestellt. Die fast transparenten Fladen – daher nennt man sie auch *carta di musica* (Notenpapier) – werden schnell und sehr heiß zweifach gebacken. So bleibt das dünne Brot lange haltbar.

3 Porto Rotondo

Obwohl außerhalb des Territoriums des »Consorzio Costa Smeralda« gelegen, zählt man das ultraschicke **Porto Rotondo** allgemein mit zur Smaragdküste, steht es dieser doch weder an illustren Gästen noch im Preisgefüge nach. Das landschaftlich sehr schön am tief eingeschnittenen **Golfo di Cugnana** gelegene Badeörtchen glänzt vor allem durch seinen Jachthafen. Direkt nördlich gegenüber liegen die Halbinsel **Capriccioli** und die **Cala di Volpe** mit dem gleichnamigen bildschönen Luxushotel, das vom Starchitekten Jacques Couelle einst als erstes Hotel an der Costa Smeralda gebaut wurde und das mit seinem verspielten mediterranen Architekturmix zum Vorbild des sog. neosardischen Stils wurde.

4 Costa Smeralda

Mit einer Gesamtlänge von 40 km ist die **Costa Smeralda** zwar nur ein kleiner Teil Sardiniens, dennoch ist die Smaragd-Küste der bekannteste Teil der Insel. Dies nicht zuletzt deshalb, weil die einschlägige Presse regelmäßig das Neueste aus der Welt des internationalen Jetsets berichtet, der sich hier zu sommerlicher Vergnügung trifft und dabei in sündhaft teuren Herbergen, atemberaubenden Traumvillen oder luxuriösen Privatjachten logiert. Stacheldraht und Absperrungen sucht man jedoch vergebens. Jeder kann durch **Porto Cervo** flanieren, im fünfsternigen Luxushotel **Romazzino** (www.romazzinohotel.com) speisen oder in der Höhlendisko **Ritual** in Baia Sardinia (Loc. Cruccitta, www. ritual.it) ab 23.30 Uhr die Nacht durchtanzen. Und auch die Strände sind für alle da.

5 Porto Cervo

Es sieht aus wie ein altes, vom Zahn der Zeit gezeichnetes Fischerdorf. Von den verblassten Fassaden blättert der Putz, die granitenen Treppenstufen sind schräg und ausgetreten, die Holzbalken morsch und von der salzigen Seeluft zerfressen. Doch der Schein trügt! **Porto Cervo** ist als Herz und Verwaltungszentrum des »Consorzio Costa Smeralda« (der Name »Costa Smeralda« ist ein eingetragenes Warenzeichen!) eine mit immensem Aufwand auf alt getrimmte Retortensiedlung. Selbst der Baustil, in dem der Ort in den 1960er-Jahren errichtet wurde, ist ein Kunstprodukt im sog. neosardischen Stil. Allein das macht Porto Cervo sehr sehenswert. Großartig ist das schneeweiße **Kirchlein Santa Maria di Stella Maris**, das neben anderen Kostbarkeiten die Madonna Dolorosa von El Greco birgt.

6 Baia Sardinia

Der am Golfo di Arzachena gelegene Ort markiert das westliche Ende der Costa Smeralda. Genau gesehen, gehört er zwar nicht mehr zum Reich des »Consorzio«, wird aber, wie Porto Rotondo, dazugezählt. **Baia Sardinia** ist erheblich preiswerter als seine zwei extrafeinen Nachbarn, steht jedoch den beiden anderen in seiner sehr schönen Lage in nichts nach. Der Ort hat eine angenehme Atmosphäre und besitzt neben einer guten Infrastruktur einen sanft abfallenden Sandstrand.

Tipp: Von Baia Sardinias Nachbarort **Cannigione** aus kann man eine Tagestour per Boot durch die malerische Inselwelt des **Maddalena-Archipels** unternehmen. Auf den meist unbewohnten Inseln verstecken sich zahlreiche Traumstrände. Einige davon zählen zu den schönsten der Welt. Das Boot MS Antares befördert maximal 12 Personen durch den zum Nationalpark erklärten Archipel, bietet Mittagessen an Bord, macht halt in La Maddalena und legt unterwegs Badestopps ein (Tel. 07 89/882 00). Wer länger bleiben möchte, quartiert sich im Hauptort La Maddalena ein (siehe Seite 252 und Hotel: Seite 255).

Nicht »echt alt«, aber sehr gelungen: das künstliche Fischerdorf Porto Cervo.

7 Arzachena und Umgebung

Im Hinterland der Costa Smeralda liegt dieses Bergstädtchen. In **Arzachena** selbst, dessen Gebäude aus grauem Granit sind, sollte man den kurzen Weg zum **Funghi**, einem eindrucksvoll gewaltigen Tafonifelsen in Form eines gigantischen Pilzes, gehen. Etwas südöstlich findet man den **Nuraghen Albucciu**. Ihm gegenüber liegt eine Infostelle der Coop Lithos, bei der man Eintrittskarten für weitere archäologische Sehenswürdigkeiten in und um Arzachena kaufen kann. Dazu gehört der vom Parkplatz nur 10 Fußminuten entfernte **Tempietto Malchittu**, eine Kultstätte aus dem 2. Jh. v. Chr. sowie die einige Kilometer außerhalb an der Straße Richtung Luogosanto gelegenen **Großsteingräber** *(tomba dei giganti)* Coddu Vecchiu und Li Lolghi, die zu den schönsten der Insel zählen. Die Gigantengräber sind rund 10 m lang und werden von jeweils einer tonnenschweren, fast 4 m hohen Stele bewacht. Sie stammen ebenfalls aus dem 2. Jh. v. Chr.

Feine Sache: Der Strand Cala Soraia auf der Insel Spargi verläuft flach ins Wasser – besonders schön für Familien mit Kindern!

Für Laien etwas weniger attraktiv ist die **Nekropole Li Muri** aus dem 4.–3. Jt. v. Chr. mit ihren unscheinbaren steinernen Kistengräbern, in denen einst die Häuptlinge bestattet waren (alle drei gut ausgeschildert).

8 Palau

Das Hafenstädtchen besitzt die wohl größte Marina Sardiniens. Unzählige Jachten drängen sich in dem stets überfüllten Sporthafenbecken. Grund für dieses Treiben ist die großartige Inselwelt des La Maddalena-Archipels, wohin die Ausflugsfähren im schnellen Takt und sogar rund um die Uhr verkehren. Die im Wortsinne alles überragenden Attraktionen von **Palau** sind das schöne **Capo d'Orso**, das Bärenkap (Eintritt), und die **Punta Sardegna**, auf deren Gipfel die **Fortezza Monte Altura** thront (stündl. Führungen April/Mai/Sept./Okt. tgl. 9–12, 15–18, Juni–Aug. 9–12, 17–20 Uhr). Ob vom Kap oder vom Fort, die Aussicht bis nach Korsika ist fantastisch!

9 La Maddalena

Die **Insel La Maddalena**, die Hauptinsel im Nationalpark, ist ein ausgesprochen schönes Ziel. Ob mit dem Auto, dem Rad oder auch den von Palau aus verkehrenden Bussen – eine Rundfahrt auf der rings um die Insel verlaufenden *strada panoramica* ist ein Erlebnis. Man passiert wunderschöne Strände und Buchten, die zum Baden einladen, und Felsfelder, berühmt für ihre vielgestaltigen Felsskulpturen. An der Panoramastraße liegt auch das **Museo Archeologico Navale Nino Lamboglia**, das eine hier gefundene römische Galeere aus dem 2. Jh. v. Chr. und ihre Amphoren-Ladung zeigt (Mai–Sept. Mo–Sa 9.30–12.30, 15.30–18.30 Uhr).

Nicht weniger attraktiv ist der **Hauptort La Maddalena**, ein schmuckes Städtchen, in dem es sich schön bummeln und in einem der zahlreichen Bars und Cafés sitzen lässt.

10 Isola Caprera

Die über einen Straßendamm mit La Maddalena verbundene **Insel Caprera** ist fast vollständig Naturschutzgebiet und nahezu unbewohnt. Italienweit berühmt ist sie wegen der **Casa Garibaldi**,

Zu Stein gewordene Wesen? Am Capo Testa beeindrucken vor allem die durch Verwitterung geformten Granitfelsen. Wegen ihres bizarren Aussehens erhielten viele der Formationen Tiernamen.

dem Altersruhesitz des Nationalhelden Giuseppe Garibaldi (1807–1882). Nachdem dieser sich aus der aktiven Politik zurückgezogen hatte, versuchte er, auf Capreras kargen Böden eine kleine Landwirtschaft zu betreiben. Die **Casa Museo di Garibaldi** ist für die Italiener ein Heiligenschrein, zu dem ein jeder einmal gepilgert sein muss (Di–So 9–19.30 Uhr, www.compendiogaribaldino.it).

11 Santa Teresa di Gallura

Da die Stadt an der ewig windigen und nicht selten stürmischen Meerenge zwischen Sardinien und Korsika über einen sicheren windgeschützten Naturhafen verfügt, verkehren von hier die Fähren hinüber ins nur 12 km entfernte Bonifacio. Aber nicht nur darum hat sich das hoch über dem Meer auf einer Landzunge gelegene **Santa Teresa di Gallura** zu einem der am schnellsten wachsenden Ferienzentren auf Sardinien entwickelt: Von der Straße Richtung Palau führen an einigen Stellen kilometerlange Stichstraßen durch die dornige Macchia hinunter ans Meer, wo sie stets an so herrlichen Stränden und Buchten wie **Val d'Erica**, **La Liccia** oder **La Marmorata** enden. Surfer zieht es etwas weiter gen Osten nach **Porto Pollo**: Dank seiner Windverhältnisse zählt es zu den besten Surfspots Europas.

12 Capo Testa

Welch eine Naturszenerie! Sardiniens ins Meer hinausspringendes Nordkap ist eine fast vom Festland abgeschnürte Landzunge aus grauem Granitfels, den Wind und Wellen im Laufe der Jahrtausende bizarr verformt und in einen Märchengarten voller skurriler Gebilde und Gestalten verwandelt haben. **Friedhof der Steine** *(cimitero di sassi)* nennen die Sarden diese faszinierende Felsenwelt. Ein besonders schöner und nicht sonderlich langer Spazierweg führt durch fantastische Felsformationen und vorbei an antiken Steinbrüchen ins versteckte, geschützte **Valle di Luna**, in dem einst die alten Römer und ihre Sklaven Granit gebrochen haben und später die Hippies Vollmondorgien feierten.

Informationen

Tour 34: Zwischen Olbia und Capo Testa

Autotour, 1–2 Tage, mit Radausflug La Maddalena 3 Tage, ca. 200 km

Stationen

1 Olbia
2 Golfo Aranci
3 Porto Rotondo
4 Costa Smeralda
5 Porto Cervo
6 Baia Sardinia
7 Arzachena
8 Palau
9 La Maddalena
10 Isola Caprera
11 Santa Teresa di Gallura
12 Capo Testa

Praktische Hinweise

Fähre nach La Maddalena (Überfahrt ca. 15 Min.), tagsüber im 20-Min.-Takt, nachts im 60-Min.-Takt. Wer ein Fahrrad dabei hat, kann das Auto in Palau abstellen und nur mit dem Rad übersetzen. Die Umrundung der Insel auf der bergigen *strada panoramica* und der Abstecher nach Caprera dauern dann ca. 1 Tag (mit Pkw ca. 2–3 Std.).

Olbia

Info

Ufficio del Turismo
Via A. Nanni 39, Olbia •
Tel. 07 89/55 77 32 •
www.olbiatempioturismo.it

Hotel

Cavour
Einladendes kleines Stadthotel in ruhiger Altstadtlage; schöne Dachterrasse.
Via Cavour 22, Olbia •
Tel. 07 89/20 40 33 •
www.cavourhotel.it

Hotel & Restaurant

Gallura
Kleines, aber feines Hotelrestaurant, das zu den Eliteadressen der Region gehört. 2. Okt.-Hälfte, 20. Dez.–6. Jan. und jeden Mo geschl.
Corso Umberto 145, Olbia •
Tel. 07 89/246 48

Porto Rotondo

Hotel

Sporting Hotel
Luxus pur: mit Privatstrand, in einmalig schöner Lage auf einer schmalen, grünen Landzunge.
Via Clelia Donà dalle Rose 16, Loc. Porto Rotondo •
Tel. 07 89/340 05 •
www.sportingportorotondo.it

Porto Cervo

Hotel

Capriccioli
Kleines elegantes Strandhotel, auch mit Familienzimmern, auf der gleichnamigen Halbinsel.
Loc. Capriccioli, Porto Cervo •
Tel. 07 89/960 04 •
www.hotelcapriccioli.it

Restaurant

Hivaoa
Eine für Porto Cervo vergleichsweise günstige Pizzeria an der Marina mit kleiner Aussichtsterrasse.
Via della Marina, Porto Cervo •
Tel. 07 89/914 51
www.ristorantehivaoa.com

Baia Sardinia

Hotel

Club Hotel Baia Sardinia
Die erste Adresse in Baia, direkt über dem Strand gelegener Rundbau mit sehr gutem Restaurant.
Loc. Baia Sardinia •
Tel. 07 89/990 06 •
www.clubhotelbaiasardinia.it

Restaurant

Corbezzolo
Gute Meeresküche, aber auch Pizza, schöner Blick von der oberen Terrasse. Tgl. Mai–Sept.
Piazzetta della Fontana, Baia Sardinia •
Tel. 07 89/998 93 •
www.ristorantecorbezzolo.it

Arzachena

Hotel und Restaurant

Stazzo Lu Ciaccaru
Ein Stazzo und eine Villa von 1880 in malerischer Alleinlage mit im Landhausstil ausgestatteten Zimmern. Pool (Anfahrt über SS 427 von Arzachena Richtung S. Antonio di Gallura).
Loc. Lu Ciaccaru, Arzachena •
Tel. 07 89/84 40 01 •
www.stazzoluciaccaru.it

Palau

Info

Ufficio Turismo

Palazzo Fresi, Palau • Tel. 07 89/70 70 25 • www.palauturismo.com

Hotel

Piccada

Freundliches, neueres Hotel nahe dem Jachthafen mit 60 hellen Zimmern und Blick auf La Maddalena.
Via degli Asfodeli 6, Palau • Tel. 07 89/70 98 63 • www.hotelpiccadapalau.com

Restaurant

La Gritta

Herausragendes Restaurant mit einmalig schöner Terrasse, himmlisch speisen mit Panoramablick! Mitte Jun.–Mitte Sept. tgl., April–Okt. Di geschl., Nov.–März geschl.
Porto Faro, Palau • Tel./Fax 07 89/70 80 45 • www.ristorantelagritta.it

La Maddalena

Hotel

Villa del Parco

Sehr schöne Anlage westlich des Stadtzentrums.
Via Don Vico, La Maddalena • Tel. 07 89/72 00 26 • www.villadelparco.com

Restaurant

La Locanda del Mirto

Rustikales Landrestaurant mit bester sardischer Küche, ca. 5 km außerhalb.
Loc. Punta della Gatta, La Maddalena • Tel. 07 89/73 90 56

Santa Teresa di Gallura

Info

Ufficio Turismo

Piazza Vittorio Emanuele 24, Santa Teresa di Gallura • Tel. 07 89/75 41 27 • www.comunesantateresagallura.it

Fähren nach Korsika

MobyLines

Tel. 07 89/75 14 49 • www.mobylines.de

Saremar

Tel. 07 89/75 41 56 • www.saremar.it

Hotel

Grandhotel Corallaro

Modernes Haus über dem Stadtstrand Garten, Pool und türkischem Bad.
Loc. Rena Bianca, Santa Teresa di Gallura • Tel. 07 89/75 54 75 • www.hotelcorallaro.it

Restaurants

Riva

Im dezent schlichten Ambiente serviert Padrone Vittorio Riva eine exquisite Meeresküche nach traditionellen Rezepten mit persönlicher Note. April bis Okt. Mo geschl.
Via del Porto 29, Santa Teresa di Gallura • Tel. 34 72 94 81 96

Pape Satan

Pizzeria mit bester Pizza *napoletana* – angeblich eine der 100 besten Italiens. Mo geschl.
Via La Marmora 20, S. Teresa di Gallura • Tel. 07 89/75 50 48 • www.papesatan.it

Tour 35 | **Sardiniens Osten**

Wilde Gegend

▶ GESTERN: Nicht mal die Römer trauten sich in diese widerspenstige Region, die noch im 20. Jahrhundert für Schlagzeilen sorgte

▶ HEUTE: Hier hat sich das archaische Sardinien bewahrt, insbesondere im einzigartigen Orgosolo. Eine Fahrt auf das wilde Dach der Insel

▶ GESTERN

In aller Welt berühmt für seine *murales* – heute würde man sagen: »street art« – ist das Barbagia- und Banditendorf **Orgosolo** (siehe Seite 259), das zwischen 1903 und 1917 Schauplatz einer der blutigsten Familienkriege Sardiniens war.

Geburtsort der spektakulären Bilder an den Häuserfassaden war jedoch nicht Orgosolo selbst, sondern das unspektakuläre Bauerndorf San Sperate, in dem bereits Anfang der 1960er-Jahre die ersten Wandgemälde auftauchten. Dort engagierte sich der Künstler Pinuccio Sciola in der von ihm gegründeten Künstlerkooperative aus arbeitslos gewordenen Arbeitern eines stillgelegten Steinbruchs politisch und sozial, u. a. auch mit Wandbildern, die nun mehr und mehr nach mexikanischem Vorbild zum an die Wand gemalten Protest und zur Anklage gegen die Herrschenden wurden.

Das erste Wandbild in Orgosolo tauchte im Gefolge der anarchistischen Theatergruppe »Dioniso« aus Mailand auf, die in dem Dorf gastierte. Die Initialzündung für die explosionsartige Ausbreitung der Wandbilder war der arrogante Versuch von Rom, die kollektiven Weidegründe des Hirtendorfs zum militärischen Sperrgebiet zu machen. Ganz Orgosolo leistete erbitterten und schließlich erfolgreichen Wiederstand.

Waren die Inhalte des Muralismo anfänglich fast ausschließlich hochpolitischen Themen wie Krieg, Ausbeutung, Ungerechtigkeit oder Korruption gewidmet, befassten sie sich im Laufe der Zeit zunehmend auch mit dem sardischen Alltag, seinen historischen Wurzeln, seiner alltäglichen Problematik und seiner drängenden Probleme wie Armut, Krankheit, Wasserknappheit, Auswanderung, Arbeitslosigkeit oder Seuchenbekämpfung.

▶ HEUTE

Seit Ende der 1990er-Jahre ist eine Tendenz der zunehmenden Entpolitisierung und die Hinwendung zum rein künstlerischen Ausdruck zu beobachten. Längst entstehen neue Gemälde nicht

Café im »Banditendorf« Orgosolo in den 1960er-Jahren: Künstler, arbeitslos gewordene Arbeiter und Studenten trafen sich hier und stachelten sich gegenseitig zum Widerstand gegen Rom an.

mehr spontan, sondern müssen mit einem Entwurf im Rathaus beantragt und dort genehmigt werden. In jüngster Zeit waren allerdings auch die Konterfeis von Barack Obama und Silvio Berlusconi zu sehen.

Landkarte: diese Seite, Adressen: Seite 261

1 Oliena

Von der Provinzhauptstadt Nuoro zieht sich der mächtige, von Karst zerfressene Gebirgszug des Supramonte nach Osten. Zu Füßen der kahlen Gipfel des Monte Corrasi liegt das Bergdorf **Oliena**, das sich dank seiner idealen Lage zu einem Zentrum für Trekking und Mountainbiking entwickelt hat. Maßgeblich dazu beigetragen hat die Kooperative Turistica ENIS, die ihren Sitz hoch über dem Ort am Monte Macchione hat und Anlaufstation für Aktivurlauber ist.

Doch Oliena ist auch berühmt für sein feines Olivenöl, sein gutes *pane carasau*, seine köstlichen *dolci* und besonders für seinen Nepente di Oliena, der als der Spitzen-Cannonau Sardiniens

Dem Himmel so nah: Vom Monte Ortobene (955 m) sieht man die Städte Nuoro und Oliena. Zum Erlöserfest Ende August zieht eine farbenprächtige Prozession hinauf.

gilt. Die **Pfarrkirche Santa Maria** (17. Jh.), ein barocker Bau am Hauptplatz, birgt eine Holzstatue des Ignazio di Loyola, des Gründers des Jesuitenordens, und erinnert damit an die Zeit der Jesuiten in Oliena.

Auf der alten Straße nach Orgosolo wird man auf die Tour ins Gennargentu-Massiv eingestimmt. Kaum mehr befahren, schlängelt sie sich in unglaublich vielen Kurven durch die ebenso schöne wie einsame Bergwelt der Barbagia.

2 Orgosolo

Dem Hirtendorf am Hang eines bewaldeten Kessels am Fuße des 918 m hohen Monte Lisogorni hängt bis heute der Ruf nach, **Sardiniens Banditendorf Nr. 1** zu sein (nicht ganz zu Unrecht). Der rein kriminelle *banditismo*, der in den 70er-Jahren des 20. Jhs. mit mehreren Entführungen und Lösegelderpressungen international Schlagzeilen machte, ist jedoch ebenso Vergangenheit wie die *disamistade*, die oft blutigen Familienfehden, die einst fast das Dorf ausgerottet hätten. Dennoch füllen auch heute noch Jahr für Jahr Opfer nie aufgeklärter Morde den Friedhof.

Heute ist Orgosolo in aller Welt als das Dorf der *murales* bekannt – praktisch der ganze Ort ist eine einzige und sehr sehenswerte Freiluftgalerie.

In Orgosolo haben Künstler in den 1960er-Jahren begonnen, ihren Protest gegen politische und soziale Missstände in Wandmalereien auszudrücken.

3 Mamoiada

Eine schmale Bergstraße verbindet Orgosolo mit dem 644 m hoch gelegenen Ort **Mamoiada**, bekannt für seinen archaischen *carnevale*, ein düsteres Spektakel mit den gruselig zotteligen *mamuthones* und den peitschenschwingenden *issohadores*.

Eindrucksvoll dokumentiert das kleine **Museo delle Maschere mediterranee** (Maskenmuseum) die uralten Faschingsbräuche in der Barbagia und anderer Regionen des Mittelmeerraums (Piazza Europa 15, Di–So 9–13, 15–19 Uhr, Juli–Sept. auch Mo, www.museodellemaschere.it).

4 Fonni

Kurven ohne Ende mit Ausblicken auf die kargen Gipfel des Gennargentu führen nach **Fonni**, Sardiniens höchstgelegenem Dorf. Hier ragen auch die Rekordgipfel in den kobaltblauen Himmel, darunter die **Punta la Marmora** (1834 m), das Dach der Insel, der Monte Spada (1595 m) und der Bruncu Spina (1829 m). Auf Letzterem findet man sogar einen Skilift. Die Anlage ist Ausgangspunkt für eine **Wanderung** (bei klarem Wetter Hin- und Rückweg 3–5 Std.) zur Punta la Marmora mit einer grandiosen Fernsicht.

5 Tonara

Durch **Desulo**, das man auf Sardinien wegen seiner besonders leckeren Salami und des namhaften Männerchors kennt, geht es abwärts nach **Tonara**, das man wiederum wegen des Klanges kennt, den man in jedem Winkel der Insel jeden Tag hört – das Bimmeln der Ziegen- und Schafsglöckchen, die hier gefertigt werden. Und es gibt noch die paar Familienunternehmen, die wie zu

Gelebte Tradition: In Tonara kann man den Schmieden während Volksfesten bei der Herstellung der berühmten Viehglocken zusehen.

Großvaters Zeiten Honig, Eiweiß und Nüsse zu einer süßen Verführung namens *torrone* verarbeiten. Besonders schön ist es im April beim Fest der **Saga del Torrone**.

6 Aritzo

Das 900 m hoch und inmitten ausgedehnter Kastanienwälder gelegene Bergstädtchen am westlichen Massiv des Gennargentu ist eine beliebte Sommerfrische für hitzegeplagte Küstenbewohner und Ausgangspunkt für abwechslungsreiche Wanderungen, Trekkingtouren und Exkursionen mit dem Mountainbike oder im Pferdesattel.

Ein idealer Punkt für eine Übernachtung ist das **Hotel Sa Muvara**, das eine der besten Bergküchen der Barbagia bietet (siehe Seite 261). Dazu serviert wird der rote Mandrolisai Superiore, einer der rarsten Inselweine.

Padre Padrone

»Mein Vater, mein Herr« ist ein Film der Regisseure Paolo und Vittorio Taviani von 1977, der die allmähliche Befreiung eines jungen Mannes aus der Unterdrückung durch seinen Vater beschreibt. Gavino, Sohn einer sardischen Familie, wird von seinem Vater im Alter von sechs Jahren gezwungen, die Schule zu verlassen, um die Schafe zu hüten. Mit 20 bricht er aus, lernt beim Militär Lesen und Schreiben, promoviert und kehrt in das Dorf seiner Eltern zurück. Doch dort hat sich nichts verändert ...

7 Sorgono

Der Ort liegt bereits so tief, dass in seiner Umgebung wieder Wein wächst – und zwar die bereits erwähnte, seltene Sorte Mandrolisai, nach der dieser Teil der Barbagia benannt ist. Sie wird nur hier angebaut und ist auch vor Ort nicht leicht erhältlich, da die Menge klein und die Nachfrage groß ist, besonders in seiner Superiore-Variante. Deshalb sollten Weinfreunde sich in Sorgonos **Cantina del Mandrolisai** ausreichend versorgen (Corso IV. Novembre 20, Mo–Fr 9–13 u. 15–18, Sa 9–12.30 Uhr).

Informationen

Tour 35: Von Oliena nach Sorgono

Autotour, 1–2 Tage, ca. 120 km

Stationen

1 Oliena
2 Orgosolo
3 Mamoiada
4 Fonni
5 Tonara
6 Aritzo
7 Sorgono

Praktische Hinweise

Für die mehrstündige Wanderung auf die **Punta la Marmora** unbedingt regenfeste Kleidung, Sonnenschutz für Kopf und Augen sowie festes Schuhwerk einpacken!
Frauen sollten beim Gang durch Orgosolo und andere Bergdörfer nicht allzu viel Haut zeigen, sonst müssen sie unzweideutige Männerblicke aushalten können!

Oliena

Hotels mit Restaurant

Monte Macchione

Extrem serpentinenreiche und steile Anfahrt! Neben einem guten Restaurant gibt es hier auch einige Zimmer, die v. a. wegen ihrer einmaligen Aussicht etwas ganz Besonderes sind.
Coop ENIS, Loc. Monte Macchione • Tel. 07 84/28 83 63 • www.coopenis.it

CK (CiKappa)

Das Hotel-Ristorante hat sich der traditionellen sardischen Küche verschrieben. Cenceddu und seine Frau graben in langwierigen Nachforschungen uralte, fast vergessene Rezepte aus, was das CK zu einer herausragenden kulinarischen Adresse macht.
Via Martin Luther King 2/4, Oliena • Tel. 07 84/28 80 24 • www.cikappa.it

Orgosolo

Hotel

Sa'e Jana

Freundliche, moderne Herberge mit guter Barbagiaküche. Das Haus organisiert auch Hirtenessen unter freiem Himmel und bietet unterschiedliche Jeep-Exkursionen durch den Supramonte an. Ganzjährig geöffnet.
Via Catte 2, Orgosolo • Tel. 07 84/40 24 37 • www.albergosaejana.com

Mamoiada

Shopping

Traditionelle **Masken** schnitzt und verkauft Ruggero Mameli.
Via A. Crisponi 19, Mamoiada • Tel. 07 84/562 22 • www.mascheremameli.com

Fonni

Hotel

Cualbu

Gut ausgestattetes Hotel mit Pool und Wellnessbereich, das auch Exkursionen per Geländewagen oder Quad organisiert.
Viale del Lavoro 19, Fonni • Tel. 07 84/570 54 • www.hotelcualbu.com

Tonara

Restaurant

Locanda del Muggianeddu

Kleines Lokal mit ausgemacht guter Bergküche (der Besitzer ist absoluter Pilzfachmann) und vier preiswerten Gästezimmern.
Via Monsignore Tore 10, Tonara • Tel. 07 84/638 85

Aritzo

Hotel

Sa Muvara

Das Hotel in herrlicher Hanglage außerhalb des Ortes ist nicht nur das beste in der Barbagia, auch seine Küche ist eine Institution, an der sich viele Inselköche orientieren. Pool mit Blick auf den nuraghischen Kultberg Monte Tessile.
Via Fontana Rubia, Aritzo • Tel. 07 84/62 93 36 • www.samuvarahotel.com

Sorgono

B&B und Restaurant

Trattoria Su Connotu

Einfaches Lokal an der Durchgangsstraße mit empfehlenswerter regionaler Küche; B&B mit drei preiswerten Zimmern.
Via IV. Novembre 26, Sorgono • Tel. 0 34 78 23 98 68

Tour 36 | **Cagliari**

Himmel, hilf!

▶ GESTERN: Seit der heilige Ephisius Cagliari 1656 von der Pest erlöst hat, wird ihm zu Ehren eine opulent-bunte Prozession abgehalten

▶ HEUTE: Die Sagra di Sant'Efisio findet jedes Jahr im Mai statt – Sardiniens Hauptstadt lockt aber ganzjährig mit vielen Höhepunkten

▶ GESTERN

Die Mitte des 17. Jhs. war eine schlimme Zeit für Sardinien. Erst vernichtete eine Heuschreckenplage praktisch sämtliche Ernten, und nur wenig später, im Jahr 1652, brach die Pest aus. In Alghero und Sassari starben Tausende Menschen, die Einwohnerzahl von Cagliari wurde fast um die Hälfte dezimiert. In ihrer Verzweiflung baten die

Berittene Wächter mit Zylinder und andere Würdenträger nehmen die Statue des Sant'Efisio in Empfang, wenn sie für die jährliche Prozession die Kirche verlässt. Auf diesen seltenen Farbfotos aus den 1950er-Jahren erkent man, mit welcher Opulenz das Fest gefeiert wird.

Menschen den Heiligen Ephisius um Hilfe, der sie tatsächlich im Jahr 1656 vom Schwarzen Tod befreite. Die Bürger der Stadt gelobten, den Heiligen fortan alljährlich mit einem Fest zu ehren, was sie mit wenigen Ausnahmen bis heute einlösen.

Die viertägige **Sagra di Sant'Efisio** ist die größte und prachtvollste Prozession Sardiniens. Am 1. Mai um Punkt 12 Uhr wird die Statue des Heiligen aus der **Kirche Sant' Efisio** getragen und in eine von Ochsen gezogene goldene Kutsche gesetzt. Nun geht es hinaus aus der Stadt; in mehreren Etappen legt der Zug die 15 km von Cagliari über La Maddalena, Su Loi, Villa D'Orri, Sarroch, Villa San Pietro und Pula bis nach Nora zurück, zur dortigen Kapelle Sant'Efisio. Am 4. Mai geht es wieder zurück.

▶ Heute

Wer die **Sagra di Sant'Efisio** miterleben darf, wird nicht nur Zeuge eines immer noch tief verwurzelten Glaubens, sondern bekommt eine umfassende Schau sardischer Musik, Tracht und Tradition gleich dazu. Absolut sehenswert!

Cagliari ist zugleich die Hauptstadt der gleichnamigen Provinz sowie der Autonomen Region Sardinien. Mit 156 000 Einwohnern ist die Stadt am Golfo degli Angeli die größte der Insel. »Casteddu«, wie die Sarden ihre wenig geliebte Hauptstadt nennen, ist nicht nur Sardiniens Kunst- und Kulturmetropole, sondern eine authentische und deshalb besonders charmante Hafenstadt, die fast all das zu bieten hat, was man mit mediterranem Leben und Kultur allgemein verbindet.

Die Parkplatznot zusammen mit dem lebhaften Verkehr lassen es ratsam erscheinen, im Zentrum auf das Auto zu verzichten. Idealer Ausgangspunkt für einen Stadtrundgang ist der große bewachte Parkplatz hinter dem Bahnhof. Wer nicht zu Fuß gehen möchte, kann sich hier auch ein Fahrrad ausleihen.

Stadtplan: Seite 265, Adressen: Seite 267

Im Stadtzentrum

Die parallel zum Hafen verlaufende Prachtmeile Via Roma ist die Schlagader der Stadt. An ihrem Ende liegen an der **Piazza Matteotti** A Bahnhof und Busbahnhof, gegenüber der von Palmen beschatteten Piazza des Palazzo Comunale mit seiner prächtigen weißen Marmorfassade.

Unter den Arkaden, die die Via Roma säumen, treffen sich die Cagliaritaner gerne in den Bars und Cafés. Vom Rathaus führt die breite Einkaufsstraße Largo Carlo Felice hinauf zur **Piazza Yenne** B, die zwischen den Altstadt-Quartieren Marina, Castello und Stampace das Bindeglied darstellt.

Marina-Viertel

Östlich des Largo Carlo Felice beginnt die schummrige Welt des Marina-Viertels mit seinen engen, morbiden Straßen und Gassen. Das Viertel ist sozusagen der Bauch der Stadt, denn nirgendwo sonst auf Sardinien finden sich auf so engem Raum so viele gastronomische Einrichtungen wie hier.

Gute Aussichten

… genießt man von der Torre di San Pacrazio und der Torre dell'Elefante. Der Name Elefantenturm leitet sich von dem kleinen Dickhäuter aus Marmor ab. Warum und seit wann er dort steht, weiß man nicht, sicher ist aber, dass die Türme zunächst als Festung, danach als Gefängnis dienten.

Castello-Viertel

Von der **Piazza Yenne** B führt eine schmale Treppengasse hinauf zur **Torre dell'Elefante** C, der Einlass in das von hohen Schutzmauern umgebene Castello-Viertel gewährt. Sein heutiges Aussehen verdankt das alte Herrschaftsviertel weitgehend der spanischen Epoche. Nachdem die Aragonesen Cagliari erobert hatten, durfte kein Sarde sich mehr nach Sonnenuntergang im Castello-Viertel aufhalten. Bis ins 19. Jh. hinein war das Castello Sitz der Adeligen und Reichen der Stadt. Der rund 35 m hohe Verteidigungsturm Torre dell'Elefante von 1307 ist Cagliaris Wahrzeichen und eines der schönsten Beispiele pisanischer Festungsarchitektur auf Sardinien. Auf der der Universität zugewandten Seite findet sich in etwa 10 m Höhe die Statue eines **kleinen, weißen Elefanten**. Seine Herkunft und Bedeutung sind unklar, aber eigentlich ist nicht der Turm, sondern das kleine Rüsseltier das heimliche Wahrzeichen der Stadt.

Palazzo dell' Università D

Unterhalb des Elefantenturms liegt der **Universitätsbau** von 1765. Cagliaris Universität wurde 1620 von den Spaniern gegründet. Die Handschriftensammlung der Bibliothek verwahrt auch die berühmte *carta de logu* der Eleonora d'Arborea, das erste in sardischer Sprache verfasste verbindliche Zivil- und Strafgesetzbuch.

Terrazza Umberto I. E

Von der Universität sind es nur wenige Schritte bis zur belebten Piazza Costituzione. Dort endet die Einkaufsstraße und Fußgängerzone Via Manno mit ihren schmucken Bürgerhäusern aus der Zeit um 1900. Hier ist alles vertreten, was in der italienischen Modewelt Rang und Namen hat.

Eine großzügig geschwungene Freitreppe führt von der Piazza zur **Terrazza Umberto I.** hinauf. Auf der balkonartigen Aussichtsterrasse, die um 1900 errichtet wurde, trifft man sich allabendlich, um die frische Abendbrise zu schnuppern und dabei den herrlichen Blick auf den Hafen und bis hinaus zu den Lagunenseen am Rande der Stadt zu genießen.

Piazza Alberto und die Kathedrale

Nördlich des »Balkons« erstreckt sich das Castello-Viertel. Nur wenige Schritte sind es bis zur Piazza Alberto, deren Mitte das Standbild des heili-

Wahrzeichen mit ungeklärter Provenienz, aber sehr hübsch: Figur an der Torre dell'Elefante.

gen Franziskus markiert. Eine Treppe verbindet die reizvolle Piazza mit der von Adelspalästen gesäumten Piazza Palazzo. Neben dem Palazzo di Citta und dem Palazzo Regio, in dem einst die spanischen und piemontesischen Vizekönige residierten, ist die **Cattedrale Santa Maria Assunta** F der bedeutendste Bau in diesem Ensemble (Mo–Sa 7.30–20 Uhr, So 8–13 und 16.30–20.30 Uhr, www.duomodicagliari.it). Der erste Blick fällt auf die prachtvolle blendend weiße, ganz im Stil des pisanischen Barock mit Säulenbogen und Mosaiken gehaltene Marmorfassade. Doch der Anblick täuscht, sie wurde erst 1933 angebracht. Im 13. Jh. von Pisanern gegründet, wurde der Dom im Laufe der Jahrhunderte mehrmals verändert, so auch die Fassade, die von den spanischen Aragonesen im 14. Jh. umgestaltet wurde. 1933 begann man, die Kathedrale dem pisanischen Ursprungsbau

wieder anzugleichen. Üppiger südländischer Barock eröffnet sich im Innenraum, geprägt durch die Altäre in vielfarbigem Marmor, die prachtvollen goldüberzogenen Schreine und das prunkvolle Deckengemälde. Das Juwel der Kathedrale liegt gleich neben dem Haupteingang: die Marmorkanzel des pisanischen Meisters Guglielmo, die er zwischen 1159 und 1162 für den Dom von Pisa anfertigte. Dort wurde sie im 14. Jh. ersetzt und dies alte Prachtstück nach Cagliari gebracht.

Cittadella dei Musei G

Der **Museumskomplex** an der Piazza Arsenale, dessen zeitgenössische Erweiterungsbauten sich harmonisch in die Architektur der einstigen spanischen Zitadelle einfügen, umfasst mehrere wichtige Museen: das **Museo delle Cere Anatomiche** mit anatomischen Wachsfigurenmodellen von 1803 (Di–So 9–13, 16–19 Uhr), das **Museo d'Arte Siamese** (Di–So 10–18 Uhr) sowie die **Pinacoteca Nazionale** (Di–So 9–20 Uhr). Die Gemäldegalerie zeigt eine Sammlung wertvoller *retablos*, katalanisch-sardische Tafelbilder, vorwiegend aus dem 15.–17. Jh.

Die große Attraktion der Museums-Zitadelle ist jedoch das bereits im Jahr 1802 gegründete **Museo Archeologico Nazionale**. Es zeigt bedeutende Funde aus der Zeit der Nuraghenkultur, der phönizischen und punischen Vorherrschaft, der römischen Epoche sowie Handwerkskunst aus der mittelalterlichen Zeit der vier sardischen Judikate. Sein wertvollster Schatz sind die etwa 400 *bronzetti*, kleine, überaus filigran gearbeitete Bronzefigürchen aus dem 8. bis 5. Jh. v. Chr., die überwiegend in nuraghischen Brunnenheiligtümern und anderen Kultplätzen gefunden wurden (Di–So 9–19.15 Uhr).

Römisches Amphitheater H

Für das größte erhaltene römische Bauwerk auf der Insel aus dem 2. Jh. n. Chr. haben die Baumeister die natürlichen Gegebenheiten des Geländes genutzt und die Sitzreihen des **Theaters** in die Felsen geschlagen. Es bot bis zu 20 000 Besuchern Platz. Erhalten sind noch einige Gräben sowie unterirdische Käfige für die Raubtiere. Im Sommer finden hier Konzerte und Open-Air-Veranstaltungen statt (April–Okt. Di–Sa 9.30–13.30, So zusätzlich 15.30–17.30, Nov.–März Di–Sa 9.30–13.30, So 10–13 Uhr, derzeit nur nach Voranmeldung unter Tel. 33 82 77 47 90, www.anfiteatroromano.it).

Sant'Efisio I und San Michele J

Die äußerlich unscheinbare **Kirche Sant'Efisio** ist jedem Sarden ein Begriff, denn hier wird die Statue des hl. Efisio aufbewahrt. In der Felskrypta unter der Kirche wurde einst der Märtyrer Efisio eingekerkert.

An der Piazza **San Michele** ragt die gleichnamige **Barockkirche** aus dem 17. Jh. auf. San Michele ist stark von den Einflüssen spanischer Baukunst geprägt, Holz- und Marmorschmuck der Kirchenausstattung und die sakralen Darstellungen tragen die Handschrift sardischer Meister.

Villanova-Viertel

Östlich des Castello-Hügels breitet sich das Altstadtviertel **Villanova** aus. Einst vom spanischen Prinzen Alfonso von Aragon während der Belagerung 1324 gegründet, ist dieser Stadtteil heute das verkehrsgeplagte, verstopfte Büro- und Geschäftsviertel der Stadt. Inmitten des hektischen Treibens der Piazza San Cosimo steht die Kirche SS. Cosma e Damiano. Die römisch-byzantinische Basilika aus dem 5. Jh. wird auch **San Saturnino** K genannt, da der hl. Saturnus hier sein Martyrium erlitten haben soll (Mo–Sa 9–13 Uhr, So zur Messe).

Santuario di Bonaria L

Für die Sarden ist die gotisch-katalanische Kirche aus dem 14. Jh. das wichtigste Wallfahrtsziel, bewahrt sie doch die Statue der Jungfrau Maria di Bonaria, ihres Zeichens Schutzheilige der Insel, auf. Der Holzstatue, die angeblich im Jahr 1370 in einer Kiste an Land gespült wurde, spricht man wundertätige Kräfte zu. Das hat den Vatikan 1870 veranlasst, die Bonaria heilig zu sprechen. Bedeutendstes Gebäude des Klosterkomplexes ist die im Barockstil errichtete Basilica di Bonaria (Mo–Sa 6.30–11.45, 17–19.45, So 6.30–11.45, 17–19.45 Uhr, www.bonaria.eu).

Informationen

Tour 36: Stadtbesichtung von Cagliari

Spaziergang, 1–2 Tage

Stationen

- A Piazza Matteotti
- B Piazza Yenne
- C Torre dell'Elefante
- D Palazzo dell' Università
- E Terrazza Umberto I.
- F Cattedrale S. Maria Assunta
- G Cittadella dei Musei
- H Römisches Amphitheater
- I Sant'Efisio
- J San Michele
- K San Saturnino
- L Santuario di Bonaria

Info

Ufficio Turistico Cagliari
Molo Sanita, Cagliari • Tel. 33 86 49 84 98 • www.cagliariturismo.it

Info-Points in der Saison
Piazza Costituzione, Piazza Indipendenza, Marina Piccola

Hotels

Regina Margherita
Top-Hotel unterhalb der Bastione di Saint Remy; mit Gourmetrestaurant für sardische Küche. Viale Regina Margherita 44, Cagliari • Tel. 070/67 03 42 • www.hotelreginamargherita.com

Quattro Mori
Sympathisches Haus mit 21 Zimmern, zentral aber ruhig. Via G. M. Angioy 27, Cagliari • Tel. 070/66 85 35 • www.hotel4mori.it

Sardinia Domus
Zehn sehr stilvoll gestaltete Zimmer in idealer Lage. Zum B&B gehört das nahe *ristorante* Vineria Eno, in dem Hausgäste 10 % Rabatt erhalten. Largo Carlo Felice 26, Cagliari • Tel. 070/65 97 83 • www.sardiniadomus.it

T-Hotel
Cagliaris ganzer Stolz und Sardiniens Nonplusultra an zeitgenössischem italienischem Design. 65 m hoher hochmoderner Glasturm am Parco della Musica mit 207 Zimmern und SPA Wellness-Zentrum. Via Dei Giudicati 66, Cagliari • Tel. 070/ 47 400 • www.thotel.it

Restaurants

Dal Corsaro
Führendes Gourmetrestaurant, in dem man im stilvollen Ambiente gehobener klassischer und kreativer sardischer Kochkultur huldigt. So Ruhetag. Viale Regina Margherita 28, Cagliari • Tel. 070/66 43 18 • www.dalcorsaro.com

Trattoria Lillicu
Einfaches, fast immer volles Gewölbe, das ungekünstelte *cucina terra-mare* auf den Tisch bringt. Hier trifft sich die Nachbarschaft bei Fischsuppe und einem Krug Wein. So Ruhetag. Via Sardegna 78, Cagliari • Tel. 070/65 29 70

Sa Domu Sarda
Kleine familiäre Stube mit ausgesprochen guter und günstiger sardischer Küche mit Schwerpunkt Fleisch vom Grill. Bei den Einheimischen beliebt, deshalb eventuell Wartezeit. Von Slow Food empfohlen. Sa Mittag geschl. Via Sassari 51, Cagliari • Tel. 070/65 34 00

La Taverna di Castello
Sympathisches kleines Lokal mit nur wenigen Tischen im rustikal-romantischen Gemäuer aus dem 14. Jh., in dem eine breite Auswahl an ebenso preiswerten wie ausgezeichneten sardischen Gerichten angeboten wird. Via Alberto Lamarmora 24, Cagliari • Tel. 070/31 10 056

Café

Antico Caffè 1855
Café, Ristorante und Lounge-Bar im 1855 eröffneten ehemaligen Caffè Genovese, heute Antico Caffè. Ein sehr beliebter Treff der Cagliaritaner, deshalb immer voll. Tgl. 7–2 Uhr. Piazza Costituzione 10/11, Cagliari • Tel. 070/65 82 06 • www.anticocaffe1855.it

Füße wurden schon immer schmutzig, egal, ob es die der Kinder auf dem Heimweg von der Schule oder jene der Touristinnen beim Urlaubsvergnügen auf dem Campingplatz waren. Seife aus apulischem Olivenöl hat nicht nur dort eine lange Tradition bei der Körperpflege.

Tour 37 | **Gargano-Halbinsel**

Flüssiges Gold

▶ GESTERN: Ob in der Wasch- oder der Salatschüssel, seit Jahrtausenden nutzen die Menschen das Öl der Olive für ihr Wohlbefinden

▶ HEUTE: Eine Rundfahrt um den Sporn verbindet das Grün von Wäldern und Olivenhainen mit Blicken auf das blitzblaue Meer

▶ GESTERN

Wer beim Grün von Olivenhainen an den grünen Anteil der italienischen Flagge denkt, liegt ganz richtig, denn er steht für Natur und Landschaft. Eine der grünsten Regionen Italiens wiederum ist Apulien: Ungefähr 60 Millionen Olivenbäume wachsen auf 360 000 Hektar Fläche und bilden so das größte Anbaugebiet der Stiefelrepublik. 200 000 Tonnen des flüssigen Goldes werden hier jährlich produziert, doch nicht alles davon landet in der Salatschüssel oder der Bratpfanne.

Schon die Venezianer wussten die reichen Erträge der apulischen Olivenhaine zu schätzen, als sie im 13. Jh. damit begannen, ihre eigene Seifenproduktion aufzubauen: Per Schiff beförderten sie große Mengen Olivenöl aus dem Süden nach Venedig und verkochten es mit der aus Syrien importierten, besonders sodahaltigen Asche eines speziellen Krauts. Durch Zugabe verschiedenster Duftstoffe konnte die Seife ganz nach Wunsch der Kunden parfümiert werden, was sie auch jenseits der Alpen zum Verkaufsschlager werden ließ.

Einige Jahrhunderte später trat das Olivenöl einen weiteren Siegeszug nach Norden an: zuerst als kulinarisches Souvenir für deutsche Urlauber, dann als unentbehrliches Lebensmittel der Gastarbeiter, die ihr geliebtes Öl Anfang der 1960er-Jahre noch in der Apotheke kaufen mussten, weil es in deutschen Läden nicht erhältlich war.

▶ HEUTE

Auch wenn die Badesaison vorbei ist und Apulien von Oktober bis April ein wenig in den Winterschlaf fällt, lohnt sich die Reise: Das Angebot von Küche und Kultur ist reichlich. Der Carnevale Dauno in Manfredonia (genaue Zeiten unter www.carnevalemanfredonia.it) erfreut nicht nur Faschingsfreunde: Neben Literatur-, Fotografie- und Malwettbewerben gibt es auch Feste auf der Piazza oder die Verkostung regionaler Spezialitäten. Dazu gehört die *farrata*: ein rundes, mit Ricotta, Dinkel und Majoran gefülltes Küchlein, das nur in der Karnevalszeit gebacken wird.

Landkarte: Seite 271, Adressen: Seite 274/275

Verbannt ins Paradies? Kaiser Augustus schickte seine Enkeltochter Julia angeblich wegen Sittenlosigkeit – eher aber wegen einer Verschwörung gegen ihn – ins Exil auf die Isole Tremiti.

1 Rodi Garganico

Die typische Landschaft des Gargano präsentiert sich schon im malerisch gelegenen **Rodi Garganico** (3700 Einw.), wo die Tour beginnt: Vor dem Hintergrund immergrüner Kiefern erstreckt sich der Ort malerisch auf einem Felsvorsprung über dem blauen Meer. Zwischen zwei langen Stränden liegen die weißen Häuser im gleißenden Licht. Der **Corso Umberto** öffnet sich an der Piazzetta wie ein Wohnzimmer. Hier trifft man sich abends, nach einem Strandtag am südlichen, 1 km langen feinen Sandstrand **Lido del Sole**. Camping und Apartmentanlagen fügen sich hier ideal in die mediterrane Natur, man genießt Bars und Sportaktivitäten, Sonne und Animation. Ein Erlebnis ist das Patronatsfest am 2. und 3. Juli.

2 Isole Tremiti

Von Rodi aus setzen Sie am nächsten Tag per Tragflügelboot auf die **Isole Tremiti** über. Gute 20 km vom Festland entfernt liegt die kleine Inselgruppe, die aus den drei größeren Eilanden **San Nicola**, **San Domino** und **Capraia** sowie einigen Felsen rundherum besteht: ein echtes Paradies in der Adria!

San Nicola, Hauptort der gleichnamigen Insel, ist ganz von Mauern umgeben. Benediktiner errichteten hier im 11. Jh. die ungewöhnliche **Abteikirche Santa Maria a Mare**. Um einen besseren Eindruck von den Befestigungsanlagen zu gewinnen, geht man hinaus auf die kahle Hochebene. Der Wind erfrischt, die Möwen schreien, am Ufer gegenüber taucht die Silhouette des Gargano auf, und die weißen Felsen des touristisch gut erschlossenen San Domino leuchten vor den grünen Pinien.

Bevor man sich auf dieser Insel dem Badevergnügen am Sandstrand oder auf den Felsen hingibt, sei ein Bootsausflug zu den **Grotten von San Domino** empfohlen. Die spektakulären Felsformationen und das prächtige Farbenspiel im Wasser sind nur vom Meer aus zu bewundern.

3 Pineta Marzini mit 4 Vico del Gargano, 5 Foresta Umbra

Tag 3 gehört der **Pineta Marzini**, dem dichten Pinienwald des Ferienortes San Menaio, bevor es weitergeht ins ursprüngliche **Vico del Gargano** (8000 Einw.). Eine kurvige Straße führt hinauf in die mittelalterlich geprägte Altstadt. Hier oben spürt man noch etwas von der jahrhundertelangen Isolation und Armut des Städtchens. Interessant ist die Besichtigung der alten **Ölmühle** im Viertel **Castello** (Museo Trappeto Maratea, Piazza Castello Normanno-Svevo, im Sommer 10–13, 18–24 Uhr). Weiter geht es zum Wandern in die dichte **Foresta Umbra**. Der einzige größere Wald Apuliens reicht hinauf bis zu Berghöhen über 800 m. Das Gebiet mit majestätischen Laubbäumen wie Buchen und Eichen, einem idyllischen See sowie Gehegen mit Hirschen und Mufflons steht seit 1991 unter Naturschutz. Die 10 500 ha kann man wunderbar auf den 15 gut ausgeschilderten Wanderwegen erkunden. Picknickplätze laden zu Pausen unter alten Bäumen ein.

6 Peschici

Zurück am Meer, leuchten die Kuppeln auf den Häusern von **Peschici** (4200 Einw.). Strahlend weiß erheben diese sich auf dem 90 m hohen Felsen über dem tiefblauen Meer. Im Sommer spielt sich das Leben in der Altstadt bis spät nachts im Freien ab.

Im Westen Peschicis erstreckt sich der lange Sandstrand vor silbrig schimmernden Olivenhainen. Im Osten dagegen sieht man oberhalb der Sandbuchten auf einer Länge von ca. 10 km nur niedriges Buschwerk und viele verkohlte Stämme – eine Folge der verheerenden Brände im Juli des Jahres 2007.

7 Vieste

Die Fahrt führt über eine kurvenreiche Straße an wehrhaften Türmen und Badebuchten vorbei ins Städtchen **Vieste** (13 600 Einw.) mit dem wunderschönen Sandstrand. Das Zentrum des Gargano wartet mit einer intakten, liebenswerten mittelalterlichen Altstadt auf. Treppauf, treppab, durch

Torbogen und Gässchen bummelt man entlang der weiß getünchten Häuser, die sich unter dem mächtigen, von Friedrich II. erbauten **Kastell** ducken, das im Besitz der Marine ist. An ihrem barocken Campanile weithin erkennbar ist die dreischiffige **Kathedrale** (11. Jh.). Am Ende der weit ins Meer ragenden Halbinsel schließt die aus weißem Vieste-Tuff gebaute **Renaissancekirche San Francesco** das alte Zentrum markant ab. Von hier genießt man einen herrlichen Blick auf den Sandstrand im Süden der Stadt. Unterhalb der steilen Felswand erhebt sich Viestes Wahrzeichen: der freistehende, weiß im Sonnenlicht glänzende, 27 m hohe **Monolith Pizzomunno**. Kinder werden begeistert sein vom Muschelmuseum **Museo Malacologico** (Via Pola 8, tgl. 9.30–12.30, 17–23 Uhr). Mit Feuerwerk und Prozessionen werden die Feste zu Ehren der Heiligen begangen: am 23. April für S. Giorgio mit Pferderennen am Strand; vom 8. bis 10. Mai für Sta. Maria di Merino; am 1. Samstag im September für Stella Maris mit Markt und Essensständen.

Der Berg des heiligen …

… Engels, wie Monte Sant'Angelo übersetzt etwa heißt, ist seit 15 Jahrhunderten der berühmteste abendländische Wallfahrtsort, der dem Erzengel Michael geweiht ist.

8 Monte Sant'Angelo

Am nächsten Tag verlässt man Vieste Richtung Süden. Immer wieder öffnet sich der Blick auf einladende Badebuchten. Die Aussicht auf die steil ins Meer stürzenden Felsen weicht nun dem Panorama der weiten Ebene um das weiß am Hang aufblitzende **Mattinata** inmitten ausgedehnter Olivenhaine. Hinter dem lebendigen Städtchen führt die Straße mit Ausblick auf den Tavoliere die kahlen Berghänge hinauf nach **Monte Sant'Angelo**.

Die für den Ort (13 200 Einw.) charakteristischen weißen »Reihenhäuschen« der Altstadt begrüßen die Gäste bei der Fahrt zum 18 m hohen **Normannenturm** des mehrfach erweiterten **Kastells** (im Sommer tgl. 9.30–13, 14.30–19, Mitte Juli–Mitte Sept. 9–20, im Winter 9–13, 14.30–18 Uhr). Der achteckige schöne **Campanile** bewacht den Eingang zum Heiligtum des Erzengels Michael, der im Jahr 493 in einer **Grotte** erschienen sein soll. 89 Stufen führen hinunter in die suggestive At-

Die Marina Piccola in der Altstadt von Vieste ist von historischen Gebäuden umgeben. Oft finden vor dieser malerischen Kulisse Konzerte und Freiluft-Aufführungen statt.

mosphäre dieses Pilgerortes. Auf einer im Jahr 1076 in Konstantinopel gearbeiteten Bronzetür wird in 24 Szenen vom Wirken Michaels erzählt (Grotte 9.30–12.30, 15–19 Uhr).

Schräg gegenüber dem Grottenheiligtum liegt einer der großartigsten romanischen Komplexe ganz Apuliens. Er besteht aus drei Teilen: Der Kuppelbau über quadratischem Grundriss wird **Tomba di Rotari** (Grab des Langobardenkönigs Rothari) genannt und war vermutlich ein Baptisterium. Er besitzt meisterhafte romanische Reliefs. Von der benachbarten, ebenfalls romanischen **Kirche San Pietro** blieb nur die Apsis erhalten. Rechts steht die freskengeschmückte **Kirche Santa Maria Maggiore**. Ein auch für Kinder interessantes **Volkskundemuseum** ist im früheren Franziskanerkloster beheimatet (Museo Tancredi; Juni–Sept. tgl. 9–13, 14.30–19, sonst bis 18, im Winter bis 17 Uhr).

9 San Giovanni Rotondo

Wer sich für zeitgenössische Kunst interessiert oder einmal mitten in die laute, lebensfrohe süditalienische Frömmigkeit eintauchen möchte, dem sei an Tag 5 unserer Tour der Abstecher in die 27 600-Einwohner-Stadt **San Giovanni Rotondo** empfohlen. Fast in jedem süditalienischen Haushalt hängt ein Bild von Padre Pio, jenem 1968 verstorbenen, asketisch lebenden Mönch, der 2002 heiliggesprochen wurde. In die Krypta von **Santa Maria delle Grazie**, neben dem von Padre Pio gegründeten riesigen Hospitalkomplex, pilgern jährlich Hunderttausende. Seine sterblichen Überreste befinden sich seit April 2010 in der Chiesa di San Pio. Welche Bedeutung Padre Pio heute zukommt, kann man auch am enormen Bauboom des schnell wachsenden Ortes erkennen sowie am neuen, 2004 nur wenige Meter von der alten Kirche eingeweihten **Sakralbau**. Stararchitekt Renzo Piano verwirklichte hier den mit 45,80 m größten steinernen Bogen der Welt für das Holz- und Stahlgewölbe. Zeitgenössische Künstler wie Giuliano Vangi (rechte Kanzel), Arnaldo Pomodoro (Bronzekreuz über dem Altar) und Domenico Palladino (Bronzetür) wirkten an der 6500 Gläubige fassenden **Chiesa di San Pio da Pietrelcina** mit, deren Konzept eine Art offenen Raum vorsieht, der sich um den Bau herum erweitert und weitere 30 000 Personen aufnimmt.

Aufgeräumt: Die weißen Reihenhäuschen sind typisch für den Pilgerort Monte Sant'Angelo.

10 Manfredonia

Die Tour endet in der größten Stadt auf dem Gargano. Auf den ersten Blick wirkt die 57 600-Einwohner-Stadt **Manfredonia** mit ihrer hässlichen Raffinerie nicht gerade einladend. Doch ist man erst einmal bis in die gut gepflegte, rechtwinklig angelegte Altstadt vorgedrungen, entdeckt man eine liebenswürdige süditalienische Stadt voller Geschäftigkeit.

Manfred, der Sohn Friedrichs II., gründete 1256 den nach ihm benannten Ort und ließ das **Kastell** errichten. Es beherbergt heute das **Museo Nazionale Archeologico del Gargano**, eine einzigartige Sammlung von Grabstelen der Daunier aus dem 7./6. Jh. v. Chr. Die Ritzzeichnungen auf diesen Kalkstelen zeigen bewaffnete Männer und Frauen in reich verzierten Kleidern (tgl. 8.30–19.30 Uhr).

Informationen

Tour 37: Von Rodi Garganico nach Manfredonia

Autotour, 3–5 Tage, ca. 180 km

Stationen

1 Rodi Garganico
2 Isole Tremiti
3 Pineta Marzini
4 Vico del Gargano
5 Foresta Umbra
6 Peschici
7 Vieste
8 Monte Sant'Angelo
9 San Giovanni Rotondo
10 Manfredonia

Praktische Hinweise

Für die Besichtigung des Grottenheiligtums in Monte Sant'Angelo und der Pilgerkirchen in San Giovanni Rotonda an angemessene Kleidung denken.
Badesachen nicht vergessen!

Info

Allgemein

Gute Webseite für die Region: www.pugliaturismo.com/apt-foggia/

Verkehrsmittel

Das Auto ist das geeignetste Verkehrsmittel. Zwischen den Orten verkehren aber auch Busse (www.sitapuglia.it, weiter unter »Le linee in Puglia«; www.ferroviedelgargano.com, weiter unter »Autolinee locali«).
Für Bahnfans: Bummelzug von San Severo nach Peschici (www.ferroviedelgargano.com).

Rodi Garganico

Hotel

Villa Americana Park Hotel

Modernes großes Haus im Park mit Clubcharakter; Pool, Spielplatz und Garage, 900 m zum Privatstrand.
Via C. Grossi 23, Rodi Garganico • Tel. 08 84 96 63 90 • www.villaamericana.it

Restaurant

Il Gabbiano

Terrasse direkt am Strand, typisch apulische Küche mit Olivenöl aus eigenem Anbau. Geöffnet Ostern–Sept., Okt.–Jan. nur bei schönem Wetter.
Via Trieste 16, Rodi di Garganico • Tel. 08 84 96 61 82

Isole Tremiti

Info

Auf den Inseln selbst gibt es keine Touristinformation.
Gute Webseiten sind: www.lecinqueisole.it, www.isoletremiti.net, www.isoletremiti.it

Verkehr

Fährverbindungen

Im Sommer tgl. ab Rodi Garganico, Peschici, Vieste, Manfredonia; ganzjährig ab Termoli.
www.lecinqueisole.it/collegamentitremiti.html

Peschici

Hotel

La Chiusa delle More

Geschmackvoll restauriertes Landhaus des 16. Jhs., Restaurant mit apulischen Spezialitäten, im Mai und Sept. Kochkurse. Geöffnet Mai–Sept.
Ortsteil Padula, a. d. SS 89, km 83,1 • Tel. 34 70 57 72 72 • www.lachiusadellemore.it

Vico del Gargano

Restaurant

Cantina Il Trappeto

Typische Küche des Gargano in einer alten Ölmühle; exzellente Tropfen aus den besten Kellereien Apuliens.
Via Casale 168, Vico del Gargano • Mobil-Tel. 34 79 15 33 63 • http://cantinailtrappeto.it

Foresta Umbra

Info

Nationalpark Gargano

Ostern–Sept. Mo–Sa 8–14, 16–20 Uhr. Parco Umbra (von Vico SS 528 und dann SP 52bis) • Tel. 08 84 99 11 04 • www.parcogargano.it

Vieste

Info

IAT

Piazza Kennedy 1, Vieste • Tel. 08 84 70 88 06 • www.viesteonline.it

Infos zu Unterkünften
www.vieste.it
www.gargano-vacanze.com

Hotels

Pizzomunno Vieste Palace
Wunderschön im Pinienhain, 100 m vom Strand entfernt, liegt der weiße Komplex mit 190 komfortablen Zimmern und Poollandschaft.
Lungomare E. Mattei, Vieste • Tel. 08 84 70 87 41 • www.hotelpizzomunno.it

Seggio
Gepflegtes Hotel in der Altstadt im ehemaligen Sitz der Stadtverwaltung (17. Jh.). Eigener Strandzugang, Pool, traumhafte Aussicht.
Via Vesta 7, Vieste • Tel. 08 84 70 81 23 • www.hotelseggio.it

Restaurants

Ristorante Veste
Kleines, gemütliches Lokal mit bester apulischer Hausmannskost und regionalen Spitzenweinen. Mo geschl.
Via Duomo 14, Vieste • Tel. 08 84 70 64 11

Box 19
Direkt am Meer, gute Gemüse- und Fischküche. Mo geschl.
Via Santa Maria di Merino 13, Vieste • Tel. 08 84 70 52 29

Shopping

Ein Genuss für Auge und Gaumen ist der **Markt** in der Via Papa Giovanni XXIII (tgl. bis abends). **Souvenirs** und **Kunsthandwerk** findet man in den Gassen Seggio und Mafrolla, z. B. original apulische *fischietti* (Pfeifchen) bei Artigianato Pipoli (Via Mafrolla 24).

Aktivitäten

Ob **Windsurfen**, **Kitesurfen** oder **Wellenreiten**: In der Bucht Santa Maria, 5 km nördl. von Vieste, trifft sich die Jugend zum Wasserspaß. Hier werden auch Kurse für Anfänger angeboten. Shuttleservice zu umliegenden Buchten bei Windstille. Weitere Infos unter: www.garganosurf.com.

Monte Sant'Angelo

Info

Eco Gargano
Geführte Exkursionen in den Gargano. Infos auch im Kastell.
Vico Orto Cappuccini 6, Monte Sant'Angelo • Tel. 08 84 56 54 44 • www.ecogargano.it

Hotel

Palace San Michele
Elegantes Hotel in einem ehemaligen Kloster. Pool, Wellness-Angebote.
Via Madonna degli Angeli, Monte Sant'Angelo • Tel. 08 84 56 56 53 • www.palacehotelsanmichele.it

Restaurant

Medioevo
In mittelalterlichem Ambiente werden typische Gerichte des Gargano serviert, z. B. geschmorte Fleischsorten; dazu gibt's hausgemachte Liköre. Im Winter Mo geschl.
Via Castello 21, Monte Sant'Angelo • Tel. 08 84 56 53 56 • www.ristorantemedioevo.it

San Giovanni Rotondo

Restaurant

Opus Wine
Enothek mit sehr guten lokalen Wurst- und Käsesorten, auch warme apulische Spezialitäten. So geschl.
Traversa Castellana 12, San Giovanni Rotondo • Tel. 08 82 45 64 13 • www.opuswine.eu

Manfredonia

Info

APT
Piazza del Popolo, Manfredonia • Tel. 08 84 58 19 98 • www.pugliaturismo.com

Hotel

Gabbiano
Ruhiges, im Jahr 2011 renoviertes Haus mit Garten und angeschlossener Pizzeria, 150 m vom Strand. 36 Zimmer.
Viale Eunostides 20, Siponto (2 km südl.) • Tel. 08 84 54 25 54 • www.albergogabbiano.it

Restaurant

Coppolarossa
Sehr gutes Fischrestaurant mit wunderbaren Antipasti di Mare vom Buffet. So abends, Mo geschl.
Via dei Celestini 13, Manfredonia • Tel. 08 84 58 25 22 • www.coppolarossa.com

Ohne Enrico Caruso wäre die Opernwelt um einen der besten Sänger aller Zeiten ärmer. 1873 wurde er in Neapel geboren. Seine Heimatstadt behandelte den jungen Künstler allerdings ungnädig; als Kind armer Eltern konnte er im elitären Musikbetrieb einfach nicht Fuß fassen. Erst im Ausland kam der Durchbruch. Zu Hause in »seinem« Teatro San Carlo (oben) blieb ihm die Anerkennung versagt, woraufhin sich Caruso schwor, nie wieder dort zu singen und allenfalls zum Spaghetti-Essen in seine Geburtsstadt zurückzukehren. Auf dem Foto (1912) ist er mit der italienischen Sopranistin Lina Cavalieri zu sehen.

Tour 38 | **Neapel**

Musik im Blut

▶ GESTERN: Neapel rühmt sich des schönsten Opernhauses der Welt – den besten Tenor aller Zeiten hat die Stadt jedoch ungnädig behandelt

▶ HEUTE: Das Teatro San Carlo ist noch immer ein Schmuckstück. Warum nicht einen Stadtspaziergang mit einem Opernabend krönen?

▶ GESTERN

Enrico Caruso war noch gar nicht geboren, da hatte Neapel schon eine ganz spezielle Musiktradition, deren Wurzeln bis ins Mittelalter zurückreichten. Die neapolitanische Volksmusik hat Gassenhauer wie »O sole mio« oder »Funiculì, Funiculà« hervorgebracht, von denen es einige sogar in die Repertoires der großen Opernsänger geschafft haben. Seit den 1950er-Jahren wurde zu den Liedern des »Canzon Napulitana« auch getanzt. Typisch für dieses Liedgut sind Elemente der klassischen Musik.

Schon im 18. Jh. war die Stadt einer der Hotspots der europäischen Musik, allein vier Konservatorien gab es zu dieser Zeit. Was lag näher, als Neapel mit einem prunkvollen Opernhaus auszustatten? Das Teatro San Carlo wurde für den Bourbonenkönig Karl V. konzipiert und 1737 eröffnet. Es war mit seinen 3300 Plätzen lange Zeit das größte Opernhaus und eine der angesehensten Opernbühnen in Europa; zahlreiche Uraufführungen fanden hier statt. Seine Architektur und die bombastische Inneneinrichtung sind bis heute bewundernswert. 1816 zerstörte ein Brand einen Teil des Theaters, das jedoch schon Monate später wieder eröffnen konnte. Neben Caruso gehörten auch große Tenöre wie Franco Corelli, Galliano Masini, Mario del Monaco oder Benjamino Gigli zum künstlerischen »Inventar« des Hauses.

▶ HEUTE

Neapels Opernhaus genießt immer noch einen hervorragenden Ruf. Kenner loben die hervorragende Akustik und das fantastische Interieur in Rot und Gold – und wollen nicht so recht verstehen, dass das Teatro San Carlo in Sachen Renommee von der Mailänder Scala abgehängt wurde.

Die berühmte Bühne liegt nicht weit vom Beginn unseres Stadtspaziergangs entfernt. Ein eleganter Abend bei Oper, Konzert oder Ballett ist eine schöne Ergänzung zu einem Tag in den erstaunlichen Straßen der Stadt.

Adressen: Seite 282/283, Stadtplan: Seite 283

Schneise im Häusergewirr: die Straße Spaccanapoli heißt so, weil sie »Neapel spaltet«.

1 Quartieri Spagnoli

Neapel und die Neapolitaner lernt man am besten auf den Märkten kennen, von denen einige nur an Wochenenden, die meisten aber täglich stattfinden. Nehmen Sie am besten nur ein paar Geldscheine in der Hosentasche mit, denn so taucht man unbeschwert von Handtasche und Geldbörse in den Strom der Einheimischen ein.

Lassen Sie sich zur Einstimmung durch die engen Straßen treiben, die sich westlich der Via Toledo von der Piazza Carità bis zur Funicolare von Montesanto ziehen. Hier bauen die Obst-, Gemüse- und Fischhändler täglich ihre malerischen Stände auf. Im Herzen der **Quartieri Spagnoli** brodelt das neapolitanische Leben; den ganzen Tag über lässt sich das Schauspiel beobachten, wie aus den Fenstern der Palazzi Körbe hinabgelassen werden, um anschließend mit Waren gefüllt wieder in die Lüfte zu entschweben. Schauen Sie doch einfach mal bei einem der ausgezeichneten Käse- oder Wurstläden vorbei. Hier kann man sich auch ein Panino für ein Picknick mit Aussicht auf dem nahen Vomero-Hügel frisch zubereiten lassen. Der Aussichtsberg mit dem **Castel S. Elmo** ist zu Fuß über Treppen oder mit der Funicolare schnell zu erreichen.

2 Sant'Anna dei Lombardi

Am nächsten Tag beginnen Sie Ihren Spaziergang an der Via Toledo, der wichtigsten Einkaufsstraße Neapels. Gleich in der Nähe steht die **Renaissancekirche Sant'Anna dei Lombardi**, die wegen der Fülle ihrer Skulpturen und Gemälde wie ein Museum behandelt wird. Beeindruckend sind die »Beweinung Christi« mit acht lebensgroßen Terrakottafiguren sowie die perspektivischen Holzintarsien in der Sakristei (Di–Sa 8.30–12.30 Uhr, Führungen kostenlos).

3 Spaccanapoli

Etwa auf halber Höhe der Via Toledo zweigt rechts eine schmale Straße – oder besser Straßenschlucht – ab, die im neapolitanischen Volksmund **Spaccanapoli** genannt wird. Auf dem Stadtplan trägt sie andere Namen (hintereinander Via P. Scura, Via Maddaloni, Via B. Croce, Via S. Biagio dei Librai, Via Vicaria Vecchia). Die Bezeichnung *Spaccanapoli* (»spaltet Neapel«) ist treffend, denn die Straße zerschneidet die Altstadt in ihrer ganzen west-östlichen Länge. Sie entspricht der unteren Hauptquerstraße *(Decumanus)* der griechisch-römischen Stadt Neapolis. Zusammen mit der parallel verlaufenden **Via dei Tribunali** (ebenso ein antiker *Decumanus*) ist sie eine der chaotischsten und erstaunlichsten Straßen nicht nur Neapels. Überlassen Sie sich dem Sog dieser Straße, die auch von einigen beachtlichen Kirchen gesäumt wird.

Ein Wort zur Struktur der Altstadt Neapels: Sie entsprich noch heute der im 6. Jh. v. Chr. von den Griechen gegründeten Stadt Neapolis. Es gibt nur drei von Ost nach West verlaufende Straßen, *Decumani* genannt, um die schlechte Luft aus umliegenden Sümpfen weitgehend fernzuhalten. Die Zahl der Straßen in Nord-Süd-Richtung, der *Cardines*, ist viel größer (ca. 20), denn sie lassen die frische Meeresluft herein. Die Häuserblocks zwischen Quer- und Längsstraßen, die *Insulae*, bilden bis heute die Zellen der Altstadt.

4 Santa Chiara

Gleich hinter der Abzweigung von der Via Toledo in die Spaccanapoli steht die gotische **Kirche Santa Chiara**. Schon beim Eintritt strahlt der große, nach der Restaurierung wieder gotische Kirchenraum eine feierlich-kühle Wirkung aus. Er ist die Grabstätte der Königsfamilie von Anjou, die Neapel im 13. Jh. beherrschte. In beinahe jeder Seitenkapelle liegt ein Familienmitglied der Anjou in einem kostbaren gotischen Sarkophag. Die wichtigsten Grabdenkmäler aber sind die von König Robert dem Weisen und seiner engsten Angehörigen. Das Grabmal König Roberts – er ist der Begründer der ab 1310 entstandenen Kirche – ist besonders prächtig.

Von einer Seitenstraße links neben der Kirche hat man Zutritt zum **Majolikakreuzgang**. Er gehört zum Bezauberndsten, was Neapel zu bieten hat. Den stillen grünen Garten des Kreuzgangs umgeben niedrige Mäuerchen mit Sitzbänken und Säulen, die mit bunten Majoliken verkleidet sind. Eine Fülle spätbarocker Miniaturmalereien ist darauf verewigt: Landschaften, Pulcinella- sowie Jagd-, Fischerei-, Spiel- und Tanzszenen (Mo–Sa 9.30–17.30, So 10–14.30 Uhr).

Wieder auf dem Platz vor der Kirche, der Piazza del Gesù, steht man vor der trutzigen Diamantquaderfassade der **Kirche Gesù Nuovo** aus dem 16. Jh. Inmitten der Piazza ragt die **Guglia dell'Immacolata** empor. Die Rokoko-Mariensäule ist ein Wahrzeichen der Stadt. Von hier aus blickt man die nahezu 2 km lange Spaccanapoli hinunter, die Straße der Händler, die sich in Zunftgruppen zusammengeschart haben: Silberschmiede, Krippenmacher, Buchhändler ...

5 Cappella Sansevero

Die im Jahr 1590 entstandene **Grabkapelle** der Familie Sagro-Sansevero birgt höchst merkwürdige Werke, bei denen angeblich der alchimistisch tätige Prinz Sansevero die Hand im Spiel gehabt haben soll. Von den barocken Marmorstatuen ist der in der Mitte des Raumes liegende »Cristo velato« die erstaunlichste: Ein marmorner Schleier, so durchsichtig wie Musselin, bedeckt die Statue, die der Bildhauer Giuseppe Sammartino geschaffen hat. Eine Wendeltreppe führt in den Keller der Kapelle mit zwei ungewöhnlichen Figuren: die nur aus versteinertem Aderngeflecht bestehenden Gestalten eines Mannes und einer schwangeren Frau, in deren Bauch der Kopf des Kindes zu erkennen ist (Via F. De Sanctis, Mo, Mi–Sa 10–17.40, So 10–13 Uhr).

6 San Gregorio Armeno

Von der im 18. und 19. Jh. blühenden Krippenindustrie Neapels sind heute noch ein Dutzend Werkstätten in der Via San Gregorio Armeno (die zur **Kirche San Gregorio Armeno** führt) geblieben. Zu den volkstümlichen pastori – alle Krippenfiguren heißen Hirten – aus Ton und Gips haben sich inzwischen Figuren des Fußballgottes Diego Maradona, der den SSC Neapel zu seinen größten Erfolgen führte, und des Ex-Bürgermeisters Bassolino gesellt. Der Verkauf läuft das ganze Jahr, aber am stimmungsvollsten sind die Wochen vor Weihnachten.

Ungemein prachtvoll ist der Innenraum der Barockkirche San Gregorio Armeno ausgestattet; das sog. Paradies auf Erden wirkt auch heute, nach der umfassenden Restaurierung der Kirche, immer noch atemberaubend.

Ungewöhnlich: Die Fassade der Kirche Gesù Nuovo stammt von einem Adelspalast.

7 Monte di Pietà

Rings um die Pfandleihanstalt haben sich Gold- und Silberschmiede niedergelassen. Hier kann man günstig kleinen Goldschmuck erstehen. Die Auslagen sind gespickt mit silbernen Miniaturkörperteilen: Devotionalien, die nach einer glücklich überstandenen Krankheit oder Operation dem Lieblingsheiligen verehrt werden.

8 Porta Capuana

Hinter der Via Duomo führt die Spaccanapoli durch das kleine, volksnahe Forcella-Viertel und endet dort nach etwa 200 m an der Via Pietro Colletta. Folgt man dieser, kommt man zum Castel Capuano und zur **Porta Capuana** aus dem 15. Jh., die als eines der schönsten Stadttore Italiens gilt.

9 Dom San Gennaro

Parallel zur Spaccanapoli führt die Via dei Tribunali zurück. Man gelangt zur nahen Via del Duomo mit dem **Dom San Gennaro**. Im 19. Jh. wurde seine Fassade vollständig restauriert. In der Mitte des rechten Seitenschiffs liegt die Cappella di San Gennaro: In dieser prachtvoll barock ausgestatteten Seitenkapelle vollzieht sich alljährlich das berühmte »Blutwunder«, bei dem sich das in zwei kristallenen Phiolen aufbewahrte Blut des hl. Gennaro, des obersten Schutzpatrons Neapels, verflüssigt.

Dem Dom angegliedert ist das älteste Gotteshaus Neapels, die **Basilica di Santa Restituta**. Ein Kleinod ist das dahinter liegende Baptisterium: Der Kuppelraum bewahrt frühchristliche Mosaiken aus dem 4. Jh. und ein antikes Taufbecken (Mo–Sa 8.30–12.30 und 16.30–19, 8–13.30 und 17–19.30 Uhr, inkl. antiker Ausgrabungsstätte im Untergrund).

Hinter dem Baptisterium zeigt in der Via Settembrini das **Museo MADRE** (Museo d'Arte Contemporanea Donna Regina) hochkarätige zeitgenössische Kunst (www.madrenapoli.it, Mo, Mi–Sa 10.30–19.30, So bis 20 Uhr).

Zugegeben – Espresso schmeckt in Italien fast überall. Aber in Neapel ist schon die Zubereitung Kult. In der dicken *tazzuella* serviert, stark gebrannt, nur kurz gebrüht schmeckt er unübertrefflich.

10 San Lorenzo Maggiore

Zurück am Dom, führt von hier die belebte und volkstümliche Via dei Tribunali mit ihren Marktständen zur Piazza Dante. Linker Hand liegt **San Lorenzo Maggiore**, die schönste gotische Kirche der Stadt: reine provenzalische Gotik in gelbem Tuffstein. Im Kreuzgang ist der Eingang zum Complesso Archeologico, wo man unter dem heutigen Straßenniveau über einen antiken Marktplatz läuft (Piazza San Gaetano 316, Mo–Sa 9.30–17.30, So 9.30–13.30 Uhr).

11 Napoli sotterrànea

Nur ein kleines Schild über einem Toreingang in der Via dei Tribunali/Piazza San Gaetano weist auf das **unterirdische Neapel** hin. Eine Treppe führt 30 m tief unter die Erde. Griechen und Römer legten hier Aquädukte zur städtischen Wasserversorgung an, als Baumaterial diente der Tuffstein aus der Region. Während der Kriege bot das Areal den Menschen Schutz (Piazza San Gaetano 68, www.napolisotterranea.org, Führungen in Englisch tgl. 10, 12, 14, 16, 18 Uhr, Eintritt).

12 Piazza Bellini

Die **Piazza Bellini** ist das junge Zentrum der Altstadt und Symbol für den kulturellen Aufbruch Neapels. In seiner Mitte erhebt sich das Standbild des sizilianischen Opernkomponisten Vincenzo Bellini (1801–1835), der in Neapel am Konservatorium San Sebastian studierte. Um den malerischen Platz scharen sich Cafés und Bars, etwa das *caffè letterario* **Intra Moenia** (in der Nr. 70).

13 Museo Archeologico Nazionale

Von der Piazza Dante folgt man nun der Via E. Pessina in nördlicher Richtung und gelangt bald zum **Archäologischen Nationalmuseum**, das eine der wichtigsten Sammlungen antiker Kunst in Europa enthält. Im Erdgeschoss wird die

Sammlung Farnese aufbewahrt, unter den antiken Marmorstatuen sind so berühmte wie der »Farnesische Stier« oder der »Herkules Farnese«. Die Statuen, die ursprünglich aus Rom stammen, gingen im 18. Jh. durch Erbschaft ans neapolitanische Herrscherhaus der Bourbonen über.

Im ersten Obergeschoss sind Wandmalereien aus den verschütteten Vesuvstädten ausgestellt. Wer Pompeji oder Herculaneum besucht hat, kann hier die vier pompejischen Stile studieren. Das berühmteste der Mosaiken im Zwischengeschoss ist die »Alexanderschlacht« aus dem Haus des Fauns in Pompeji. Weitere Glanzlichter setzen wundervolle Mosaik-Stillleben und Tierdarstellungen, allegorische und Theaterszenen sowie schöne mosaizierte Säulen (Mi–Mo 9–20 Uhr, http://cir.campania.beniculturali.it/museoarcheologiconazionale).

14 Museo Nazionale di Capodimonte

Das zweite große Museum von Weltruhm liegt noch etwas weiter außerhalb in dem von einem großen Park umgebenen Palazzo Reale di Capodimonte. Die **Galleria Napoletana** zeigt mehr als 300 Meisterwerke des 13.–18. Jhs. In den Sälen des weitläufigen Palasts sind u. a. Gemälde von Raffael, Tizian, Caravaggio, Cranach, Breughel und Holbein zu bewundern.

Zudem besitzt das Museum eine kostbare Porzellansammlung und ein berühmtes, mit Porzellan ausgekleidetes Kabinett. Im 3. Stock zeigen Wechselausstellungen zeitgenössische Kunst (Via Miano 2, Do–Di 8.30–19.30 Uhr, http://cir.campania.beniculturali.it/museodicapodimonte, Eintritt).

15 Catacombe di San Gennaro

In Capodimonte sind auch die nahen **Katakomben** sehenswert. Sie entstanden im 2. Jh. als Grabstätte der ersten Christen Neapels. Die unterirdischen Gewölbe enthalten eine Vielzahl spätantiker und frühchristlicher Freskenfragmente (Führungen Mo–Sa 10–17, So bis 13 Uhr, Eintritt, www.catacombedinapoli.it).

Verborgene Welt: Unter dem modernen Neapel verbirgt sich ein 80 Kilometer langes Labyrinth. Griechen und Römer ließen die Zisternen zur städtischen Wasserversorgung anlegen.

Informationen

Tour 38: Stadtbesichtigung Neapel

Spaziergang, 2–3 Tage

Stationen

1 Quartieri Spagnoli
2 Sant'Anna dei Lombardi
3 Spaccanapoli
4 Santa Chiara
5 Cappella Sansevero
6 San Gregorio Armeno
7 Monte di Pietà
8 Porta Capuana
9 Dom San Gennaro
10 San Lorenzo Maggiore
11 Napoli sotterrànea
12 Piazza Bellini
13 Museo Archeologico Nazionale
14 Museo Nazionale di Capodimonte
15 Catacombe di San Gennaro

Praktische Hinweise

Man kann problemlos einen ganzen Tag in den beiden schönsten Museen (13 und 14) verbringen und seinen Besuch ausdehnen. In der Altstadt auf Handtaschen achten, teuren Schmuck im Hotel lassen.

Info

A.A.S.T.

Piazza del Gesù, Neapel • Tel. 08 15 51 27 01 • Mo–Fr 8.30–19, Sa, So 9–14 Uhr • www.inaples.it

Verkehr

Flughafen

Aeroporto Napoli-Capodichino • Tel. 08 17 89 62 59 • www.gesac.it

7 km nördlich vom Stadtzentrum, alle 20 Min. Bus bis zur Piazza Garibaldi oder zur Piazza Municipio.

Die Linie 1 der **Metro** mit von Künstlern gestalteten Stationen fährt in Nord-Süd-, die Linie 2 in Ost-West-Richtung bis Pozzuoli.

Stadtbusse verkehren im 10- bis 15-Min.-Takt bis 24 Uhr.

Offizielle Taxis sind weiß, tragen eine Nummer und sind mit Taxameter ausgestattet.

Ausprobieren sollte man die **Funicolare**, die Drahtseilbahnen zum Vomero-Hügel.

Günstig herumkommen: **Ticket »Gira Napoli«** 90 Min. (1,30 €) bzw. einen ganzen Tag (3,70 €) fahren und beliebig umsteigen.

Ins Umland

Über die Stadtgrenzen hinaus gilt für Busse, die Metrò del Mare und die Circumvesuviana-Bahn (ab Stazione Centrale über Herculaneum, Pompeji nach Sorrent) das nach Zeit- und Tarifzonen gestaffelte Ticket Unico. Infos und Fahrpläne: www.anm.it (nur Ital.), www.metro.na.it, www.eavcampania.it/web (nur Ital.).

Die Campania Artecard schließt neben vergünstigtem Museumseintritt z. T. die kostenfreie Benutzung der öffentlichen Verkehrsmittel ein (3 bzw. 7 Tage, www.campaniartecard.it). Die Tickets gibt es am Kiosk, in Tabakläden, am Flughafen sowie an Bahnhöfen, die Artecard auch in Museen.

Schiff – Inselnahverkehr

Vom Molo Beverello aus fahren Tragflügelboote *(Aliscafi)* und Autofähren nach Ischia, Procida, Capri (keine Autos in der Saison), Ponza. Tragflügelboote fahren außerdem nach Sorrent. Vom Hafen Mergellina aus verkehren Tragflügelboote nach Ischia, Procida, Capri.

Überfahrt nach Ischia und Capri: ca. 45 Min. *(Aliscafi)* bzw. 90 Min. (Fähre).

Hotel

Piazza Bellini

Zehn erfrischend modern und minimalistisch eingerichtete Zimmer mit gratis Internet, nah an der Piazza Bellini.

Via Costantinopoli 101, Neapel • Tel. 0 81 45 17 32 • www.hotelpiazzabellini.com

Restaurants

Ciro a Santa Brigida

Von Künstlern besuchtes Lokal nahe Piazza Municipio. So geschl.

Via Santa Brigida 71, Neapel • Tel. 08 15 52 40 72 • www.ciroasantabrigida.it

Il Garum

Mediterran-neapolitanische Küche. Spezialität sind Gerichte mit *Garum*, einer Sardellensoße, die schon in der Antike berühmt war. Di geschl.
Piazzetta Monteoliveto, Neapel • Tel. 08 15 42 32 28

L'Antica Pizzeria Da Michele

Die Pizza-Institution, nicht versäumen! Die Speisenauswahl ist auf das Wesentliche beschränkt. So Ruhetag.
Via Cesare Sersale 1/3, Neapel • Tel. 08 15 53 92 04 • www.damichele.net

Pizzeria Brandi

Hier wurde 1889 die Pizza Margherita für die Königin Margherita von Savoyen erfunden. Auch heute noch überzeugend gut.
Salita S. Anna di Palazzo 1/ Via Chiaia, Neapel • Tel. 0 81 41 69 28 • www.brandi.it

Nightlife

Opern- und Theaterkarten besorgt am besten die Hotelrezeption. **Jazz-, Rock-, und Popkonzerte**: Otto Jazz Club (Salita Cariati 23), Bourbon Street Jazz Club (Via Bellini 3). Kestè (Largo San Giovanni Maggiore 4).

Shopping

Die Innenstadt ist ein Shopping-Paradies. Ein originelles Mitbringsel sind die **Krippenfiguren**. Die größte Auswahl findet man in der Via San Gregorio Armeno. **Stiche und Veduten** vom Golf werden in der Via S. Maria di Costantinopoli, zwischen Piazza Bellini und Archäologischem Museum, verkauft. In der Via Toledo gibt es eine Reihe von **Lederwarengeschäften**. Neapolitanische **Musik** vom Feinsten bietet die Nuova Compagnia di Canto Popolare. CDs gibt es in guten Musikläden.

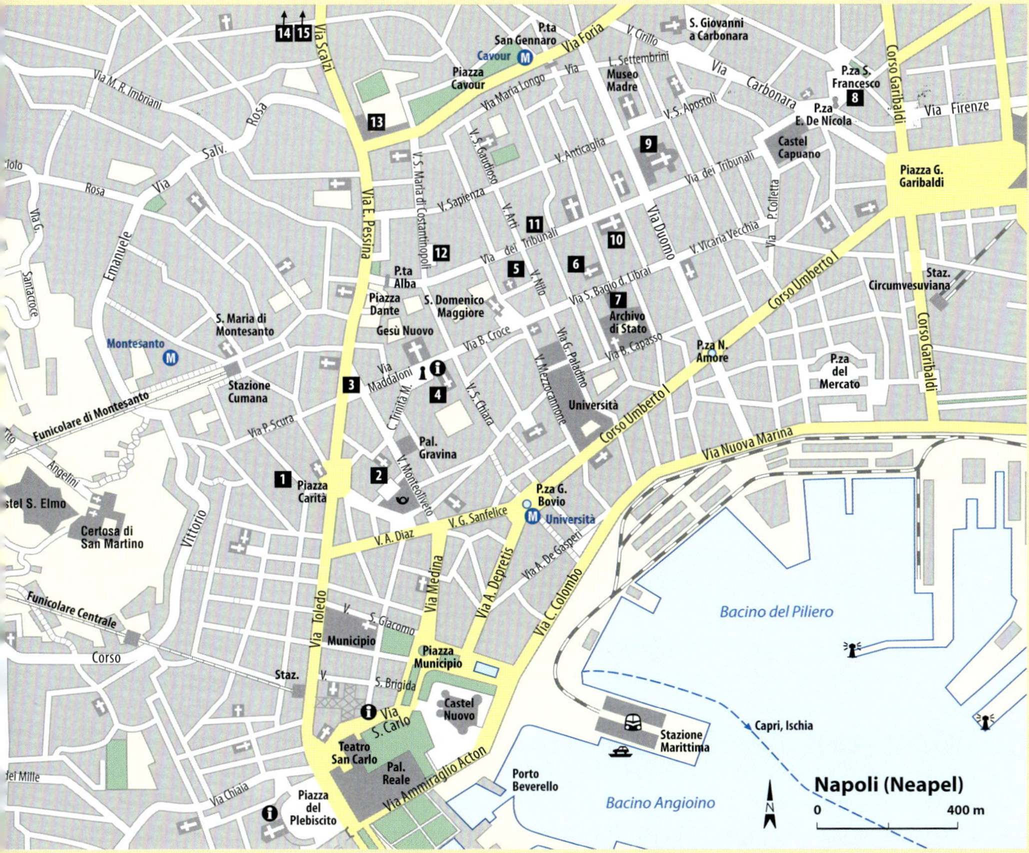

Tour 39 | **Vesuv, Herculaneum und Pompeji**

Heißer Typ

▶ GESTERN: Der mal glimmende, mal rauchende, mal ganz ruhige Vulkan Vesuv zieht seit Hunderten von Jahren Reisende an

▶ HEUTE: Die größere Faszination üben die einst unter Lava und Asche begrabenen Städte Herculaneum und Pompeji aus – ein Muss!

▶ GESTERN

Der Katastrophentourismus ist keine Erfindung unserer Zeit. Am Vesuv setzte er schon im 17. Jh. ein: Bereits wenige Monate nach dem Ausbruch von 1631, bei dem 40 000 Anwohner auf der Flucht waren und 4000 Menschen starben, fanden die ersten Exkursionen auf den Berg statt. Beim jungen europäischen Adel, der zu erzieherischen Zwecken von Land zu Land reiste, stand er ebenso auf dem Programm wie bei Johann Wolfgang von Goethe, der 1787 gleich mehrmals hinaufkraxelte und von seinem Führer schließlich gepackt und wieder hinuntergeschleppt wurde – da war der Vulkan noch so aktiv, dass heiße Lava die Flanke herunterlief.

Schon Anfang des 19. Jhs. waren Stimmen zu hören, der Berg sei überlaufen. Das hinderte geschäftstüchtige Anwohner natürlich nicht daran, 1880 die Standseilbahn *Funicolare del Vesuvio* fast bis zum Gipfel zu bauen. Im Laufe der folgenden Jahrzehnte kamen eine Schmalspurbahn, eine Zahnradbahn und ein Sessellift hinzu. Nichts davon ist mehr in Betrieb – entweder machten neue Vesuv-Ausbrüche oder der Touristenansturm den Transportmitteln den Garaus. Heute heißt es: zu Fuß gehen (allerdings nur rd. 280 Höhenmeter).

▶ HEUTE

Der letzte Ausbruch des Vesuv ereignete sich im März 1944. Seit in den 1950er-Jahren die letzte Rauchfahne über seinem Gipfel verschwand, könnte man ihn für erloschen und harmlos halten. Doch das Gegenteil ist der Fall. Vulkanologen haben unter dem Berg eine riesige Magmakammer ausgemacht, die jederzeit explodieren kann. Als ob diese Gefahr nicht existieren würde, beansprucht ein endloses Häusermeer jeden Quadratmeter bis zum Fuß des Vulkans. Wissenschaftler empfehlen schon lange eine Sicherheitszone, doch der Alltag sieht anders aus.

Doch lassen wir uns die Laune nicht verderben: Der Blick in den tiefen, rostroten Krater, der noch an einigen wenigen Stellen dampft, ist ebenso beeindruckend wie die Aussicht über den Golf.

In der »Berliner Illustrirten Zeitung« erschien im Jahr 1906 dieses Foto (oben): Ein Radfahrer ist offenbar über eine Rampe gefahren, um im nächsten Moment mitsamt Gefährt im Meer zu landen. Ob es so aussehen sollte, als würde er die Flanke des Vesuvs hinauffahren, wird ein Geheimnis der Beteiligten bleiben. Wie romantisch (Bild unten): Fischer holen in der blauen Stunde ihren Fang ein, ein wärmendes Feuer prasselt schon am Strand, während die Sonne ihre letzten Strahlen übers Wasser schickt und der Vesuv sanft in der Ferne glimmt. Vesuv-Marketing des Hotels Excelsior, Datum leider unbekannt.

Blick vom Castel Sant'Elmo auf Neapel und den Vesuv: Auch wenn Forscher sagen, dass der Vulkan jederzeit ausbrechen kann, ignoriert die Administration die Forderung nach einer Sicherheitszone.

Wer mehr Zeit in der imposanten Vulkanlandschaft verbringen möchte, findet am Parkplatz Vorschläge für farbig markierte Wanderungen unterschiedlicher Länge.

Auf dieser Tour statten Sie nicht nur dem »heißen Typen« einen Besuch ab, sondern auch einigen der größten Sehenswürdigkeiten Italiens: Herculaneum und Pompeji.

Adressen und Landkarte: Seite 291

1 Vesuv

Ausgangspunkt ist die Stadt Ercolano (Anfahrt zum Krater 18 km). Kurz nach der Ausfahrt der A 3 biegt links die Straße zum **Vesuvgipfel** ab. Sie steigt sofort bergan und windet sich zwischen Olivenbäumen und Weinreben den Berg hinauf. Unterwegs passiert man das **Besucherzentrum** des seit 1995 ausgewiesenen Parco Nazionale del Vesuvio und das **Osservatorio Vesuviano**, das 1841 weltweit als erstes vulkanologisches Observatorium eingerichtet wurde (Das Museum wird renoviert und soll im Frühjahr 2014 wieder öffnen, www.ov.ingv.it). Kurz vor der **»quota mille«** (Parkplatz) quert man den erstarrten Lavafluss von 1944. Von dort ist der Kraterrand zu Fuß erreichbar (Zugang Jan.–März, Nov., Dez. 9–15, Sept., Okt. 9–17, April, Mai 9–17.30, Juni–Aug. 9–18.30 Uhr, Eintritt/Parkplatzgebühr).

Jüngere archäologische Ausgrabungen lassen darauf schließen, dass auch die stein- und bronzezeitlichen Vorgängersiedlungen von Pompeji Vulkanausbrüchen zum Opfer fielen. Man nimmt an, dass dem Ausbruch vom Jahr 79 n. Chr. eine lange Ruhepause vorausging. Die Bewohner von Pompeji und Herculaneum hatten keine Ahnung von der Gefährlichkeit des Berges. An seinen Hängen wucherten Wein und Olivenbäume, der Krater war eine baumbewachsene Mulde.

Die Katastrophe begann am 24. August und dauerte, nach Beschreibung Plinius' d. J., drei Tage. Steine, glühende Asche und giftige Schwefeldämpfe gingen über Pompeji hernieder. Ein Fünftel der Bevölkerung, etwa 5000 Menschen, kam dabei ums Leben, darunter der Geschichtsschreiber Plinius d. Ä. Die übrigen Pompejaner konnten sich zwar retten, doch hatten sie all ihr Hab und Gut verloren, denn eine 7 m dicke Schlackenschicht bedeckte Pompeji. Kurz darauf wurde auch Herculaneum von einer Lawine aus Erde, Schlamm und halb erkalteter Lava begraben. Unter dieser Schicht haben sich sogar verderbliche Materialien wie Holz und Nahrungsmittel fast unversehrt erhalten. Die Bewohner von Herculaneum, die sich am Strand versammelt hatten, um mit Schiffen zu flüchten, wurden hier von einer 800 °C heißen Glutwolke überrascht und auf der Stelle getötet. Wenige Minuten später verschluckte der Schlammstrom ihre Leichen.

Der nächste Ausbruch erfolgte im Jahr 203, ein weiterer 473, dessen Aschenregen sogar Konstantinopel erreichte. Abgesehen von kleineren Eruptionen verhielt sich der Berg in den folgenden Jahrhunderten relativ friedlich, bis es 1631 zu einer verheerenden Katastrophe mit 3000 Toten kam. Der letzte Ausbruch ereignete sich im März 1944.

Die Höhe des Vesuvs hat sich mit jedem Ausbruch geändert, die Unterschiede betrugen teils bis zu 200 m. Heute ist der Vulkan 1277 m hoch. Als Doppelvulkan besitzt er zwei Gipfel: den eigentlichen Vesuvio, die höchste Erhebung, und den etwas niedrigeren Monte Somma (1132 m).

Otto Julius Bierbaum

… besser bekannt als Simplicissimus, war auch hier und nicht wenig enttäuscht: »Neapel, den 19. Juni 1902. (…) Ich verlange ja keinen direkten Ausbruch, aber bloß so dazustehen wie jeder andere Berg, ohne die geringste Rauchsäule, das ist für einen allgemein anerkannten und im Baedeker mit zwei Sternen versehenen Vulkan entschieden zu wenig.«

2 Herculaneum

Den Eingang zum archäologischen Gelände erreicht man über die Hauptstraße Via Ercolano. Schon der Blick von hier auf **Herculaneum** ist faszinierend, denn nirgendwo sieht man besser, dass die moderne Stadt Ercolano über den Ruinen errichtet worden ist. Noch ist längst nicht ganz Herculaneum ausgegraben. Doch die Archäologen haben es nicht leicht, denn die Bewohner von Ercolano kämpfen natürlich gegen den Abriss ihrer Häuser.

Für eine Besichtigung sind am Eingang gedruckte Führer in mehreren Sprachen erhältlich (Nov.–März 8.30–17, sonst bis 19.30 Uhr, letzter Einlass 1,5 Std. vor Schließung, Eintritt). Für die Ausgrabungen am Fuß des Vesuvs kann man Einzel- oder Sammeltickets erwerben (www.pompeiisites.org). Empfehlenswerte Audioguides werden an den Kassen verliehen!

Ein Netz rechtwinklig sich kreuzender Straßen durchzieht die Ruinenstadt. Die drei von Nord nach Süd parallel laufenden Hauptstraßen werden *Cardines* genannt (Cardo III, IV, V; Cardines I und II sind noch nicht ausgegraben), die beiden Querstraßen heißen *Decumano Inferiore* und *Decumano Massimo-Foro*; als *Insulae* bezeichnet man die angrenzenden Häuserblocks.

Hier wird nur auf die wichtigsten Häuser *(case)* aufmerksam gemacht.

Im Cardo IV findet sich die **Casa dell'Atrio a mosaico**, die eine Reihe von reich ausgeschmückten Wohnräumen und in ihrem Atrium einen dekorativen Mosaikfußboden bewahrt. Die **Casa del Tramezzo di legno**, das Haus mit der hölzernen Scheidewand, ist eines der am besten erhaltenen Wohnhäuser der Antike. Jenseits des Decumano Inferiore liegen die **Thermen** aus dem Jahr 10 v. Chr. Stuckverzierungen, Mosaikböden und Wandbemalungen verliehen dem Bad Eleganz.

An der Ecke Cardo IV/Decumano Inferiore stößt man auf die **Casa Sannitica**, eines der ältesten Häuser noch aus vorrömischer Zeit. Zwei Eingänge weiter ist in der ebenfalls vorrömischen **Casa del mobilio carbonizzato** u. a. antikes Essgeschirr zu bewundern. Es folgt die zweistöckige, sehr gut erhaltene **Casa del Nettuno**, die einem reichen Weinhändler gehörte; sein Laden lag im Erdgeschoss, wo man noch heute die für den Verkauf nötigen Gerätschaften besichtigen kann. Das Innere des Hauses wartet mit besonders schönen Mosaiken und Fresken auf.

An der Querstraße Decumano Massimo biegt man nach rechts ab zur **Casa del Bicentenario**. In

Mosaik im Nymphaeum, ein den Nymphen geweihtes Heiligtum im Haus von Neptun und Amphitrite in Herculaneum.

dieser vornehmen Villa sieht man noch Mosaiken, Fresken und Marmorböden. In einem kleinen Raum im 1. Stock ist ein Kruzifix an die Wand gemalt; hier wurde der vermutlich älteste christliche Kultraum entdeckt.

Im Cardo V ist die **Casa dei Cervi** zu bewundern, eines der am prächtigsten ausgestatteten Wohnhäuser Herculaneums. Seinen Namen »Haus der Hirsche« verdankt es einer einzigartigen Skulpturengruppe mit von Hunden gehetzten Hirschen *(cervi)*. Die wertvollsten Teile der Fresken sind abgetragen und ins Archäologische Nationalmuseum von Neapel überführt worden (siehe Seite 280). Eine Statue des trunkenen Herkules, ein »Satyr mit Weinschlauch« sowie die spielerisch-eleganten Wandmalereien sind jedoch in diesem Haus noch zu besichtigen.

Am Ende des Cardo V liegen die **Terme suburbane**, ein Badehaus mit einem schönen Portal, durch das man in die Baderäume hinuntersteigt. Zu den bedeutendsten Funden gehört auch die **Villa dei Papiri** (1. Jh. v. Chr.), die außerhalb der Ruinenstadt steht. Hier hat man eine wertvolle Bibliothek ausgegraben, die heute im Nationalmuseum von Neapel zu sehen ist.

Auf der Strada del Vesuvio geht es nun nach Torre del Greco und Torre Annunziata: Beispiele für die hemmungslose Bauwut am Golf.

3 Torre del Greco

Mehrfach zerstörten Lavaströme des Vesuvs den Ort im Lauf seiner Geschichte. Bekannt ist er wegen der traditionellen **Korallenverarbeitung**, die immer noch floriert. Die Rohkorallen stammen inzwischen aus fernen Meeren, die wenigen Korallenarten im Mittelmeer sind streng geschützt. Ohne Bedenken kann man im örtlichen Korallenmuseum die Kunstfertigkeit der Korallenschnitzer bestaunen (**Museo del Corallo**, Piazza Luigi Palomba 6, Mo–Sa 9 bis 12 Uhr).

4 Torre Annunziata

In der lebhaften Industriestadt (48 000 Einw.) haben viele Neapolitaner (Schwarz-)Arbeit gefunden. Hier erstreckt sich der traditionelle Volksbadestrand. Seit 1967 wird im Südosten der Stadt eine zu Pompeji gehörende römische Kaiservilla freigelegt, in der ein monumentaler Freskenzyklus erhalten ist: die luxuriöse **Villa Oplontis** mit 37 Räumen, einem Atrium, Innenhöfen und Gärten. Eine schöne, von Statuen umstandene riesige Schwimmbeckenanlage vor der Villa bot den Bewohnern sommerliche Erfrischung (Nov.–März 8.30–17, sonst bis 19.30 Uhr, letzter Einlass 1,5 Std. vor Schließung, Eintritt). Von Torre Annunziata sind es nur wenige Kilometer nach Pompeij.

5 Pompeji

Die ältesten Funde **Pompejis** reichen bis ins 6. Jh. v. Chr. zurück. Der hier ursprünglich siedelnde italische Volksstamm geriet jedoch schon bald unter die Herrschaft der Griechen von Cumae und Neapolis. Eine Reihe von Bauten zeugt stilistisch von dieser Siedlungszeit. Seine eigentliche Prägung, die noch heute vorhanden ist, erhielt Pompeji vorrangig zur Zeit der Römer, die die Stadt 89 v. Chr. unter Konsul Sulla eroberten.

Das reiche Pompeji, ein ganzjährig bewohnter Villenort wohlhabender Römer, besaß eigene Industrie. Quellen des Reichtums waren die fruchtbaren Vesuvhänge und das Meer. Pompeji exportierte Wein, Olivenöl, Rosenessenz, Textilien aus Schafwolle sowie Fisch, der in Amphoren konserviert wurde. Einen Großteil der Arbeit erledigten Sklaven, die 40 % der Bevölkerung stellten.

Der Katastrophe von 79 n. Chr. ging im Jahr 62 ein Erdbeben voraus, das viel Zerstörung brachte. Als der Vulkan ausbrach, befand sich Pompeji vielerorts noch im Wiederauf- bzw. Umbau. Die reichen Pompejaner hatten die Beschädigungen durch das Erdbeben zum Anlass genommen, ihre Stadt noch prächtiger zu gestalten. Nach der Vulkankatastrophe geriet Pompeji für anderthalb Jahrtausende in Vergessenheit.

Pompeji als Stadt bleibt trotz des an ihr betriebenen Raubbaus wegen der immer noch sehr zahlreich verbliebenen Mosaiken und Wandmalereien einzigartig. Wie in den heutigen italienischen Städten gibt es eine Piazza (Forum) mit Kirche (Apollontempel) und Rathaus (Curiae), Markthalle (Macellum), Börse und Gerichtsgebäude (Basilika). Man kannte die Einrichtung der Fußgängerzone (das Forum war für Fahrzeuge gesperrt), Graffiti schmückten die Wände: heilige, obszöne, informative und vergängliche.

Das **Ausgrabungsgelände** ist so reich an Häusern und Villen, dass hier nur einige wenige erwähnt werden können. Am Eingang gibt es Gratispläne und Führer. Der Rundgang erfordert mehrere Stunden (Nov.–März 8.30–17, sonst bis 19.30 Uhr, letzter Einlass 1,5 Std. vor Schließung, Eintritt, www.pompeiisites.org).

Die luxuriösen **Terme Suburbane** vor der Porta Marina können nach Voranmeldung an der Kasse (kein Aufpreis) besichtigt werden. Erotische Wandfresken verraten, dass hier auch Prostituierte ihre Dienste anboten.

Beim Haupteingang, der Porta Marina, beginnt die Via Marina. Sie mündet auf dem **Forum**, dem politischen, religiösen und wirtschaftlichen Zentrum Pompejis, zugleich Kernstück des ältesten Stadtteils. Schon in der Antike bezauberte der Blick von diesem lang gestreckten Platz, den ursprünglich an drei Seiten überdachte Säulenkolonnaden umgaben. Die wichtigsten öffentlichen Gebäude grenzen daran: Der Apollontempel links, das größte Heiligtum der Stadt, wurde bereits im 6. Jh. v. Chr. gegründet und unter römischer Herrschaft stark verändert. Dem Tempel gegenüber liegt die Basilika, einst Börse und Gerichtsgebäude (2. Jh. v. Chr.). Der ans Forum grenzende Bau der Eumachia mit Säulenportikus und reliefgeschmücktem Portal war Sitz der Tuchhändler, der wichtigsten und wohlhabendsten Zunft Pompejis. Es folgt der Vespasianstempel, ein dem Kaiserkult geweihtes Gebäude.

Auf der Via degli Augustali erreicht man das **Lupanar**, Pompejis Freudenhaus. Wegen seiner erotischen Darstellungen und obszönen Graffiti darf es erst seit den 1950er-Jahren auch von Frauen besichtigt werden. Es ist jedoch weit weniger schockierend, als man meint.

An der Via dell'Abbondanza liegen die sog. **Stabianer Thermen**. Diese größte und älteste Badeanstalt, in der Männer und Frauen getrennt badeten, besaß ein Bassin unter freiem Himmel. Sehenswert sind die Stuckarbeiten und Malereien im Männerbad. Es gibt mehrere Baderäume (Warm- und Kaltwasserbäder, Umkleide- und Ruheräume), die von der hochentwickelten Badekultur der Römer zeugen. Die Thermen waren beheizt: Durch die eingestürzten Fußböden kann man in die Heißluftkammern blicken.

Am Ende der Via dei Teatri erstreckt sich das **Foro Triangolare**. Dieser Komplex, einer der eindrucksvollsten Orte der Ruinenstadt, diente schon in vorrömischer Zeit als Kultstätte. Im südlichen Teil stand ein griechischer Tempel aus dem 6. Jh. v. Chr., von dem noch Säulen und einige Kapitelle erhalten sind, sowie ein Brunnenhaus

Im Herzen von Pompeji: In vorrömischer Zeit dürfte das Forum als Marktplatz gedient haben.

(2. Jh. v. Chr.). Die vier Säulen am nördlichen Ende, das Propyläum, stammt hingegen aus römischer Zeit.

Im kleinen Säulenhof einer samnitischen Palästra wurde die vornehme Jugend Pompejis erzogen. Nach dem Erdbeben von 62 entstand auf einem Teil der Palästra ein **Isistempel** auf hohem Podium: Der ägyptische Isiskult war in Pompeji hoch angesehen. Ein kleiner, stuckverzierter Bau im Inneren führt zu einem unterirdischen Becken mit Weihwasser aus dem Nil. Die Fresken aus den anschließenden Priesterräumen zeigt heute das Nationalmuseum in Neapel.

Inmitten des Gebäudekomplexes lagen zwei Theater. Das kleinere, **Odeon** oder **Teatro Piccolo**, wurde um 80 v. Chr. erbaut. Die Stufen des Halbrunds sind fast vollständig erhalten. Das 220 v. Chr. im griechisch-hellenistischen Stil errichtete **Teatro Grande** bot 5000 Zuschauern Platz und diente u. a. für Gladiatorenkämpfe. Im Juli/August finden im Amphitheater und Teatro Grande die Musik- und Theaterfestspiele Classico Pompeiano mit renommierten Künstlern statt. Termine und Karten über die E. P. T. (siehe Seite 291).

Randale im Stadion

Das Amphitheater von Pompeji, 80 v. Chr. erbaut, ist das älteste erhaltene Amphitheater. 20 000 Menschen fanden hier Platz. Im Jahr 59 n. Chr. soll es zu blutigen Kämpfen zwischen den Zuschauern gekommen sein. Daraufhin wurde das Theater für zehn Jahre geschlossen.

Weiter östlich erreicht man mit der **Casa di Menandro** eines der repräsentativsten Häuser von Pompeji. Das herrschaftliche Stadthaus war über 300 Jahre hinweg bewohnt; das kleine, stuck- und mosaikverzierte Privatbad hat die Jahrhunderte gut überstanden.

Die **Via dell'Abbondanza**, die Hauptgeschäftsstraße mit Handwerksläden, Garküchen, Schankstuben, Webereien, Färbereien und Bädern, zieht sich vom Forum bis ans Ende des Ausgrabungsareals. Ins schwarze Basaltpflaster sind in Abständen Trittsteine eingelassen, damit die Fußgänger trockenen Fußes über die Straße kamen.

Das wohl berühmteste Haus des Ausgrabungsgeländes ist die **Casa dei Vetti** aus den letzten Jahrzehnten Pompejis, die üppig mit Wandmalereien ausgestattet ist. Am Eingang rechts zeigt ein pikantes kleines Fresko einen Priapus (Fruchtbarkeitsgott) mit einem Riesenphallus, den er kaum zu halten vermag. Um das Atrium herum gruppieren sich die ausgemalten Räume: links ein in Gelb gehaltener Raum, wo unter einem Fries mit Fischen und mythologischen Szenen die verlassene Ariadne sowie Hero und Leander zu erkennen sind. Im benachbarten weißen Raum faszinieren das Abbild des Zeus sowie der Leda mit dem Schwan; ein weiterer Raum ist ebenfalls mit mythologischen Wandmalereien ausgestattet. Danach betritt man das Peristyl, einen schönen säulenumstandenen Innengarten. Der große Raum an der Schmalseite birgt die berühmtesten Motive: Auf einem schwarzen Fries sind Amoretten bei der Verrichtung alltäglicher Arbeiten dargestellt, in der Mitte der Felder legendäre Liebespaare. Dominierend sind Pompejisch-Rot und Schwarz.

Pompejis größtes Haus, die **Casa del Fauno**, besitzt mehrere Innenhöfe (Atrien), einen Obstgarten, vier Speisezimmer (Triklinien) und eine Reihe weiterer Räume. Hier wurden einige der schönsten Mosaiken gefunden, u. a. die »Alexanderschlacht« (Kopie vor Ort, Original im Nationalmuseum von Neapel). Auch das Original der Bronzestatuette, ein tanzender Faun, der dem Haus seinen Namen gab, ist zu sehen. Berühmt ist das Bodenmosaik im Eingang der Casa del Poeta Tragico : ein Kettenhund samt der Inschrift »Cave canem« (Vorsicht vor dem Hund).

Wer die antike Pracht etwas sacken lassen möchte, macht sich an die **Umrundung des Vesuvs**. Die Straße und auch die Bahnlinie verlaufen dicht an der Nationalparkgrenze, was stets neue Ausblicke auf den Vulkankegel ermöglicht. Die Orte Terzigno, Ottaviano oder Somma Vesuviana sind touristisch nicht erschlossen und galten lange als Camorra-Hochburgen.

Informationen

Tour 39: Rund um den Vesuv

Autotour, 3–4 Tage, ca. 90 km

Stationen

1 Vesuv
2 Herculaneum
3 Torre del Greco
4 Torre Annunziata
5 Pompeji

Praktische Hinweise

Für die Fahrt **auf den Vesuv** empfiehlt sich ein Pkw, es fahren aber auch regelmäßig Linienbusse ab dem Bahnhof von Ercolano. Für die **Umrundung des Vesuvs** bietet der Wagen Vorteile gegenüber der Bahn, ist aber nicht zwingend notwendig. Die Ausgrabungsstätten und die Orte an der Küste lassen sich gut mit der **Circumvesuviana-Bahn** erreichen, die ab Neapel fährt. Besonders schön, weil relativ ruhig, ist der Besuch in der Vor- und Nachsaison; ansonsten hilft nur früh da zu sein, damit man bis zum Eintreffen der ersten Busse noch ein wenig die Stille genießen kann. Genügend Zeit einplanen, für Pompeji mindestens einen halben Tag. Für die archäologischen Stätten Pompeji, Herculaneum, Villa Oplontis u. a. ist ein 3 Tage gültiges Sammelticket erhältlich (20 €, erm. 10 €, www.pompeiisites.org).

Info

E.P.T. Ente Provinciale per il Turismo di Pompeji
Via Sacra 10, Pompei • Tel. 08 18 50 72 55 • www.pompeiturismo.it

Verkehr

Die Circumvesuviana-Bahn fährt nach Neapel und Sorrent, www.eavcampania.it/web

Hotels

Hotel Diana Pompei
Nur 5 Min. zu Fuß zu den Ruinen, trotzdem recht ruhig. Hübscher Innengarten mit Zitrusbäumen, sauber, klein, persönlich und freundlich.
Vicolo Sant'Abbondio 12, Pompei • Tel. 08 18 63 12 64 • www.pompeihotel.com

Villa Laura
Kleines, freundliches und helles Hotel mit Garten in der Nähe des Bahnhofs.
Via della Salle 13, Pompei • Tel. 08 18 63 10 24 • www.villalaurapompei.com

Restaurants

Il Principe
Elegantes Feinschmeckerlokal im Zentrum mit Lounge Room und Wine Bar.
Piazza Bartolo Longo 1, Pompei • Tel. 08 18 50 55 66 • www.ilprincipe.com

Internazionale
Selfservice in der Archäologischen Zone neben den Forumsthermen.
Pompei • Tel. 08 18 61 07 77

Tour 40 | **Ischia**

Die Insel ist der Star

▶ GESTERN: Für Hollywood war Ischia die perfekte Filmkulisse, das typische Italien – Welterfolge wurden hier gedreht

▶ HEUTE: Filmkenner und -fans erleben bei einer Inselrundfahrt ein Déjà-vu nach dem anderen

▶ GESTERN

Hollywood brauchte nicht lange, um die kleine Insel im Golf von Neapel als die perfekte Italien-Kulisse auszuloten, und so wurde Ischia ein begehrter Drehort. Der 1952 produzierte Piratenfilm »Der Rote Korsar« spielt zwar in der Karibik, doch gedreht wurden die Abenteuer von Kapitän Vallo (in der Hauptrolle Burt Lancaster) auf Ischia. Großen Bahnhof gab es 1963 bei der Produktion des mit fünf Oscars ausgezeichneten Monumentalfilms »Cleopatra«. Viele Inselbewohner durften neben den Superstars Liz Taylor, Richard Burton und Rex Harrison als Komparsen mitwirken. Aber auch der deutsche Film liebte Ischia, etwa in dem Musikfilm »Freddy und der Millionär« mit Freddy Quinn (1961). Die italienisch-amerikanische-britische Gaunerkomödie »Jagt den Fuchs« mit Peter Sellers und der schwedischen Sexbombe Britt Ekland wurde zumindest teilweise auf Ischia gedreht. Und ein Thriller der Krimi-Autorin Patricia Highsmith wurde sogar gleich zweimal hier verfilmt: 1960 mimte Alain Delon in »Nur die Sonne war Zeuge« den jungen Amerikaner Tom Ripley, der einen in Italien lebenden Millionärssohn tötet und dessen Identität annimmt, 1999 gab es ein Remake mit dem (Original-)Titel »Der talentierte Mr. Ripley« mit Matt Damon in der Rolle des Bösewichts. Ob Krimi oder Klamauk – Ischia im Kino hat die weltweite Sehnsucht nach Italien fleißig mitgeschürt.

▶ HEUTE

Seit 2002 wird jedes Jahr das Ischia Filmfestival veranstaltet. Im wunderschönen Castello Aragonese (siehe Seite 294) werden Spielfilme, Kurzfilme und Dokumentationen gezeigt und ausgezeichnet, wobei ein Fokus – und das passt zu Ischia – auf Filmschauplätzen liegt.

Landkarte: Seite 295, Adressen: Seite 298/299

1 Ischia Porto

Ischia-Stadt, der gleichnamige Hauptort der vulkanischen Insel, besteht aus zwei Teilen: dem neueren, mondäneren Ischia Porto und dem alten

Die Hauptdarsteller Jack Lemmon und Juliet Mills während einer Drehpause des Films »Avanti, Avanti!« auf Ischia. In dieser Billy-Wilder-Komödie aus dem Jahr 1972 spielt Jack Lemmon einen erzkonservativen amerikanischen Industriellen, der nach Italien fliegt, um die Leiche seines verunglückten Vaters nach Hause zu holen. Dort erfährt er, dass sich sein kreuzbraver Dad auf Ischia viele Jahre mit seiner Geliebten traf. Die Ereignisse überschlagen sich, als er sich in deren Tochter verliebt ...

Stadtkern Ischia Ponte. **Ischia Porto** erstreckt sich östlich des fast kreisrunden Hafens, der ursprünglich ein Krater war und 1854 zum Meer hin geöffnet wurde. Zum Hafenbecken hin richtet sich die Piazza del Redentore mit der klassizistischen Kirche Santa Maria di Portosalvo, erbaut 1854 bis 1856 zu Ehren des Hafendurchbruchs. Heute reiht sich am Kai Taverne an Taverne, in den warmen Sommernächten scheint hier das lebhafte Treiben nicht mehr enden zu wollen. Hauptstraße ist die Via Roma, die in den Corso Vittoria Colonna übergeht und zum Bummel durch die eleganten Geschäfte oder zum Verweilen in einem der Restaurants und Cafés einlädt. Östlich davon führt der Weg nach Ischia Ponte.

2 Ischia Ponte

Am äußersten östlichen Zipfel liegt der alte Stadtkern **Ischia Ponte** mit seinen verwinkelten Gassen und farbigen kleinen Gebäuden. Über eine schmale Brücke gelangt man auf den sog. Isolotto, der beherrscht wird vom 1438 errichteten **Castello Aragonese**. Heute ist die Burganlage teilweise verfallen und befindet sich in Privatbesitz; im ehemaligen Konvent ist eine Pension und zu seinen Füßen eine Diskothek eingerichtet. Erreichbar ist das Kastell mit einem Aufzug oder durch einen 475 m langen Tunnelgang (März–Dez. tgl. 9–19 Uhr). Zu sehen sind die Ruinen der alten Kathedrale und das ehemalige Klarissenkloster. Dort gab es einen makaber anmutenden unterirdischen Friedhof: Die verstorbenen Nonnen wurden auf in die Mauer gehauene Stühle gesetzt. Von der Aussichtsterrasse über dem Kastell, die man vorbei an den Resten der kleinen achteckigen Renaissancekirche San Pietro a Pantaniello erreicht, bietet sich ein traumhafter Blick über den gesamten Golf.

Zurück in Ischia Porto geht es entlang der Küste nach Casamicciola Terme, einem der größten Zentren für Thermalkuren.

3 Casamicciola Terme

Der Ort an der Nordküste Ischias ist über die rund um die Insel führende S.S. 270 erreichbar. Zusammen mit Ischia Porto und Lacco Ameno

Castello Aragonese: Die auf einer Felseninsel – entstanden bei einem Vulkanausbruch – gelegene Festung ist durch eine gemauerte, 200 Meter lange Brücke mit Ischia Ponte verbunden.

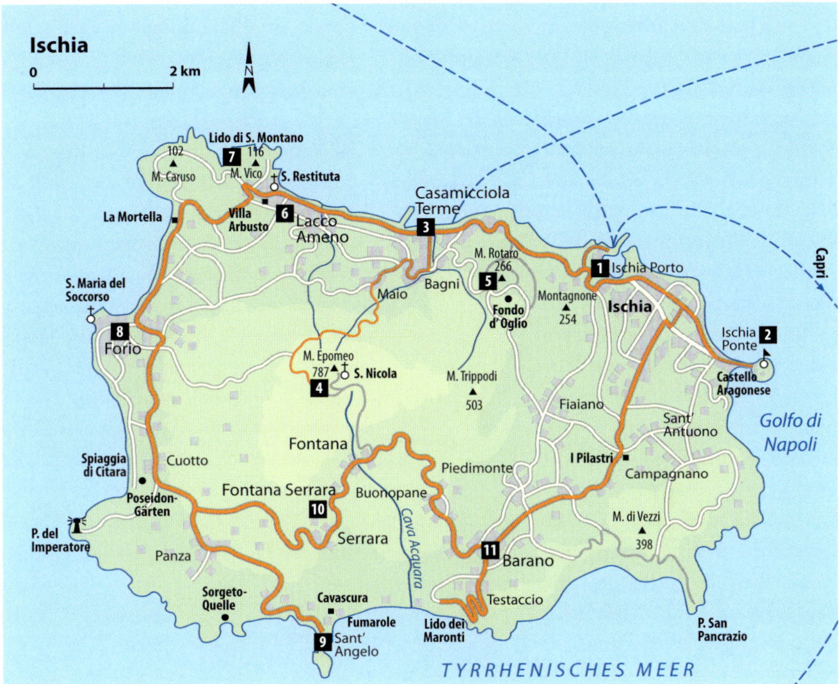

bildet **Casamicciola Terme** das eigentliche Kurgebiet der Insel. Hier entspringen die meisten Quellen. Viele Hotels und Pensionen besitzen eigene Thermalkomplexe und sind auf Kuren und Wellness spezialisiert. Der schön auf Terrassen angelegte Parco Termale Castiglione hält zudem ein großes Wellness- und Sportangebot bereit (Via Castiglione 62, Tel. 0 81 98 25 51, www.termecastiglione.it).

Der etwa halbstündige Spaziergang hinauf zur **Sentinella** wird mit einem tollen Blick über die Dächer Casamicciolas belohnt.

4 Monte Epomeo und 5 Monte Rotaro

Die Hänge des **Monte Epomeo** (787 m) hinter Casamicciola sind sehr einladend, die Wege zum Gipfel hinauf gut begehbar (alternativer Weg: siehe Station 10). Ziel einer weiteren kleinen Wanderung von Casamicciola aus ist der **Monte Rotaro** (266 m). Der Weg führt am Krater Fondo d'Oglio vorbei, der zwar erloschen, doch noch reich an Fumarolen ist.

6 Lacco Ameno und 7 Lido di San Montano

Verlässt man Casamicciola in Richtung Westen, so kommt bereits nach kurzer Fahrt die elegante Reede von **Lacco Ameno** in Sicht. Davor ragt ein in Pilzform ausgewaschener Felsen, »Il Fungo«, aus dem Wasser, das malerische Wahrzeichen des Ortes. Lacco Ameno steht auf historisch bedeutsamem Boden: Hier entstand vor rund 2600 Jahren die erste griechische Siedlung (Pithekoussai) auf Ischia. Die sehenswerten Fundstücke aus dieser Zeit sind in der Villa Arbusto ausgestellt (Corso Rizzoli 210, Di–So 9–13 und 16–20 Uhr).

Ein weiteres kleines Museum mit Exponaten aus Antike und frühchristlicher Zeit beherbergt die Krypta der Kirche Santa Restituta, die den eleganten Platz vor dem Rathaus beherrscht (Mo–Sa 9.30–12.30 und 16.30–18, So 9.30–12.30 Uhr). Um die Heilige, die der Piazza den Namen gab, rankt sich eine Legende: Die frühchristliche Märtyrerin soll an der nordafrikanischen Küste gefesselt in einem Boot ausgesetzt und im Jahr 282 hier an Land gespült worden sein. Seitdem ist sie die Schutzpatronin der Insel, der im Mai drei Festtage gewidmet sind.

Lacco Ameno zur Seite erhebt sich der Monte Vico, ein kleines, ins Meer hinausragendes Vorgebirge, auf dem in einmaliger Lage das Hotel San Montano thront (Adresse siehe Seite 299). Gleich dahinter öffnet sich der beliebte und sehr gepflegte **Lido di San Montano** mit einem Thermalschwimmbecken.

Im modernen Lacco Ameno hat sich die Hautevolee niedergelassen. In deren Welt kann man beim Spaziergang vorbei an den vornehmen Villen zur Punta Caruso und zur wundervollen Badebucht San Montano eintauchen. In der Nähe liegt der Parco Termale Negombo, eine der schönsten Thermalanlagen der Insel. Üppige Vegetation, terrassenförmig angelegt mit Blick auf die Bucht von San Montano (Via San Montano, Tel. 0 81 98 61 52, www.negombo.it, April–Okt.).

Bäuerliches Erbe

Lange war Forio ein beliebtes Künstlerdomizil und wurde erst spät für den Tourismus entdeckt. Ein Gang durch die pittoresken Gassen mit ihren Bogen, Loggien und Treppen lässt die bäuerliche Vergangenheit noch erahnen.

8 Forio

In **Forio** ist das Tagesziel erreicht, damit noch genügend Zeit für die Poseidon-Gärten bleibt. Der in seinem Kern mittelalterliche Ort liegt an der Westseite der Insel; Kuppeln und Türme überragen weiße kubische Häuser. Beliebter Aussichtspunkt und Wallfahrtsziel ist die strahlend weiße Kirche Santa Maria del Soccorso aus dem 16. Jh. auf einer kleinen Anhöhe. Im Innenraum zeugen maritime Votivtafeln, Heiligenfiguren und Schiffsmodelle von ihrer Funktion als Schutzkirche der Seefahrer und Fischer. Die kleinen Altäre sind kunstvoll mit Marmor verziert.

Südlich von Forio am Strand von Citara liegen die **Poseidon-Gärten**, ein paradiesisch ausgestatteter Thermalpark mit üppiger exotischer Vegetation (Tel. 0 81 90 71 11, www.giardiniposeidonterme.com, April–Okt. tgl. 9–19 Uhr).

Herrlich ist auch der Terrassengarten **La Mortella** nördlich von Forio, den der englische Komponist Sir William Walton über Jahrzehnte hinweg schuf (Via Francesco Calise 39, April–Okt. Di, Do, Sa, So 9–19 Uhr, www.lamortella.org).

9 Sant'Angelo

Am nächsten Morgen geht es nach **Sant'Angelo**, einem ehemaligen Fischerdorf, das malerisch auf einer winzigen Landzunge liegt. Der Ort ist ein beliebtes, exklusives Touristennest geworden, frei von Autos und nur über Treppchen und schmale Steige begehbar. Alles, was man braucht, wird von Mauleseln transportiert.

Westlich des Dorfs erstreckt sich ein Strand, der reich ist an Fumarolen und heißen Quellen. Das herrliche Aphrodite Apollon Sea Resort & Spa steht den Poseidon-Gärten in Forio kaum nach (Tel. 0 81 99 92 19, April–Nov. tgl. 8–18 Uhr, www.hotelmiramare.it). Aber Vorsicht! Der Sand bei den Fumarolen ist so heiß, dass man darauf Eier kochen könnte.

Nur einen kurzen Fußmarsch vom Strand entfernt liegen in einem tief eingeschnittenen Tal die Thermen von Cavascura aus römischer Zeit mit ihren in den Felsen gehauenen Badekammern. Sie sind bis heute unverändert in Betrieb (Via Cavascura, Tel. 0 81 99 92 42, Mitte April–Okt. tgl. 8.30–18 Uhr, www. cavascura.it).

10 Fontana Serrara mit Monte Epomeo

Nun geht es ein Stück zurück Richtung Forio und dann rechts hinauf. **Serrara Fontana** ist ein Konglomerat von mehreren kleinen Bergdörfern. Von Sant'Angelo ist die Ortschaft entweder über die Straße oder über Treppenwege zu erreichen. Serrara Fontana ist der Ausgangspunkt für die Exkursion auf den **Monte Epomeo**. Der Berg, geologisch eine vulkanische Bruchscholle, erreicht 787 m. Die Krater sind seit dem 15. Jh. erloschen. Davor sollen sie beständig Glut und Feuer gespuckt haben, sodass die Insel den Seefahrern als natürlicher Leuchtturm diente.

Auch die Kanzlerin war schon da: Angela Merkel wollte Ostern 2013 ein paar ruhige Tage in Sant'Angelo verbringen. Gestört wurde die Ferienidylle allerdings durch viele Paparazzi. Ob sie wiederkommt?

Der kürzeste und am häufigsten gewählte Weg auf den Gipfel beginnt in Fontana 14 (ca. 1 Std.). Den Aufstieg kann man auch auf dem Eselsrücken unternehmen.

Spannender ist der Weg von Serrara am Hang entlang, der den Wanderer über die sogenannten Falanga mit Blick auf Forio zum Gipfel bringt (ca. 2 Std.). Die lochartigen Grotten in der Falanga dienten in den vergangenen Jahrhunderten übrigens zur Aufbewahrung von Schnee: In die Hohlräume gestopft und mit Kastanienlaub und Stroh bedeckt, hielt er den ganzen Sommer über. In gut isolierten Körben wurde er auf Eselsrücken runter in die Ortschaften geschafft und dort zu Speiseeis verarbeitet.

Unweit des Gipfels steht die ehemalige **Einsiedelei San Nicola** mit der gleichnamigen, in den Fels gehauenen Kapelle. Das Kloster mit seinen direkt in den Tuffstein geschlagenen Zellen ist heute ein beliebtes Ausflugslokal (Ristorante La Grotta). Von dort hat man einen großartigen Blick über Ischia, bei klarer Wetterlage von Capri bis zu den Pontinischen Inseln. Von der ehemaligen Klosterzelle Nr. 8 heißt es, dass die Mönche sie früher für junge Liebespaare bereithielten, die sich hierher flüchten konnten, wenn ihre Familien gegen ihre Vereinigung waren.

11 Barano und Umgebung

Der am wenigsten bekannte Teil der Insel ist die Gegend um **Barano** mit mehreren nah beieinander liegenden Bergdörfern (der Strand von Maronti gehört ebenfalls zur Gemeinde). Die Bevölkerung lebt noch weitgehend von Weinbau und Kleintierzucht. Das, was Weinberg und Ställe hervorbringen, wird in zahlreichen Tavernen längs der Straße angeboten. Der Ort Barano bietet sich als Ausgangspunkt für eine Reihe reizvoller Abstecher zu Fuß und mit dem Auto an. Zwei kleinere Straßen führen ins Inselinnere, die eine zum Bergdorf **Buonopane** die andere nach **Fiaiano**. Ein kurvenreiches Sträßchen windet sich über den Ort Testaccio hinunter zum berühmten Lido dei Maronti, einem herrlich gelegenen, breiten Sandstrand von 2 km Länge; er schließt im Osten an den Fumarolen-Strand von Sant'Angelo an. Nehmen Sie sich hier viel Zeit, bevor es durchs Inselinnere zurück nach Ischia-Stadt geht.

Informationen

Tour 40: Rund um Ischia

Autotour, 2 Tage, ca. 60 km

Stationen

1 Ischia Porto
2 Ischia Ponte
3 Casamicciola Terme
4 Monte Epomeo
5 Monte Rotaro
6 Lacco Ameno
7 Lido di San Montano
8 Forio
9 Sant'Angelo
10 Fontana Serrara mit Monte Epomeo
11 Barano und Umgebung

Praktische Hinweise:

Die Inselrundfahrt macht man am besten mit dem eigenen Auto; wer ohne unterwegs ist, findet in Ischia-Stadt mehrere Autovermietungen.

Info

A.A.S.T.

Via Sogliuzzo 72, Ischia Porto • Tel. 08 15 07 42 11 • www.infoischiaprocida.it

Verkehr

Schiffsverbindungen

Ischia Porto: Autofähren nach Neapel, Molo Beverello (über Procida) und Pozzuoli.
Ischia Porto und Casamicciola: Tragflügelboote nach Neapel. In der Saison Ausflugsboote nach Capri. Die Autofähre ab Pozzuoli ist weniger überfüllt und billiger, die Strecke kürzer (ca. 1 Std.).

Inselrundfahrt im Boot

Während der Saison legen in Ischia Porto tgl. mehrmals Touristenboote zu einer Inselrundfahrt ab. Je nach Anbieter stehen Landgänge und Badeaufenthalte auf dem Programm, sodass die Dauer variiert (3 Std. bis 1 Tag). Die meisten Boote steuern Sant'Angelo zu einem Zwischenaufenthalt an.
Für ein wenig Trinkgeld zeigt der Steuermann die Meeresskulpturen. Ischia ist umringt von Tuffsteingebilden, die das Meer und der Wind zu seltsamen Figuren geformt haben – wie Il Fungo (»Pilz«) vor Lacco Ameno. Mit etwas Fantasie erkennt man einen »Elefanten«, einen »Riesen« oder aber eine »schlafende Schöne«.

Busverbindungen

Das Busnetz auf Ischia ist gut organisiert. Von Ischia Porto zu allen Ortschaften der Insel. Info im SEPSA-Büro, Via M. Mazzella, Tel. 0 81 99 18 08. Tickets am Kiosk.

Hotels

Die Insel Ischia ist reich ausgestattet mit Hotels jeder Preisklasse. Fast alle Häuser bieten nur Voll- oder Halbpension an, und die meisten schließen im Winter. Hotels ab der mittleren Preisklasse verfügen fast immer über eigene Thermal- und Kuranlagen. In vielen Hotels ist in der Regel ein größeres Kontingent für Pauschalreisende reserviert. Oft ist eine Pauschalreise nach Ischia die günstigste Variante. Ein Hotelverzeichnis und die Möglichkeit zur Online-Buchung finden Sie z. B. unter www.ischia.italyhotels.it.

Ischia-Stadt

Hotel

Villa Antonio

Auf Klippen gegenüber dem Castello Aragonese gelegen, Terrasse und Meerblick. Thermalbecken. Nur Frühstück. Hier kann man auch Sprachkurse machen. April–Mitte Okt.
Via SS. Giovanni G. della Croce 77, Ischia Ponte • Tel./Fax 0 81 98 26 60 • www.villantonio.it

Restaurants

Cocò

Gutes Fischlokal an der Brücke zum Castello, abends Bar. Jan./Febr. geschl., Mi Ruhetag.
Piazzale Aragonese, Ischia Ponte • Tel. 0 81 98 18 23

Mezzanotte

Sympathisches Fischrestaurant am Hafen, das auch Pizza serviert.
Via Porto 78, Ischia Porto • Tel. 0 81 98 16 53

Aktivitäten

Tennis

Die Insel verfügt über ausreichend Tennisplätze; die meisten gehören zu Hotelkomplexen, sind jedoch auch Nicht-Gästen zugänglich.

Surfen

An den Stränden von Forio und Maronti gibt es Surfschulen und Bretter zum Leihen.

Segeln

In den Häfen von Ischia Porto und Casamicciola können Boote ausgeliehen werden.

Tauchen

Taucher bevorzugen die felsige Südküste, östlich von Sant'Angelo befindet sich ein sehr beliebtes Revier.

Wandern

Ischia ist ein ideales Gebiet für kürzere und längere Wanderungen. Allerdings darf man keine perfekt ausgeschilderten und unterhaltenen Wege erwarten, sondern geht überwiegend auf den Trampelpfaden der Hirten und Eseltreiber. Gutes Schuhwerk ist unbedingt notwendig, um heil über das schüttere, scharfkantige Lavagestein zu kommen. Genügend Trinkwasser darf im Wandergepäck nicht fehlen.

Ischia Ponte

Restaurant

Da Ciccio

Unter den zahlreichen Restaurants an der Via Luigi Mazzella zeichnet sich dieses durch Gemütlichkeit und gute lokale Fischgerichte aus.
Via Luigi Mazzella 32, Ischia • Tel. 0 81 99 16 86

Casamicciola

Hotels

La Madonnina

Privatstrand, natürliches Thermalbecken, Zimmer mit Meeresblick. Halbpension. Mitte April–Aug.
Via Panoramica 8, Casamicciola • Tel. 0 81 99 40 62 • www.hotellamadonnina.it

Terme Elisabetta

Renovierte alte Villa in schöner ruhiger Lage. Hier ist man auf Kurbehandlungen spezialisiert. April–Okt.
Corso Giuseppe Garibaldi 115, Casamicciola • Tel. 0 81 99 43 55 • www.hoteltermeelisabetta.it

Villa Fiorentina

Preiswerte Unterkunft im Grünen. Auch Appartements mit Selbstversorgung.
Via Cretaio 92, Casamicciola • Tel./Fax 0 81 98 02 34 • www.hotelvillafiorentina.com

Restaurant

Il Focolare

Typische Inselküche, u. a. Kaninchen und natürlich Pasta.
Via Cretaio al Crocefisso 3, Casamicciola • Tel. 0 81 90 29 44 • www.trattoriailfocolare.it

Shopping

Keramik ist das älteste Kunsthandwerk auf Ischia. Die Brüder Menella betreiben ihre traditionsreiche Werkstatt (große Auswahl) in Casamicciola.

Nightlife

Treffpunkt am Abend ist die **Piazza Marina** in Casamicciola mit der Bar Calise.

Lacco Ameno

Hotel

Albergo San Montano

Einzigartige Lage auf dem kleinen Vorgebirge Monte Vico. Thermalbecken und höchster Kur-Komfort. Vollpension. Mitte April–Okt.
Via Nuova Montevico 26, Lacco Ameno • Tel. 0 81 99 40 33 • www.sanmontano.com

Forio

Hotel

Mezzatorre Resort & Spa

Dieses außergewöhnliche Resort gruppiert sich um einen Turm aus dem 16. Jh. Fantastische Lage auf einer Landzunge hoch über dem Meer inmitten eines Pinienhains.
Via Mezzatorre 23 • Forio d'Ischia • Tel. 0 81 98 61 11 • www.mezzatorre.it

Restaurant

Da Leopoldo

Beliebtes Gartenrestaurant, auch Holzofenpizza.
Via Scannella 12, Panza • Tel. 0 81 90 70 86

Shopping

In Forio lohnt sich ein Besuch bei den **Keramikkünstlern** Taki und Franco Callise. Beide bemalen Majoliken im traditionellen Stil.

Villa als Ikone

▶ Gestern: Die rote Sonne, die bei Capri im Meer versinkt, wurde besungen, ein rotes Haus aber wurde zum Filmstar

▶ Heute: Fast ganz Capri kann man zu Fuß entdecken oder mit dem Boot rundherum fahren. Ein Inselerlebnis in zwei Tagesetappen

▶ Gestern

Capri ist überraschend klein, nur 6 km lang und 3 km breit – und trotzdem eine der berühmtesten Inseln der Welt. Schon die römischen Kaiser Augustus und Tiberius waren ihrem Zauber verfallen. Doch mit dem Untergang des Römischen Reichs geriet Capri in Vergessenheit. Erst die Wiederentdeckung der Blauen Grotte im Jahr

Am Filmset auf Capri ging es offenbar heiterer zu als im Film selbst: Links sind Brigitte Bardot und Michel Piccoli während der Dreharbeiten zu Jean-Luc Godards »Verachtung« (1963) zu sehen. Rechts eine der Schlüsselszenen des Films, aufgenommen auf dem Dach der Villa Malaparte (siehe 8).

1826 durch den deutschen Dichter August Kopisch katapultierte es in den Mittelpunkt des aufkeimenden Tourismus.

Ende des 19. Jhs. entdeckten ein paar südensehnsüchtige Nordländer das Inselparadies für sich. Zu den ersten prominenten Besuchern gehörte der Dichter August von Platen, es folgten Maler und Dichter des »Münchener Salons«. Friedrich Krupp erstand auf Capri eine Villa, ebenso Maxim Gorki. Der berühmteste und verdienstvollste Wahl-Caprese aber war der schwedische Arzt Axel Munthe, dessen herrliche Villa in Anacapri ein Mekka aller romantischen Inselbesucher ist.

Ein Bauwerk ganz anderer Art ließ der italienische Schriftsteller Curzio Malaparte auf der lieblichen Insel errichten. »Ein Haus wie ich«, wollte er schaffen, »traurig, hart und streng.« Auf die Punta Masullo baute er 1938–1940 eine kühne ziegelrote Villa – geformt wie ein Schiffsrumpf, ein Tempel oder auch ein Gefängnis, mit waghalsiger Freitreppe und einer gebogenen Betonwand auf dem begehbaren Dach. Zu Weltruhm kam das Haus als Set des Films »Die Verachtung« (1963) von Jean-Luc Godard. Darin sonnt sich Brigitte Bardot auf der nackten Terrasse, und auf der Treppe zerbricht die Ehe zu ihrem Filmehemann Michel Piccoli.

▶ Heute

Capri hat nichts von seiner Faszination verloren und wird deshalb im Sommer von Tagesausflüglern förmlich überschwemmt. Nur wer sich diesem Massenansturm durch einen Besuch in der Vor- und Nachsaison entzieht, wird die wahre Schönheit der Insel erleben, ihre üppige Vegetation, die praktisch das ganze Jahr über in Blüte steht, die schroffen Küsten mit den weltberühmten Faraglioni-Felsen oder die winzige Altstadt mit der Piazzetta als Höhepunkt.

Adressen und Landkarte: Seite 306/307

Die spitzen Faraglioni-Felsnadeln sind das Wahrzeichen Capris. Auf einer Bootsfahrt kann man sie sich aus der Nähe anschauen.

1 Marina Grande

Der **Hafen** an der Nordküste empfängt Reisende mit freundlicher Lebhaftigkeit. Doch gleich halten sie Ausschau nach dem Weg, der sie ans eigentliche Ziel bringt, denn sie spüren: Diese pastellfarbene Häuserzeile vor schroffer Bergkulisse sieht zwar sehr hübsch aus, doch hier unten ist noch nicht das wahre Capri. Zum Weiterkommen – und das bedeutet in jedem Fall: aufwärts – bieten sich mehrere Möglichkeiten an, die einfachste ist die Zugseilbahn *(Funicolare)* gleich gegenüber dem Kai. Man kann aber auch den Bus oder ein Oldtimer-Taxi nehmen und die lange Serpentinenstraße hinauffahren, was zwar entschieden mehr kostet, aber prompt das Gefühl vermittelt, Mitwirkender in einem Film über die 1950er-Jahre zu sein. Ist man gut zu Fuß und das Gepäck nicht zu schwer, kann man auch die Strada di San Francesco einschlagen, einen steilen Treppenweg, der sich durch Zitronengärtchen hinaufwindet – im Rücken stets das weite Meer.

Bei Marina Piccola gibt es den mythischen Sirenenfelsen, allerdings deutlich kleiner als die Faraglioni.

2 Capri-Stadt

Alle Wege aber münden schließlich auf die **Piazzetta**, direkt im Herzen des Inselstädtchens Capri. Dörfliche Schlichtheit vermischt sich mit höchster Eleganz, nein, Extravaganz. Eine geschlossene Architektur von kleinen, sauberen Häusern mit Torbogen, Gässchen, einem Glockenturm und einer flach überkuppelten, maurisch anmutenden Kirche, dazu ein Café neben dem anderen und ein lebhaftes Flanieren. An der Piazzetta endet jeglicher Fahrverkehr. Das Gepäck wird von Elektrokarren zum jeweiligen Hotel transportiert, und unbeschwert macht man sich auf den Weg durch die Gassen und Gärten, das Meer immer im Blick.

3 Gärten des Augustus und 4 Certosa di San Giacomo

Einige Fleckchen auf der Insel besitzen eine beinahe magnetische Kraft, die Besucher gewissermaßen von selbst anzieht. Ein solcher Ort sind die **Gärten des Augustus** (Giardini di Augusto), eine kleine botanische Anlage mit Aussichtsterrassen, die einen atemberaubenden Blick über die Südseite der Insel freigeben.

Im Vordergrund sieht man die flach überkuppelten Dächer der **Certosa di San Giacomo**, die schon durch ihre großzügige Anlage beeindruckt. Die ältesten Teile dieses ehemaligen Kartäuserklosters gehen auf das Jahr 1371 zurück (tgl. außer Mo 9–14 und 17–20 Uhr). Sehenswert sind die kleine gotische, barock ausgemalte Kirche und die beiden Kreuzgänge, hinter deren Flanken die einstigen Mönchszellen liegen. In einem der Klosterflügel ist eine Bildergalerie eingerichtet, in der auf Capri entstandene Werke des deutschen Malers Karl Wilhelm Diefenbach ausgestellt sind.

Genießen Sie unbedingt das Panorama von der Aussichtsterrasse aus: Links ragen die weltberühmten **Faraglioni** aus dem Wasser empor, drei mächtige Felsnadeln, die zum Wahrzeichen Capris geworden sind. Eine ansonsten nirgendwo vorkommende blaue Eidechsenart lebt auf den steinernen Türmen.

Rechts unterhalb der Aussichtsterrasse sieht man die felsigen Buchten Capris. In der Tiefe windet sich in sehr steilen Haarnadelkurven die Via Krupp den Felsenhang hinunter, wegen der Steinschlaggefahr lange Jahre gesperrt, nun aber wieder unbedenklich zu begehen. Friedrich Alfred Krupp (1854–1902), Enkel des Gründers der damals schon weltgrößten Gussstahlfabrik, ließ sich den Höhenweg als privaten Zugang zur Fra-Felice-Höhle anlegen. Krupp war einer der berühmtesten Wahl-Capresen, der hier u. a. Linderung seines Asthmas und Herzleidens suchte. Die Inselbewohner machten ihn zum Ehrenbürger.

Nach diesem Spaziergang schließen sich die Wanderung zum Badeort Marina Piccola und zur Villa Jovis an.

5 Marina Piccola

Die Via Krupp endet in **Marina Piccola**, dem kleinen mondänen Badeort der Insel. Um die kleine, kiesige Bucht am türkisfarbenen Meer mit malerischen Riffen gruppieren sich Restaurants, eine Badeanstalt und ein Schwimmbad. Marina Piccola ist über die normale Straße von der Via Roma aus (nahe der Piazzetta des Inselorts) auch mit Linienbussen zu erreichen.

6 Villa Jovis

Von dem antiken **Kaiserpalast** des Tiberius ist heute nicht mehr viel zu sehen. Es bedarf einiger Fantasie, um in den Mauerresten die diversen Vestibüle, Bäder, Kaiserloggien und Sklavenunterkünfte zu erkennen. Von der Piazzetta in Capri-Stadt aus führt ein ausgedehnter Spaziergang zwischen Villen und Gärten dorthin. Über den z. T. konservierten Mosaikfußboden gelangt man ins Innere der **Villa**. Ihre einstigen Wohn- und Repräsentationsräume waren um ein Atrium mit vier großen Regenzisternen angelegt – die alleinige Süßwasserquelle für den Kaiser und seine zahlreiche Gefolgschaft (tgl. 9 Uhr bis 1 Std. vor Sonnenuntergang).

Das Ausgrabungsgelände erstreckt sich über eine stufenweise angelegte Fläche von 7000 m^2. Von deren höchstem Punkt, dem berüchtigten Salto di Tiberio, ließ der Kaiser angeblich missliebige Gäste, Frevler und unfolgsame Sklaven in das 300 m tiefer gelegene Meer hinunterstürzen. Heute dient der Felsen als Aussichtspunkt: Der Blick von hier auf die Sorrentinische Halbinsel ist umwerfend.

Piazza Umberto I: Meist kurz »Piazzetta« genannt, ist dieser Platz der zentrale Treffpunkt Capris.

7 Punta di Tragara

Der landschaftlich schönste Spaziergang führt von Capri-Stadt aus zur **Punta di Tragara** und zum Arco Naturale. Man startet auf der Piazzetta und wandert (am traditionsreichen Nobelhotel Quisisana nach links) durch die Via Tragara. Am Ende des Spazierwegs lädt eine Aussichtsterrasse vor den Faraglioni zur Pause ein. Der Weg biegt links ab und gabelt sich später: Ein schmaler Steig führt hinunter zum **Porto di Tragara**, einem winzigen Hafen im Schatten der aus dem Meer ragenden, imposanten Felsnadeln. Die römischen Kaiser ließen an dem versteckten Ort ihre Flotte ankern. Heute legen hier ein paar Jachten und Touristenboote an.

8 Villa Malaparte und 9 Grotta di Matromania

Von der Punta di Tragara wandert man nun treppauf, treppab, an verträumten Ferienvillen vorbei und schließlich durch Ginster und Macchia, stets mit Fernblick auf die Sorrentinische Halbinsel. Unterhalb leuchtet sie in brandroter Farbe, die **Villa** des italienischen Schriftstellers Curzio Malaparte. Nach ca. 20 Min. erreicht man die **Grotta di Matromania**, eine Höhle, die bereits in römischer Zeit zu einem Nymphäum ausgebaut war.

10 Arco Naturale

Der Anstieg über eine lange Treppe führt hinauf zum **Arco Naturale**, einem natürlichen Felsentor, das sich hoch über den Fluten erhebt. Von hier folgt man dem Weg ins Inselinnere zur Via Matermania und dort nach links in den Ort Capri zurück. Da es jetzt schon Nachmittag ist, wird es Zeit, zur Piazzetta zurückzukehren und bei einem Kaffee zuzuschauen, wie die letzten Tagesausflügler gen Festland verschwinden.

11 Anacapri

Anacapri (wörtl.: »Ober-Capri«) erreicht man am nächsten Tag mit kleinen Linienbussen. Sie starten unweit der Piazzetta auf der Via Roma und meistern gekonnt die Serpentinenstraße entlang steiler Felsen sowie eine schwindelerregende Schwebebrücke. Angesichts der schier unüberwindlichen Klippen versteht man, weshalb die Bewohner Capris und Anacapris einander immer fremd waren.

Anacapri war bis 1878 nur auf der angeblich noch aus Phönizierzeiten (ca. 1000 v. Chr.) stammenden Scala Fenicia von der Marina Grande aus zu erreichen. Diese Treppe ist heute noch begehbar (etwa 800 meist aus dem Fels gehauene Stufen). Sie wurde wieder in Stand gesetzt und ist als Fußweg durchaus zu empfehlen.

Anacapri wirkt als Ort weniger kompakt als Capri; die Häuser liegen verstreut im Grünen. Zentrum ist die Piazza Vittoria, auf der die Straße von Capri mündet. Scharf links biegt ein bequemer Spazierweg ab zum beliebtesten Besichti-

Die Villa Malaparte, 1938–1940 erdacht und erbaut vom italienischen Schriftsteller Curzio Malaparte. Das Haus sollte durchaus in die Landschaft passen, aber auch die Persönlichkeit seines Schöpfers widerspiegeln.

gungsziel, der **Villa San Michele**. Der schwedische Arzt und Schriftsteller Axel Munthe (1857–1949) hatte sich hier ein schlichtes Bauernhaus gekauft und zur neoklassizistisch-eleganten Villa umgebaut. Munthe arbeitete zwar oft im Ausland, hatte aber ein offenes Ohr für die Inselleute und setzte sich für den Naturschutz auf Capri ein. Die Villa fungiert heute als **Museum** und zeigt Munthes Sammlung alter Möbel und archäologischer Funde. Größte Attraktion ist eine Sphinx (1300 v. Chr.), die man in Kalabrien ausgegraben hat. Ihr Platz ist standesgemäß am schönsten Aussichtspunkt seines Gartens (Mai–Sept. 9–18, März 9–16.30, April, Okt. 9–17, Nov. bis Febr. 9–15.30 Uhr, www.villasanmichele.eu).

Ein Kleinod bewahrt das barocke **Kirchlein San Michele**. Sein Äußeres ist schlicht, das achteckige Innere aber birgt einen prachtvollen Majolika-Fußboden, der die Vertreibung von Adam und Eva aus dem Paradies (Leonardo Chiaiese, 1761) farbenprächtig vor Augen führt (April–Okt. 9–19, sonst 9–14 Uhr).

Kapitän für einen Tag

Viele Grotten und Buchten der Steilküste Capris sind nur vom Wasser aus zu erreichen. Im Hafen Marina Grande kann man Boote mit Sonnensegel stunden- oder tageweise mieten. Bootsverleih Capri Boat, www.capriboat.com

12 Monte Solaro und 13 Santa Maria a Cetrella

Nur von Anacapri aus hat man Zugang zur höchsten Erhebung der Insel, dem **Monte Solaro** (589 m). Man erreicht den Gipfel entweder mit dem Sessellift (von der Piazza Vittoria aus) oder zu Fuß (Abzweigung von der Via San Michele, 1 Std.). Das Panorama am Gipfel lohnt Aufstieg und Auffahrt gleichermaßen. **Santa Maria a Cetrella**, eine Kirche aus dem 13. Jh. mit einer kleinen Einsiedelei, liegt ca. 120 m unterhalb. Man kann sie über einen kurzen Abstecher vom Bergweg aus erreichen (ca. 20 Min.).

14 Torre Materita

Ein weiterer Spaziergang führt zur **Torre Materita**, einem von Axel Munthe ausgebauten mittelalterlichen Turm, in dem er seine Memoiren schrieb.

15 Villa Damecuta und 16 Blaue Grotte

Die Ruine der einstigen **Tiberius-Villa** ist eine der Hauptattraktionen der Insel. Man erreicht sie von Anacapri aus über die Via Pagliaro nach etwa 3 km. Früher war sie vermutlich ähnlich prächtig wie die Villa Jovis auf der anderen Seite der Insel. Doch dem Aschenregen, der dem Vesuvausbruch 79 n. Chr. folgte, hielt sie nicht stand. Der **Torre Damecuta**, ein mittelalterlicher Wehrturm, überblickt die Ausgrabungsstätte.

In Marina Grande liegen stets Boote bereit, um Besucher zur Nordwestspitze der Insel zu fahren, denn hier ist das weltberühmte »blaue Wunder«, die **Grotta Azzurra**, verborgen. Die Besichtigung ist nur bei ruhiger See möglich, da die Boote sonst den niedrigen Eingang nicht passieren können – und nur bei Sonne entfaltet sich das wahre Blau. Im Hochsommer ist der Andrang der Touristen oft sehr groß.

Inselumrundung

Bei einer Inselumrundung bekommt man neben der abwechslungsreichen Küste einige der über 60 Grotten Capris zu sehen. Die Motorboote starten in Marina Grande und steuern als Erstes die Blaue Grotte an. Anschließend geht es an der Westküste entlang und um die Punta Carena herum zur reizvollen Südküste. Hier darf man einen Blick in die 17 **Grotta dei Santi** (Grotte der Heiligen) werfen und gleich darauf die 18 **Grotta Rossa** bestaunen, die ihren Namen der rötlich gefärbten Vegetation auf den Felsen im Inneren verdankt. Die 19 **Grotta Verde** ist nach ihrem smaragdfarben schimmernden Wasser benannt. Nachdem das Boot die Faraglioni umschifft hat, wendet es sich der Ostküste zu. Vorbei am Hafen von Tragara, an der Grotta di Matromania und der Grotta Bianca umschifft es den senkrecht aufragenden Fels unter der Villa Jovis und gelangt zur Punta del Capo, der nördlichsten Spitze der Insel. Der Hafen von Marina Grande ist bald wieder in Sicht.

Informationen

Tour 41: Unterwegs auf Capri

Per Bus und zu Fuß, 2 Tage

Stationen

1 Marina Grande
2 Capri-Stadt
3 Gärten des Augustus
4 Certosa di San Giacomo
5 Marina Piccola
6 Villa Jovis
7 Punta di Tragara
8 Villa Malaparte
9 Grotta di Matromania
10 Arco Naturale
11 Anacapri
12 Monte Solaro
13 Santa Maria a Cetrella
14 Torre Materita
15 Villa Damecuta
16 Blaue Grotte
17 Grotta dei Santi
18 Grotta Rossa
19 Grotta Verde

Praktische Hinweise

Beste Reisezeit ist jeweils die Vor- und Nachsaison, ansonsten ist die Insel sehr voll. Zwischen den Orten Capri-Stadt und Anacapri fahren regelmäßig Busse.

Info

A.A.S.T. Capri

Piazzetta Cerio 11, Capri-Stadt • Tel. 08 18 37 53 08 • www.capri.net, www.capritourism.com

A.A.S.T. Marina Grande

Banchina del Porto, Marina Grande • Tel. 08 18 37 06 34

A.A.S.T. Anacapri

Via Orlandi 59, Anacapri • Tel. 08 18 37 15 24

Verkehr

Schiffsverbindungen

Fähren und Tragflügelboote von Neapel (ca. 75 bzw. 40 Min.) und Sorrent (ca. 50 bzw. 25 Min.). Adressen für Schiffsexkursionen (z.B. Ischia, Inselrundfahrten) bei den A.A.S.T. bzw. Inselwebsites.

Hotels

Nur wenige Hotels auf Capri sind ganzjährig geöffnet. Einige bieten in der Saison nur Halb- oder Vollpension.

A' Paziella

Erlesen ausgestattetes kleines Hotel im Zentrum von Capri-Stadt. Ganzjährig.
Via Fuorlovado 36, Capri-Stadt • Tel. 08 18 37 00 44 • www.apaziella.com

Bellavista

Familiäres kleines Haus in schöner Lage. Halbpension, ganzjährig Zimmer mit Frühstück.
Via Orlandi 10, Anacapri • Tel. 08 18 37 14 63 • www.bellavistacapri.com

Villa Krupp

Um 1900 erbaute Villa, wo schon Gorki und Lenin wohnten; grandiose Aussicht. Ganzjährig Zimmer mit Frühstück.
Via Matteotti 12, Capri • Tel. 08 18 37 03 62 • www.villakrupp.com

La Scalinatella

Das ruhige Haus mit Meerblick bietet höchsten Komfort. Mitte März bis Mitte Okt.
Via Tragara 8, nahe Certosa di San Giacomo • Tel. 08 18 37 06 33 • www.scalinatella.com

Villa Brunella

Blühende Terrassen, herrlicher Blick, exzellente Küche. Ganzjährig Zimmer mit Frühstück.
Via Tragara 24, von Capri-Stadt Richtung Faraglioni • Tel. 08 18 37 01 22 • www.villabrunella.it

Villa Patrizia

Geräumiges Haus im Inselstil, Innengarten, helle Zimmer. Ostern–Okt.
Via Pagliaro 55, Anacapri • Tel. 08 18 38 23 07

Restaurants

La Capannina

Renommiertes Fischlokal, feine Weinkarte. Reservieren! Ostern–Okt.
Via Le Botteghe 12, Capri-Stadt • Tel. 08 18 37 07 32

I Faraglioni
Stark frequentiertes Feinschmeckerlokal im Zentrum.
Via Camerelle 75, Capri-Stadt • Tel. 08 18 37 03 20 • www.faraglioni.com

Da Gelsomina
Sympathische Familientrattoria, 30 Gehminuten von Anacapri. Auch Komfort-B&B. Ostern–Anf. Nov. Und Juni–Sept. tgl., sonst nur Sa/So.
Via Migliera 72, Anacapri • Tel. 08 18 37 14 99 • www.dagelsomina.com

La Piazzetta
Mediterrane Küche und Fischspezialitäten mit Ausblick auf die Faraglioni.
Via Marina Piccola 126, Richtung Marina Piccola • Tel. 08 18 37 78 27

Paolino
Sehr gemütlich, mit Zitronenpergola, Inselspezialitäten, nahe der Marina Grande.
Via Palazzo a Mare 11, Marina Grande • Tel. 08 18 37 61 02

Il Solitario
Gute neapolitanische Küche, preisgünstig. Di Ruhetag.
Via G. Orlandi 96, Anacapri • Tel. 08 18 37 13 82

Shopping
Eine lange Tradition haben die verführerischen **Parfüms** von Carthusia. Die Duftküche mit Verkaufsladen befindet sich in der Via Matteotti.
Nomen est omen: Bei Limoncello di Capri soll der berühmte, regionaltypische **Zitronenlikör** erfunden worden sein (Läden in Capri, Via Roma 79, und Anacapri, Via San Michele, www.limoncello.com).

Die Blaue Grotte
Am 17. August 1826 entdeckte der deutsche Dichter August Kopisch auf einer Bootsfahrt, die er gemeinsam mit seinem Freund Fries, seinem Hotelier und einem capresischen Fischer namens Angelo Ferraro unternahm, ein niedriges Felsenloch direkt über dem Meeresspiegel. Neugierig geworden, entledigte sich Kopisch seiner Kleider und schwamm durch das Loch hindurch. Zu seinem Erstaunen befand er sich in einer Höhle, die von einem nie gesehenen silberblauen Licht erfüllt war. Stolz vermerkte er bei der Rückkehr seine Entdeckung im Gästebuch seines Hotels. Doch wurde sie ihm alsbald streitig gemacht; denn jener Fischer, der bei der Ausflugsfahrt das Boot gesteuert hatte, behauptete, bereits vier Jahre zuvor in die Grotte hineingeschwommen zu sein. Bei der genaueren Erforschung fand man Mauerreste, offensichtlich von einem antiken Heiligtum – die Grotte war also bereits den Römern bekannt, doch die Inselbewohner scheinen sie als unheiligen Ort gemieden zu haben.
Wie dem auch sei – durch Kopischs Entdeckung wurde nicht nur die Grotte, sondern die ganze Insel weltberühmt; ein immer mehr anschwellender Besucherstrom setzte ein. Die Capresen wurden reich – seine Entdeckungstat wollen sie dem Dichter Kopisch nun nicht mehr streitig machen.

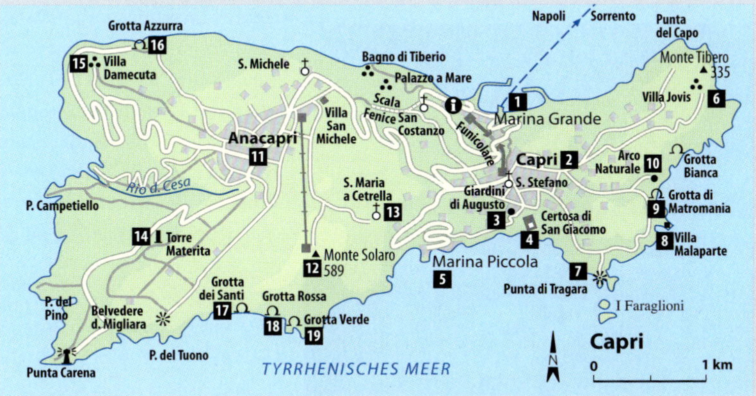

Tour 42 | **Amalfiküste**

Scharfe Kurven

▶ Gestern: Mit dem Bau der *Amalfitana* wurde diese malerische Küstenregion wach geküsst. Die scharfen Kurven erfordern gute Nerven

▶ Heute: Die Strada Statale 163 gehört zu den aufregendsten Panoramastraßen der Welt – wer nach Positano & Co. möchte, muss sie fahren

▶ Gestern

Bis zum Bau der Küstenstraße im Jahr 1857 waren die Orte an der pittoresken Amalfiküste zwischen dem Tyrrhenischen Meer und dem Lattari-Gebirge vom Überlandverkehr abgeschnitten. Lediglich schmale Wege für Fußgänger und Esel führten zu den Nachbardörfern, wichtigstes Verkehrsmittel war das Schiff. Andererseits brachte die Abgeschiedenheit auch Sicherheit, weshalb sich Amalfi als Königreich unbehelligt behaupten konnte. Dann aber wurde unter König Ferdinand V. von Bourbon der Bau der Straße beschlossen – angesichts des felsigen Terrains und halsbrecherischer Steilhänge eine unglaubliche Konstruktionsleistung. Die Straße führt rund 50 km von Vietri Sul Mare immer an der Südküste entlang über Amalfi und Positano bis ins Innere der Halbinsel von Sorrent. Kaum war der Dornröschenschlaf zu Ende, ging der Rummel los: Sonnenhungrige aus ganz Europa entdeckten die Schönheit der wild zerklüfteten Landschaft. Die steilen Felsen, enge Buchten sowie die Terrassen mit Wein und Zitronen inspirierten Maler und Künstler.

Zwischen Vietri und Positano: Die Amalfitana ist heute noch so schön wie auf dem Foto rechts.

▶ Heute

Die spektakuläre Amalfitana mit ihren an den Fels geklebten Bilderbuch-Orten prägt wie kaum

Für eine Fahrt auf der schönsten Panoramastraße der Welt braucht man ein Nervenkostüm wie James Bond. Sie führt an einem grimmigen Abgrund entlang, ist mit Haarnadelkurven gespickt und so eng, dass der Gegenverkehr oft nur um eine Fingerbreite passiert werden kann. Aber was ist dieses kleine Manko schon gegen die hinreißend schönen Panoramablicke, die sich alle paar Hundert Meter auftun? Hier ein Bild aus den 1930er-Jahren.

eine andere Region das weltweite Image von *Bella Italia*.

Landkarte: diese Seite, Adressen: Seite 314/315

1 Vietri sul Mare

Vietri sul Mare (8100 Einw.) liegt ganz im Osten der Amalfitanischen Küste. Der Ort zeigt sich unter dem Einfluss des nahen Salerno vororthaftstädtisch. Berühmt ist er für seine Keramik: In der Hauptstraße verlocken die vielen Geschäfte zum Kauf der farbenprächtigen Vasen, Teller und Kacheln, die für die Küsten- und Inselregion typisch sind und auch Badezimmer vieler Hotels zieren. Im hoch gelegenen Ortsteil Raito erhält man im **Keramikmuseum** (Di–So 9.30–15, Juni–Sept. 9–18 Uhr) einen guten Überblick über das bis ins 17. Jh. zurückreichende Töpferhandwerk.

I due fratelli, »zwei Brüder«, sind die **Felsformationen** im Meer vor Vietri sul Mare benannt. Der Legende nach sind sie mit ihren Schafen an den Strand gekommen und haben dort ein schlafendes Mädchen gefunden. Als die Wogen ihren Körper ins aufgewühlte Meer rissen, stürzten sich die Brüder sofort in die Fluten, in denen sie aber samt ihrer Schafherde ertranken. Der Meereskönig Neptun, dessen unsterbliche Tochter sie unwissenderweise hatten retten wollen, war von ihrer selbstlosen Tat so gerührt, dass er ihre Körper in diese Klippen verwandelte.

2 Maiori und Minori

Über das **Capo d'Orso** mit seinem sagenhaften Ausblick und seinem guten Restaurant (siehe Seite 314) geht es nach **Maiori** und **Minori**. Der typische, terrassenförmig ansteigende Ort Maiori (5600 Einw.). ist wegen des langen Strandes, wie auch das im Westen anschließende kleinere Minori, ein beliebter Badeplatz und in der Saison entsprechend belebt.

3 Ravello

Nach einigen weiteren Kurven gilt es, den Abzweig nach **Ravello** (2500 Einw.) nicht zu verpassen. Das Städtchen thront in fantastischer Lage auf einer 300 m hohen Terrasse über dem Meer. Das noch aus seiner mittelalterlichen Glanzzeit stammende maurisch geprägte Stadtbild hat Ravello bis heute weitgehend bewahrt.

An diesem Ort verbinden sich einmalig Kunst, Natur und die Stille herrschaftlicher Gärten. Einen Kontrast bildet dabei das Auditorium Oscar Niemeyer, das im Jahr 2010 fertiggestellte avantgardistische Konzerthaus des Stararchitekten aus Brasilien.

Die Straße mündet auf der Piazza del Vescovado (vorher parken, die Stadt ist autofrei!). Über einer breiten Treppe erhebt sich der **Dom** mit seiner schlichten Fassade. Er wurde zwar im Jahr 1086 gegründet, später wurde er jedoch barockisiert. Die Bronzetüren des Portals, ein Werk des Bildhauers Barisano da Trani (1179) aus Apulien, sind im Original erhalten. Szenen aus der Leidensgeschichte Christi sind auf den insgesamt 54 Feldern ebenso zu finden wie Darstellungen von Akrobaten, Sirenen und Gladiatoren. Der Campanile stammt aus dem 13. Jh. Von seinen barocken Zutaten befreit wurde der Innenraum der Kirche. Antike Säulen aus Paestum tragen die Gewölbe. Das wertvollste Stück ist die mosaikgeschmückte Kanzel, ein Werk des apulischen Meisters Niccolò da Foggia (1272); links davon ist ein kleines Lesepult von 1130 zu erkennen.

Östlich des Doms erhebt sich **San Giovanni del Toro**. Fassaden und Turm der Kirche aus dem 12. Jh. sind im sizilianisch-arabischen Stil gehalten. Der Innenraum mit den drei hohen Kuppelapsiden birgt eine mosaik- und freskengeschmückte Kanzel aus dem 12. Jh.; die Krypta ist mit Fresken des 13. Jhs. im Stil Giottos ausgemalt.

Nur wenige Schritte vom Dom entfernt befindet sich der Eingang zur **Villa Rufolo**, Hauptattraktion Ravellos (tgl. 9–17, im Winter bis 16 Uhr, Eintritt). Die Villa setzt sich aus einem Komplex von Gebäuden im sizilianisch-arabischen Stil zusammen, die Ende des 13. Jhs. von der reichen Familie Rufolo errichtet wurden. Später wechselte die Villa mehrfach den Besitzer, bis sie 1851 der Schotte Francis N. Reid erwarb, der sie restaurieren ließ. Man betritt die Villa Rufolo durch das Portal eines gedrungenen Turms aus dem 14. Jh. Durch eine Allee geht es zum eigentlichen Palast, dessen Innenhof mit Kreuzgang im maurisch-sizilianischen Stil ein Kleinod ist. Dahinter liegt der üppig wuchernde Garten mit herrlichem Blick auf Küste und Meer.

Von der Villa Rufolo erreicht man über die Via San Francesco nach einigen Minuten Fußmarsch am äußersten westlichen Ende des Felsplateaus

Limonade wäre die eine Lösung gewesen. Doch im Land, wo die Zitronen blühen, haben die Menschen bereits Anfang des letzten Jahrhunderts etwas viel Leckereres erfunden: den Limoncello. Der Likör gehört zu dieser Gegend wie das Bier zu Bayern, ist ein Exportschlager und Souvenir Nummer eins.

Verkehrte Welt: »Ich habe das Empfinden, dass die Welt in Positano senkrecht steht«, schrieb John Steinbeck über den kleinen Ort. Da hatte er nicht ganz unrecht.

die **Villa Cimbrone**, heute ein Luxushotel (www.villacimbrone.it). Berühmt ist die Villa wegen ihres prächtigen Parks mit seinen Aussichtsterrassen und exotischer Vegetation. Absoluter Höhepunkt des Parkbesuchs ist der Blick von der **Terrazza dell'Infinito** (Terrasse der Unendlichkeit). Bis zum äußersten Ende des Felssporns mit senkrechten Abstürzen wagt sich dieser Aussichtspunkt vor, eine Reihe verwitterter Marmorbüsten krönt das Geländer. Von hier hat man den wohl schönsten Ausblick über die Steilküste und den Golf von Salerno (tgl. 9 Uhr bis Sonnenuntergang, Eintritt).

4 Amalfi

Die berühmte kleine Stadt (5200 Einw.) liegt an den Hängen eines zum Meer hin geöffneten Steiltals namens Valle dei Mulini. Der Überlieferung nach wurde **Amalfi** um 320 n. Chr. von schiffbrüchigen Römern gegründet, die sich auf dem Weg nach Konstantinopel befanden: Eben zu dieser Zeit verlegte Kaiser Konstantin den Sitz der Reichshauptstadt des Imperiums von Rom nach Byzanz. Die Stadt war eine Weile unter byzantinischer Herrschaft, konnte jedoch bald ihre Selbstständigkeit erringen. Im 10. und 11. Jh. war Amalfi eine mächtige Seerepublik mit einem Dogen an der Spitze, vergleichbar den Machtzentren Genua, Pisa und Venedig. Wie diese verdankte es seinen Reichtum ausgedehnten Handelsbeziehungen mit dem Orient.

Die Schifffahrtsgesetze der Republik Amalfi, die sog. Tabulae Amalphitanae, waren über Jahrhunderte hinweg maßgeblich für das gesamte Mittelmeer. Gleichwohl war Amalfi die kurzlebigste aller italienischen Seerepubliken. 1131 wurde es von den normannischen Truppen Rogers II. eingenommen und wenig später von den Pisanern geplündert. Danach vergaß man es, bis Engländer vor etwa 100 Jahren das malerische Fischerstädtchen entdeckten.

Der heutige Ort besteht aus mehrstöckigen, über- und ineinander verschachtelten Häusern. Amalfi ist so eng und steil, dass es nur über Treppengässchen zu begehen ist. Zu den Hauptattraktionen von Amalfi gehört der **Dom** nahe dem Hafen. Der Grundbau stammt aus arabisch-normannischer Zeit (13. Jh.), doch nur der Campanile besitzt noch die ursprüngliche Gestalt. Die bunte Fassade ist dagegen eine Imitation aus dem 19. Jh., dafür versöhnt aber das bronzene Mittelportal, das im 11. Jh. in Konstantinopel gegossen wurde.

An den Dom schließt sich links der **Chiostro del Paradiso** mit anmutigem Kreuzgang aus dem 13. Jh. an. Maurische Spitzbogen über Doppelsäulen umschließen den stillen Garten (Juni–Okt. 9.30–19 Uhr, Nov.–Mai 9.30 bis 17.15 Uhr).

Am 27. Juni findet die Festa di Sant'Andrea mit feierlicher Prozession statt, bei der die Statue des Schutzpatrons zum Meer und – im Laufschritt – wieder zurück zum Dom getragen wird – ein sehenswertes Ereignis.

Die kleine Bucht ist Parkplatz, (Fischer-)Hafen und Strand. Im **Arsenale della Repubblica**, in das man von der Hafenstraße einen Blick werfen kann, wurden einst Galeeren gebaut.

Einen Katzensprung von Amalfi entfernt liegt auf einer Felsenklippe über dem Meer **Atrani**. Der kleine Ort ist einer der bezauberndsten Winkel der Küste. Er gehört zu Amalfi und ist von dort auch zu Fuß erreichbar. Zu Amalfis großen Zeiten wohnten hier die Nobelfamilien. In der Dorfkirche wurden Amalfis Dogen gekrönt und begraben.

5 Praiano

Auf dem Weg nach Praiano können Sie der **Grotta di Smeraldo** (»Smaragd-Grotte«) einen Besuch abstatten. Von der Straße aus gelangt man über eine Treppe oder mit dem Aufzug hinunter. Die Tropfsteinsäulen in der mit Meerwasser gefüllten Höhle (60 m x 30 m) erreichen eine Höhe von bis zu 10 m. Das hereindringende Licht verleiht der Grotte einen smaragdgrünen Schimmer, vor allem gegen die Mittagszeit (tgl. 10–16 Uhr, Eintritt).

Das am Hang liegende ehemalige Fischerdorf **Praiano** (2000 Einw.) hat sich mittlerweile in einen netten Ferienort verwandelt. Eine steile Rampe führt hinunter nach Marina di Praia, dem Fischerhafen. Er liegt am Ausgang einer Schlucht, wo sich auch der kleine Strand von Praiano befindet. Diverse Restaurants sorgen hier für das leibliche Wohl ihrer Gäste.

6 Positano

Hier ist sie zu Ende, diese kurven- und panoramareiche Fahrt auf der berühmten »Straße des Blauen Bandes«. Die reizvolle Kleinstadt **Positano** (4000 Einw.) schmiegt sich an einen Steilhang: Kaskadengleich fällt die Front der kubischen, hellrosa und gelb getünchten Häuser zum Meer ab. Das Zentrum ist weitgehend verkehrsfrei, Gassen, Treppen und Torbögen dienen als Verbindungswege.

Positano wurde im Mittelalter als Seefahrerstadt gegründet und stand in lebhafter Rivalität zum damals mächtigen Amalfi. Wegen seiner exponierten Lage musste es sich oft gegen Sarazenenüberfälle wehren. Vom Land her war Positano (wie die anderen Küstenstädte) bis Anfang des 19. Jhs. nur über Maultierpfade zu erreichen. Um die Wende zum 20. Jh. wurde der malerische Ort von ausländischen Künstlern entdeckt, die hier überwinterten. Er zog die Schriftsteller John Steinbeck und Stefan Andres ebenso an wie den Regisseur Franco Zeffirelli oder den Architekten Le Corbusier. Die Häuser sind in der typischen Küstenarchitektur gehalten: schachtelförmig, teils mit den flachen Kuppeldächern und Terrassen über kleinen Portici. Die **Pfarrkirche Santa Maria Assunta** mit grün schillernder Majolikakuppel liegt nahe der Marina Grande, dem alten Fischerhafen. Positano lebt heute nicht mehr von der Fischerei, sondern ist zu einem rege frequentierten eleganten Ferienort herangewachsen.

Positano Moda

… das Modelabel der Stadt zeichnet sich durch einen sehr eigenen Stil mit leuchtenden Farben und viel Spitze aus. Das Material? Meist Leinen und Baumwolle. Der Stil? Ein bisschen Hippie, ein bisschen rustikal. Eigen eben.

Informationen

Tour 42: Auf der Amalfitana

Autotour, 2 Tage, ca. 55 km

Stationen

1 Vietri sul Mare
2 Maiori und Minori
3 Ravello
4 Amalfi
5 Praiano
6 Positano

Praktische Hinweise

Theoretisch schafft man die Amalfitana in zwei bis drei Stunden. Doch in der Hauptsaison kann es durchaus passieren, dass die gesamte Strecke gestaut ist. Für Wohnwagengespanne und Wohnmobile ist die Amalfitana in der Regel von März bis November tagsüber gesperrt. Parkplätze sind überall teuer.

Capo d'Orso

Restaurant

Il Faro di Capo d'Orso
Spitzenrestaurant mit Gourmetküche und einmaligem Ausblick.
Tel. 0 89 87 70 22 • www.ilfarodicapodorso.it

Ravello

Info

A.A.S.T.
Via Roma 18 bis, Ravello • Tel. 0 89 85 70 96 • www.ravellotime.it

Hotels

Palumbo
Luxushotel im denkmalgeschützten Palazzo des 12. Jhs. Mit Garten und Bootsvermietung. Ganzjährig.
Via S. Giovanni del Toro 16, Ravello • Tel. 0 89 85 72 44 • www.hotelpalumbo.it

Rufolo
Komfortables Haus im alten Stadtkern, auf mehrere Terrassen verteilt. Ganzjährig.
Via S. Francesco 1, Ravello • Tel. 0 89 85 71 33 • www.hotelrufolo.it

Casa Rossa
Große, perfekt ausgestattete Ferienwohnung in ebenso ruhiger wie spektakulärer Lage. Grandioser Fernblick vom großen Balkon. Nur wenige Minuten zu Fuß ins Zentrum von Ravello.
Via G. Boccaccio 19, Ravello • Tel. 0 89 85 83 90 • www.studiodama.com

Restaurants

Confalone
Märchenhaftes Nobelrestaurant in Räumen aus dem 12. Jh. im Hotel Palumbo.
Via S. Giovanni del Toro 16, Ravello • Tel. 0 89 85 72 44 • www.hotelpalumbo.it

Cumpa' Cosimo
Traditionelles Familienlokal (auch Pizza) im Zentrum, in dem schon Humphrey Bogart und Ingrid Bergman diniert haben.
Via Roma 44, Ravello • Tel. 0 89 85 71 56

Amalfi

Info

A.A.S.T.
Via delle Repubbliche Marinare, Amalfi • Tel. 0 89 87 11 07 • www.amalfitouristoffice.it

Verkehr

Schiffsverbindungen
Während der Saison nach Neapel, Capri, Positano.

Busverbindungen
Entlang der Küste nach Salerno, Positano, Sorrent.

Hotels

Luna Convento
Ehemaliges Kloster mit stimmungsvollem Kreuzgang und viel Flair. Ganzjährig.
Via Pantaleone Comite 33, Amalfi • Tel. 0 89 87 10 02 • www.lunahotel.it

Antica Repubblica
Hübsch renoviertes Stadthotel, wenige Schritte von der Piazza Duomo entfernt. Frühstück auf der Dachterrasse. Ganzjährig.
Vico dei Pastai 2, Amalfi • Tel. 08 98 73 63 10 • www.anticarepubblica.it

Villa Annalara
Die sechs Zimmer in dem renovierten Palazzo aus dem 19. Jh.

tragen die Namen von Blumen. Sehr schöne Dachterrasse, Hanglage.
Via delle Cartiere 1, Amalfi • Tel./Fax 0 89 87 11 47 • www.villaannalara.it

Restaurants

Caravella

Fischlokal mit Tradition und gutem Ruf. In der Enoteca kann man die Weine auch erstehen. Nov., Jan.–Anf. Febr. geschl. Di Ruhetag.
Via M. Camera 12, Amalfi • Tel. 0 89 87 10 29 • www.ristorantelacaravella.it

Trattoria Da Baracca

Familientrattoria am kleinen Marktplatz; köstlich: die *Zuppa di Mare*. Mitte Nov.–Jan. geschl., Mi Ruhetag.
Piazza dei Dogi 12, Amalfi • Tel. 0 89 87 12 85

Shopping

Entlang des Corso wird **Limoncello** (Zitronenlikör) in allen Qualitäten verkauft. Kosten sollte man ihn in der Pasticceria Pansa (Piazza Duomo).

Gutes aus Zitronen und Orangen wie Likör, Marmelade und Parfüm stellt die Fabrik C.A.T.A. (Via delle Cartiere 55/57, www.cata.amalfi.it) her.

Aktivitäten

Von Amalfi aus bieten sich einige anstrengende, aber schöne **Wanderungen** an, die mit herrlichen Ausblicken belohnt werden. Meist steile Treppenwege führen nach Ravello, Scala und Pogerola und weiter nach San Lazzaro und Agerola. Gute Wanderschuhe sind unerlässlich.

Praiano

Hotels

Tritone

Großzügiges Haus auf einem Felsen über dem Meer, mit Privatstrand.
Via Campo 5, Praiano • Tel. 0 89 87 43 33 • www.tritone.it

Le Sirene

Familienhotel in schöner Lage, nur über Treppen zu erreichen. Alle Zimmer mit Meerblick, Halbpension. Ostern–Okt.
Via San Nicola 10, Praiano • Tel./Fax 0 89 87 40 13 • www.lesirene.com

Restaurant

Onda Verde

Direkt über dem Meer, mit einfacher, schmackhafter Küche. Wunderbarer Blick.
Via Terramare 3, Praiano • Tel. 0 89 87 41 43 • www.ondaverde.it

Positano

Info

A.A.S.T.

Via del Saracino 4, Positano • Tel. 0 89 87 50 67 • www.aziendaturismopositano.it

Verkehr

Schiffsverbindungen: Fähren im Sommer von Amalfi, Salerno, Sorrento und Neapel.
Busverbindungen: Linienbusse entlang der Küstenstraße nach Salerno und Sorrento.

Hotels

In Positano und Umgebung gibt es viele Unterkünfte jeder Kategorie, die aber oft außerhalb der Saison schließen.

Palazzo Murat

Schöner, stilvoller alter Adelspalast aus dem 18. Jh. mit wundervollem Hof. Mai–Sept.
Via dei Mulini 23, Positano • Tel. 0 89 87 51 77 • www.palazzomurat.it

Savoia

Im Zentrum mit Blick auf die Piazzetta dei Mulini. Schöne Ausstattung mit Kuppeldecken und Majolikaböden.
Via C. Colombo 73 Positano • Tel. 0 89 87 50 03 • www.savoiapositano.it

Restaurants

Il Capitano

Elegant und stilvoll speisen auf einer Terrasse über dem Meer.
Via Pasitea 119, Positano • Tel. 0 89 81 13 51 • www.hotelmontemare.it

Chez Black

Auf der Terrasse mit Meerblick werden u. a. vorzügliche Fischgerichte serviert.
Via Brigantino 19, Positano • Tel. 0 89 87 50 36 • www.chezblack.it

Aktivitäten

Tauchen: Die Küste zwischen Positano und der Punta Campanella ist mit ihren vielen Unterwassergrotten ein Dorado für Taucher. Infos erhält man bei der A.A.S.T.

Ein Paar betrachtet den Cerestempel in Paestum – Aufnahme aus den 1960er-Jahren. Ob wohl Verwunderung oder Bewunderung überwogen hat? Goethe schrieb in seiner »Italienischen Reise« 1786 jedenfalls, die kegelförmigen Säulen hätten ihn zunächst befremdet …

Tour 43 | **Cilento**

Total versumpft

▶ GESTERN: Erst kamen die Griechen, dann die Lukanier und Römer – und irgendwann die Malaria. Paestum geriet in Vergessenheit ...

▶ HEUTE ist Paestum zu Recht gut besucht, doch der nördliche Cilento bekommt nicht die Aufmerksamkeit, die er verdient

▶ GESTERN

Aus Sybaris in Kalabrien kommende griechische Kolonisten errichteten auf dem Areal von Paestum im 7. Jh. v. Chr. die Stadt Poseidonia. Nach zwei Jahrhunderten Blütezeit – zu dieser Zeit entstanden die Tempel – wurde der Ort vom kalabresischen Bergvolk der Lukanier eingenommen und hieß von da an Paistom. Schnell übernahmen sie die griechische Kultur. 273 eroberten die Römer die Stadt. Die Leute aus Paestum gehörten zu den treuesten Anhängern Roms und stellten Soldaten, etwa in den Kriegen gegen Hannibal. Im Gegenzug wurden ihnen Privilegien eingeräumt, z. B. das Recht der eigenen Münzprägung.

Der Untergang Paestums ist den Naturgewalten zuzuschreiben. Das flache Gebiet versandete und versumpfte und wurde zu einer Brutstätte der Malaria. Wegen der Sumpffliege wurde Paestum nicht wie andere antike Stätten als Steinbruch ausgeschlachtet. Als man im Jahr 1752 die Mündungsebene des Sele für Straßenbauarbeiten trockenlegte, fand man zwischen hohen Schilfgewächsen die drei Tempel, die neben dem Athener Parthenon als die schönsten und bedeutendsten Tempelruinen gelten.

▶ HEUTE

Die Tempelruinen von Paestum bilden den Auftakt der Tour durch den Cilento. Der Reiz der Gegend liegt im ständigen Wechsel zwischen schönen Sandstränden und felsigen Abschnitten. In den kleinen Küstenorten gibt es bis heute keine Bettenburgen und Hochhäuser, alles wirkt beschaulich und familiär. Nur einige wenige Kilometer im Landesinneren verstecken sich uralte Dörfer mit mittelalterlichen und verwinkelten Gassen.
Landkarte: Seite 319, Adressen: Seite 321

1 Paestum

Das **Tempelgelände von Paestum** (9 Uhr bis eine Std. vor Sonnenuntergang, Eintritt) besitzt drei Eingänge. An der Via Sacra stehen die Tempel. Die **Basilika** (54 mal 25 m) ist der älteste. Da der Giebel eingestürzt war, hielten die Archäologen

Der Heratempel wurde wahrscheinlich nach dem Vorbild des Zeus-Tempels in Olympia errichtet.

des 18. Jhs. das Bauwerk für eine Markthalle. Die Säulen sind bauchig, die Querbalken ruhen auf archaischen Kissenkapitellen. Man vermutet, dass der Tempel Hera, der Gemahlin des Zeus, gewidmet war.

Der **Poseidontempel** (60 mal 24 m) ist der imposanteste und einer der am besten erhaltenen griechischen Tempel überhaupt. Früher glaubte man, er sei Poseidon, dem Gott des Meeres, geweiht. Neuere Forschungen ergaben, dass es sich wie bei der Basilika um ein Heiligtum der Hera handelt. Der 450 v. Chr. entstandene Tempel wird Iktinos von Milet zugeschrieben, dem Architekten des Parthenon. Die Säulenkapitelle sind dorisch, Giebel und Architrav sind fast vollständig erhalten.

Nördlich des Poseidontempels beginnt der römische Teil der Via Sacra. Hier liegt das **Forum**, das in römischer Zeit an der Stelle der Agora (griechischer Marktplatz) angelegt wurde. Es weist die typischen (verfallenen) Gebäude des römischen Forums auf: eine Curia (Rathaus), Thermen und ein Kapitol. Dem Forum gegenüber liegt ein kleines **Amphitheater**, durch das die alte Staatsstraße verläuft.

An der Via Sacra kommt man zum **Sacello Sotterraneo**, einem unterirdischen Heiligtum, das in der 2. Hälfte des 6. Jhs. v. Chr. entstanden sein dürfte. In seiner Mitte befindet sich ein kleines rechteckiges Gebäude mit flachem Giebeldach, komplett erhalten, da es total unter der Erde lag: Nachdem die Weihegaben im Inneren abgelegt worden waren, schüttete man es offenbar wieder zu; einen Zugang gab es nicht.

Der kleinste Tempel mit je sechs Säulen an den Schmalseiten und 13 Säulen an den Längsseiten ist der **Cerestempel** (33 mal 15 m) am nördlichen Ende der Via Sacra. Er stammt aus dem 6. Jh. v. Chr. und wurde, da man einige Statuetten der Fruchtbarkeitsgöttin Ceres gefunden hatte, als ein ihr geweihter Tempel angesehen. Heute ordnet man ihn der Göttin Athene zu. Der hohe Giebel besaß ein reliefgeschmücktes Traufgesims, das sich nun im Museum befindet. Über dem quadratischen Sockel im Inneren stand die *Cella* (Raum für das Kultbild). An ihrer Südseite sind drei Gräber aus frühchristlicher Zeit, als der Tempel in eine Kirche umgewandelt wurde, zu sehen. Die **Stadtmauer** (ein Rundgang dauert ca. 2 Std.) stammt teils aus griechischer, teils aus lukanischer Zeit und hat einen Umfang von 4750 m (5 und 7 m dick).

Das **Museo Archeologico** enthält unter anderem die einzigen erhaltenen Wandmalereien der griechischen Klassik. Sie waren ursprünglich in der Nekropole von Paestum (noch in Ausgra-

Nicht sportlich, sondern symbolisch gemeint: Der Taucher springt vom Leben in den Tod.

bung). Die berühmteste Darstellung, das Werk eines in Paestum geborenen griechischen Malers, zeigt den **Tuffatore**, einen Taucher, der gerade einen Kopfsprung macht (5. Jh. v. Chr.). Außerdem zählen Vasen, Statuen, Münzen sowie kostbare Schmuckplatten aus den Tempelgiebeln, sog. Metopen, zu den Beständen der Sammlung (tgl. 8.30–19.30 Uhr, jeden 1. und 3. Mo im Monat geschl., Eintritt).

Nach einer ausgiebigen Besichtigung des Tempelgeländes und des Museo Archeologico geht es zur **Tenuta Vannulo** (siehe Seite 321), die für ihren hervorragenden Mozzarella bekannt ist.

2 Agrópoli

Die Straße führt nun noch einige Kilometer durch die Seleebene, bevor der Ort **Agrópoli** auftaucht. Das Auto kann man getrost am Rande der Altstadt stehen lassen und zu Fuß durch die engen Gassen schlendern. Reste der alten Stadtmauer, das Stadttor und das an höchster Stelle thronende **Kastell** stammen noch aus der Frühzeit der Stadt, die sich erst im 19. Jh. über die Grenzen der Stadtmauer ausdehnte. Von hier bietet sich ein wunderbarer Rundumblick über das hügelige Landesinnere, den Hafen, das moderne Agrópoli, bei klarer Luft ist sogar Capri zu sehen.

Heute ist die Umgebung von Agrópoli wegen der Strände zu beiden Seiten des Hügels ein besonders bei italienischen Familien beliebter Urlaubsort.

3 Casal Velino

Von Agrópoli folgt man nun der Schnellstraße durch das Landesinnere nach **Casal Velino**. Nur wenige Dörfer unterbrechen auf der Fahrt die grüne Hügellandschaft des Cilento. Der alte Ortsteil Casal Velino, einige Kilometer im Landesinneren, und auch der moderne Küstenort **Marina di Casal Velino** eignen sich hervorragend für einen längeren Aufenthalt, denn die touristische Infrastruktur ist hervorragend, ohne dass selbst im Sommer der Trubel zu groß wird. Der lange und familienfreundliche Sandstrand und die vielfältigen Ausflugsmöglichkeiten sind weitere Pluspunkte.

Rund um die zentrale Piazza gibt es zahlreiche Restaurants, Bars und Cafés, einmal wöchentlich ist Markttag. Hoch über dem Ort thront der aus dem 12. Jh. stammende Sarazenenturm.

Südlich von Casal Velino liegt **Velia**, das auf die griechische Siedlung Elea zurückgeht. Noch vor Sokrates gab es hier eine bekannte philosophische Schule. Bis heute ist nur ein Bruchteil der

antiken Siedlung ausgegraben, auf dem weitläufigen Gelände gibt es die Ruinen eines Theaters, eines ionischen Tempels sowie die sehenswerte Porta Rossa. Die Ruine auf dem nah gelegenen Hügel ist eine angiovinische Burg aus dem 16. Jh. (tgl. 9 Uhr bis Sonnenuntergang).

4 Santa Maria di Castellabate

Am nächsten Tag geht die Fahrt entlang der Küste zurück nach Paestum. Kleine Orte wie **Pioppi**, **Acciaroli**, **Agnone** oder **Ogliastro Marina** lohnen immer wieder Unterbrechungen, für einen Kaffee am Hafen oder einen kurzen Strandausflug.

Ein wenig mehr Aufmerksamkeit hat **Santa Maria di Castellabate** verdient: Der Badeort liegt an einem langen Sandstrand und hat sich in den letzten Jahren zu einem der beliebtesten Ferienorte des Cilento entwickelt. Sehenswert sind vor allem die **Altstadt** und der **Fischerhafen** mit den **Kirchen Santa Maria Assunta** und **Santa Maria a Mare**. Große Teile der Altstadt sind autofrei und laden zum Bummeln ein.

Von dem hübschen Küstenort führt eine Straße mit vielen Serpentinen rund 300 m hinauf in den Ort **Castellabate**, einem mittelalterlichen Kleinod, das die Jahrhunderte fast unbeschadet überstanden hat. Mitten im Gassengewirr liegt die **Basilika Santa Maria de Gulia** aus dem 12. Jh. und nur wenige Schritte entfernt das sehr sehenswerte **Museo d'Arte Sacra**.

Wilde Tiere ...

... sieht man vielleicht nicht gerade in den gut besuchten Badeorten, doch wer sich ins Innere des Cilento wagt, bekommt evtl. Steinadler, Habichte und Exemplare des Alpenbocks zu sehen. Wölfe gibt es auch, aber sie verstecken sich meist zu gut!

Verwandlung: Santa Maria di Castellabate hat sich von einem kleinen Vorort von Castellabate zu einem beliebten und ausgesprochen hübschen Ferienziel entwickelt.

Informationen

Tour 43: Von Paestum nach Castellabate

Autotour, 2 Tage, ca. 90 km

Stationen

1 Paestum
2 Agrópoli
3 Casal Velino
4 Santa Maria di Castellabate

Paestum

Info

A.A.S.T.

Via Magna Graecia 887 (neben dem Archäologischen Museum), Paestum • Tel. 08 28 81 10 16 • www.infopaestum.it

Hotel

Calypso

Familiär, im Grünen gelegen, mit gutem Restaurant. Halbpension. Via Mantegna 63, Paestum • Tel. 08 28 81 10 31 • www.calypsohotel.com

Restaurants

Nonna Sceppa

Das Restaurant liegt zwischen den antiken Tempeln und dem Sandstrand von Paestum. Der Küchenchef verwöhnt seine Gäste mit frischen Fischspezialitäten und traditionellen Gerichten aus dem Cilento. Via Laura 45, Capaccio-Paestum • Tel. 08 28 85 10 64 • www.nonnasceppa.com

Ristorante Nettuno

Traditionsreiches Lokal in der archäologischen Zone. Probieren Sie die Crespelle! Zona Archeologica, Via Nettuno 2, Paestum • Tel./Fax 08 28 81 10 28 • www.ristorantenettuno.com

Shopping

Tenuta Vannulo

In der Azienda Agricola Biologica Antonio Palmieri gibt es den unvergleichlich köstlichen Mozzarella, das weiße Gold des Cilento, handgerupft und aus echter Büffelmilch hergestellt. Sie können sogar den Käsemeistern bei der Mozzarella-Produktion zuschauen. Via G. Galilei 10, Capaccio Scalo • Tel. 08 28 72 47 65 • www.vannulo.it

Casal Velino

Hotels

Rustico Tanzola

Liebevoll restauriertes Naturstein-Rustico mit traumhaftem Blick (bis 4 Pers.). Restaurant und Pool nur 5 Min. zu Fuß im Landgut Zio Cristofero. Casal Velino • Buchung über www.italimar.com

Canale 1861

Freistehendes Naturstein-Landhaus (bis 5 Pers.) mit Terrasse und Traumpanorama. Gehobener Komfort, 10 Automin. zum Strand von Acciaroli. San Mauro Cilento • Buchung über www.italimar.com

Restaurants

Ristorante Le Tre Sorelle

Feine Küche in gediegenem Ambiente, freundlicher Familienbetrieb. Unbedingt die Fisch-Antipasti probieren. Via Roma 48, Casal Velino • Tel. 09 74 90 20 24

Il Porto

Im gemütlichen Restaurant des Hafenhotels ist der temperamentvolle Kult-Chef Fabio zu Hause. Er hat in erster Linie Fisch in allen Variationen auf der Speisekarte. Ganzjährig. Via Angelo Lista 42, Marina di Casal Velino • Tel. 09 74 90 77 44 • www.hotelilporto.com

Ristorante Pizzeria Da Camillo

Exzellente Holzofenpizza für die ganze Familie. Via Velia, Marina di Casal Velino • Tel. 09 74 90 78 90

Castellabate

Hotel & Restaurant

Hotel Sonia

37 Zimmer, großteils mit Balkon und Blick aufs Meer oder das historische Zentrum. Eigener Strand. Das Restaurant serviert mediterrane Küche und Cilento-Spezialitäten. April–Okt. Santa Maria di Castellabate • Tel. 09 74 96 15 12 • www.hotelsonia.it

Das Leben in den Sassi di Matera war entbehrungsreich, doch manche Bewohner von damals erzählen vom einzigartigen Zusammenleben in den Höhlen, Höfen und Felskirchen.

Tour 44 | **Basilikata**

Baujahr Altsteinzeit

▶ Gestern: Jahrtausende lang waren die Höhlen von Matera bewohnt. Sie boten Schutz, aber die Verhältnisse waren extrem einfach

▶ Heute: Im 20. Jahrhundert wurden die Sassi di Matera hektisch geräumt, dann renoviert und schließlich zum Unesco-Welterbe erklärt

▶ Gestern

Vom beliebten Touristenflughafen Bari aus kommend sollte man unbedingt in **Matera** den ersten Zwischenstopp einplanen, bevor man sich auf Entdeckungstour in das Innere der Basilikata begibt – denn eine der spektakulärsten Sehenswürdigkeiten findet man gleich hier.

Von der Altstadt Materas fährt man nur wenige Kilometer hinaus Richtung Südosten. Immer wieder tut sich urplötzlich ein Abgrund auf, spaltet eine Schlucht das Hügelland. Hier liegt die Höhlensiedlung Sassi di Matera, Tuffgrotten, die von frühgeschichtlichen Zeiten bis kurz nach dem Zweiten Weltkrieg bewohnt waren. Besonders begehrt waren derartige Behausungen in Krisenzeiten, weil sie leicht zu verteidigen waren. Allerdings war die Wohnqualität alles andere als erträglich: Mensch und Tier lebten zusammen in Räumen ohne Fenster, Heizung und fließendes Wasser. Trotzdem entstand eine komplexe Infrastruktur aus Höhlen, Höfen, Dachgärten und Felskirchen.

Einer breiteren Öffentlichkeit bekannt wurden die Sassi erst 1945 durch den Roman »Christus kam nur bis Eboli« von Carlo Levi, in dem er die zum Teil katastrophalen sozialen Verhältnisse in der Höhlensiedlung anprangert. Das rief Rom auf den Plan. In den 1950er-Jahren wurden die Zustände in den Sassi zur »nationalen Schande« erklärt. Man ließ neue Wohnungen für die damals noch 15 000 Bewohner bauen, und die Räumung begann. Die leer stehenden Höhlen zerfielen und wurden ab 1967 allmählich restauriert. Seit 1993 gehören die Höhlen zum Unesco-Welterbe der Menschheit, und mittlerweile gibt es mehr und mehr toprenovierte Sassi als Eigentumswohnungen, Läden, Cafés und sogar Hotels.

▶ Heute

Ein Spaziergang entlang der Panoramastraße unterhalb der Sassi erlaubt, sowohl den herben Reiz der tiefen Gravina als auch die Sassi kennenzulernen. Der Sasso Caveoso besteht fast vollständig aus Höhlenwohnungen, im Sasso Baresano gibt es

dagegen auch ganz oder teilweise aufgemauerte Häuser. Unterhalb der Höhlenkirche Santa Lucia alle Malve vermittelt die original eingerichtete Casa Grotta eine Vorstellung vom früheren Alltagsleben in den Sassi (tgl. ab 10 Uhr geöffnet).
Adressen: Seite 326/327, Landkarte: Seite 327

1 Matera und 2 Sassi di Matera

Die Stadt Matera (60 000 Einw.) gehört heute zur Region Basilikata, historisch bis 1663 und kulturell war der Ort jedoch stets Teil des nur 15 km entfernt liegenden Apuliens. Im Herzen der Altstadt steht der sehenswerte **Dom** aus dem 13. Jh. mit den typischen Formen der apulischen Romanik. Im festlichen Innenraum harmoniert die überreiche Barockdekoration mit der mittelalterlichen Architektur. Das Chorgestühl von 1451/1453 zählt zu den ältesten seiner Art. Im **Museo Archeologico Nazionale Domenico Ridola** gerät man beim Anblick der apulischen Keramik ins Schwärmen (Via Domenico Ridola 24; Mo 14–20, Di–So 9–20 Uhr).

> ***Filmreif***
>
> 1964 drehte Pasolini »Das 1. Evangelium Matthäus« in und um Matera. Die Höhlenwohnungen der Sassi di Matera dienten als Kulisse für Mel Gibsons »Die Passion Christi« aus dem Jahr 2002.

Der Autor Carlo Levi verglich die Höhlensiedlung Sassi di Matera einst mit der Hölle Dantes.

Von der Altstadt Materas aus nur wenige Kilometer entfernt gelangt man zur **Höhlensiedlung Sassi di Matera** (www.sassidimatera.it).

3 Lukanische Dolomiten

Am nächsten Tag fahren Sie über die SS7 und SS407 hinein in die Basilikata. In die **Lukanischen Dolomiten** geht es kurvenreich hinauf nach **Pietrapertosa** (1088 m, 1000 Einw.), den höchstgelegenen Ort der Basilikata. Die Ansiedlung scheint eins mit dem Stein geworden zu sein. Steil ragen die kahlen Felsen in den Himmel. Die wilde Landschaft mit ihren tiefen Schluchten und schwer erreichbaren Gipfeln ist nicht minder bizarr als die der norditalienischen Dolomiten.

Ein ähnlich beeindruckendes Naturerlebnis bietet das benachbarte **Castelmezzano** (830 Einw.). Die Häuser ducken sich unter den nackten Felswänden – ein beliebtes Ausflugsziel für Wanderer. Auch Abenteurer kommen hier auf ihre Kosten: **Volo dell'Angelo**, Flug des Engels, nennt sich der Nervenkitzel, bei dem man am Stahlseil von Pietrapertosa über eine 160 m tiefe Schlucht nach Castelmezzano schwebt bzw. braust, denn auf der knapp 1,5 km langen Strecke erreicht man bis zu 120 km/h! Dieser Flug über die Schlucht zwischen den beiden unter den Felsen klebenden Orten lohnt die sehr kurvenreiche Anfahrt hinauf auf 1000 m Höhe (Anbieter siehe Seite 327).

4 Vaglio Basilicata und 5 Acerenza

Auf der Schnellstraße Metaponto–Potenza oder langsam und gemütlich auf der Landstraße über Campomaggiore geht es weiter nach **Vaglio Basilicata** mit imposanten Mauern der antiken Lukanier auf 1000 m Höhe und grandiosem Rundblick. Noch großartiger ist der Ausblick von dem auf 833 m liegenden **Acerenza** (2500 Einw.). Wer Kurven und Panoramen liebt, fährt über einen 981 m hohen Pass, sonst auf der SS 93 über Potenza.

Weizenfelder bis zum Horizont: Die Hügellandschaft um Acerenza gilt als eine der Kornkammern Italiens. Und entsprechend mannigfaltig sind auch die Brotvarianten der Gegend – oft schwerer als fünf Kilo!

Einst beherrschte der Bischof der **Basilika von Acerenza** den größten Teil des Gebiets der Lukaner, das daher seit dem 10. Jh. den Namen Basilikata trägt. Noch heute scheint man von Acerenza aus die ganze Region übersehen zu können. Mächtig erhebt sich die romanisch-gotische Kathedrale am Hügel. Mit Muße sollte man sich die vielen Details an der Fassade, die romanischen Apsiden und den dreischiffigen Innenraum mit der Renaissancekrypta ansehen. Anschließend laden die mittelalterlichen Gässchen zu einem Entdeckungsspaziergang ein.

6 Potenza

Nach so vielen Panoramablicken über die Region steht am nächsten Tag die Besichtigung der modernen Universitäts- und Regionalhauptstadt **Potenza** (66 300 Einw.) an. Bei dem Erdbeben von 1980 wurde ein großer Teil der Altstadt zerstört, sodass heute eigentlich nur noch die Flaniermeile Via Pretoria und die an der Piazza Pagano gelegene Kirche San Francesco einen Besuch lohnen. Sehenswert sind die Sammlungen des **Archäologischen Museums**. In seinen Räumen werden Exponate aus allen Epochen der Basilikata Frühgeschichte und des Altertums präsentiert (Via Serrao, Mo 14–20, Di–So 9–20 Uhr).

7 Castel Lagopesole

Von Potenza führen die Straßen hügelauf, hügelab durch grünes Land nach **Lagopesole** mit seiner alles überragenden Burg. Majestätisch erhebt sich das **Kastell** am Horizont. An der riesigen Anlage hatten bereits die Normannen und Friedrich II. gebaut, doch wurde sie erst unter Karl I. von Anjou vollendet.

Der Komplex gruppiert sich um zwei Höfe. Der kleinere, dessen Bauten bis auf den Wohnturm von den Normannen errichtet wurden, ist der ältere. Rund um den größeren Hof liegen die staufischen bzw. angevinischen Gebäude. Der herrliche Rundblick über das weite Land zeugt noch heute von der günstigen strategischen Lage der Burg (Kasse tgl. 9.30–12.30, 16–18.30, im Winter 9.30–13, 15–16.30 Uhr; Info: Pro Loco Lagopesole, www.castellolagopesole.com).

Informationen

Tour 44: Von Matera in die Lukanischen Dolomiten

Autotour: 4 Tage, ca. 200 km

Stationen

1 Matera
2 Sassi di Matera
3 Lukanische Dolomiten
4 Vaglio Basilicata
5 Acerenza
6 Potenza
7 Castel Lagopesole

Praktische Hinweise

Viele Straßen sind sehr kurvenreich, etwa die Anfahrten nach Acerenza und Vaglio Basilicata. Auf 1000 m Höhe kann es auch im Hochsommer frisch sein. Deshalb: etwas wärmere Kleidung nicht vergessen!

Verkehrsmittel

Von Potenza über Lagopesole nach Melfi (mit Umsteigen auch nach Venosa) fährt ein **Bummelzug** (www.trenitalia.com). Ein **Auto** bringt Sie am bequemsten in die kleineren Orte. **Busse** fahren viele Orte an (Übersicht unter www.sitasudtrasporti.it, weiter unter »Orari« und »Basilicata«; oder unter www.fal-srl.it, weiter unter »Linee e Mezzi«).

Matera

Info

APT

Via De Viti De Marco 9, Matera • Tel. 08 35 33 19 83 • www.discover-basilikata.de

Ferula Viaggi-Matera Turismo

Geführte Sassi-Touren, auch auf Deutsch: Fragen Sie nach Dora! Via Cappelluti 34, Matera • Tel. 08 35 33 65 72 • www.ferulaviaggi.it

Hotels

Italia

Gepflegtes Hotel in der Nähe des Museo Nazionale, tolle Aussicht.
Via Ridola 5, Matera • Tel. 08 35 33 35 61 • www.albergoitalia.com

Sassi Hotel

In einem Sasso nächtigen – mit dem Komfort des 21. Jhs. Romantisch, herrlicher Ausblick.
Via San Giovanni Vecchio 89, Matera • Tel. 08 35 33 10 09 • www.hotelsassi.it

Restaurants

Botteghe

Exzellente Antipasti, hausgemachte Nudeln, Zicklein oder Pferdefleisch vom Grill im Sasso Barisano. Mi geschl.
Piazza San Pietro Barisano 22, Matera • Tel. 08 35 34 40 72

Il Terrazzino

Regionale Küche mit Blick auf die Sassi, auch Pizzeria. Di abends geschl.
Vico San Giuseppe 7, Matera • Tel. 08 35 33 25 03

Caffè Tripoli

Leckeres Eis, außerdem ein beliebter Treffpunkt für einen abendlichen Aperitif.
Piazza Vittorio Veneto 17, Matera

Lukanische Dolomiten

Info

Pro loco Pietrapertosana

Via della Speranza 159, Pietrapertosa • Tel. 32 08 33 78 01 • www.prolocopietrapertosa.it

Hotel

Il Frantoio

Gemütliches kleines Hotel, das Restaurant (Di Ruhetag) bietet gute Hausmannskost.
Via Torraca 15/17, Pietrapertosa • Tel. 09 71 98 31 90 • www.albergoristorante ilfrantoio.it

Restaurant

Al Becco della Civetta

Köstliches aus ausgezeichneten Produkten – unbedingt *salsiccie e soppressate* versuchen! (Nichts für Vegetarier …) Auch Hotel. Di (außer Aug.) Ruhetag.
Vicolo I Maglietta 1, Castelmezzano • Tel. 09 71 98 62 49 • www.beccodellacivetta.it

Aktivitäten

Volo dell'Angelo

Man wird in Kletterausrüstung an ein Stahlseil gehängt und saust über die Schlucht. Nervenkitzel! Juli–15. Sept. tgl. außer Mo; Aug. tgl.; Juni, 2. Septemberhälfte Sa, So; Mai nur So., jeweils 9.30–18.30 Uhr. Mindestalter 16 Jahre, Körpergewicht mind. 35, max. 120 kg; Mo–Sa 35 €, So und Fei 40 €. www.volodellangelo.com

Acerenza

Hotel

Il Casone

Rustikales Haus auf dem Land mit ruhigen komfortablen Zimmern. Das zugehörige Restaurant bietet traditionelle Gerichte und lokale Weine. Ortsteil Bosco San Giuliano • Tel. 09 71 74 11 41 • www.hotelristoranteilcasone.it

Shopping

Cantina Diomede

Einer der besten Weinkeller der Basilikata, seit dem Jahr 2009 unter Führung der Kellerei Diomede aus Canosa. Contrada Pipoli, Acerenza • Tel. 09 71 74 93 63 • www.cantinadiomede.it

Potenza

Info

APT

Via del Gallitello 89, Potenza • Tel. 09 71 50 76 11 • www.discover-basilikata.de

Hotel

Al Convento

Historisches Ambiente, kombiniert mit modernem Design, sehr originelle Zimmer, Garage. Largo San Michele Arcangelo 21, Potenza • Tel. 09 71 25 591, Handy 32 98 16 95 79 bzw. 34 83 30 76 93 • www.alconventopotenza.com

Restaurant

Frankrizzuti-Cucina del Sud

Frank Rizzuti verbindet die Küche des Südens in der Gourmet-Version mit der lukanischen Tradition. Terrasse und exzellente Weine, bezahlbar. So abends, Mo, Di. mittags geschl. Largo Pasquale Uva, Potenza • Tel. 0 97 14 55 06 • www.frankrizzuti.com

Castel Lagopesole

Restaurant

Osteria Medioevo

Einfache Gerichte der Basilikata in einladendem Ambiente. Nach dem Aufstieg zum Kastell sehr erholsam. Via Leopardi, Castel Lagopesole • Tel. 0 97 18 63 50

Eine Aufnahme der Festa di San Nicola aus den 1950er-Jahren: Anfang Mai jedes Jahres feiert Bari symbolisch die Ankunft des Schiffs mit den Gebeinen des heiligen Nikolaus. Eine Statue des Schutzpatrons wird aufs Meer hinaus gebracht und kommt in Begleitung unzähliger kleiner Boote wieder an Land zurück.

Tour 45 | **Mittelapulien**

Alle Jahre zweimal

▶ Gestern: Dass die Gebeine des heiligen Nikolaus von Pilgern aus aller Welt in Bari verehrt werden, ist Folge eines frechen Raubzugs

▶ Heute: Von der apulischen Küste geht es ins Landesinnere, auf den Spuren von weiteren Heiligen und Kaiser Friedrich II.

▶ Gestern

Nachdem andere große Seestädte wie Venedig oder Genua bereits zu ihren Schutzheiligen gekommen waren (Markus bzw. Johannes der Täufer), musste sich Bari im 11. Jh. sputen, um noch einen abzubekommen. So raubten Seeleute aus Bari bei einer Handelsfahrt nach Kleinasien, »von Gott inspiriert«, im Jahr 1087 die Gebeine des heiligen Nikolaus aus der türkischen Mittelmeerstadt Myra. Die sterblichen Überreste des im Orient wie im Abendland verehrten Heiligen versprachen der Stadt ein ungeheures Prestige. Der einsetzende Pilgerstrom erwies sich als äußerst profitabel, und noch heute wird zweimal jährlich, im Mai und im Dezember, sehr aufwendig die Festa di San Nicola (Nikolausfest) begangen.

▶ Heute

Am 7. Mai, dem ersten Tag der Feierlichkeiten, wird eine Statue des Heiligen durch die Altstadt getragen, begleitet von einer Prozession aus mehreren Hundert Menschen in Trachten und Kostümen. Am nächsten Tag wird die Statue aufs Meer hinausgefahren und von unzähligen kleinen Booten eskortiert; an Land wartet eine jubelnde Menschenmenge auf die Rückkehr, die die Ankunft der Reliquie vor knapp 1000 Jahren symbolisiert. Der dritte Tag gehört Gottesdiensten und am Abend einem gigantischen Feuerwerk.

Auf dieser Reise durch Apulien entdecken Sie zunächst die Hauptstadt Bari und die nordwestlich gelegenen Küstenorte. Im Landesinneren erstreckt sich der Parco Nazionale dell' Alta Murgia auf einer Fläche von 680 km², die letzte Mittelmeersteppe Italiens.

Landkarte: Seite 331, Adressen: Seite 336/337

1 Bari

Bari (320 300 Einw.) lohnt einen zweitägigen Aufenthalt. Wie eine arabische Kasbah präsentiert sich die verschachtelte **Altstadt** mit ihren weißen Häusern. Jedoch bestaunt man hier keine Moscheen, sondern ein Stauferkastell und zwei bedeutende romanische Kirchen, **San Nicola** und

San Sabino. Den Kontrapunkt zu den verwinkelten Gassen des mittelalterlichen Zentrums setzt die moderne **Neustadt**. Kunstgenuss, elegante Fußgängerzonen, breite Boulevards, Shopping und Nachtleben lassen sich hier bestens miteinander verbinden. Daneben ist Bari für sein Verkehrschaos und eine hohe Kriminalitätsrate berühmt-berüchtigt.

Der elegante Boulevard **Corso Vittorio Emanuele II** trennt die Neustadt von der Altstadt. Den krönenden Abschluss der Prachtstraße zum Meer hin bildet das **Politeama**, 1914 als Varietétheater eingeweiht. Dahinter öffnet sich das stimmungsvolle Rund des Alten Hafens. Nur wenige Schritte führen in die Altstadt zur **Piazza Mercantile**. Hier trafen sich einst die führenden Schichten Baris im prächtigen Sedile dei Nobili, heute sind hier am Abend die Restaurants und Bars gut besucht.

Entlang der mittelalterlichen Stadtmauer kommt man zum bedeutendsten Monument Baris, der **Basilica San Nicola** – dem Prototyp der romanischen Kirchen in Apulien. Der Bau wurde 1087 begonnen, um die Reliquien des hl. Nikolaus aufzunehmen. Hoch aufragend präsentiert sich die Kirchenfassade, die zwei auf Säulen aufsetzende Lisenen gliedern. Besonders das Mittelportal besitzt ein reiches Baudekor. Die Vielfalt der Verzierungen an den Westportalen und den Eingängen auf beiden Seiten des Langhauses bezeugt byzantinische, islamische und antike Einflüsse. Mit der Ostfassade wurde erstmals eine Schaufassade zum Meer hin errichtet: Das prächtig gerahmte Mittelfenster von San Nicola musste für die per Schiff anreisenden Pilger wie ein verheißungsvolles Portal wirken. Der dreischiffige Innenraum verlor durch die nach einem Erdbeben 1456 eingezogenen Stützbogen seine ursprüngliche Gestalt. Im Altarbereich steht hinter dem orientalisch anmutenden ältesten Ziborium dieser Art in Apulien (um 1150) der Bischofsstuhl des Elias. Man sollte noch einen Blick in die im Jahr 1089 fertiggestellte neunschiffige Krypta werfen, allein wegen der 28 Säulen aus verschiedenen Steinarten.

Gestohlener Heiliger: In der Basilica in Bari werden die Reliquien von San Nicola aufbewahrt.

1166 begannen die Bareser mit dem Neubau der **Kathedrale San Sabino** auf den Resten ihrer byzantinischen Vorgängerin nach dem Vorbild von San Nicola. So verstecken sich auch die Chorapsiden von San Sabino hinter einem geraden Abschluss und machen die Ostseite zu einer prachtvollen Schaufront. Ihr Mittelfenster übertrifft das Modell sogar noch: Bogen und Gesimse sind mit Naturmotiven reich verziert, mit seinen klassisch schönen Elefanten und Sphingen ist es eines der Hauptwerke der romanischen Skulptur des 12. Jhs. Eine echte Innovation waren damals die großartigen Fensterrosen des Querhauses und v. a. die Westfassade mit ihren Skulpturen.

Die mächtigen Eckbastionen des imposanten **Castello Svevo** entstanden zu Beginn des 16. Jhs., um die Residenz der Isabella von Aragon besser zu schützen. Den inneren trapezförmigen Bau mit den hohen Wehrtürmen ordnete Friedrich II. schon 1233 an, als Erweiterung eines normannischen Vorgängerbaus. Unter der Freitreppe des Innenhofes liegt der Zugang zur sehenswerten **Gipsoteca Provinciale** mit Gipsabgüssen von Skulpturen, die wegen ihrer hohen Position am Bau sonst nur aus der Ferne zu betrachten sind (Castello und Gipsoteca Do–Di 8.30–19.30 Uhr).

In der rechtwinklig angelegten Neustadt stechen seit der Mussolinizeit einige Monumentalbauten ins Auge. Das 1903 eingeweihte **Teatro Petruzzelli**, das viertgrößte Opernhaus Italiens

und der Stolz Baris, wurde 1991 Opfer von Brandstiftern. Bis 2009 dauerte der Wiederaufbau. Die **Pinacoteca Provinciale** im **Palazzo della Provincia** südlich des alten Hafens ist die umfangreichste Gemäldesammlung der Region und bezeugt u. a. mit Arbeiten Tintorettos und Veroneses sowie der Familie Vivarini die engen Verbindungen zwischen Apulien und Venedig (Lungomare N. Sauro 27, Di–Sa 9–19, So 9–13 Uhr, www.pinacotecabari.it).

Ein Stück weiter westlich, rund um die Via Sparano, liegt die Fußgängerzone mit eleganten Geschäften und Cafés. Für eine angenehme Pause eignet sich die elegante alte Bar **Stoppani** (Via Roberto da Bari 79). Der imposante **Palazzo Ateneo** beherbergt die Universität, eine der wichtigsten Süditaliens.

Zwei moderne Bauten außerhalb der Stadt lohnen ebenfalls einen Besuch. Direkt am Meer Richtung Giovinazzo bietet das Messegelände **Fiera del Levante** aus den 1930er-Jahren ein wildes Stilgemisch aus orientalischem Serail und Romanik. An der SS 271 Richtung Bitritto erinnert das **Stadion San Nicola**, das Stararchitekt Renzo Piano für die Fußball-WM 1990 entwarf, an ein riesiges Raumschiff.

2 Molfetta

Am nächsten Tag geht es nun weiter nach **Molfetta** (60 500 Einw.). Auch diese Stadt besitzt einen schönen Hafen. Sein Bild prägt die alte **Kathedrale San Corrado**. Der nach 1150 begonnene Bau ist die größte romanische Kuppelkirche Apuliens. Der Raumeindruck ist überwältigend, mächtige Pfeiler mit Halbsäulen unterteilen das Rechteck in drei Schiffe. Über den Mittelschiffjochen wölben sich Kuppeln. Hinter San Corrado beginnt die pittoreske, teilweise verfallene Altstadt. An bessere Zeiten erinnert das **Hospital** (11. Jh.) für Pilger und Kreuzfahrer neben dem klassizistischen **Santuario della Madonna dei Martiri** (1 km nördlich am Meer).

3 Trani

Tiefblau das Meer und der Himmel, leuchtend weiß der Stein: Die Königin der Kathedralen, **San Nicola Pellegrino**, erhebt sich in der Stadt Trani (55 900 Einw.) direkt am Meer – sie könnte an keinem erhabeneren Ort stehen. Doch als die alte Rivalin Bari im Jahr 1087 die Reliquien des hl. Nikolaus geraubt hatte, stand Trani plötzlich ohne Heiligen da! Da starb sieben Jahre später auf den Stufen der alten Kathedrale ein etwas wirrer griechischer Pilger (ital. *pellegrino*), dem man immerhin einige Wunder nachsagte und der auch noch Nikolaus hieß. Kurzerhand wurde er heiliggesprochen, und der Grundstein für den Neubau – und das Pilgergeschäft – war gelegt.

Ein offener Bogengang verbindet den schlanken Campanile mit der Kirchenfassade, das Mittelportal verschließt eine erstmals in Relieftechnik von Barisanus von Trani 1179 gearbeitete Bronzetür. An der rechten Seitenfassade befindet sich der Eingang zur dreischiffigen Unterkirche. Mit den 28 dicht gestellten Säulen erinnert die Hallenkrypta an eine Moschee. Die Oberkirche besticht durch ihre romanische Schlichtheit. Friedrich II. errichtete das viereckige **Kastell**. Die mächtigen Türme und die zum Meer gerichtete Fassade konnten ihr strenges staufisches Aussehen bewahren (Kasse tgl. 8.30–19 Uhr).

Am Abend flaniert man am hübschen Hafenbecken mit den bunten Fischerbooten entlang und kommt zum gepflegten Stadtpark. Von der kleinen Befestigungsanlage **Fortino di Sant' Antonio** hat man einen schönen Überblick.

Auf zu fremden Ufern: Die Blütezeit Tranis lag in der Zeit der Kreuzzüge – noch heute scheint die unmittelbar am Meer gelegene Kathedrale den Weg in ferne Gefilde zu weisen.

4 Barletta

Am Tag darauf bewundert man in der nächsten Stadt **Barletta** (94 700 Einw.) ein mächtiges Kastell, eine schon ins Gotische übergehende elegante Kathedrale und den berühmtesten Impressionisten Italiens, Giuseppe De Nittis, dem ein eigenes Museum gewidmet ist.

Die lebhafte Industrie- und Handelsstadt zählt heute zu den dynamischsten Zentren Apuliens. Am Meer liegt das weiße, abweisend wirkende **Kastell**, in dem eine der berühmtesten Skulpturen Apuliens zu sehen ist: Die Büste Kaiser Friedrichs II. zeigt den Kaiser wie seine Goldmünzen als römischen Imperator (Di–Fr 9–19, Sa, So 10–20 Uhr). Ein Rundgang auf den Bastionen lohnt allein schon wegen des einmaligen Blicks auf die in der Altstadt gelegene und nach langer Restaurierung neu erstrahlende **Kathedrale Santa Maria Maggiore** (1140). Westlich des Doms eröffnete 2007 im Palazzo della Marra (Via Cialdini) das **Museo Giuseppe De Nittis**, das dem aus Barletta stammenden impressionistischen Maler (1846–1884) gewidmet ist. De Nittis erhielt wichtige Anstöße von seinem Pariser Freundeskreis um Manet und Degas (Di–Fr 9–19, Sa, So 10–20 Uhr).

Barlettas Wahrzeichen ist der über 5 m hohe bronzene **Koloss** am Corso Garibaldi. Die Monumentalstatue ist eine der besten Großbronzen der Spätantike, erkennbar an den realistischen Gesichtszügen des Kaisers, wahrscheinlich handelt es sich um Valentinian I.

Der Koloss von Barletta: Die Großbronze wurde mit Blick auf ihre Fernwirkung geschaffen.

5 Canosa di Puglia

Über die SS93 gelangt man am folgenden Tag weiter ins Landesinnere, nach **Canosa di Puglia** (30 200 Einw.) im Nordosten des Nationalparks Alta Murgia. In der Nähe besiegte einst Hannibal die Römer in der berühmten Schlacht von Cannae. Auf den griechischen Helden Diomedes geht der Sage nach die Gründung der Stadt zurück. Bereits 343 ist sie als ältester Bischofssitz Apuliens erwähnt. Die Überreste der **Basilica San Leucio** (6. Jh.) bezeugen noch die Großartigkeit der riesigen ehemaligen Kathedrale. Die **Bischofskirche San Sabino** aus der Normannenzeit verbirgt sich hinter einer Allerweltsfassade des 19. Jhs. Hat man die ersten drei, später hinzugefügten Joche durchschritten, bietet sich aber ein überwältigender, lichter Raumeindruck des ursprünglichen Baus aus dem 11. Jh. Fünf große Kuppeln scheinen förmlich über den quadratischen Jochen zu schweben. Dieser Effekt wird durch das direkte Ansetzen der Gewölbe auf den vor der Wand stehenden antiken Säulen erreicht – ein Unikum in Apulien. Fast schon klassisch schön wirkt in dieser Umgebung die Kanzel des Acceptus, eine der bedeutendsten Skulpturen des 11. Jhs. in Italien. Von gleicher Qualität und Schönheit präsentiert sich der auf Elefanten ruhende Bischofsthron in der Apsis. Durch das rechte Querhaus gelangt man hinaus zum Grabmonument Bohemunds von Tarent (gest. 1111) mit einer achteckigen orientalischen Kuppel und fein gearbeiteter Bronzetür.

Das **Museo Civico**, aufgeteilt im Palazzo Sinesi (Di–So 9–13, Di, So auch 16–19 Uhr) und im Palazzo Iliceto, zeigt die herrlichen, antiken Canosiner Vasen (www.iatcanosa.it).

Schönheit nicht nur auf dem (Briefmarken-)Papier: Das Castel del Monte ziert auch die italienischen Ein-Cent-Münzen.

6 Castel del Monte

Über das freundliche Andria fährt man schnurgerade hinauf zu einem Wahrzeichen Apuliens, dem einzigartigen **Castel del Monte**. Der berühmteste Stauferbau Italiens zählt zu den bedeutendsten Sehenswürdigkeiten der Region. Achteckig sind der Grundriss des Castello, die acht Türme und der Innenhof, und jeweils acht trapezförmige Räume liegen auf einem Stockwerk. Ob Friedrich II. die Pfalzkapelle in Aachen oder den Felsendom in Jerusalem vor Augen hatte, ist nicht bekannt. Das Kastell wirkt wie ein in sich geschlossener vollkommener Kristall. Auf Fernwirkung angelegt, scheint es die stete Präsenz des Kaisers in seinem Land zu symbolisieren. Das Eingangsportal repräsentiert bereits Friedrichs geistigen Horizont: Pilaster, Architrav und Giebel entstammen der Antike, die Kapitelle der zeitgenössischen Zisterziensergotik, die Einfassung oben und die prunkvolle Ausführung dem Islam. In den Innenräumen bewundert man neben der gelungenen Bauskulptur auch Kamine, Wasserleitungen und Toiletten, mehr blieb von der Ausstattung nicht erhalten. Der Kaiser hielt sich mehrmals zu kurzen Jagdausflügen hier auf, Karl I. von Anjou verwandelte das heitere Schloss in ein trauriges Gefängnis für die Kinder seines staufischen Gegners Manfred (Kasse April–Sept. tgl. 10.15–19.15, Okt.–März tgl. 9–18 Uhr, www.casteldelmonte.beniculturali.it).

Exzellent

Das von aus Bitonto stammende *Cima di Bitonto extra vergine* zählt zu den besten Olivenölen Italiens.

7 Ruvo di Puglia

Inmitten weiter Olivenhaine, in denen Sie schon kleine Trulli entdecken, liegt **Ruvo di Puglia** (25 600 Einw.). Das **Museo Nazionale Jatta** im gleichnamigen Palazzo ist ein archäologisches Schatzkästchen. Die größte Sammlung attisch-rotfiguriger Vasen in Apulien bezeugt die engen Kontakte des peuketischen Ruvo zu Griechenland im 5. und 4. Jh. v. Chr. (tgl. 8.30–13.30, Fr, Sa auch 13.30–19.30 Uhr, www.palazzojatta.org). Die **Kathedrale** von Ruvo zeigt die apulische Romanik auf ihrem Höhepunkt.

8 Bitonto

Weite Olivenplantagen und üppige Weinreben prägen das Landschaftsbild um das prosperierende Agrarstädtchen **Bitonto** (56 000 Einw.) auf der niedrigsten Stufe der Murge. Reiche Einkünfte aus der Landwirtschaft bescherten der Stadt einen rasanten Aufstieg in der frühen Neuzeit, der sich in prächtigen Renaissancepalästen wie dem **Palazzo Sylos-Calò** (Sitz der **Nationalgalerie für Moderne und Zeitgenössische Kunst**, Kasse 9–18.45 Uhr, Mi geschl., www.gallerianazionalepuglia.beniculturali.it) widerspiegelt.

Man betritt die hübsche Altstadt an der Porta Baresana. Die nahe gelegene **Kathedrale San Valentino** ist ein formvollendeter Bau der apulischen Romanik. Die Gliederung der hohen Fassade lässt bereits den dreischiffigen Innenraum vermuten. Den Mittelteil zieren eine prächtige

Rosette, zwei Biforien und das wohl schönste Portal Apuliens, von antiken Säulen gerahmt.

9 Altamura

Am nächsten Tag kann man zum Öl das passende, nur auf der höchsten Stufe der Murgia, in **Altamura** (70 000 Einw.), gebackene gelbliche Brot *Pane di Altamura* erstehen.

Die Peuketier hinterließen mit ihrer noch gut erkennbaren **Mauer** aus dem 5. Jh. v. Chr. das bedeutendste Zeugnis der Antike. Nach seiner Zerstörung durch die Sarazenen gründete Friedrich II. den Ort neu und legte im Jahr 1232 den Grundstein zur **Kathedrale**. Ältester Teil der hohen Hauptfassade ist die Rosette. Darunter öffnet sich eines der schönsten spätgotischen Portale Apuliens. Am Corso Federico II. di Svevia 87 probiert man im **Ronchi-Striccoli**, dem ältesten Café der Stadt, den gebrannten *Padre Peppe*, einen Nussschnaps. Geht man rechts vom Corso in die malerischen Altstadtgassen hinein, stößt man auf die typischen *claustri*, Innenhöfe mit meist nur einem Zugang, in denen sich heute wie früher das Leben der ganzen Nachbarschaft abspielt. Der **peuketische Krieger** mit seinen Grabbeigaben ist die Sensation im didaktisch sehr gut aufgebauten **Archäologischen Museum** (Via Santeramo 88, Mo–Fr 8.30–19.30, Sa, So 8.30–13.30 Uhr).

10 Gravina in Puglia

Der letzte Tag der Tour führt an das südwestliche Ende des Nationalparks Alta Murgia. Kahle Hügelkuppen, offenes Weideland – fast steppenartig zeigt sich die Murgia nun, nur unterbrochen von kleinen Eichenwäldern. An einer spektakulären Gravina (Schlucht) liegt hier das Städtchen **Gravina in Puglia** (44 400 Einw.) mit dem Verwaltungssitz des Nationalparks. Auch die im 15. Jh. im Renaissancestil erneuerte **Kathedrale** ragt jäh über dem Abgrund empor. Das **Museo Pomarici** zeigt archäologische Funde und byzantinisch beeinflusste Fresken (Mo–Sa 9–13, 16–19, So, Fei 9.30–12.30 Uhr; Führungen sind buchbar unter fondazionesantomasi.it).

Italien wie aus dem Bilderbuch: In Gravina in Puglia wurde 2009 die Komödie »Maria, ihm schmeckt's nicht« gedreht. Vorlage war der gleichnamige Roman von Jan Weiler.

Informationen

Tour 45: Von Bari nach Gravina in Puglia

Länge: 7 Tage, ca. 220 km

Stationen

1 Bari
2 Molfetta
3 Trani
4 Barletta
5 Canoso di Puglia
6 Castel del Monte
7 Ruvo di Puglia
8 Bitonto
9 Altamura
10 Gravina in Puglia

Praktische Hinweise

Für die Besichtigung der Kirchen an geeignete Kleidung denken. In den Altstädten, vor allem in Bari, sollte man Wertsachen, Kameras und Geld nicht offen zur Schau stellen. Das Murgia-Nationalparkzentrum bietet geführte Touren an, Adresse siehe Seite 337.

Verkehrsmittel

Um die Küstenstädte zu besuchen, ist die Bahn ein ideales und noch dazu preiswertes Verkehrsmittel. Nähere Infos unter www.fsitaliane.it, www.ferrovienordbarese.it und www.fseonline.it.

Für alle, die auch das Hinterland besichtigen möchten, ist ein Auto empfehlenswert. Umständlicher, aber möglich ist die Fahrt mit dem Linienbus. Nähere Infos dazu unter www.sitapuglia.it, weiter unter »Le linee in Puglia«.

Bari

Info

Puglia Promozione
Piazza Aldo Moro 33/A, Bari • Tel. 08 05 24 22 44 • www.viaggiareinpuglia.it, www.infopointbari.com

Hotel

Giulia
Sehr freundlich geführtes Hotel, bei schönem Wetter Frühstück auf der hübschen Terrasse.
Via Crisanzio 12, Bari • Tel. 08 05 21 66 30 • www.hotelpensionegiulia.it

Restaurants

La Locanda di Federico
Rustikales Ambiente, klassische Puglieser Küche, im Sommer auf der belebten Piazza.
Piazza Mercantile 63, Bari • Tel. 08 05 22 77 05 • www.lalocandadifederico.com

Osteria delle Travi
Familienbetrieb mit typischer Bareser Küche: *orecchiette* und Fisch. Unbedingt reservieren! So abends und Mo geschl.
Largo Chiurlia 12, Bari • Tel. 33 91 57 88 48

Molfetta

Restaurant

Bufi
Vorzügliche Antipasti und Weine. So abends und Mo geschl.
Via Vittorio Emanuele II 15–17, Molfetta • Tel. 08 03 97 15 97

Trani

Restaurant

Orangerie
Mit Blick auf die Kathedrale genießt man mit Fantasie zubereitete apulische Gerichte. So abends, Mo geschl.
Piazza Quercia 3, Trani • Tel. 08 83 48 52 77

Barletta

Info

IAT
Palazzo Della Marra, Via Cialdini, Barletta • Tel. 08 83 53 83 13 • www.viaggiareinpuglia.it

Canosa di Puglia

Hotel

Hotel del Centro
Angenehm-nostalgisches Ambiente aus der Zeit um 1900; mit Restaurant und Garage.
Corso San Sabino 92, Canosa • Tel. 08 83 61 24 24 • www.hoteldelcentrocanosa.it

Restaurant

Locanda di Nunno
Sehr interessante Fischküche, z. B. Garnelen mit frittiertem Gemüse, aber auch Pferdefleisch. So abends, Mo geschl.
Via Balilla 2, Canosa • Tel. 08 83 61 50 96

Castel del Monte

Restaurant

Antichi sapori

Im Ortsteil Montegrosso genießt man das Beste, was Apuliens bäuerliche Küche zu bieten hat. Sa abends und So geschl.
Piazza San Isidoro 9, Montegrosso di Andria •
Tel. 08 83 56 95 29

Shopping

Rivera

Direktverkauf von einem der besten Winzer des roten DOC, wie den Puer Apuliae. Exzellente Noten der Weinkritiker für den Violante 2007.
S.P. 231, km 60,5 (zwischen Canosa und Andria), Andria •
Tel. 08 83 56 95 10 •
www.rivera.it

Ruvo di Puglia

Restaurant

U.P.E.P.I.D.D.E.

Das »exklusive Plätzchen für Anspruchsvolle« serviert regionale Küche und traumhafte Antipasti in urigem Ambiente. Mo Ruhetag.
Vico Sant'Agnese 2, Ruvo •
Tel. 08 03 61 38 79

Shopping

Caseificio Montrone

Hier gibt's wunderbare apulische Käsespezialitäten. Mo–Sa 8–14, Sa auch 17–21 Uhr.
Via Puccini 61, Andria

Bitonto

Hotel

Masseria San Marco

Reizvolles, mehrere Hundert Jahre altes Gehöft aus Stein mit wenigen, sehr geschmackvoll eingerichteten Zimmern, gepflegtem Garten und Pool.
Via Patierno, Contrada San Marco, Bitonto •
Tel. 08 03 74 03 36 •
www.masseriasanmarco.com

Shopping

Oleificio cooperative Cima di Bitonto

Direktverkauf des exzellenten Olivenöls, das auch in Bio-Qualität zu haben ist.
Via Modugno, Bitonto •
Tel. 08 03 75 17 03 •
www.oleificiocimadibitonto.it

Altamura

Info

Proloco Altamura

Piazza Repubblica 10–11, Altamura •
Tel. 08 03 14 39 30

Restaurants

Del Corso

Lokale Kochtraditionen, jeweils saisonal ausgerichtet, verbunden mit einer kreativen Note. Modernes Ambiente und Produkte aus eigenem Anbau. So abends, Mo geschl.
Corso Federico II 84, Altamura • Tel. 08 03 14 26 95 •
www.ristorantedelcorso.it

Tre Archi

Unzählige Pizzavarianten, aber auch Puglieser Spezialitäten wie Reis mit Kartoffeln und Muscheln; in der Nähe des Doms. Mi Ruhetag.
Via San Michele 28, Altamura •
Tel. 08 03 11 55 69 •
www.trearchi.it

Shopping

Forno antico Santa Chiara

Seit 1423 wird hier das berühmte Brot Altamuras gebacken.
Via L. Martucci 10, Altamura

Gravina in Puglia

Info

Parco Nazionale Alta Murgia

Das Büro hält Tourenvorschläge durch den Nationalpark bereit; angeboten werden auch begleitete Touren.
Via Firenze 10, Gravina in Puglia • Tel. 08 03 26 22 68 •
www.parcoaltamurgia.it

Gravina Sotterranea

Organisiert Führungen durch die Schluchten und die Grottenkirchen der Stadt Gravina.
Via Meucci 10, Gravina •
www.gravinasotterranea.it

Hotel

Masseria Protomastro

In Ruhe relaxen in der rustikalen Eleganz dieser Masseria, großer Garten, Pool, tolle Aussicht.
C. da Aspro Piccolo, Gravina in Puglia • Tel. 08 03 23 71 38 •
www.protomastro.it

Restaurant

Osteria Gli Amici di Cucco

Filippo Garibaldi führt die Osteria im Sinne des Ex-Patrons Salvatore weiter: originelle Nudelgerichte, dazu der typische Verdeca-Wein.
Piazza Pellicciari 4, Gravina •
Tel. 08 03 26 84 32 •
www.osteriacucco.it

Tour 46 | **Mittelapulien**

Runde Rätselhäuser

▶ GESTERN: Steuersparmodell anno dazumal – weil dafür keine Abgaben fällig waren, ließ ein Feudalherr Häuser ohne Mörtel bauen

▶ HEUTE: Trulli heißen diese rätselhaften, bezaubernden Rundhäuser aus Stein, eine der Hauptattraktionen Mittelapuliens

▶ GESTERN

Die pittoresken, Trulli genannten Rundhäuser von Alberobello sind der Legende nach der »Eiche Apuliens«, wie Gian Girolamo II. Acquaviva genannt wurde, zu verdanken. Im Jahr 1635 errichtete der Feudalherr eine Villa, eine Mühle, einen Backofen und ein Gasthaus in einem bis zu diesem Zeitpunkt bedeutungslosen Weiler. Er lag inmitten des »Waldes des schönen Baums«, der Silva Arboris Belli.

Seinen Bauern befahl der Adelige, mörtellose Steinhütten in Trockenbauweise zu errichten, denn für gemauerte Siedlungen hätte er dem Vizekönig in Neapel Steuern zahlen müssen. Die Bauern bedienten sich des seit der Antike im ganzen Mittelmeerraum verbreiteten Typs einfacher Rundbauten aus aufgeschichteten Steinplatten, die oben zu einem »unechten« Gewölbe zusammengeschoben wurden. Bei größerem Platzbedarf wurden mehrere Häuschen miteinander verbunden – wodurch die charakteristischen Straßenzüge Alberobellos entstanden, die bis heute erhalten sind.

Auf den dunkelgrauen Steindächern der Trulli finden sich oft in Weiß aufgemalte, weithin sichtbare heidnische und christliche Symbole. Die magischen Zeichen sollen den Trullo und seine Bewohner schützen und dienen als Hausnummern.

▶ HEUTE

Lange galten sie als Arme-Leute-Unterkünfte, heute sind die Steinhäuschen das Aushängeschild der Gegend um Alberobello; nicht wenige dienen als Ferienhäuser. Weitere spektakuläre Highlights auf dieser Tour sind die größte Tropfsteinhöhle Italiens bei Castellana Grotte, kilometerlange Sandstrände und nicht zuletzt der exzellente Weißwein Locorotondo DOC.

Adressen: Seite 344–346, Landkarte: Seite 346

1 Polignano a Mare

Wunderbar klares Wasser, winzige Felsbuchten, kilometerlange Sandstrände: Die Küste Mittelapuliens lädt zum Baden ein. In **Polignano a Mare** (17 600 Einw.) zischt die Gischt an Sturmtagen bis hoch zu den Panoramaterrassen der Altstadt. Die

Alberobello: Auf diesem Bild aus den 1950er-Jahren sind die kugel- oder sternförmigen Figuren zu sehen, die die Dächer abschließen. Über ihre Funktion wurde und wird viel gerätselt.

Grotta Palazzese: Die Höhle ist Teil einer Hotelanlage. Wer sie sehen will, muss hier speisen.

weißen Häuser auf dem steil abfallenden Felsvorsprung scheinen fast ins Meer zu stürzen. Die besten Fotos schießt man von der Brücke über die Lama Monachile.

Durch die Porta del Borgo Antico – einziger Zugang bis ins 18. Jh. – erreicht man die zentrale **Piazza Vittorio Emanuele** mit der **Kirche Santa Maria Assunta**. Von den Panoramaterrassen öffnet sich unerwartet die Sicht auf kleine Buchten mit unzähligen Grotten. Die spektakulärste, die **Grotta Palazzese**, besichtigt man vom Restaurant des gleichnamigen Hotels aus (nur Hotel- bzw. Restaurantgästen erlaubt).

Messapier ...

... waren die Einwohner des südlichen Teils von Apulien lange vor den Römern, wahrscheinlich sind sie etwa 1000 v. Chr. eingewandert. In Egnazia sind noch Spuren von ihnen zu sehen; einige Inschriften bewahrt das Archäologische Nationalmuseum in Tarent.

2 Monopoli

Die Schönheit der Küste wird Sie dazu verleiten, noch einen zweiten Tag am Meer zu verbringen: Rund um **Monopoli** (49 600 Einw.) findet man kleine Felsbuchten, dazwischen kurze Sandstrände. Im großen Hafen hat die Fangflotte festgemacht, umgeben von Booten. Das mächtige Kastell sicherte einst den Altstadtzugang. Man tritt durch einen Bogen auf die hübsche Piazza Garibaldi und folgt der Via Amalfitana zur stimmungsvollen romanischen **Kirche Santa Maria degli Amalfitani**. In der Altstadt erhebt sich auch die festliche **Renaissancekirche San Domenico**. Barock ist die üppig mit Marmor ausgestattete **Kathedrale** (18. Jh.). Südlich von Monopoli zieht es Menschen in Scharen nicht nur tagsüber an die Küste, sondern auch nachts zu den coolen Beachpartys rund um den Strandort **Il Capitolo**.

3 Egnazia

Wenige Kilometer südlich erstreckt sich das weitläufige Grabungsgelände von **Egnazia** direkt am Meer. So lässt sich Kulturgenuss ideal mit einem Sprung ins türkis schimmernde Wasser verbinden. Die Spuren der Besiedelung reichen von der Bronzezeit bis ins Mittelalter. Rechts von der Hauptstraße gehen die Blöcke der messapischen Mauer bis ans Wasser. Links der Straße sind die Reste der römischen Basilika, des Amphitheaters und des gepflasterten Forums zu erkennen. Schwere Karren drückten tiefe Spuren in die Pflastersteine der Via Traiana. Sehenswert ist auch das **Museo Archeologico** mit einer gelungenen frühapulischen Abteilung. Sein kostbarster Schatz sind die römischen Mosaike mit Tierfiguren und verspielten Ornamenten (Museum tgl. 8.30–19.30, Grabung Kassenschluss: im März 16.30, April–Sept. 18.15, im Okt. 17, Nov.–Feb. 15.30 Uhr, www.egnaziaonline.it).

4 Marina di Ostuni

Nehmen Sie sich die Zeit für einen dritten Tag an der wundervollen Küste und fahren Sie weiter nach **Marina di Ostuni**: Das sind 17 km Strand, auch mit kleinen, von Felsen umgebenen Buchten, Dünen, Kieselsteinchen, davor das blaue Meer, dahinter eine duftende Macchia – ideal für alle Sonnenanbeter und Wassersportler. Teure Luxusresorts und Camping-Apartment-Anlagen wechseln sich am Meer ab. Die Strände ziehen sich nördlich bis Torre Canne hin, der schönste ist Bosco Verde. Gleich über zwei Stränden der Marina di Ostuni (Camerini Creta Rossa und Lido Morelli Rosa Marina) durfte 2012 die blaue Flagge für Top-Wasserqualität und gepflegte Strandeinrichtungen wehen. Besonders schön ist auch der feinsandige Strand im Naturschutzgebiet Torre Guaceto, nördlich des gleichnamigen Orts (10 km südlich von Marina di Ostuni).

5 Castellana Grotte

Das Hinterland lockt mit seinen Olivenbäumen und Trulli, den einsamen Masserie und den netten Städtchen. Tag 4 gehört der **größten Karsthöhle Italiens**. Sie wurde 1938 südöstlich von Bari, außerhalb des Ortes **Castellana Grotte**, entdeckt. Die wirklich beeindruckende Besichtigung beginnt in der Grave, wie die gigantische Eingangshalle genannt wird. Durch hohe Säle und enge Gänge gelangt man schließlich zur einmaligen **Grotta bianca**. Ihr kristallines Weiß ist von atemberaubender Schönheit.

6 Alberobello

Inmitten einer gepflegten alten Kulturlandschaft, die schon im Februar mit ihrer Mandelblüte bezaubert, liegt **Alberobello** (11 000 Einw.). Die »Hauptstadt der Trulli« ist der bekannteste Ort des Itria-Tals. Zu Recht, denn das Ortsbild ist wirklich einzigartig. Wie aus dem Märchenbuch wirkt der Stadtteil Monti, wo ganze Straßenzüge aus Trulli bestehen, auch wenn Trullo oft gleichbedeutend mit Laden zu sein scheint und es Nudeltrulli, Keramiktrulli und siamesische Trulli gibt. Ein Spaziergang führt die Gässchen hinauf zur **Kirche Sant'Antonio** – auch sie in Form eines Trullo. Ein 21 m hohes, unechtes Gewölbe aus aufgeschichteten, zusammengeschobenen Steinplatten überragt den Bau. Etwas weniger touristisch gibt sich das kaum minder reizvolle Viertel Aia Piccola auf der anderen Seite des Largo Martellotta. Am Ende der Oberstadt dokumentiert das **Museo del Territorio** das bäuerliche Leben in den gut vor der Sonne abgeschirmten Trulli in vortouristischen Zeiten (Piazza XXVII Maggio; Mitte Juli–Mitte Sept. tgl. 10–20, sonst Di–So 10–13, 15.30–19 Uhr, 7. Jan.–Mitte Febr. geschl.).

Musik, Tänze, Trachten, Kochkünste und Handwerk der Trulli-Bewohner liefern heute den Hintergrund für bunte traditionelle Volksfeste in Alberobello. So begeht man hier das **Festival Folklorico** am 1. bzw. 2. Augustwochenende, die

Einst waren es Arme-Leute-Häuser, im 20. Jahrhundert wurde der Reiz der Trulli erkannt. Dieses undatierte Plakat des Italienischen Tourismusverbands wirbt für das Städtchen Alberobello.

Festa dei Santi Cosma e Damiano rund um den 26. September, mit Prozessionen, Lichterfest und Musik, oder die **Birra fra i Trulli** (Ende Aug./Anf. Sept.) mit Bier und gastronomischen Ständen.

7 Locorotondo

Der exzellente Weißwein und die grandiose Aussicht ziehen Sie am nächsten Tag nach **Locorotondo** (14 250 Einw.). Hier und dort ein Trullo, Oliven- und Mandelbäume und vor allem unzählige Weinreben bestimmen die Landschaft um den Ort. Der strahlend weiße und, wie sein Name schon verrät, kreisförmig angelegte Ort auf einem Hügel lohnt als Gesamtkunstwerk einen Besuch. Vom Stadtpark aus genießt man einen herrlichen Panoramablick über das Valle d'Itria bis Martina Franca. Besucher sollten den spritzigen Weißwein Locorotondo DOC verkosten und die in traditioneller Handarbeitstechnik hergestellten Deckchen zumindest bestaunen.

8 Martina Franca

Mitten im grünen Valle d'Itria erblickt man ein kleines Juwel: Barock in Weiß charakterisiert das schicke **Martina Franca** (49 800 Einw.) auf der höchsten Stufe der südlichen Murge. Sein heutiges Aussehen verdankt der Ort den Barock- und Rokokobauten des 18. Jhs. Die ungewöhnliche Kombination von hell getünchten Wänden und den geschwungenen Linien dunkler Fenster, von Balkonen und Portalen, verfehlt ihre Wirkung nicht. Hinter dem **Bogen Sant'Antonio** sieht man die breite, harmonische Fassade des **Palazzo Ducale**, Amtssitz der Familie Caracciolo, die Martina Franca von 1507 bis 1827 beherrschte. Barockfassaden säumen die Flaniermeile Corso Vittorio

I borghi più belli d'Italia, zu den »schönsten Dörfern Italiens« gehört Locorotondo, dessen Altstadt von engen Gassen und weißen Kalkstein-Giebelhäusern mit extrem schrägen Dächern geprägt ist.

Emanuele, der man bis zur **Kirche San Martino** folgt. Die prächtige Front und der wunderschöne Hauptaltar im Inneren stammen ebenso aus dem 18. Jh. wie der **Palazzo della Corte** gleich links und die Torre Civica. Die Stadt füllt sich jedes Jahr Mitte Juli bis Anfang Aug. anlässlich des **Festival Internazionale della Valle d'Itria** mit Opernfans (www.festivaldellavalleditria.it).

9 Cisternino

Ganz in Weiß gibt sich auch die Altstadt von **Cisternino** (12 000 Einw.). Machen Sie einen abendlichen Ausflug hierher. Ein Hauch von Orient umgibt die niedrigen Häuser mit ihren Außentreppen und Innenhöfen. Unzählige Bogen überspannen die Gassen. An Sommerabenden strömen Badegäste vom Meer in die Restaurants und Bars – und die *fornellos*, die Metzgereien, die ihr Fleisch selbst grillen.

10 Ostuni

Ebenfalls weiß leuchten die Häuser in **Ostuni** (32 200 Einw.). Der Ort liegt wie eine Fata Morgana auf drei Hügeln, überragt von seiner Kathedrale und der farbigen Kuppel der **Barockkirche Santa Maria Maddalena**. Von der Piazza della Libertà mit dem hl. Oronzo auf der Bildsäule führt die Via Cattedrale in die Altstadt. In den hübschen Gassen setzen im Sommer rosa blühende Bougainvilleen Farbakzente vor weißen Mauern. Treppauf geht es zur **Kathedrale** von 1435 mit eigentümlich geschwungener Fassade. Der filigrane Rundbogenfries scheint mit der prächtigen Fensterrose zu wetteifern.

11 Brindisi

Auf ein wenig griechisches Flair treffen Sie am letzten Tag der Tour in **Brindisi** (88 600 Einw.). Die Geschicke der weltoffenen Provinzhauptstadt bestimmt der einzigartige Naturhafen in Form eines Hirschkopfes (messapisch: *brunda*). *Brundisium* war der wichtigste Orienthafen Roms, und noch heute ist die Stadt der bedeutendste Fährhafen nach Griechenland.

Ein gelungenes Ensemble ist die **Piazza del Duomo**. Links neben dem Dom liegt der Zugang

Kleinod: die hervorragend erhaltene Altstadt von Ostuni mit ihrem pittoresken Gassengewirr.

zum **Museo Archeologico Provinciale Francesco Ribezzo**. Ein Unikum sind die messapischen Vasen mit den Rädchen *(trozzelle)* an den Henkeln. Im Lapidarium stehen antike Großstatuen (Mo–Fr 9–13, 15.30–18.30, Sa 18–20.30, So 10–12.30, 18–20.30 Uhr). Durch den Turmdurchgang erreicht man am Ende der Via Colonne zwei mächtige Sockel, auf denen einst die Endsäulen der Via Appia am Meer standen. Eine steht heute in Lecce, die zweite restauriert an ihrem Platz. Am Hafen erblickt man das 53 m hohe Monumento al Marinaio, ein Denkmal für die Seeleute.

Das gewaltige staufische **Kastell** am westlichen Hafenbecken ist wie das aragonesische auf der vorgelagerten Insel Sant'Andrea in Militärbesitz. Richtung Nordwesten an der Straße zum Flughafen wartet eine der schönsten Kirchen ringsum: **Santa Maria del Casale** (spätes 13. Jh.). Die geometrische Musterung der Fassade aus rotweißem Gestein wirkt überraschend. Der Innenraum prunkt mit Fresken aus dem 14. Jh.

Informationen

Tour 46: Zwischen Polignano a Mare und Brindisi

Länge: 6 Tage, 180 km

Stationen

1 Polignano a Mare
2 Monopoli
3 Egnazia
4 Marina di Ostuni
5 Castellana Grotte
6 Alberobello
7 Locorotondo
8 Martina Franca
9 Cisternino
10 Ostuni
11 Brindisi

Praktische Hinweise

Wer im Trullo oder in einer Masseria übernachten möchte, sollte im Sommer rechtzeitig buchen. Rechnen Sie mit Touristenrummel in Alberobello und Wartezeiten an der Grotte in Castellana. Pullover oder Jacke nicht vergessen, in der Grotte herrschen konstant 16 °C!

Polignano a Mare

Hotel

Grotta Palazzese

Sehr schöner moderner Bau mit eleganten Zimmern, teils mit Balkon und Meerblick. Der Speisesaal liegt im vorderen Teil der Grotta Palazzese (nur im Sommer). Überaus stimmungsvoll: Abendessen in der Grotte.
Via Narciso 59, Polignano •
Tel. 08 04 24 06 77 •
www.grottapalazzese.it

Monopoli

Hotel

Melograno

Luxushotel in einer stimmungsvollen Masseria des 17. Jhs. mit antiken Möbeln. Pool, Wellnessangebote.
Contrada Torricella 345, Monopoli •
Tel. 08 06 90 90 30 •
www.melograno.com

Restaurants

Osteria Perricci

Einfache, rustikale Osteria mit guter Fischküche. Mi geschl.
Via O. Comes 1/3, Monopoli •
Tel. 08 09 37 22 08

Caffè Roma

Hervorragendes Eis und leckeres Gebäck seit 150 Jahren.
Largo Vescovado 1,
Monopoli

Marina di Ostuni

Hotels

Gran Hotel Masseria Santa Lucia

In einer rosa gestrichenen Masseria (Bauernhof) verbirgt sich ein Luxushotel, das an orientalische Oasenpracht erinnert, mit Sand- und Felsstrand sowie eigenem Pool.
An der SS 379, bei km 23,5 •
Tel. 08 31 35 60 •
www.masseriasantalucia.it

Masseria Il Frantoio

Schöne alte Masseria, nostalgisch-romantische Zimmer und Apartments in weißen Mauern.
An der SS 16, bei km 874 •
Tel. 08 31 33 02 76 •
www.masseriailfrantoio.it

Castellana Grotte

Info

Führungen auf Deutsch: Kleiner Rundgang (ca. 1 Std./1 km), Ende März–Sept. 9.30 und 14.30, großer Rundgang (ca. 2 Std./3 km): Ende März 11 und 16 Uhr. Weitere Führungen ganzjährig in Italienisch und Englisch unter:
www.grottedicastellana.it

Hotel

Azienda Agrituristica Serragambetta

Ländliche Villa des 19. Jhs. mit Apartments und der im italienischen Fernsehen berühmt gewordenen Naturküche von Zia Nina.
Via per Conversano 204, Castellana •
Tel. 08 04 96 21 81 •
www.serragambetta.it

Aktivitäten

Parco dei Dinosauri

Hier gibt es etwa 20 Sauriermodelle aus Kunstharz – der 10 m hohe Brachiosaurus ist wirklich beeindruckend! Macht nicht nur Kindern Spaß. März–Sept. tgl. 9.30–13, 14.30–18.30 Uhr. Via Conversano 157, an der SS 634, 2 km hinter Castellana Grotte • www.ilparcodeidinosauri.it

Alberobello

Info

IAT
Via Monte Nero 3, Alberobello • Tel. 08 04 32 20 60 • www.alberobello.net, www.prolocoalberobello.it

Hotel

Colle del Sole
Nettes Familienhotel, 500 m vom Zentrum, ruhige Lage, Pool, Restaurant.
Via Indipendenza 63, Alberobello • Tel. 08 04 32 18 14 • www.hotelcolledelsole.it

Lanzillotta
Direkt im Ort; stilvoll-nostalgische Zimmer; angeschlossen ist das Restaurant »La Dolce Vita« (auch Weinbar und Livemusik).
Piazza Ferdinando IV 33, Alberobello • Tel. 08 04 32 15 11 • www.hotellanzillotta.it

Im Trullo

Wer seinen Urlaub in einem Trullo verbringen möchte, wird bei www.trullinet.com fündig. Viele topmodern ausgebaute Wohntrulli in Alberobello, Locorotondo etc. bietet www.valledeitrulli.it.

Restaurants

L'Aratro
In diesem echten, rustikal eingerichteten Trullo probiert man Spezialitäten Apuliens wie *burrate* und *orrecchiette* mit *cima di rapa* zu einheimischen Weinen.
Via Monte San Michele 25, Alberobello • Tel. 08 04 32 27 89 • www.ristorantearatro.it

Trullo d'Oro
In einem schön restaurierten Trullo genießt man traditionelle Regionalküche. Hausgemachter Rosenlikör krönt jede Mahlzeit. Mo geschl.
Via Cavallotti 27, Alberobello • Tel. 08 04 32 18 20 • www.trullodoro.it

Locorotondo

Hotel

Sotto le Cummerse
Apartments und Zimmer in stilvoll restaurierten kleinen Häuschen im Zentrum; das Frühstück wird in einer Bar serviert.
Via Vittorio Veneto 138, Locorotondo • Tel. 08 04 31 32 98 • www.sottolecummerse.it

Restaurant

Trattoria Centro Storico
Nettes Altstadtlokal. Antipasti und der einheimische Wein munden hier besonders gut. Mi geschl.
Via Eroi di Dogali 6, Locorotondo • Tel. 08 04 31 54 73 • www.ilcentrostorico.biz

Shopping

Cantina del Locorotondo
Verkauf des exzellenten Weißen und anderer Weine, seit Kurzem auch Grappa und Sekt (Brut und Demi Sec).
Via Madonna della Catena 99, Locorotondo • Tel. 08 04 31 16 44 • www.locorotondodoc.com

Il Tempo ritrovato
Ganz schön teuer? Die hohen Preise der Spitzen und Stickdeckchen entsprechen der langen, mühevollen Arbeit an jedem Stück.
Piazza Vittorio Emanuele 20, Locorotondo • Tel. 08 04 31 32 01 • www.il-tempo-ritrovato.net

Martina Franca

Hotel

Masseria Chiancone Torricella
Masseria aus dem 17. Jh., in der man sich wunderbar erholt. Restaurant in umgebauten Trulli, Pool.
Strada Trasconi Chiancone, Martina Franca • Tel. 08 04 49 06 00 • www.masseriachiancone.it

Restaurants

Lisi
Die Tradition des *fornello* (Gebratenes vom Spieß, direkt aus der Metzgerei) lebt hier fort. Probieren sollte man auch den berühmten hausgemachten *capocollo* (Rollschinken aus dem Nackenstück). So geschl.
Via Verdi 57, Martina Franca • Tel. 08 04 80 15 47

Gran Caffè

Morgens Frühstück, mittags Snacks, abends Käse- und Salami. Im Winter Do geschl. Piazza XX Settembre 7a, Martina Franca

Ostuni

Info

APT

Corso Mazzini 6, Ostuni • Tel. 08 31 30 12 68 • www.viaggareinpuglia.it

Restaurant

Osteria del Tempo Perso

In einer angenehm temperierten Grotte genießt man hervorragende apulische Küche mit reicher Auswahl an Antipasti. Die *niumarieddi*, Rouladen aus Lamminnereien, zählen zu den Spezialitäten der Küche der Murge-Region. Mo.geschl., Juli/Aug. tgl., Juni–Aug. Mo–Sa mittags geschl. Via G. Tanzarella Vitale 47, Ostuni • Tel. 08 31 30 48 19 • www.osteriadeltempoperso.com

Brindisi

Info

APT

Lungomare Regina Margherita 44, Brindisi • Tel. 08 31 52 30 72 • www.viaggiareinpuglia.it

Hotel

Hotel Internazionale

Elegantes Hotel am Meer, das aus der Zeit stammt, als Brindisi nach der Öffnung des Suezkanals vom Orienthandel profitierte, und das den Charme von einst bewahrt hat. Lungomare Regina Margherita 23, Brindisi • Tel. 08 31 52 34 73 • www.albergointernazionale.it

Restaurant

Il Giardino

Tolle Pizzeria in stilvollem Palazzo mit Garten. So abends und Mo geschl. Via Tarantini 14/18, Brindisi • Tel. 08 31 52 49 50

Kein Irrtum: Im Süden Italiens kann man tatsächlich Wintersport treiben. Nur 35 km östlich von Reggio di Calabria gibt es seit den 1950er-Jahren ein Skigebiet!

Tour 47 | **Kalabrien**

Gekühlte Stiefelspitze

▶ GESTERN: Meer und Strand – Selbstläufer. In den 1950er-Jahren kam man in Kalabrien auf die Idee, auch die Wintersaison zu nutzen

▶ HEUTE: Die meisten Urlauber kommen zum Sonnenbaden, doch das Hinterland hat definitiv einen Abstecher verdient – auch im Sommer

▶ GESTERN

Zugegeben – man kommt nicht unbedingt auf Wintersport, wenn man an Aktivitäten in Süditalien denkt. Dabei gibt es in Kalabrien sogar gleich vier Skigebiete! Natürlich ähneln ihre Dimensionen den Sportgebieten der Alpen nicht einmal annähernd; das größte kalabresische Gebiet liegt bei Cotronei, bietet ganze drei Lifte und 20 Pistenkilometer. Das Aspromonte-Massiv thront über Reggio di Calabria und ragt bis zu 2000 m in die Höhe. An seiner Flanke existiert schon seit den 1950er-Jahren ein Skigebiet, das mit dem Vorzug wirbt, dass man hier mit Blick auf das Mittelmeer, die Äolischen Inseln und den Ätna durch den Schnee gleiten kann – das muss erstmal einer nachmachen, Pistenkilometer hin oder her. Auch wenn kaum jemand den weiten Weg aus Mitteleuropa auf sich nehmen wird, um hier ausgerechnet Wintersport zu treiben: Gambarie, Teil der Gemeinde Santo Stefano in Aspromonte und Talort des Skigebiets, verfügt sogar über eine Skischule und einen Skiclub.

▶ HEUTE

Noch zieht es die meisten Urlauber wegen der Traumstrände nach Kalabrien – rund 800 km Küste warten hier auf Sonnenanbeter, die von Mitte Mai bis Anfang November ins mind. 20 °C warme Wasser hechten können. Die Italiener aber haben in den letzten Jahren die reizvolle Natur des gebirgigen Hinterlands entdeckt. Besonders in den hiesigen Nationalparks kann man Wanderungen in einer ursprünglichen Kulturlandschaft unternehmen, z. B. im Parco Nazionale dell'Aspromonte (www.parcoaspromonte.gov.it).

Unsere Tour führt rund um die Stiefelspitze und beginnt in Tropea: Die bis spät nachts belebte Altstadt, der wunderbare Strand und das Inselchen mit der fotogenen Kirche Santa Maria dell'Isola machen das sympathische Städtchen zum schönsten Urlaubsort an der tyrrhenischen Küste Kalabriens. Weiter geht es am Meer entlang nach Reggio di Calabria bis Monasterace Marina und von dort ins Landesinnere.

Landkarte: Seite 353, Adressen: Seite 354/355

Stimmungsvolles Gesamtkunstwerk: die kleine Wallfahrtskirche Santa Maria dell'Isola in Tropea.

1 Tropea

Das Städtchen (6600 Einw.) thront auf einem Felsen, seine Gässchen, Torbogen, Plätze und Paläste sowie hübsche Läden verlocken zum Bummeln. Mitten in die Altstadt ist der niedrige, wohl noch in vornormannischer Zeit begonnene **Dom** eingebettet. Die farbige Absetzung der Rundbogen an der Längsseite verleiht dem Bau etwas Anmutig-Spielerisches. Vom Balkon am Ende der Hauptgasse **Corso Vittorio Emanuele** genießt man einen wunderbaren Blick auf die 40 m steil ins Meer abfallenden Klippen, den traumhaften rosa Kieselstrand und das fotogene, zauberhafte Inselchen mit der **Kirche Santa Maria dell'Isola**. Die 4 km langen Strände unterhalb von Tropea bieten kleine Buchten und sandige Abschnitte, Sport und Fun bis spät nachts. »Tatort Kalabrien – ein mörderischer Urlaub« von Barbara Ludwig spielt in Tropea (Schardt Verlag, Oldenburg 2007).

Mata und Grifone

... heißen die beiden Pappmascheefiguren, die bei Volksfesten in der Menge »tanzen«. Die hellhäutige Mata steht für Kalabrien und der dunkelhäutigen Grifone für Araber oder Sarazenen. Ob es um den Sieg der Einheimischen gegen die Eindringlinge oder die kulturelle Verbindung beider Gruppen geht, kann man nicht so genau sagen.

2 Capo Vaticano

Weite Sandstrände und kleine Badebuchten mit traumhaft türkis schimmerndem, glasklaren Wasser prägen das Bild von **Capo Vaticano** (4000 Einw.), das ebenfalls zu einer Übernachtung einlädt. Die Ferienanlagen bieten allesamt Sport und Animation, im Hochsommer wird es voll. Hier lohnt ein Spaziergang zum **Leuchtturm** am Capo mit der wunderbaren Aussicht auf die Küste und die Äolischen Inseln. Man geht den kleinen Weg durch die dichte mediterrane Macchia, kauft vielleicht eine kalabresische Spezialität in dem kleinen Laden und genießt ein Eis in der Bar.

3 Palmi und 4 Scilla

Über das nette Nicotera, das eher unschöne Rosarno und den größten Containerhafen des Südens, Gioia Tauro, erreicht man am 3. Tag **Palmi**. Der Ort in Panoramalage oberhalb der tyrrhenischen Küste bietet Kunstfreunden die **Musei Civici** in der **Casa della Cultura** (Via Felice Battaglia). Zu den Museen gehören die **Pinakothek** (Werke von Modigliani, Guttuso, Boccioni u. a.) und die Skulpturensektion Michele Guerrisi, eine **archäologische Abteilung** und das wirklich originelle **Museo Civico di Etnografia e Folclore**. Magische Spindeln, riesige Pappmaschee-Figuren, Kostüme, Gerätschaften des bäuerlichen Lebens, Musikinstrumente: ein Sammelsurium für kleine Entdecker. Hier wird die von Magie und geheimnisvollen Zeichen durchdrungene bäuerliche Welt Kalabriens lebendig (Mo–Fr 8–14 Uhr). Nach dem Museumsbesuch fährt man durch Olivenhaine hinunter zum Lido, wo die farbigen Fischerboote sehr fotogen am langen Sandstrand liegen. Am folgenden Tag lohnt bei klarem Wetter der Abstecher hinter Palmi hinauf auf den **Monte Sant' Elia**: Die Aussicht reicht die ganze Küste hinunter bis weit nach Sizilien.

Der lange Strand von Bagnara Calabra weicht dem steilen Felsen von **Scilla** (5100 Einw.). Wer will, legt hier einen Badetag ein. Imposant überragt das **Kastell** (tgl. 8.30–19.30 Uhr) die Meerenge von Messina. Als Skylla mit der gegenüberliegenden Charybdis taucht der Ort schon in Homers Odyssee auf. Heute spaziert man im urigen Fischerviertel Chianalea hinunter ans Meer, genießt die Aussicht vom Kastell und badet am weiten Sandstrand im Westen der Burg. Die **Costa Viola** macht ihrem Namen alle Ehre, wenn das Meer bei Sonnenuntergang violett schimmert.

5 Reggio di Calabria

Über Villa San Giovanni erreicht man an Tag 5 **Reggio di Calabria** (180 500 Einw.), die größte Stadt Kalabriens. Nach gewalttätigen Demonstrationen verlegte man 1972 den Sitz des Regionalparlaments von Catanzaro hierher, Catanzaro blieb jedoch Hauptstadt und Regierungssitz. Dieser Vorgang und die allgegenwärtige Gewalt zeigen, wie sehr die Stadt und die Provinz Reggio von der *'Ndrangheta*, der kalabresischen Mafia, beherrscht werden. Richter und Staatsanwälte leisten bei der Bekämpfung Sisyphusarbeit. Während die *'Ndrangheta* dem Image der Stadt schweren Schaden zufügt, ist man stolz auf den Modeschöpfer Gianni Versace, der aus Reggio stammte. Seit 2002 rühmt man sich auch wieder des »schönsten Kilometers Italiens«, des **Lungomare Falcomata**. Reggios 2002 verstorbener Bürgermeister Italo Falcomata ließ die Promenade rundherum erneuern und belebte die Sommernächte mit einem ansprechenden Kulturprogramm. Vor dem Panorama Siziliens und des Ätna flanieren abends wieder Tausende. Sehenswert ist die **Pinacoteca Civica** im Teatro Cilea mit Gemälden von Antonello da Messina und Mattia Preti (Mo–Do 9.30–13, 14.30–17, Fr 9.30–13.30 Uhr). Am zweiten Samstag im September bezaubert das Feuerwerk am Lungomare zum **Fest der Madonna della Consolazione**.

Die 1972 aus einem Wrack vor der Ostküste Kalabriens geborgenen Bronzen von Riace sind

Ein berühmter Sohn von Reggio di Calabria, auf dieser Aufnahme noch ein *bambino*: Gianni Versace wurde 1946 hier geboren und lernte die ersten Schritte in Sachen Mode in der Schneiderei seiner Mutter. Dann zog es ihn nach Mailand, und der Rest ist Geschichte ...

die Prunkstücke der hochinteressanten archäologischen Abteilung des **Museo Nazionale**. Die beiden überlebensgroßen, kunstvoll gefertigten Figuren griechischer Krieger stammen aus dem 5. Jh. v. Chr. Sie sind zzt. mit anderen Ausstellungsstücken aus dem Museo Nazionale Archeologico im **Palazzo del Consiglio Regionale** (Palazzo Campanella) zu sehen, da das Museum nach wie vor wegen Restaurierungsmaßnahmen geschlossen ist (tgl. 9–19.30 Uhr).

6 Pentedattilo und 7 Melito di Porto Salvo

Südlich von Reggio verläuft die Küstenstraße am **Aspromonte** entlang, der hier steil und kahl ins Meer abfällt. Die Bergdörfer werden bald so verlassen sein wie das malerische **Pentedattilo**. Am Meer bei **Melito di Porto Salvo** passiert man den südlichsten Punkt des italienischen Festlands. Im August leben die griechischen Orte des Aspromonte auf, ebenso wie beim **Festival Paleariza** mit griechischer Musik und Gastronomie im Herbst (www.paleariza.it, nur Ital.).

8 Gerace

Verbringen Sie den nächsten Tag im weiter im Landsinneren gelegenen **Gerace** (2700 Einw.), einem wahren Schmuckstück unter den Städtchen Kalabriens. Die gepflegte Altstadt wirkt anheimelnd. Beim Bummel entdeckt man mehrere Keramikläden – Töpferei hat hier Tradition. Von den normannischen Kirchenbauten der Region überstand nur der größte, der **Dom** von Gerace, alle Erdbeben in dieser gefährdeten Gegend. 20 unterschiedliche, z. T. antike Säulen mit schönen Kapitellen gliedern den dreischiffigen, feierlich schlichten Innenraum. Vom linken Querschiff steigt man in die noch aus einer byzantinischen Bauphase stammende Krypta. Vom mittelalterlichen **Kastell** blieb nur ein mächtiger Rundturm. Beim **Festival Borgo Incantato** mit Musik und Straßenkünstlern Ende Juli lebt Gerace bis spät nachts.

9 Roccella Ionica

Für einen Badetag fahren Sie wenige Kilometer weiter in Richtung Norden, immer an der Küste

Rauf zu den Ruinen oder an den Strand? In Roccella Ionica fällt die Wahl schwer. Wer sich nicht entscheiden kann, sucht sich ein Plätzchen in der Altstadt und probiert den Kräuterlikör »Amaro del Capo«.

Gut aufgestellt: Trumpf des Örtchens Stilo ist seine byzantinische Kirche, und auch sonst ist man hervorragend auf Besucher eingerichtet.

entlang bis nach **Roccella Ionica** (6400 Einw.). Der Küstenort überrascht mit pittoresken Burgruinen, einem Bandiera-Blu-Strand und dem wichtigsten Jazzfestival Süditaliens (2. Augusthälfte, www.roccellajazz.net). Etwas südlich badet man an einem weiteren wunderschönen, ebenfalls mit der blauen Flagge für sauberes Wasser ausgezeichneten Strand in **Marina di Gioiosa Ionica**.

10 Stilo und 11 Serra S. Bruno

Quer durch das Landesinnere geht die Tour zurück in Richtung tyrrhenische Küste. Machen Sie auf der Fahrt halt in **Stilo** (2650 Einw.), wo einer der eigenwilligsten Kirchenbauten Kalabriens auf Sie wartet: Die fünf Kuppeln über der **Cattolica** bilden einen ungewöhnlichen Blickfang. In der hervorragend erhaltenen byzantinischen Kirche fühlt man sich nach Griechenland versetzt. Der Innenraum, der über quadratischem Grundriss die Form des griechischen Kreuzes betont, birgt Fresken der Erbauungszeit.

Mitten im Wald auf 780 m Höhe liegt der kleine Ort **Serra San Bruno** (7000 Einw.) auch heute noch ein wenig isoliert. Genau das zog den Kölner Mönch Bruno hierher. 1091 schenkte ihm der Normanne Roger I. das Areal, auf dem sich nunmehr ein neogotisches, 1900 erbautes **Kartäuserkloster** erhebt. Das Kloster selbst kann nicht besichtigt werden, aber das von den Mönchen eingerichtete **Museum** dokumentiert Geschichte und Alltag der Kartäuser (Ende März–Juli, Sept.–Nov. 10–13, 15–19, Aug. 10–19 Uhr, Weihnachten 10–13, 15–17 Uhr).

12 Pizzo

Wieder an der Küste angekommen, verbringen Sie den letzten Urlaubstag in **Pizzo**. Der pittoreske Ort (9000 Einw.) scheint von seiner luftigen Höhe fast ins Meer zu stürzen. Lokalpatrioten behaupten, hier sei das Tartufo-Eis erfunden worden. Besichtigungspunkte sind eine barocke **Pfarrkirche**, ein von den Aragonesen errichtetes mächtiges **Kastell** und ein **Tuffkirchlein**.

Informationen

Tour 47: Kalabrien – rund um die Stiefelspitze

Autotour, 8–10 Tage, ca. 380 km

Stationen

1 Tropea
2 Capo Vaticano
3 Palmi
4 Scilla
5 Reggio di Calabria
6 Pentedattilo
7 Melito di Porto Salvo
8 Gerace
9 Roccella Ionica
10 Stilo
11 Serra San Bruno
12 Pizzo

Verkehrsmittel

Mit der **Küsteneisenbahn** kann man Kalabrien ganz langsam einmal umrunden (www.fsitaliane.it). Wer in die Berge oder an einsame Strände möchte, braucht ein Auto. Die **Autostrada** ist wegen ihrer vielen Baustellen berühmt-berüchtigt! Zu den **Regionalbus-Linien** zählen Federico (www.autolineefederico.it, weiter unter »orari«) und Romano (www.autolineeromano.com, weiter unter »Orario delle Linee Regionali«).

Tropea

Hotels

Rocca Nettuno

Wunderschöne große Ferienanlage im Grünen hoch über dem Meer, Swimmingpool, Lift zum Strand. Vielfältige Sport- und Freizeitangebote. Etwa 15 Min. Fußweg ins Zentrum.
Via Annunziata, Tropea • Tel. 09 63 99 81 11 • www.roccanettuno.com

Terrazzo sul Mare

Kleinerer, hoch über dem Meer gelegener Familienbetrieb (Treppe zum Strand); freundliche Zimmer, Restaurant mit kalabresischer Küche.
Zona Croce, Tropea • Tel. 0 96 36 10 20 • www.tropea-online.com/hotel_terrazzosm01.html

Restaurant

Pimm's

Hervorragende Fischgerichte genießt man am schönsten auf der Panoramaterrasse. Im Winter Mo geschl.
Largo Migliarese 2, Tropea • Tel. 09 63 66 61 05

Aktivitäten

Segelschule Moonlight

Thomas lehrt auch Anfänger das Katamaran-Segeln und Windsurfen; wer an Land bleiben möchte, macht eine der angebotenen Mountainbike-Touren.
Via Marina Vescovado, Tropea • Tel. 34 98 11 40 54 • www.velamoonlight.com

Piccola Università Italiana

Nette Sprachenschule für alle Levels, auch Freizeitaktivitäten.
Largo Antonio Pandullo 5, Tropea • Tel. 09 63 60 32 84 • www.caffeitalianoclub.net, www.piccolauniversitaitaliana.com

Capo Vaticano

Hotel

Residence Girasole

Wunderbar in die Natur eingepasstes mediterranes Dörfchen, absolut ruhig gelegen, ausnahmsweise ohne Animation, Privatstrand.
Ortsteil Tonicello, San Nicolò di Ricadi • Tel. 09 63 66 31 62 • www.residencegirasole.it

Restaurant

A Turri

Kalabresische Küche mit hausgemachten Antipasti, wunderbare Pizza. Auch Gästezimmer.
Contrada Torre, San Nicolò di Ricadi, Capo Vaticano • Tel. 09 63 66 36 82

Palmi

Restaurant

De Gustibus

Kleines gemütliches Lokal, kreative Küche, die Traditionen wie Schwertfisch mit Zwiebeln wohlschmeckend aufnimmt. Mitte Juli–Aug. tgl., sonst Mo geschl., So nur auf Vorbestellung.
Viale delle Rimembranze 58–60, Palmi • Tel. 0 96 62 50 69

Scilla

Hotel

Palazzo Krataiis

Nah am Meer liegt dieser schön restaurierte Palazzo des 18. Jhs. mit geschmackvoll eingerichteten Zimmern und gutem Fischrestaurant.
Via G. Omiccioli 26, Scilla • Tel. 09 65 75 40 22 • www.krataiis.it

Restaurants

Alla Pescatora

Unmittelbar am Meer, serviert das Restaurant natürlich gute Fischküche, z. B. *spaghetti al nero di seppia* und Schwertfischröllchen *(involtini di pesce spada)*. Mi (außer Aug.) geschl.
Via Cristoforo Colombo 32, Scilla • Tel. 09 65 75 41 47

Zanzibar

Ausgezeichnete *granite* (eine Art Sorbet) am Strand.
Lungomare Cristoforo Colombo, Scilla • Tel. 33 93 32 72 35

Reggio di Calabria

Info

Ufficio Informazione Turistiche

Via Zaleuco 16, Reggio di Calabria • Tel. 09 65 89 86 85

Hotel

Grand Hotel Excelsior

Elegantes Hotel am Nationalmuseum mit Panoramarestaurant »Gela«.
Via Vittorio Veneto 66, Reggio di Calabria • Tel. 09 65 81 22 11 • www.montesanohotels.it

Restaurant

La Tavernetta

Die hausgemachte frische Pasta mit Fisch ist ein Gedicht.
Via Condera Pietrastorta 45, Reggio di Calabria • Tel. 09 65 31 80 51

Shopping

Fiori di Calabria

In Italien wächst die Bergamotte nur an der Küste von Reggio, von der 90 % der Weltproduktion stammen. Hier gibt es Duftessenzen und Parfüms.
Via Osanna 3/abc (nahe Piazza Italia), Reggio di Calabria • www.fioridicalabria.it

Torrone Giuseppe Malavenda

Angeboten werden neben Mandelpaste die traditionellen *torroncini*, z. B. mit Mandarinengeschmack.
Piazza Duomo 4/6, Reggio di Calabria

Gerace

Hotel

La Casa di Gianna

Alter Palazzo, antike Möbel, heimische Küche, traumhafte Aussicht: Wohnen im Zentrum von Gerace kann so schön sein.
Via Paolo Frascà 4, Gerace • Tel. 09 64 35 50 18 • www.lacasadigianna.it

Restaurant

La Tavernetta

Ausgezeichnete lokale Küche, Antipasti vom Feinsten. Nudeln mit Sardellen und wildem Fenchel, Lamm, Grillfleisch …
Im Winter geschl.
Ortsteil Azzuria 112 (4 km von Gerace), SP 112 Locri-Antonimina • Tel. 09 64 35 60 20

Shopping

Tessitura Artigianale Aracne

Hier gibt es wunderschöne handgewebte Stoffe.
Via Roma, Gerace

Roccella Ionica

Hotel

Villa Santa Maria

In einer Villa des 18. Jhs., mit gutem Restaurant mit Produkten der Azienda, auch Verkauf.
Via Santa Maria 5,Marina di Gioiosa Ionica • Tel. 0 96 45 17 77 • www.agriturismovillasantamaria.it

Restaurant

Gambero Rosso

Hervorragendes »Calabrian sushi«. Mo geschl.
Via Montezemolo 55, Marina di Gioiosa Ionica • Tel. 09 64 41 58 06 • www.gamberorosso.rc.it

Pizzo

Restaurants

Ristorante Go

Exzellente kalabresische Küche mit viel Fisch, serviert auf der traumhaft schönen Terrasse.
So abends und Mo geschl.
Contrada da Mangano, Pizzo (an der Provinzstr. nach S. Onofrio) • Tel. 34 71 13 78 54

Antica Gelateria Belvedere

Seit 1901 gibt es hier Tartufo.
Piazza Umberto I, Pizzo

»Die vier Ecken« – I Quattro Canti – heißt die Kreuzung im Herzen Palermos, die auf dieser Postkarte aus dem Jahr 1904 abgebildet ist. Der heutige Corso Vittorio Emanuele hatte seit der arabischen Herrschaft im 9. Jh. als Hauptstraße gedient, 1608 ließ der spanische Vizekönig Maqueda im rechten Winkel dazu die Via Nuova (heute Via Maqueda) anlegen. Die Kreuzung selbst wurde zu einem achteckigen Platz ausgebaut; die vier Paläste mit ihren geschwungenen Fassaden errichtete der aus Florenz stammende Architekt Giulio Lasso.

Tour 48 | **Palermo**

Clash der Kulturen

▶ Gestern: Araber, Normannen und Staufer taten Palermo gut. Ab dem 13. Jahrhundert verlor die Stadt dann an Bedeutung

▶ Heute: Die alte Dame hat sich hochgerappelt und sogar die Mafia abgeschüttelt. Besucher etwartet ein spannender Kulturmix!

▶ Gestern

Die Inselmetropole war im Gegensatz zu allen anderen bedeutenden Ansiedlungen Siziliens keine hellenische, sondern eine phönizische Gründung. *Ziz*, Blume, hieß sie im 8. Jh. v. Chr. *Panormos*, All-Hafen, tauften dann die Griechen die Karthagerstadt, die sie 300 Jahre später mehrmals vergeblich belagerten. Erst die Römer eroberten sie Mitte des 3. Jhs. v. Chr. Eine Blüte erlebte sie 300 Jahre später, nachdem die Araber Sizilien eingenommen hatten. Sie schufen die »Conca d'Oro« (Goldene Muschel), in der Abertausende Orangenbäume wuchsen. Mit diesem stolzen Beinamen schmückt sich Palermo heute noch, trister Peripherie und Altstadtslums zum Trotz.

Verzaubert standen dann 1072 die Normannen vor diesem irdischen Paradies. Statt blindlings zu zerstören, verschmolzen sie das vorhandene Wissen mit ihrer Kultur, und herrliche Bauwerke wie die Cappella Palatina oder der Dom von Monreale entstanden. Als das Haus Aragón an die Macht kam, war Palermos goldene Zeit nur noch ein flüchtiger Traum. Nach den Aragonesen, die Sizilien bald der spanischen Krone zuschlugen, brach die lange Epoche der Vizekönige an: Palermo musste seine Rolle als Hauptstadt des Königreichs an Neapel abtreten.

▶ Heute

Für Palermo (800 000 Einw. im Großraum) sollte man gewappnet sein: Den Besucher erwarten Duftkaskaden aus aller Herren Länder auf den Märkten, die atemberaubende Architektur der Normannen in Monreale, das orientalische Gassengewirr in der Altstadt, mondäne Boulevards mit Boutiquen der Top-Modelabels im modernen Teil, Verkehrschaos und geschickte Trickdiebe – kurzum: Palermo ist die Essenz Siziliens.

In jüngster Zeit war vor allem die Befreiung der Stadt aus dem Griff der Mafia von zentraler Bedeutung. Diese Aufbruchstimmung hat der alten Dame gut getan. Seitdem wird überall restauriert und gebaut.

Stadtplan: Seite 359, Adressen: Seite 362

A I Quattro Canti

»Die vier Ecken« heißt die Kreuzung im Herzen Palermos, deren offizieller Name Piazza Vigliena auf den spanischen Vizekönig verweist, dem der barocke Platz mit Brunnen und Statuen sein Erscheinungsbild verdankt. Vigliena setzte Anfang des 17. Jhs. fort, was sein Vorgänger Maqueda begonnen hatte: Er ließ aus dem mittelalterlichen Gassengewirr Schneisen herausschlagen, um Licht und Luft ins Zentrum zu bringen. Bis zu diesem Zeitpunkt durchquerte bloß eine einzige breite Straße, der Cassaro (heute Via Vittorio Emanuele II), Palermo.

Piazza Pretoria und Piazza Bellini

Hinter dem westlichen Eckgebäude der Quattro Canti liegt die Piazza Pretoria mit einem manieristischen, von nackten heidnischen Gottheiten und exotischen Tieren bevölkerten Brunnen, der **Fontana di Pretoria** B, und dem Palazzo Senatorio, dem Rathaus. Dessen Südseite blickt auf die drei Kirchen der Piazza Bellini. Zunächst fallen die barocke **Chiesa Santa Catarina** C und die **Marienkirche La Martorana** D, auch Santa Maria dell' Ammiraglio genannt, ins Auge. Letztere wurde von Georg von Antiochia, dem Admiral Rogers II., 1143 errichtet und mehrmals umgebaut. Ihre Goldmosaiken zählen zu den wertvollsten Relikten der normannischen Epoche (Mo–Sa 9.30–13, 15.30–17.30, So, Fei 9–10.30 Uhr). Die Kirche San Cataldo daneben wurde im 12. Jh. im arabisch-normannischen Stil errichtet. Sie befindet sich im Besitz des Ordens der Ritter des hl. Grabes. Das Wappen ist am Tor und im Fenster zu sehen (tgl. 9.30–12.30, 15–18 Uhr).

Der Bau der Kathedrale begann in der Normannenzeit – daher die Bezeichnung »Normannendom«.

E Il Gesù und F Chiesa del Carmine

Lohnend ist ein Blick in das Innere der Jesuitenkirche **Il Gesù**, wo sich überbordend barocke Pracht entfaltet (Mo–Sa 6.30–13, 16–19, So 6.30–12.30, 17–18.30 Uhr). Die im 17. Jh. errichtete **Chiesa del Carmine** mit ihrer enormen, von vier Atlanten getragenen Majolikakuppel liegt im Gassengewirr des ehemaligen arabischen Handwerkerviertels und bewahrt die Statuen der Bildhauerfamilie Gagini (tgl. 8.30–11.30 Uhr).

G Kathedrale

Der westliche Teil des Cassaro führt zur 1185 begonnenen Kathedrale. Die drei Apsiden erinnern an die Normannenzeit. Die Fassade mit gotischem Portal stammt aus dem 14./15. Jh., den Eingang an der dem Platz zugewandten Seite schmückt ein Renaissanceportikus. Die Kuppel ist ein Werk des 18. Jhs. Hauptanziehungspunkt sind die Kaisergräber rechts vom Haupteingang: Hier ruhen in kostbaren Porphyrsarkophagen Kaiser Friedrich II. und sein Vater Heinrich VI. von Hohenstaufen (1. Reihe), dahinter Normannenkönig Roger II. und seine Tochter Konstanze (die Ehefrau Heinrichs VI. und Mutter Friedrichs II.). An der rechten Seitenwand wurde in einem antiken Sarkophag (3. Jh. n. Chr.) Konstanze von Aragón bestattet (Mo–Sa 9–17.30, So 7.30–13.30, 16–19 Uhr, Krypta und Kaisergräber Mo–Sa 9.30–13, 14.30–17.30 Uhr, www.cattedrale.palermo.it). Der Domfassade gegenüber steht der Erzbischöfliche Palast mit einem recht hübschen Diözesanmuseum (Di–Fr, So 9.30–13.30, Sa 10–18 Uhr).

H Normannenpalast

Der Normannenpalast steht auf der höchsten Stelle des mittelalterlichen Palermo und gilt seit fast einem Jahrtausend als politisches Machtzentrum

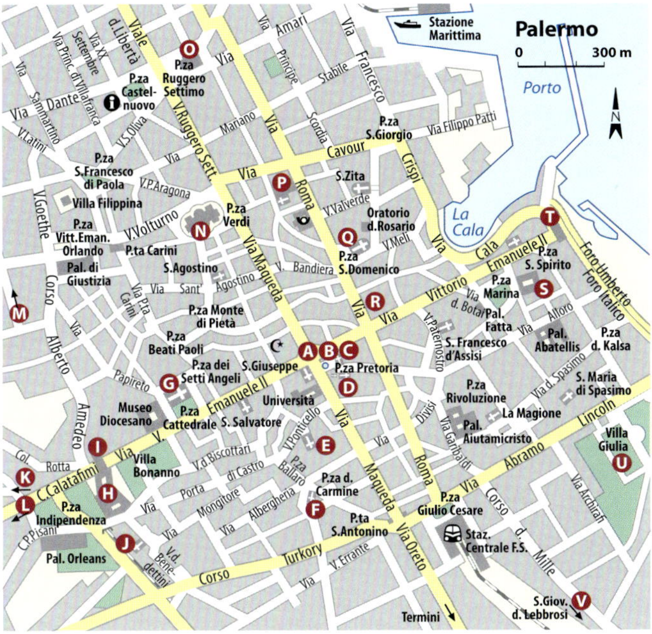

der Insel. Heute tagt hier das sizilianische Regionalparlament. Von Umbauten des frühen 17. Jhs. unberührt blieb nur die Stanza di Ruggero, das mit Mosaiken verzierte Zimmer Rogers (Mo–Sa 8.30–17, So 8.30–12.30 Uhr). Im Inneren der nur mit Superlativen zu beschreibenden, 1130–1140 errichteten **Cappella Palatina** verschmelzen antike, arabische, byzantinische und romanische Stilelemente zu einem einzigartigen Gesamtkunstwerk. Den Fußboden zieren arabisch-römische Steineinlegearbeiten, die Wände der Seitenschiffe sind mit Mosaiken verziert. Christus als Pantokrator schmückt die Kuppel. Eine besondere Kostbarkeit ist die Holzdecke des Mittelschiffs, deren geschnitzte Stalaktiten mit kleinen Alltagsszenen aus dem Orient bemalt sind (Mo–Sa 8.30–17, So 8.30–9.45, 11.15–12.30 Uhr).

I Porta Nuova

Die Porta Nuova wurde 1583 als Triumphtor für Karl V. zur Erinnerung an den erfolgreichen Kriegszug des Kaisers gegen das Piratenunwesen im Mittelmeer (1535) errichtet. Ihr Gebälk müssen die besiegten Mauren tragen.

J San Giovanni degli Eremiti

Das Kloster San Giovanni degli Eremiti erkennt man an den rosafarbenen Kuppeln. Das Bauwerk ist eines der schönsten der Normannen, im Jahr 1132 von Roger II. als erstes römisch-katholisches Kloster im Stil einer Moschee in Auftrag gegeben (Di–Sa 9–19, So, Mo 9–13 Uhr).

Corso Calatafimi

Ab der Piazza Indipendenza führt der Corso Calatafimi Richtung Monreale. An seiner linken Seite kommt ca. 1 km nach dem Normannenpalast ein im arabischen Stil 1180 errichtetes Jagdschloss des Normannenkönigs Wilhelm des Guten in Sicht, der geometrische Bau **La Cuba** K. Der Name des einst auf einer Insel in einem künstlichen Teich platzierten Palastes leitet sich von Alcuba (Gewölbe) ab. Die Reste des Palasts sind zugänglich (tgl. 9–18.30 Uhr).

L Convento dei Cappuccini

Die Via Pindemonte führt zur makabersten Sehenswürdigkeit der Stadt: In den Katakomben des Kapuzinerklosters wurden über Jahrhunderte

La Zisa: Schon der Name des im Parco Nuovo gelegenen Schlosses zeugt von arabischen Einflüssen. Die Bezeichnung leitet sich aus dem Arabischen *al-'azīz* (mächtig, stark) ab.

hinweg die Leichen der Mönche sowie der vornehmsten Palermitaner mumifiziert und vollständig eingekleidet aufbewahrt. Rund 8000 Mumien aus dem 16. bis 20. Jh. kann man ins Gesicht sehen (tgl. 9–12, 15–17 Uhr).

M La Zisa

Das Lustschloss des Normannenkönigs Wilhelm II. entstand im 12. Jh. in feinster arabisch-normannischer Manier. Die herrliche Vorhalle zieren Stalaktitgewölbe, Springbrunnen sowie ein schöner Mosaikfries; das darin untergebrachte **Museo d'Arte Islamica** präsentiert Holzschnitzarbeiten (Mo 9–13.45, Di–So 9–19 Uhr).

Via Maqueda

Die Via Maqueda bildet mit ihrer Fortsetzung als Via Ruggero Settimo den elegantesten Einkaufsboulevard der Stadt: Hier laden Nobelboutiquen und Juwelierläden zum Einkauf ein. Weiter nördlich öffnet sie sich zur Piazza Verdi mit dem **Teatro Massimo** N. Nach der Scala und dem San Carlo in Neapel ist es eines der bedeutendsten Opernhäuser Italiens. Es wurde 1897 von Giovanni Battista Basile und seinem Sohn Ernesto erbaut (www.teatromassimo.it).

Eine unterhaltsame Alternative zum Teatro Massimo ist die Opera dei Pupi, in der berühmte palermitanische Marionettenspieler die Puppen tanzen lassen. Die Stücke richten sich an ein erwachsenes Publikum. Man sollte rechtzeitig Karten reservieren (Via Bara all'Olivella 95, www.figlidartecuticchio.com). Die Via Ruggero Settimo führt dann weiter zu einem Doppelplatz: Piazza Castelnuovo und Piazza Politeama. Das auch Garibaldi-Theater genannte **Teatro Politeama** O ist heute Spielstätte des sizilianischen Symphonieorchesters (www.orchestrasinfonicasiciliana.it). Er ist schön, aber nicht eben einfach zu finden: Dem Palermitaner Jugendstil – Stile Liberty genannt – begegnet man vor allem noch in dem hellen, freundlichen Stadtviertel nördlich des Platzes.

P Archäologisches Museum

Die umfangreiche Sammlung des grandiosen Archäologischen Museums (Museo Regionale Archeologico) wartet mit einzigartigen Schätzen aus den antiken Stätten Siziliens auf. Untergebracht ist sie stilvoll im ehemaligen Kloster San Filippo Neri aus dem 16. Jh. Highlights sind der Tympanonschmuck des ältesten Tempels von Selinunte (570–560 v. Chr.), der Löwenkopf-Wasserspeier des Tempels von Himera (480 v. Chr.), der Bronze-Ephebe (470 v. Chr.) sowie die Metopen von Selinunte (6./5. Jh. v. Chr.). Die Reliefs zählen zu den berühmtesten bildlichen Darstellungen der Antike (Piazza Olivella 24, www. regione.sicilia. it, 2013 Renovierungsarbeiten, voraussichtlich ist das Museum 2014 wieder zugänglich).

Piazza San Domenico

An diesem Platz stehen die aus dem 14. Jh. stammende barockisierte **Chiesa San Domenico** Q mit Grabdenkmälern berühmter Sizilianer (Mo–Fr 9–11, Sa, So 17–19 Uhr) sowie das Oratorio del Rosario. Dieses Oratorium der Rosenkranzbrüder aus dem 16. Jh. schmücken üppige Stuckreliefs von Giacomo Serpotta (Mo–Sa 9–13.30 Uhr).

R La Vucciria

Zwischen Via Roma und Hafen erstreckt sich La Vucciria, einer der ältesten Stadtteilmärkte Palermos. Von frühmorgens bis zur Siestastunde kaufen die Palermitaner im bunten Gewirr Obst, Gemüse, Fisch und Fleisch – ein Rundgang ist ein echtes Erlebnis! Ein ähnliches Angebot hat der Mercato di Ballarò (Via Ballarò). Lebensmittel, Tand und Second-Hand-Mode hingegen gibt's auf dem Mercato del Capo im gleichnamigen Stadtviertel.

S Palazzo Chiaramonte

Der Giardino Garibaldi, wo Büsten an Garibaldis Kampfgefährten erinnern (tgl. 8–18 Uhr), bildet den stilvollen Rahmen für den auch Lo Steri genannten Palazzo Chiaramonte. Im 14. Jh. erbaut, weist der Bau noch deutlich normannisch-arabische Elemente auf. Im 17. Jh. war er Sitz der Inquisition, später ein Armenhaus. Heute beherbergt er das Rektorat der Universität.

28-mal Palermo ...

... gibt es auf der Welt. Mit dem Pendant in Kolumbien besteht eine Städtepartnerschaft. Das dortige Palermo hieß bis 1906 Guagua und benannte sich um, da viele Palermitaner dorthin ausgewandert waren.

Uferpromenade

Vom alten Hafen La Cala, dem »All-Hafen« der Antike, gelangt man zum barocken **Triumphtor Porta Felice** T. Die im Zweiten Weltkrieg weitgehend zerbombte Uferpromenade Foro Italico führt zur **Villa Giulia** U mit einem Rokokogarten (tgl. 8 Uhr bis Sonnenuntergang). Gleich daneben liegt der angeblich schönste Botanische Garten Italiens (Via Lincoln 2, im Sommer tgl. 9–19, Okt. 9–18 Uhr).

Corso dei Mille

Dem Corso dei Mille etwa 1 km stadtauswärts folgend gelangt man zum 1113 errichteten, siebenbogigen **Ponte dell'Ammiraglio** V. Noch einmal 500 m weiter befindet sich bei der Hausnummer 384 der Zugang zur Via Salvatore Cappello mit der Aussätzigenkirche San Giovanni dei Lebbrosi. 1071 von Roger I. damals vor der mittelalterlichen Stadt errichtet, zählt das heute von Palmen umgebene Kirchlein zu den ältesten Normannenbauten der Insel; die Anbauten aus der Barockzeit hat man in den 1930er-Jahren entfernt (Mo–Sa 9–11, 16–19, So 7.30–12.30 Uhr).

La Vucciria war anfangs der Markt der Metzger, später erweitert um Fischer- und Bauernstände.

Informationen

Tour 48: Stadtrundgang Palermo

Stadtspaziergang, 2–3 Tage

Stationen

- A I Quattro Canti
- B Fontana di Pretoria
- C Chiesa Santa Catarina
- D La Martorana
- E Il Gesù
- F Chiesa del Carmine
- G Kathedrale
- H Normannenpalast
- I Porta Nuova
- J San Giovanni degli Eremiti
- K La Cuba
- L Convento dei Cappuccini
- M La Zisa
- N Teatro Massimo
- O Teatro Politeama
- P Archäologisches Museum
- Q Chiesa San Domenico
- R La Vucciria
- S Palazzo Chiaramonte
- T Porta Felice
- U Villa Giulia
- V Ponte dell'Ammiraglio

Infos

AAPIT

Piazza Castelnuovo 34, Palermo • Tel. 09 16 05 83 51 • www.palermotourism.com
Weitere Infobüros im Flughafen, auf der Piazza Bellini und auf der Piazza del Duomo in Monreale.

Verkehr

Der internationale **Flughafen** Falcone e Borsellino liegt in Punta Raisi, 25 km außerhalb (www. gesap.it). Von hier fährt ein Bus zum Hauptbahnhof.
Direkte **Bahnverbindungen** bestehen nach Rom, zu den wichtigsten Städten Norditaliens sowie nach Messina, Catania, Siracusa, Agrigento und Trapani (www.trenitalia.com).
Fähren verkehren regelmäßig nach Genua, Livorno, Civitavecchia (Rom), Neapel, Tunis und Cagliari, weiterhin zu den Liparischen Inseln und zur Insel Ustica. Fahrpläne und Preise finden sich auf den Webseiten der Fährgesellschaften Siremar (www.siremar.it), Tirrenia (www.tirrenia.it) und Grandi Navi Veloci (www.gnv.it).
Parkplätze in der Innenstadt von Palermo sind rar, am besten nutzt man öffentliche Verkehrsmittel. Ein **Taxi** bestellen kann man unter Tel. 091 51 33 11 oder www.autoradiotaxi.it.

Hotels

Villa Igiea

Luxushotel in einer Jugendstilvilla mit herrlichem Garten über dem Meer.
Salita Belmonte 43, Palermo • Tel. 09 16 31 21 11 • www.hotelvillaigieapalermo.com

Letizia

Mitten im Altstadt-Gassengewirr, kleine farbenfrohe Zimmer.
Via Bottai 30, Palermo • Tel. 091 58 91 10 • www.hotelletizia.com

Restaurants

A Cuccagna

Elegantes Restaurant für den besonderen Abend; Spezialität sind Rigatoni mit Thunfisch und Minze. Mo geschl.
Via Principe di Granatelli 21/A, Palermo • Tel. 091 58 72 67 • www.acuccagna.com

Antica Focacceria San Francesco

Sizilianische Spezialitäten, auch leckere kleine Snacks.
Via Alessondro Paternostro 58, Palermo • Tel. 091 32 02 64 • http://afsf.it

Casa del Brodo

Kleine Trattoria mit hervorragenden Suppen – alles andere schmeckt ebenfalls. Mi geschl.
Corso Vittorio Emanuele 175, Palermo • Tel. 091 32 16 55 • www.casadelbrodo.it

Nightlife

Kursaal Kalhesa

Restaurant und Weinbar, Topadresse für Jazzfans in einem historischen Gewölbe.
Foro Umberto I. 21, Palermo • Tel. 09 16 16 22 82 • www.kursaalkalhesa.it

Caffè 442

Beliebter Club, Housemusic.
Piazza Don Bosco 1, Palermo • www.cafe442.it

Danke GU.
Für guten Geschmack und gutes Gewissen.
G|U
Willkommen im Leben.
DAS GRÜNE KOCHBUCH
NICHT NUR VEGETARISCHE
G|U
VEGAN
VOM FEINSTEN
G|U
Wald- und Wiesen-Kochbuch
Köstliches mit Wildkräutern, Beeren und Pilzen
G|U
Grüne Smoothies
G|U
Laden im App Store
Entdecken Sie mehr
unter www.gu.de,
im Handel oder auf

Tour 49 | **Rund um den Ätna**

Signora grollt

▶ GESTERN: Europas mächtigster aktiver Vulkan kommt nie zur Ruhe, wird aber seit Jahrhunderten besiedelt, bepflanzt, erwandert

▶ HEUTE: Nach wie vor gibt es zahlreiche unverdrossene Besucher auf dem Ätna, auch wenn manchmal die Sohlen ihrer Bergstiefel schmelzen

▶ GESTERN

Mongibello, den Berg der Berge, oder auch La Signora nennen die Sizilianer ihren höchsten Berg (3340 m), der vor etwa 1 Mio. Jahren aus einer breiten Meeresbucht auftauchte. Er ist der jüngste Berg der Insel und mit einer Oberfläche von 1750 km², einem Durchmesser von 42 km und einem Basisumfang von 212 km Europas mäch-

Ein Faszinosum ist der Ätna seit Menschengedenken. Mythen ranken sich um den Berg, als Paradies und Ort der Verdammnis wurde er beschrieben, Werkstatt von Kyklopen und Wohnsitz von Göttern. Dietrich von Bern soll sich hineingestürzt haben, Kaiser Friedrich II. soll in seinen Tiefen schlafen. Oder auch Barbarossa. Oder Karl der Große.
Links macht eine Bergsteigergesellschaft im Jahr 1892 Rast, während es aus einem Nebenkrater qualmt. Im selben Jahr gibt es eine größere Eruption, die das französische »Petit Journal« (rechts) zum Titelthema macht.

tigster aktiver Vulkan. Durch die tektonischen Verschiebungen zwischen Eurasischer und Afrikanischer Platte kommt es immer wieder zu Ausbrüchen. Seit Beginn der geschichtlichen Aufzeichnungen hat man an die 140 große Ausbrüche registriert. Die verheerendsten Katastrophen ereigneten sich in den Jahren 475 v. Chr., 396 v. Chr. und 36 v. Chr. sowie 1329 und 1669, als ganz Catania zerstört wurde. 1928 wurde das Städtchen Mascali an der Zyklopenküste verwüstet, 1983 kam die 800 bis 1200 °C heiße Lava erst kurz vor der Ortschaft Nicolosi und 1991/92 nahe Zafferana Etnea zum Stillstand.

▶ Heute

Respekt hat man dem Feuerspeier immer entgegengebracht, denn er bringt zwar Tod und Verwüstung, jedoch in Form von fruchtbaren Lavaböden und Wasser auch Leben. Der hohe Berg zieht Regenwolken an, die dem umliegenden Gebiet eine blühende Landwirtschaft bescheren.

Bis 500 m Seehöhe herrscht am Ätna subtropisches Mittelmeerklima. Hier werden Südfrüchte, Gemüse und Kartoffeln angebaut. Dann fährt man durch die Zone des Wein- und Obstanbaus, in der Kirschen, Äpfel, Birnen, Pflaumen, Aprikosen und Pfirsiche gedeihen. Ihr folgen ab etwa 1300 m Edelkastanienwälder, bis allmählich Lavafelder das Bild beherrschen. Ab einer Höhe von 1900 m wächst nur noch der Ätna-Ginster. Bis 2500 m ringen Moose und Gräser ums Überleben. Der Rest ist Stein.

Der Ätna ist äußerst aktiv, immer wieder fließen Lavaströme talwärts. Bisweilen ist der Boden in höheren Lagen so heiß, dass die Sohlen der Bergstiefel anschmelzen. Am besten geht man nicht auf eigene Faust los (Bergführer: Seite 370).

Im Winter kann man an den Flanken des Ätna sogar Skifahren, und das seit den 1940er-Jahren. Liftanlagen wurden zwar immer mal durch Eruptionen zerstört, doch seit 2004 läuft der Betrieb ohne Unterbrechungen. Skifahren mit Blick auf das Meer – ziemlich extravagant!

Die hier beschriebene Tour führt Sie nicht nur hinauf, sondern auch um den Vulkan herum.
Adressen: Seite 370/371, Landkarte: Seite 371

1 Catania

Catania (300 000 Einw.) ist temperamentvoll und charmant, schäbig und elegant, nostalgisch und hässlich modern gleichermaßen – ein Feuerwerk an Gegensätzen wie seine schlagfertigen und gewitzten Bewohner, die sich als Engel oder Teufel entpuppen können, niemals aber als Langweiler. Wer sich vom Flughafen Fontanarossa durch das Verkehrsgewühl der zweitgrößten Stadt Siziliens quält, kommt von den hässlichen Außenbezirken ins Herz der barocken Stadt.

Der im 11. Jh. auf den Resten römischer Thermen errichtete **Dom** bewahrte nur wenige Elemente aus der Normannenzeit: die drei Apsiden und das Querschiff. Den barocken Neubau mit seiner schwingenden Fassade schuf der Architekt Catanias, Giovanni Battista Vaccarini, der auch für alle übrigen Bauten dieser Epoche verantwortlich zeichnet (tgl. 7.30–12, 16–19 Uhr, www.cattedralecatania.it). Im Inneren stößt man rechter Hand auf das Grabmal Vincenzo Bellinis und das prachtvolle schmiedeeiserne Gitter der Agatha-Kapelle. Von der Stadtpatronin Catanias sieht man jedoch nur ein über und über mit Schmuck behängtes Bild. Lediglich zu ihren Festtagen im Februar wird ihre Büste aus dem verschlossenen Schrein in einer feierlichen Prozession in die gegenüberliegende **Chiesa della Badia di Sant'Agata** mit der auffallenden achteckigen Kuppel gebracht (Mo–Sa 8–12 Uhr). Die Katastrophen im 17. Jh. konnte selbst Sant'Agata nicht verhindern. Im Schutt der Stadt fand Bauherr Vaccarini einen aus römischer Zeit stammenden Elefanten aus schwarzer Lava und einen ägyptischen Obelisk, aus denen er den **Elefantenbrunnen** schuf. Das Wahrzeichen der Stadt sorgt heute für kühlende Frische auf der als Barockensemble in ihrer Gesamtheit einfach hinreißenden Piazza del Duomo, die flankiert wird vom **Palazzo degli Elefanti** (Rathaus) und dem **Palazzo del Seminario** mit dem Diözesanmuseum.

Die hohe Kunst

... der Speiseeiszubereitung wird in Catania gepflegt. Süße Meisterwerke, *granita* wie *gelato*, gibt es z. B. im Caffè del Duomo (Piazza del Duomo 12) und natürlich in den Bars und Cafés entlang des Lungomare, der Uferpromenade.

Am dekorativen barocken Stadttor Porta Uzeda signalisiert der **Amenano-Brunnen** (1867) den Beginn des **Fischmarkts** in der Via di Benedetto. Zwischen den aufs Appetitlichste arrangierten Fischen und Meeresfrüchten stehen vor Früchten überquellende Obst- und Gemüsestände, jeder einzelne eine Augenweide für sich. Unter ausladenden Sonnenschirmen stapeln sich Käse und Fleischwaren, daneben bietet ein Bauer auf seinem Karren würzig duftende Kräuter feil – mediterrane Lebensart wie aus dem Bilderbuch. Abends verwandelt sich der Markt in ein großes und preiswertes Freiluftrestaurant mit lockerer Atmosphäre, in dem gebrutzelt und gegrillt wird, was tagsüber keinen Abnehmer fand.

Als Zwingburg und Kaserne wurde das **Castello Ursino** unter Friedrich II. von 1239 bis 1250 errichtet. Bis zum Ätna-Ausbruch von 1669 lag der von gewaltigen Rundtürmen flankierte vierflügelige Bau unmittelbar am Hafen, heute befindet sich das Kastell weitab vom Meer. Die Lavamassen zerstörten damals nämlich nicht nur weite Teile Catanias, sie vergrößerten gleichzeitig das Stadtgebiet. Zwar hielten die mächtigen Mauern der Stauferfeste der glühenden Lava stand, doch gut ein Drittel des Bauwerks verschwand unter der Erdoberfläche, wie Ausgrabungen eindrucksvoll demonstrieren. Im Inneren befindet sich das **Museo Civico**, das neben einer archäologischen Sammlung mit griechischen und römischen Fragmenten in der Pinakothek auch Kunstwerke aus dem 14.–20. Jh. zeigt (Mo–Sa 9–13.30, 14.15–19, So 9–13.30 Uhr).

Auf dem wieder in nördliche Richtung führenden Rundweg kann man in der Via Vittorio Emanuele die Überreste des teilweise freigelegten **Teatro Greco** besuchen (Eingang bei Nr. 266). Das Theater wurde in römischer Zeit für 7000 Besucher erweitert. Gleich daneben fanden im römischen Odeon vor rund 1300 Zuschauern Gesangs- und Tanzaufführungen statt (Theater und Odeon tgl. 9–19 Uhr, letzter Einlass 18.30 Uhr).

Die **Via Crociferi** zählt zu den schönsten Straßen Catanias. Der Name leitet sich vom Krankenpflegeorden der Crociferi ab. Auf nur 300 m reihen sich, unterbrochen von prachtvollen Palazzi (heute Sitz von Universitätsinstituten), vier Ordenskirchen samt dazugehörigen Klostergebäuden aneinander.

Renaissance-Pracht in Catania: Für die Fassade des Teatro Massimo Bellini diente die 400 Jahre ältere Biblioteca Marciana in Venedig als Vorbild. Anders als die Bibliothek stürzte das Theater aber niemals ein.

Die **Via Etnea** ist mit ihren exquisiten Boutiquen und noblen Restaurants Catanias Prunkboulevard. Die schnurgerade, 3 km lange Straße beginnt beim Domplatz und endet erst im modernen Stadtteil an der Piazza Gioeni. Auf der Höhe der Piazza Stesicoro findet man ein **Bellini-Denkmal** aus dem Jahr 1882 und die Reste des einst 16 000 Zuschauer fassenden **Römischen Amphitheaters**. Das Theater stammt aus dem 2. Jh. n. Chr. und wurde erst im 17. Jh. zerstört (tgl. 9–13.30, 14.30–19 Uhr).

Catanias Reverenz an den großen Sohn und berühmten Komponisten ist das prächtige **Teatro Massimo Bellini** im Stil der Neorenaissance. Es wurde 1890 mit der Oper »Norma« eingeweiht. Heute kann man hier Konzerte, Opern und Ballettaufführungen erleben (Piazza V. Bellini, Eingang Via Perotta 12, Besichtigung Di–Sa 10–12.30 Uhr, Programm und Karten Tel. 09 57 30 61 11, www. teatromassimobellini.it).

2 Zafferana Etnea

Den Weg durch den chaotischen Stadtverkehr in Richtung **Zafferana Etnea** (7300 Einw.; 600 m) zu finden ist nicht ganz einfach, aber sobald diese erste Hürde genommen ist, können Sie die Annäherung an den Vulkan genießen. Die Stadt erlebte aufgrund ihrer gefährdeten Lage unter dem Graben des Valle del Bove beim Ätna-Ausbruch 1991/1992 – wie schon 200 Jahre zuvor – bange Monate, blieb aber mit Ausnahme eines kleinen Randgebiets von der Feuerwalze verschont. Das ruhige Städtchen ist Ausgangspunkt für Wanderungen auf das Vulkanmassiv, oberhalb des Ortes bieten sich aber auch zahlreiche kleinere Spaziergänge durch hübsche Weingärten und Kastanienwälder an.

Hier startet die Straße auf den Ätna bis zur Schutzhütte **Rifugio Sapienza** (Tel. 095 91 53 21, www.rifugiosapienza.com). Das Gelände ist mit zahlreichen Andenkenläden, Restaurants und

Tor zum Vulkan: Die aus Basaltblöcken erbaute Schutzhütte Rifugio di Monte Scavo (1704 m) ist ein beliebter Stützpunkt bei Trekkingtouren rund um den Ätna.

Cafés der Tummelplatz aller Besucher des Parco dell'Etna. Von hier lohnt sich nur bei wirklich schönem und klarem Wetter die Weiterfahrt mit der Seilbahn (siehe Seite 370), die einen auf 2600 m Höhe bringt; von da geht es dann nur noch per Jeep bis zum Torre del Filosofo (Turm des Philosophen; 2917 m) voran. Benannt wurde dieser nach Empedokles aus Agrigento (5. Jh. v. Chr.), der nach der Legende durch einen Sprung in den Krater des Ätna seinem Leben ein Ende setzte, um der Erde näher zu kommen. Unweit von Rifugio Sapienza befinden sich rechter Hand die beiden **Silvestri-Krater**, die vor noch nicht ganz 100 Jahren Rauch, Asche und Lava ausspuckten.

3 Milo

Etwas weiter, bei der Sommerfrische **Milo** mit ihren Kastanienwäldern und Weingärten, beginnt die Mareneve-Straße (17 km) zum 1800 m hohen Piano Provenzana, dem 2002 zerstörten Startpunkt für Wanderungen an der Nordseite des ständig aktiven Stratovulkans. Inzwischen gibt es Ausflüge zu den neuen Kratern (siehe Seite 370).

4 Linguaglossa

Auf schmalen mäandernden Straßen geht es weiter nach Linguaglossa (5600 Einw., 550 m). Auch dieser Ort ist von Weinbergen umgeben; sein einst so schöner Pinienwald *(pineta)* verbrannte beim letzten größeren Ausbruch 2002. Freunde guten Rebensaftes können sich hier mit dem dunkelroten erdigen Ätna-Wein eindecken, z. B. bei der Tenuta Scilio in Valle Galfina an der Strada Provinciale nach Zafferana Etnea (Tel. 095 93 28 22, www.scilio.com).

5 Randazzo

Das hübsche **Randazzo** (1200 Einw.) liegt ein Stück weiter westlich. Wie Catania ist das Städtchen eine der »schwarzen Töchter des Ätna«, weil viele der älteren Gebäude aus Lavagestein erbaut sind. Randazzo erlebte unter den Staufern und Aragonesen seine Blüte. Noch bis ins 20. Jh. gab es unter der Bevölkerung drei Sprachgruppen, die sich aus dem Griechischen, Lateinischen und Lombardischen ableiteten. 1943 verschanzte sich die deutsche Wehrmacht bei Randazzo zu ihrer letzten Schlacht auf Sizilien, in der der malerische Ort schwere Beschädigungen erfuhr.

Beachtung verdienen die drei Kirchen. Von der Originalanlage der **Chiesa San Martino** aus dem 14. Jh. ist noch der schmucke Glockenturm erhalten. Gegenüber dem Gotteshaus stehen Reste der mittelalterlichen Zitadelle in Form eines Turmhauses, das im 16. Jh. als Gefängnis diente. Inzwischen hat hier das **Museo Archeologico** seinen Sitz, das auch mit Marionetten aufwartet (Di–So 9–13, 15–19 Uhr). In der **Chiesa San Nicolò** stammen noch das Querhaus und die Apsiden aus dem 14. Jh. Von der ursprünglichen **Chiesa Santa Maria**, im 13. Jh. in normannisch-staufischem Stil erbaut, sind noch die Apsiden und die linken Seitenmauern mit Drillings-, Zwillings- und Einzelbogenfenstern zu sehen. An der Piazza Santa Maria bietet im Haus Nr. 5 die **Pasticceria und Gelateria Musumeci** ein paradiesisches Angebot an Süßem.

6 Castello di Maniace

Hier wendet sich die Ätna-Umrundung nach Südwesten zu einem bedeutenden Kulturdenkmal, dem **Castello di Maniace**, auch Abbazia di Santa Maria di Maniace oder Nelson-Villa genannt. Die 1174 gegründete einstige Benediktinerabtei wurde nach dem Feldherrn Georgios Maniakes benannt, der hier 1040 die Araber bezwang. 1799 ging die Abtei in den Besitz des englischen Admirals Nelson über, ein Dankesgeschenk König Ferdinands III. für die Unterstützung im Kampf gegen Neapel. In einem Museum kann man u. a. eine Karaffe und ein Glas bewundern, aus dem Nelson am Abend vor der Schlacht von Trafalgar getrunken haben soll. Die Abteikirche ist im spätnormannischen Stil errichtet (tgl. 9–13, 14.30–19 Uhr).

7 Adrano

An Bronte vorbei ist **Adrano** (35 000 Einw.) das nächste Etappenziel. In der gewaltigen Normannenburg (11./14. Jh.) präsentiert das Archäologische Museum vor allem prähistorische Funde (Di–Sa 9–19, So 9–13.30 Uhr). Bei den Ausgrabungen in der **Archäologischen Zone** (Contrada Mendolito) wurden bisher u. a. ein Stadttor mit einer Inschrift in sikulischer Sprache, eine Umfassungsmauer und zwei Basteien freigelegt.

8 Paternò

Weiter in Richtung Südosten fahrend gelangt man nach **Paternò** (46 000 Einw.), dem Mittelpunkt des wichtigsten sizilianischen Anbaugebietes für Zitrusfrüchte. Der Ort liegt auf einer Terrasse über dem breiten Tal des Simeto, eines der zwei großen Flüsse der Insel. Paternò wurde in der Nähe des antiken Hybla Gaelatis von den Normannen gegründet, denen es die von Roger I. im Jahre 1073 erbaute und erst jüngst liebevoll restaurierte 34 m hohe Burg als Wahrzeichen verdankt (unregelmäßig geöffnet). Nach 20 km Fahrt auf der SS 121 erreicht man wieder Catania.

Staufisches Erbe: Randazzo war einst von einer wuchtigen Befestigungsmauer umgeben.

Informationen

Tour 49: Rund um den Ätna

Autotour, 1 Tag, gut 150 km

Stationen

1 Catania
2 Zafferana Etnea
3 Milo
4 Linguaglossa
5 Randazzo
6 Castello di Maniace
7 Adrano
8 Paternò

Der Ätna

Den »Berg der Berge«, seit 2013 Unesco-Welterbe, kann man auf vielfältige Art und Weise erleben – von der abenteuerlichen Wanderung über eine bequeme Rundfahrt mit der Schmalspurbahn bis zu kulinarischen Abstechern.
Das engagierte **Museo delle Genti dell'Etna** in Macchia di Giarre erzählt von Bräuchen, Trachten und Menschen in den Ätna-Dörfern (Lungotorrente Emanuele Filiberto, Mo–Fr 9–13, Mo, Do auch 15.30 bis 17.30 Uhr, Sept. nach Voranmeldung unter Tel. 095 96 35 04).
Im **Museo Vulcanologico** in Nicolosi erfährt man alles zur Geologie des Ätna (Via Battisti 28, Juni–Okt. Di–So 10–18, Mai–Okt. 9–17 Uhr).

Informationsstellen

Die Parkverwaltung informiert über Touren, Bergführer und die Sicherheitssituation und gibt Broschüren zur Flora und Fauna heraus. Wanderer können auf markierten Wegen von Schutzhütte *(rifugio)* zu Schutzhütte wandern oder an geführten Touren teilnehmen.

Parco dell'Etna

Via del Convento 45, Nicolosi • Tel. 095 82 11 11 • www.parks.it/parco.etna

Pro Loco

Piazza Annunziata 5, Linguaglossa • Tel. 095 64 30 94 • www.prolocolinguaglossa.it

Rifugio Casa Brunek

Strada Mareneve, Linguaglossa • Tel. 095 64 30 15 • www.rifugio-brunek.it

Rifugio Ragabo

Strada Mareneve, Linguaglossa • Tel. 095 54 78 41 • www.ragabo.it

Funivia dell'Etna

Ab Rifugio Sapienza führt eine **Seilbahn** in Richtung Gipfel. Der Betrieb wird aber ab und an – zuletzt wegen vulkanischer Aktivitäten Anfang 2008 – zeitweilig eingestellt. Die Betreiber organisieren außerdem Jeep-Touren in die höheren Bereiche (um 50 €).
April–Nov. tgl. 9–17.45, Dez.–März 9–15.45 Uhr.
Tel. 095 91 41 41 •
www.funiviaetna.com

Ferrovia Circumetnea

Ein Erlebnis ist die Fahrt um den Ätna mit der **Schmalspurbahn** Circumetnea FCE. Ihre Triebwagen benötigen für die 105 km lange Strecke von Catania nach Giarre/Riposto gute 3 Std.
Tel. 095 54 12 50 •
www.circumetnea.it

Bergführer

Wanderungen im Gipfelbereich sind gefährlich, denn Eruptionen sind kaum vorhersehbar. Aus sicherer Entfernung bietet sich aber ein grandioses Naturschauspiel: Weißer Rauch aus den Kratern ist harmlos, dunkler Rauch deutet auf Explosionen im Erdinneren hin, stoßweiser dunkler Rauch signalisiert Eruptionen – Vorsicht ist dann geboten! Wanderer schließen sich daher am besten einem kundigen Führer an.

Andrea Ercolani

Der diplomierte Vulkanführer bietet unterschiedlich anspruchsvolle Touren an und spricht auch Deutsch.
Mobil-Tel. 34 88 53 03 10 •
www.vulkane-erleben.info

Etna Trekking

Linguaglossa •
Tel. 095 64 78 77 •
www.etnatrekking.com

Guide Alpine Etna Sud
Nicolosi • Tel. 09 57 91 47 55 • www.etnaguide.com

Guide Etna Nord
Linguaglossa • Tel. 09 57 77 45 02 • www.guidetnanord.com

Genuss auf Ätna-Art

Case Perrotta
Nach einer anstrengenden Ätna-Wanderung hat man eine kulinarische Belohnung verdient. Bei der 1000-jährigen Kastanie der 100 Pferde (Centocavalli) wird im Gartenlokal der Case Perrotta ein Menü mit Schafskäsekroketten, Pistazienpasta, Ätnapilzen und Grillfleisch von eigenen Weidetieren aufgetischt, dazu natürlich ein Glas Etna Rosso. Di geschl.
S. Alfio Loc. Perrotta • Tel. 095 96 89 28 • www.caseperrotta.com

Codavolpe
Paradiesisches Landleben offerieren die netten Gastgeber Angelo und Elena auf dem alten Ätna-Gutshof Codavolpe mit Meerblick inmitten von Früchten wie Mandarinen, Kiwis und Ätna-Kirschen. Ferienwohnungen für 2–4 Personen werden ab 3 Tage vermietet.
Trepunti di Giarre, Strada 87 No. 35 • Tel. 095 93 98 02 • www.codavolpe.it

Catania

Info

Info Point
Via Vittorio Emanuele II 172, Catania • Tel. 095 42 55 73 • www.comune.catania.it

Weitere Informationsbüros gibt es am Flughafen (Tel. 09 57 30 62 66) und am Bahnhof (Tel. 09 57 30 62 55).

Verkehr

Flughafen Filippo Eredia
Fontanarossa, 20 km südlich der Innenstadt (Shuttlebusse) • Tel. 09 57 23 91 11 • www.aeroporto.catania.it

Hotel

UNA Hotel
Catanias modernes Hotel-Flagschiff besticht mit elegantem Design in Schwarz und Weiß und hervorragendem Komfort.
Via Etnea 218, Catania • Tel. 09 52 50 51 11 • www.unahotels.it

Restaurants

Trattoria del Cavaliere
Sizilianische Gerichte in einer Qualität, wie man sie sonst fast nirgends mehr bestellen kann.
Via Paternò 11, Catania • Tel. 095 31 04 91 • www.trattoriadelcavaliere.it

Il Mare
Gute Fischküche in angenehmer Atmosphäre nicht weit weg vom Dom. Lecker sind unter anderem die *pappardelle al profumo di mare*.
Via San Michele 7, Catania • Tel. 095 31 70 24 • www.trattoriailmare.com

Randazzo

Hotel

La Fucina di Volcano
Modernes Hotel mit herrlicher Sicht auf den Vulkankegel. Die Rezepzion organisiert Wanderungen, Radtouren und Reitausflüge.
Contrada Piano Polo-Difesa (Straße Richtung Bronte) • Tel. 095 69 37 30 • www.hotelristorantetna.it

Restaurant

Veneziano
Exzellente sizilianische Hausmannskost. So Abend/Mo geschl.
Strada Statale 120, km 187 • Tel. 09 57 99 13 53 • www.ristoranteveneziano.it

Luigi Viscontis Film »Der Leopard« (Originaltitel: »Il Gattopardo«) gilt als monumentales Meisterwerk der Filmgeschichte. Die Rolle des Don Fabrizio Salina wollte er ursprünglich mit Lawrence Olivier besetzen, doch die Produktion bestand auf dem Kassenmagneten Burt Lancaster (oben, mit Hut, links). Claudia Cardinale und Alain Delon (Foto unten), die in weiteren Hauptrollen zu sehen waren, schienen sich bei den Dreharbeiten prächtig zu verstehen. Wie Visconti später verriet, wollte Hollywood-Star Warren Beatty unbedingt Delons Part spielen. Doch an dem schönen Franzosen führte kein Weg vorbei.

Tour 50 | **Siziliens Süden**

Adel verpflichtet

▶ GESTERN: Das Castello di Donnafugata im Süden Siziliens soll Giuseppe Tomasi in den 1950ern zu dem Roman »Il Gattopardo« inspiriert haben

▶ HEUTE: Furore machte der gleichnamige Film von Luigi Visconti. Von aristokratischer Schönheit ist das barocke Sizilien um Ragusa

▶ GESTERN

Das Castello di Donnafugata nahe der Stadt Ragusa auf Sizilien soll den Adeligen Giuseppe Tomasi di Lampedusa in den 1950er-Jahren zu seinem epochalen Roman »Der Leopard« inspiriert haben. Er spielt während der Ära des Risorgimento, der italienischen Einigungsbewegung zwischen 1820 und 1870 unter Giuseppe Garibaldi. Es war die Zeit der gesellschaftlichen Umwälzung, in der der sizilianische Adel einen Machtverlust hinnehmen musste und das Bürgertum aufstieg. Der Autor war als Jugendlicher in dem prunkvollen Palast aus dem 14. Jh. regelmäßig Gast des Schlossherrn. In dem stark an die eigene Familiengeschichte angelehnten Roman ließ er seine Fürstenfamilie im Sommer vom Stadtpalais zu ihrem Sommerschloss Donnafugata auf dem Land ziehen.

Um den Namen *Donnafugata* (übersetzbar mit: »Frau auf der Flucht«) ranken sich etliche Theorien. Die schillerndste ist jene: Eine Enkelin des Schlossherrn flüchtete um 1900 gemeinsam mit ihrem nicht standesgemäßen Liebhaber bei Nacht und Nebel aus dem Palast – in einer anderen Version ist es Königin Maria Karolina von Neapel-Sizilien, die Ende des 18. Jhs. vor Napoleon nach Sizilien floh.

▶ HEUTE

In einem der ehemaligen Wirtschaftsgebäude des Schlosses befindet sich heute die Weinkellerei Donnafugata, die mit über 150 Jahren älteste Siziliens. Die Weine sind weit über die Grenzen Italiens hinaus bekannt und heimsen regelmäßig internationale Preise ein (www.donnafugata.it). Bei Rundreisen durch die Region Regusa gehört der Besuch Castello di Donnafugata zu den Sightseeing-Höhepunkten.

Landkarte: Seite 375, Adressen: Seite 377

1 Castello di Donnafugata

Filmfans werfen erst einen Blick in das Schloss und seinen üppigen Park, bevor sie sich in das 23 km nordöstlich gelegene Ragusa aufmachen

(Di–So 9–13, Di, Do, So auch 14.45–16.30 Uhr). In einem Nebengebäude serviert die Trattoria Al Castello beste Hausmannskost (Tel. 09 32 61 92 60, www.alcastellodonnafugata.com).

2 Ragusa

Eine tief ins Kalkgestein der Ibleischen Berge geschnittene Schlucht trennt die lebhafte Provinzhauptstadt (65 000 Einw.) in zwei Teile: Im Westen erstreckt sich die moderne, schachbrettartig angelegte **Oberstadt**, im Osten das bezaubernde **Ragusa Ibla**, in dessen Zentrum die **Basilika San Giorgio** über den Dächern des Domplatzes thront. Auch kulinarisch Interessierte kommen hier auf ihre Kosten: In der **Antica Drogheria** gibt es Honig, Öl und Käse aus dem Umland. Im Zentrum der Oberstadt lohnen die **Kathedrale San Giovanni** und das **Museo Archeologico Ibleo** einen Besuch (Via Natalelli 11, tgl. 9–13.30, 16.30–19.30 Uhr).

3 Modica

Kulinarische Genüsse hat auch die Stadt **Modica** (50 000 Einw.) einige Serpentinenkilometer weiter zu bieten: Die **Antica Dolceria Bonajuto** zaubert feinste Köstlichkeiten nach alten Rezepten, die teils noch aus arabischer Zeit stammen (Corso Umberto I. 159, www.bonajuto.it). Für die Besichtigung der Stadt sollten Sie sich Zeit nehmen. Bei Sonnenschein leuchtet der gelbe Kalkstein des Domes San Giorgio wie Gold.

Blick auf den Stadtteil Ragusa Ibla mit seinen teils prächtigen, teils schlichten Bauten.

Kleine Respektlosigkeit: Fratzen am Palazzo Beneventano in Scicli grinsen auf Flaneure hinab.

Sein heutiges, beschwingt-barockes Gesicht verdankt das Bergstädtchen einem reichen Agrarbürgertum, das es nach dem Erdbeben 1693 wieder aufbaute. Zu den wichtigsten Monumenten gehören die besagte **Chiesa San Giorgio** mit reich verzierter Fassade sowie das **Museo Ibleo**. Es beherbergt eine der größten Sammlungen sizilianischer Volkskunst (Via Mercè, zzt. wegen Restaurierung geschl.). An den hier geborenen Literaturnobelpreisträger Salvatore Quasimodo (1901–1968) erinnert in der Casa di Quasimodo neben dem Rathaus die **Stanza della Poesia** (Di–So 10–13, 16–19 Uhr).

4 Scicli, 5 Cava d'Ispica und 6 Ispica

Scicli, das Städtchen 10 km südlich von Modica, kann sich mit dem Superlativ schmücken, die wohl **verrückteste Barockfassade Siziliens** zu besitzen. Der **Palazzo Beneventano** ist überreich geschmückt mit Fratzen und verzerrten Gesichtern, die auf und unter Balkonen hervorlugen. Sehr hübsch ist die grüne Piazza Italia mit der

Kirche Sant'Ignazio, auf der alte Herren ereignisreicheren Zeiten hinterherträumen und dem Abendessen entgegendösen.

Die **Cava d'Ispica** ist eine Karstschlucht im Tal des gleichnamigen Flusses. Hier finden sich vor- und frühchristliche Felsgräber, Höhlenwohnungen und Reste byzantinischer Höhlenkirchen mit Resten von Wandfresken. Vom Nordeingang (Mo–Sa 9–19, So 9–13.45, Winter bis 16 Uhr) kann man die Schlucht bis zum 13 km entfernten Ispica durchwandern. Dort lohnt der **Parco Archeologico della Forza** einen Besuch mit in den Fels gehauenen Kirchen, Wohnungen und Gräbern (Mo–Sa 9–13 Uhr, www.comune.ispica.rg.it).

Das hoch auf einem Kalkfelsen thronende Städtchen **Ispica** (14 000 Einw.) selbst präsentiert sich mit hübschen Barockfassaden wie die der Chiesa SS. Annunziata.

»Überschwänglicher Genius«

Diesen lobte die Unesco in den spätbarocken Städten des Val di Noto und machte sie im Jahr 2002 zum Weltkulturerbe. Dazu gehören Catania, Caltagirone, Militello in Val di Catania, Modica, Noto, Palazzolo Acreide, Ragusa und Scicli.

7 Noto

Nun fahren Sie zur letzten Station des ersten Tages weiter, nach **Noto** (23 000 Einw.), Höhepunkt des barocken Sizilien. Nach dem verheerenden Erdbeben von 1693 konnten die sizilianischen Architekten Gagliardi, Sinatra und Labisi in Noto – 10 km südöstlich des zerstörten Noto Antica – ihre barocken Fantasien ausleben und ihre Vorstellungen von der idealen Stadt verwirklichen. Terrassenförmig um drei prächtige Plätze herumgebaut, entstanden aus dem goldgelben Sandstein der Hybläischen Berge im frühen 18. Jh. prunkvolle Paläste, Kirchen und Klöster. Seinen Charme verdankt Noto aber auch dem Verfall: So wachsen Bäumchen aus Simsen, Efeu wuchert aus den Fenstern.

An der attraktiven Hauptstraße **Corso Vittorio Emanuele** sowie den beiden parallel verlaufenden Straßen präsentieren sich die drei Plätze (Immacolata, Municipio und XVI Maggio) mit

ihren schwingenden Fassaden und ausladenden Freitreppen als großartige Ensembles. Die wichtigsten Sakralgebäude sind die **Chiesa San Francesco** im Franziskanerkloster, der **Duomo SS. Nicolò di Mira e Corrado** mit seiner hinreißenden Fassade, die **Chiesa del Collegio** des Jesuitenklosters und die **Chiesa San Domenico** des Kollegs der Dominikaner. Keines der Klöster wird noch von den ursprünglichen Orden genutzt. Sehenswert ist auch der heute als Rathaus fungierende **Palazzo Ducesio** mit seinem schönen Spiegelsaal. Wählen Sie unter den vielen Bed-&-Breakfasts eine Unterkunft und speisen Sie abends in einer Gasse zwischen barocken Bauten.

8 Avola

Exakte Geometrie: Das am Meer liegende **Avola** (hübscher Strand!) hat den Grundriss eines sechszackigen Sterns. Mittelpunkt ist die **Piazza Umberto I** mit dem imposanten barocken **Dom**. Von ihr führen vier Straßen in die vier Himmelsrichtungen schnurgerade zu vier weiteren Plätzen. Entlang des Corso sieht man hübschen Jugendstil als Abwechslung zum Überschwang des 17. Jhs. Schluchten und Höhlennekropolen findet man auch in der **Cavagrande del Cassibile**; einen spektakulären Blick in den 250 m tiefen Canyon bietet der Aussichtspunkt 10 km in Richtung Palazzolo Acreide.

Fahrradtour in die Vergangenheit: Bei Pantalica wurden 5000 Grabstätten in den Fels gehauen.

9 Palazzolo Acreide und 10 Necropoli di Pantalica

Danach geht's wieder landeinwärts und auf engen Serpentinen nach **Palazzolo Acreide**, berühmt für die wunderbaren **Kirchen Annunziata** und **San Paolo**. Südwestlich erinnern die Ruinen des antiken **Akrai** (4. Jh. v. Chr.) mit kleinem Theater und dem Buleuterion, in dem sich die Senatoren versammelten, an die lange Besiedlungsgeschichte (tgl. 9 Uhr bis 2 Std. vor Sonnenuntergang).

Von hier kann man die **Necropoli di Pantalica** besuchen. Die über 5000 aus dem Fels gehauenen sikulischen Grabkammern (1200 v. Chr.) in romantischer Berglandschaft erreicht man am besten über Ferla. Die Nekropole gehörte wahrscheinlich zur Sikulerstadt Hybla, von der jedoch heute nichts mehr erhalten ist – womöglich waren die Häuser aus Holz. Nur der aus Stein erbaute Herrscherpalast Palazzo del Principe überdauerte die Zeit. Von hier wandert man auf schmalen markierten Pfaden vorbei an den leeren Höhlen, in denen manchmal noch Spuren der Herdfeuer späterer Bewohner zu erkennen sind, und gelangt zu einer einfachen Kirche. Im Jahr 2005 hat die Unesco die Nekropole von Pantalica in die Liste des Weltkulturerbes aufgenommen. Ein reizvoller Wanderweg führt hinab ins Tal des Anapo, wo ausgewaschene Becken ein erfrischendes Bad ermöglichen. Pantalica kann man auch per Fahrrad erkunden.

11 Chiaramonte Gulfi und 12 Comiso

Quer durch die Iblei führt die Tour dann westwärts bis **Chiaramonte Gulfi**, ein Städtchen mit viel Barock und noch mehr Museen. Der Ort liegt 15 km nördlich von Ragusa und ist ein fantastischer Aussichtspunkt mit Blick über die Felder und Hügel Innersiziliens. Zur Mittagsrast lädt das **Ristorante Majore**, das köstliche Schweinefleischgerichte serviert (Via Martiri Ungheresi 12).

Ein Schlenker über **Comiso** bringt Sie zurück nach Ragusa. Das Städtchen wird von der mächtigen Barockfassade der Kirche SS. Annunziata dominiert. Die Kirche San Francesco birgt eine Renaissancekapelle mit dem Grabmal der Lehnsherrnfamilie Naselli.

Informationen

Tour 50: Rundtour im Süden Siziliens

Autotour, mind. 2 Tage, ca. 250 km

Stationen

1 Castello di Donnafugata
2 Ragusa
3 Modica
4 Scicli
5 Cava d'Ispica
6 Ispica
7 Noto
8 Avola
9 Palazzolo Acreide
10 Necropoli di Pantalica
11 Chiaramonte Gulfi
12 Comiso

Ragusa

Info

Ufficio Informazione
Piazza San Giovanni, Ragusa • Tel. 09 32 68 47 80 • www.comune.ragusa.gov.it/turismo

Hotel

Eremo della Giubiliana
Luxus pur mit stilvollen Zimmern in einem historischen Klostergemäuer.
S.P. nach Marina di Ragusa, km 7,5 • Tel. 09 32 66 91 19 • www.eremodellagiubiliana.it

Restaurants

Don Serafino
Edelküche in der Altstadt, umfangreiche Weinkarte. Di geschl.
Via Avvocato Giovanni Ottaviano, Ragusa • Tel. 09 32 24 87 78 • www.locandadonserafino.it

Il Barocco
Sizilianische Küche zu zivilen Preisen, hervorragendes Antipasti-Buffet.
Via Orfanotrofio 29, Ragusa Ibla • Tel. 09 32 65 23 97

Gelati Di Vini
Das beste Eis Siziliens: Wie wär's mit den Sorten *carruba* (Johannisbrot) oder *cioccolato al peperoncino*?
Piazza del Duomo 20, Ragusa • www.gelatidivini.it

Modica

Info

Ufficio Turistico
Corso Umberto I. 141, Modica • Tel. 09 32 75 96 34 • www.comune.modica.gov.it, www.etnosmodica.it

Hotels

I Tetti di Siciliando
Dieses hübsch eingerichtete Haus mit freundlichem Personal bietet neben Unterkunft auch Mountainbike-Touren und Keramikkurse an.
Via Cannata 24, Modica • Tel. 09 32 94 28 43 • www.siciliando.it

L'Orangerie
Romantisches Hotel mit sechs nostalgischen Zimmern im historischen Zentrum.
Vico de Naro 5, Modica • Tel. 34 70 67 46 98 • www.lorangerie.it

Restaurant

Trattoria A Putia ro Vinu
Authentische ibleische Küche.
Via Pisacane 34, Modica • Tel. 09 32 94 41 57 • www.aputiarovinu.com

Noto

Info

Ufficio Informazione
Piazza XVI Maggio, Noto • Tel. 09 31 57 37 79 • www.comune.noto.sr.it

Hotels

Albergo La Fontanella
Nostalgisches B & B in einem Palazzo im Zentrum.
Via Rosolino Pilo 3, Noto • Tel. 09 31 89 47 24 • www.albergolafontanella.it

Restaurants

Il Cantuccio
Wer ausgezeichnete sizilianische Küche schätzt, ist hier richtig.
Via Conte di Cavour 12, Noto • Tel. 09 31 83 74 64 • www.ristoranteilcantuccio.it

Trattoria del Carmine
Original sizilianische Hausmannskost. Im Winter Mo geschl.
Via Ducesio 1/A, Noto • Tel. 09 31 83 87 05 • www.trattoriadelcarrmine.it

Grillparzerstr. 12
81675 München
www.travel-house-media.de

POLYGLOTT ist eine eingetragene Marke der GANSKE VERLAGSGRUPPE

1. Auflage

Programmleitung
Dr. Stefan Rieß

Idee und Konzept
Verónica Reisenegger, Eva Stadler

Projektleitung, Gestaltung und Satz
Eva Stadler, München

Redaktionelle Mitarbeit
Sonja Harder, Kevin Kremer, Martina Krammer, Ingra Orthober, Simon Pause

Bildredaktion
Dr. Nafsika Mylona, Tobias Schärtl

Kartografie
Sybille Rachfall

TRAVEL HOUSE MEDIA

Ein Unternehmen der
GANSKE VERLAGSGRUPPE

Die Autoren
Eva Ambros: Tour 20–23; Michael Baumgartner: Tour 23, 28–30, 34; Manuela Blisse: Tour 1–4; Günter Buchstab: Tour 6; Nicole Catta: Tour 48–50; Joachim Chwaszcza: Tour 34–36; Wolftraud de Concini: Tour 20–23; Christine Hamel: Tour 5, 6, 15, 19; Peter Höh: Tour 34–36; Eugen E. Hüsler: Tour 1–4; Klaus-Peter Hütt: Tour 5, 6; Brigitte von Imhof: Tour 1–5, 7–10, 25–27, 31, 38, 40, 42, 50; Sabina Kienlechner: Tour 38–43; Friedrich Köthe: Tour 12–14, 16, 17, 48–50; Uwe Lehmann: Tour 1–4; Gunther Lettau: Tour 7–11, 19; Renate Nöldeke: Tour 33; Christian Nowak: Tour 38–43; Monika Pelz: Tour 18, 25–31, 37, 44–47; Gudrun Raether-Klünker: Tour 15; Heidrun Reinhard: Tour 12–14, 16, 17; Pauline G. Sammler: Tour 11, 13–15, 17, 18, 20–22, 33, 37, 45; Daniela Schetar: Tour 12–14, 16, 17, 48–50; Jürgen Sorges: Tour 33; Eva Stadler: Tour 12, 16, 24, 39, 41, 36, 47; Heinz Tomek: Tour 32

Korrektorat
Dr. Anita Meschendörfer

Herstellung
Anna Bäumner

Repro
Repro Ludwig, Zell am See

Druck und Bindung
Polygraf Print spol. s r.o.,
Prešov, Slowakische Republik

Wir danken
Gunther Lettau und Daniela Mangold für ihre Hilfe in letzter Minute, Elisabeth Enders von der Konrad-Adenauer-Stiftung, APT Servizi, Modenatur, Agenzia Turismo FVG und der Agentur Mailander.

Bildnachweis
Titelbilder: Großes Bild: Berthold Steinhilber/laif, klein links: Roger Viollet/Getty Images, klein Mitte: Uwe Engelke/Interfoto, klein rechts: Tci/Marka/Interfoto; 2 Alinari Archives/ullstein bild, 4 Tci/Marka/Interfoto, 6 ATV/Interfoto, 8 look-foto, 9 Joern Haufe/ddpimages, 12 Angelika von Braun/ullstein bild, 14 Igor Plotnikov/Shutterstock, 15 Gustav Thöni, 16 Linkel/laif, 18 Mary Evans/interfoto, 19o Tci/Marka/Interfoto, 19u Gräfenhain/Bildagentur Huber, 20 Dieter Schinner/images.de, 21 Therme Meran, 22 Edith Czech/Panthermedia, 24 Mary Evans/Interfoto, 26 look-foto, 27 Gerd Pfeiffer/SZ photo, 30o Mary Evans/interfoto, 30u Friedrich/Interfoto, 32 imagebroker/imago, 35 Ripani Massimo/Bildagentur Huber, 38 Konrad-Adenauer-Stiftung e.V./Archiv für

Christlich-Demokratische Politik, 39 Hans-Joachim Gerboth, 40 RHPL/vario images, 41 Zocchi Roberto/Shutterstock, 42 Livio Piatta/SIME/Schapowalow, 43 andrearoad/istockphoto, 46 Slg. Uwe Ludwig/Vintage Germany, 48 Tobias Gerber/laif, 50 look-foto, 54 Marc Suski/dpa Picture Alliance, 55 Mr. Green/Shutterstock, 56 F1online, 57 Fantuz Olimpio/Bildagentur Huber, 61 Hedda Walther/ullstein bild, 62 Gräfenhain/Bildagentur Huber, 63 Gerd Pfeiffer/SZ photo, 66o ullstein bild, 66u Top Foto/ullstein bild, 69 Bernhart/Bildagentur Huber, 72, 73 MONDADORI PORTFOLIO, 74, 75 look-foto, 76 imagebroker/imago, 77 Lubenow/Bildagentur Huber, 80, 85 Poli Distillerie, Schiavon – Veneto, Italy, 83, 84 look-foto, 88 Archivio GBB/Agenzia Contrasto/laif, 90 Kaos02/Bildagentur Huber, 91 Kaos02/Bildagentur Huber, 92 Café Pedrocchi, 94 Tci/Marka/Interfoto, 96 Bluered/Cubo-images/mauritius images, 101o Archivio Cameraphoto Epoche/Getty Images, 101u Science&Society/Interfoto, 103 M Rellini/Bildagentur Huber, 108o Tci/Marka/Interfoto, 108u Matteo Lavazza Seranto/photographic archive Agenzia Turismo FVG, 109, 110 Gianluca Baronchelli/photographic archive Agenzia Turismo FVG (project progetto »POR FESR 2007–2013«), 111 Ulderica Da Pozzo/photographic archive Agenzia Turismo FVG (project progetto »POR FESR 2007–2013«), 112 Marco Milani/photographic archive Agenzia Turismo FVG, 113 Marco Milani/photographic archive Agenzia Turismo FVG, 114 photographic archive Soprintendenza dei Beni Archeologici del Friuli Venezia Giulia, 116 Mary Evans/interfoto, 117 Massimo Crivellari/photographic archive Agenzia Turismo FVG (project progetto »POR FESR 2007–2013«), 118 Back/laif, 120 Maurizio Valdemarin/photographic archive APT Servizi, 122 Schlochauer/ullstein bild, 123 ansa/dpa Picture Alliance, 124 look-foto, 125 AGE/Mauritius images, 128 SuperStock/Interfoto, 130 Amantini Stefano/Bildagentur Huber, 131 Kallabis/ullstein bild, 132 Pierre Jacques/hemis.fr/laif, 137 La Presse/dpa Picture Alliance, 138 Cenadelli Davide/Bildagentur Huber, 139 Action Press, 140 Chris Darco/imago, 141 Gräfenhain/Bildagentur Huber, 144 Mary Evans/interfoto, 146 Gräfenhain/Bildagentur Huber, 147 Gräfenhain/Bildagentur Huber, 153o Friedrich/Interfoto, 153u Graziano Arici/eyevine/interTOPICS, 154 maudanros/fotolia, 155 Cenadelli Davide/Bildagentur Huber, 156 F1online, 158 Palio del Golfo/Segretario Comitato delle Borgate, 159o ENIT – Italienische Zentrale für Tourismus, 159u Roberto Besana, 160 Shrub Yevhen, 161 Gerald Haenel/laif, 162 Hans Madej/laif, 166o, 166u Automobili Lamborghini S.p.A., 167 photographic archive of APT Servizi, 168 Alinari/Gianfranco Moroldo/RCS/Alinari Archives/Interfoto, 169, 170 photographic archive of APT Servizi, 174 Sammlung Rauch/Interfoto, 175 Alinari Archives/ullstein bild, 176 look-foto, 177 Agata Dorobek/Shutterstock, 181 Uwe Engelke/Interfoto, 182 M. Rellini/Bildagentur Huber, 184 Enrico Martino/Bildagentur Huber, 185 look-foto, 189 Interfoto, 190 Nickolay Vinokurov/Shutterstock, 193 Tci/Marka/Interfoto, 194 M. Rellini/Bildagentur Huber, 195 Cellai Stefano/Bildagentur Huber, 196 Raffaele Celantano/laif, 198 Mary Evans/interfoto, 200 Guido Cozzi/Bildaegntur Huber, 201 Wolfgang Weber/ullstein bild, 205 ddp images, 206 look-foto, 208 StevanZZ/Shutterstock, 209 look-foto, 210 Alamy/mauritius images, 211 Tom Mackie/Bildagentur Huber, 214o Archivio Cameraphoto Epoche/Getty Images, 214u Alinari/Interfoto, 216 Raffaele Celantano/laif, 218 Berthold Steinhilber/laif, 223 Tci/Marka/Interfoto, 224 look-foto, 226 M. Rellini/Bildagentur Huber, 227 look-foto, 233o LP/Interfoto, 233u look-foto, 234 L. Gaudenzio/Bildagentur Huber, 237 look-foto, 241 Archivio GBB/CONTRASTO/laif, 242 Frank Heuer/laif, 244 Fulvio Zanettini/laif, 245 look-foto, 249o Pat Moriul/Rue des Archives, 249u LP/Interfoto, 250 Jean-Pierre Degas/hemis.fr/laif, 251 look-foto, 252 Peter Höh, 253 Spila Riccardo/Bildagentur Huber, 257 Fausto Giaccone/Anzenberger Agency, 258 Bäck/Bildagentur Huber, 259 Raffaele Celantano/laif, 260 Peter Höh, 262/263 Comune di Cagliari/Archivio Storico – Biblioteca Studi Sardi, 264 Peter Höh, 268o Alinari Archives/Interfoto, 268u Alamy/mauritius images, 270 G. Simeone/Bildagentur Huber, 272 Pietro Canali/Bildagentur Huber, 273 Martin Kirchner/laif, 276o Scherl/SZ Photo, 276u Lebrecht Music Collection/Interfoto, 278 Tom Roche/Shutterstock, 279 Bruno Morandi/laif, 281 Dr. Christian Nowak, 285o Avocat C. Abeniacar/ullstein-bild, 285u Mary Evans/interfoto, 286 Kaos02/Bildagentur Huber, 288 Dr. Christian Nowak, 289 silky/Shutterstock, 293 Rino Petrosino/Mondadori Portfolio via Getty Images, 294 Sophie Henkelmann/laif, 297 Luca Da Ros/Schapowalow, 300, 301o ddp images, 301u Dr. Christian Nowak, 302 look-foto, 303 Kaos02/Bildagentur Huber, 304 Tips Images/F1online, 308 look-foto, 309, 311 Tci/Marka/Interfoto, 312 look-foto, 316 Tci/Marka/Interfoto, 318o, 318u Dr. Christian Nowak, 320 look-foto, 322 Alinari Archives/Interfoto, 324 L. Vaccarella/Bildgentur Huber, 325 Claudio Giovanni Colombo/Shutterstock, 328 Alinari Archives/Interfoto, 330 Alamy/mauritius images, 332 Baviera Guido/Bildagentur Huber, 333 Dario Lo Presti/Shutterstock, 334 Boris15/Shutterstock, 335 Corbis, 339 Alinari Archives/Interfoto, 340 G. Simeone/Bildagentur Huber, 341 Mary Evans/interfoto, 342 Johanna Huber/Bildagentur Huber, 343 look-foto, 348 Tci/Marka/Interfoto, 350 Hans Madej/laif, 351 contrasto/laif, 352 Raffaele Celantano/laif, 353 Alessandro Saffo/Bildagentur Huber, 356 Mary Evans/interfoto, 358 look-foto, 360 Giocoso Paolo/Bildagentur Huber, 361 Lubenow/Bildagentur Huber, 364 Alinari Archives/Interfoto, 365 Thomas Höfler/Interfoto, 367, 368, 369 A. Saffo/Bildagentur Huber, 372o United Archives/mauritius images, 372u Imago, 374o luigi nifosi/Shutterstock, 374u S. Leggio/Shutterstock, 376 Bildagentur Huber, U4o Shrub Yevhen, U4 kl. li. Frank Heuer/laif, U4 kl. M. Nickolay Vinokurov/Shutterstock, U4 kl. r. G. Simeone/Bildagentur Huber

DEUTSCHLAND
MÜNCHEN
Salzburg
Innsbruck
ÖSTERREICH
Brenner 1374
LIECHTEN-STEIN
Zürich
SCHWEIZ
Monte Rosa 4634
OSTALPEN
WESTALPEN
FRANKREICH
Montpellier
Béziers
Nîmes
Arles
Rhône
Avignon
Aix-en-Provence
MARSEILLE
Toulon
Hyères
Frejus
Cannes
Nizza
Monaco
Ventimiglia
San Remo
Imperia
ALPES MARITIMES
Aosta
Fenis
Piemont
TORINO (TURIN)
Saluzzo
Cuneo
Asti
Alba
Vercelli
Novara
Lago d'Orta
Lago Maggiore
Lugano
Como
Lago di Como
MILANO (MAILAND)
Bergamo
Brescia
Pavia
Lombardei
Cremona
Alessandria
APPENNINO LIGURE
Ligurien
Savona
GENOVA (GENUA)
Portofino
Golfo di Genova
LIGURISCHES MEER
Piacenza
Emilia-Romagna
Parma
Mantova (Mantua)
Oglio
Po
Meran/Merano
Bozen/Bolzano
Brixen/Bressanone
Trentino-Südtirol
L. di Garda
Trento (Trient)
Cortina d'Ampezzo
Dolomiten
Feltre
Verona
Vicenza
Padova (Padua)
Treviso
Friaul-Julisch Venetien
Tarvisio (Tarvis)
Udine
SLOWENIEN
Ljubljana
Portogruaro
Aquileia
Grado
Trieste (Triest)
Venezia (Venedig)
Adige/Etsch
Golfo di Venezia
Modena
Ferrara
Bologna
APPENNINO TOSCO-EMILIANO
La Spezia
Lucca
Pistoia
Pisa
Livorno
Capraia
Firenze (Florenz)
Forlì
Ravenna
Rimini
San Marino
SAN MARINO
Toskana
Siena
Arezzo
Populonia
Elba
Val d'Orcia
Ombrone
Grosseto
Monte Argentario
Lago Trasimeno
Perugia
Assisi
Lago di Bolsena
Orvieto
Tarquinia
Umbrien
APPENNINO UMBRO-MARCHIG
Urbino
Gubbio
Marken
Ancona
Loreto
Rijeka
Pula
Cres
Krk
KROATIEN
Korsika
Bastia
Ajaccio
Porto Vecchio
Bonifacio
Santa Teresa Gallura
Olbia
Sassari
Porto Torres
Alghero